臺灣歷史與文化 研究輯刊

四 編

第 17 冊

蘭陽地區傳統文學研究（1800～1945）（下）

陳麗蓮 著

花木蘭文化出版社

國家圖書館出版品預行編目資料

蘭陽地區傳統文學研究（1800～1945）（下）／陳麗蓮 著—
初版 — 新北市：花木蘭文化出版社，2013〔民102〕
目 6+336 面；19×26 公分
（臺灣歷史與文化研究輯刊 四編；第 17 冊）
ISBN：978-986-322-499-0（精裝）
1. 地方文學　2. 臺灣文學史
733.08　　　　　　　　　　　　　　　　102017406

ISBN-978-986-322-499-0

9 789863 224990

臺灣歷史與文化研究輯刊
四 編 第十七冊　　　　　　ISBN：978-986-322-499-0

蘭陽地區傳統文學研究（1800～1945）（下）

作　　者　陳麗蓮
總 編 輯　杜潔祥
出　　版　花木蘭文化出版社
發 行 所　花木蘭文化出版社
發 行 人　高小娟
聯絡地址　235 新北市中和區中安街七二號十三樓
　　　　　電話：02-2923-1455／傳眞：02-2923-1452
網　　址　http://www.huamulan.tw 信箱 sut81518@gmail.com
印　　刷　普羅文化出版廣告事業
初　　版　2013 年 9 月
定　　價　四編 22 冊（精裝）新臺幣 50,000 元

蘭陽地區傳統文學研究（1800～1945）（下）

陳麗蓮　著

目

次

附圖目次

第五章　蘭陽地區日治時期（1896～1945）傳統詩社研究

　　臺灣這個地方於明鄭時期漸受注意，但遲至康熙 23 年（1684）才納入清朝版圖，文教的發展則有賴清朝寓流人士留臺時的努力。有關臺灣傳統詩社的設立，學者上推至明鄭時期徐孚遠〔註1〕「海外幾社」，認爲是臺灣唯一、最古之詩社〔註2〕，此說仍待考證。眞正形成詩社風氣，應由清康熙 24 年（1685）成立的「東吟社」首發其端，但此時已是清朝第三次禁止結社的前一年〔註3〕，詩吟社已回到原本讌集唱和之單純目的，不敢議論政事。〔註4〕乙未割臺後，皇民化政策禁止使用漢文之前，日本政府鼓勵發展傳統詩社，藉以籠絡清朝

〔註1〕徐孚遠（1599～1665），字闇公，晚號復齋，江蘇華亭人。

〔註2〕賴鶴洲〈臺灣古代詩文社〉：「江蘇華亭徐闇公中丞孚遠，少與同邑夏允彝、陳子龍結『幾社』，以道德文章名於時。永曆 15 年（順治 18 年）辛丑，鄭延平克臺之歲，從入東都，曾與張尚書煌言、盧尚書若騰、沈都御史佺期、曹都御史從龍、陳光祿士京爲詩社，互相唱和，時稱『海外幾社六子』，而闇公爲之領袖。」然張煌言、盧若騰並未踏上臺灣本島，賴氏之言頗有疑議，故存而待查。文見《臺北文物》（第 8 卷 2 期，1959 年 6 月 30 日），頁 80。

〔註3〕俞正燮《癸巳存稿・釋社》：「我朝順治九年，禮部頒天下學校臥碑，第八條云：禁結盟立社。十七年正月，又以給事中楊雍建言，禁妄立社名。康熙二十五年，查革社學，定例拏究。」俞正燮，《癸巳存稿》（上海：商務印書館，1957 年）卷八，頁 244。

〔註4〕中國傳統詩社成立的目的隨著時代有所轉移，最初以讌集唱和爲目的，明萬曆以前的詩社，多是如此。但明天啓以後，受到時政腐敗的刺激，詩社不再單純吟詩作對，進而關心時事，談論政事。清朝時由於政治的干預與壓力，又回到原本詩酒唱和之組織。詳見楊松年，《中文學評論史編寫問題論析——晚明至盛清詩論之考察》（臺北：文史哲出版社，1988 年），頁 201～260。

遺民之心，此舉確實符合當時臺灣科舉士子之需要。因此日治時期的臺灣詩吟社一開始就不具備「議論時政」的性質。

中國「詩」的創作，約略而論，從《詩經》到唐詩、宋詩、清詩，語言文字已運用的淋漓盡致，臺灣傳統詩的發展則從明遺老沈光文之時才出現曙光，如何能跟得上長久累積的文學資產？有鑑於此，本章試圖從傳統詩社活動入手，從文學經營的角度詮釋傳統文人如何在異族的統治下，努力的學習漢文化，以溫和的手段，完成最卑微的要求——書寫漢文及使用閩南語朗誦詩文。

日治時期臺灣各地詩社非常活躍，詩社間互有往來，當時的報章雜誌亦樂於刊載此方面的新聞。翁聖峰曾感嘆日治時期臺灣古典詩研究的相關文獻未能有效整理，造成研究上的不便。〔註5〕筆者從事蘭地傳統詩社研究，幸運的是宜蘭縣史館已將《臺灣日日新報》〔註6〕刊載有關宜蘭資料編輯成冊，並提供電腦索引以利研究。中正大學臺灣文學研究所「臺灣漢詩數位典藏資料庫」整合統計《七夕四詠詩錄》、《八州詩草》、《大陸遊記》、《琳瑯閣吟草》、《臺灣詩薈》、《潛園琴餘草》等詩集傳統詩作 92815 筆，加上《臺南新報》、《臺灣時報》、《南方》、《南瀛新報》、《風月報》、《詩報》、《興南新聞》等期刊資料 190683 筆，總數 283498 筆資料，爲研究者提供檢索上的便利。眾多資料中，特別是由頭圍登瀛吟社第三任社長盧纘祥創刊的《詩報》〔註7〕，更是獲得蘭地詩社的重要資料。

〔註5〕 翁聖峰，〈臺灣古典詩的研究概況〉，《文訊》（臺北：文訊雜訊社，2001 年 6 月 1 日）。

〔註6〕 《臺灣日日新報》創刊於明治 31 年五月一日（1898），原爲日人併購《臺灣新報》（1896 年創刊）、《臺灣日報》（1897 年創刊）而成，報紙的內容爲漢、日文並載的方式刊行。兩年後因經營困難，轉由總督府出資，該報至此成爲官方報紙，後於昭和 19 年（1944）與其它五家報紙合併爲《臺灣新報》。《臺灣日日新報》爲全島發行之報刊，組織龐大，除臺北總社外，尚有東京、大阪、基隆、宜蘭、花蓮、高雄等地十一分社。本文所舉《臺灣日日新報》資料皆由宜蘭縣史館編輯《臺灣日日新報宜蘭新聞剪輯》而得，以下不再註明。

〔註7〕 《詩報》爲「吟稿合刊詩報社」發行之刊物，第 1 號刊於昭和 5 年（1930）十月三十日，目前所知出刊至昭和 19 年（1944）九月五日第 319 號，爲半月刊，發行人爲桃園周石輝，內容以記錄傳統詩作及詩社動態爲主。《詩報》第 1 至 32 號，盧纘祥（頭圍登瀛吟社社長）與杜香國兩人皆謙讓，愧任社長，故未設社長，兩人同爲副社長，傳爲佳話。第 33 至 45 號盧纘祥任社長。第 46 號後由許梓桑（迺蘭）任社長，盧纘祥任贊助員。蘭地文人對《詩報》發行熱心參與，例如《詩報》第 140 號「本報啟事」說明自第 144 號起增加頁數，報代費用由一冊八錢改爲十錢，代收者有六位，其中有五位是蘭地文人，分別爲宜蘭陳金波及陳玉枝；頭圍莊芳池；羅東李朝梓；蘇澳楊靜淵。

　　科技的進步讓我們更得心應手的運用文獻史料，當然回查原始資料仍是不能忽略的必要工作，臺北龍文出版社已於 2007 年四月出版《詩報：日治時期臺灣傳統文學大成》以原文複印的方式重現《詩報》第 1 至 319 號內容，共二十七冊，﹝註8﹞筆者在此套書籍問世前，已取得頭城耆老林旺根妥善珍藏的《詩報》第 1 至 319 號，查閱日治時期傳統詩社的相關訊息。

第一節　詩社林立：三足鼎立耀蘭陽

　　日治時期蘭地傳統詩社，少有學者深入研究，多為概略性的論述，李春池﹝註9﹞編撰《宜蘭縣志·人民志·禮俗篇》第五節「詩社及聯吟會」記載：

> 宜蘭地區有吟香社，成立於民國三年（日大正三年），嗣又有光文社，成立於民國八年（日大正八年），其後吟香光文兩社於民國二十二年（日昭和八年）合併，改稱仰山吟社，今有詩友四十七人，推陳金波為社長。頭城地區有登瀛吟社，成立於民國八年（日大正八年），係由盧纘祥創始，今有詩友十五人。羅東地區有東明吟社，成立於民國十八年（日昭和四年），今有詩友十人。蘇澳地區有潮音吟社，於光復始成立，至今（民國四十二年）僅有五年歷史，詩友六人。目前宜蘭全縣詩友共七十八人，每年四季輪流在宜蘭、頭城、羅東、蘇澳等處開全縣詩人聯吟會。宜蘭以陳金波為召集人，頭城以盧纘祥為召集人，羅東以陳進東為召集人，蘇澳以楊長泉為召集人。﹝註10﹞

此為目前僅見對日治時期蘭地詩社較為完整的論述，仍然有許多疏漏。李春池是日治時期仰山吟社社員，其說法應有可參考之處，但各社創社時間、社長人選、社員組織、詩社活動等問題，都有待釐清，筆者長期關注蘭地傳統詩社相關資料，整理舊有文獻，翻閱日治時期報章雜誌，及透過田野調查的補充，剖析日治時期蘭地傳統詩吟社發展脈絡，今整理如下表所示，以醒眉目：

﹝註8﹞《詩報：日治時期臺灣傳統文學大成》（臺北：龍文出版社，2007 年）。
﹝註9﹞李春池，字漁甫、步蓮、雲舟，為日治時期仰山吟社社員。
﹝註10﹞盧世標，《宜蘭縣志·人民志·禮俗篇》（宜蘭：宜蘭文獻委員會，1970 年重刊），頁 41。

【日治時期蘭陽地區傳統詩吟社一覽表】

創設時間	地 點	詩 社	主持人	社員及事略	資料來源
大正 3 年（1914）	宜蘭市	仰山吟社	林拱辰（星樞）	林星樞邀集地方人士所創。時與後來在頭城與羅東所成立的「登瀛吟社」、「東明吟社」及蘇澳詩人聯吟。	廖一瑾《臺灣詩史》，頁 37。
？	宜蘭市	吟香社	張鏡光	活躍大正年間，社員有莊贊勳、陳金波、莊芳池等人。	《宜蘭縣志‧人民志‧禮俗篇》，頁 41 ；《張家族譜》。
大正 10 年（1921）	頭城鎮	登瀛吟社	吳祥輝與陳書（子經）等人	吳祥輝、陳子經等邀集地方人士所創立。	廖一瑾《臺灣詩史》，頁 45；及本章第一節第二小節。
大正 10 年（1921）	宜蘭市	光文社	張振茂	1921 年冬天創社，陳金波、林玉麟、陳記、石鏗遠、石紹遠、黃再壽、蕭振東、廖漢卿、吳銀埤等人為社員。	張振茂《茗園集》，頁 1；《臺灣日日新報》大正 11 年（1922）五月九日第六版。
？	？	蘭谿吟社	？	社員有連城青（字碧榕）、李琮璜（字璧選）、李先麟（字趾臣）。	《臺灣日日新報》大正 11 年（1922）五月九日第六版。
？	？	蘭東吟社	？	社員有藍授羲、游時中、張陳聯。	同上。
？	？	港澳吟社	？	社員有蕭少藩。	同上。
？	？	紫雲吟社	？	社員有蔡士添。	同上。
？	？	三星吟社	？	社員有李光斗、黃壽朋。	同上。
？	？	員山吟社	？	社員有朱雲樵、陳君猷、陳周臣、張恆如。	同上。
？	？	歸眞文社	？	社員有呂桂芬（子香）陳占鰲。	同上。
大正 12 年（1923）	宜蘭市	蘭社	呂桂芬（子香）	由光文社及仰山吟社諸幹部，出爲奔走，始得成立。社員有呂子香、陳少德、陳雪峰等人。	《臺灣日日新報》大正 12 年（1923）十一月二十三日第六版。

？	宜蘭市	宜蘭文社	陳金波（雪峰）	大正 13 年（1924）六月十八日與蘭社、吟香社、登瀛社、光文社等社友，泛舟開擊鉢會。	《臺灣詩薈》第六號。
？	宜蘭市	敏求吟社	莊贊勳（仁閣）	活躍於昭和年間，呂桂芳、林星樞、李璧選、林英心等人爲顧問，社員有李屛藩、賴仁壽等人。	《詩報》第 78 號，頁 16。
昭和 9 年（1934）	羅東鎭	東明吟社	江紫元（夢花）	又稱羅東吟社，江紫元邀集地方人士所創立。	廖一瑾《臺灣詩史》，頁 53；《臺灣日日新報》昭和 9 年（1934）三月三十日第四版。
？	蘇澳鎭	潮音吟社	楊長泉	楊長泉爲基隆李碩卿高足，回蘭地創立詩社。	楊君潛〔註 11〕、程滄波〔註 12〕提供。

　　上表依創社時間由早至晚排列，未詳創社時間者，依可能活躍時間穿插其中。日治時期蘭地詩社發展，與臺灣詩社發展同步，同樣是詩社林立，盛行擊鉢。蘭地詩社的活躍程度及社團規模不一，留存資料情況亦不等，故各詩社論述比重並不均等，其中以仰山吟社、登瀛吟社、東明吟社等三社資料較豐富，且在日治時期有三足鼎立之勢，仰山吟社規模較大，可多至五十餘人，登瀛吟社次之，約三、四十人之譜，東明吟社又次之，約三十人左右，故將此三社細分成創社沿革、詩社成員二大部分論述之。其餘光文社、蘭社、吟香社、敏求吟社、蘭谿吟社、蘭東吟社、港澳吟社、紫雲吟社、三星吟社、員山吟社、歸眞文社、潮音吟社等，因尚未尋獲社員名冊，史料有限，僅敍概況。

一、仰山吟社

（一）創社沿革

　　清治時期，宜蘭仰山書院取名「仰山」，緣於楊廷理入蘭查辦時，以楊龜山爲閩學宗倡，而蘭地海中亦有島嶼曰龜山，故取名。書院位置設在廳治西文昌宮左。附於仰山書院而成立之詩社，即以「仰山」爲名。日治時期延用之。

〔註11〕楊長泉大哥楊長流之子。
〔註12〕2000 年任宜蘭縣仰山吟社總幹事。

　　有關仰山吟社沿革，最早爲噶瑪蘭廳時期的仰山書院生員，於每歲四季仲月聚首賦詞吟詠同樂，名「仰山社」，可視爲仰山吟社的前身。故昭和9年（1934）年宜蘭仰山吟社提供給《詩報》「各社社友錄」〔註13〕專欄的資料，即寫明「道光3年（1822）八月十五日」爲創社日期。

　　「仰山社」在清末及日治明治年間沈寂一段時間，並無相關的活動。直到大正3年（1914），宜蘭市名醫林拱辰爲維護中華文化，發揚民族精神，以「仰山書院」故址，聚集地方士紳共組「仰山吟社」。〔註14〕當時有貢生李翰卿、秀才林廷倫等人參與。此乃日治時期蘭陽平原擊鉢吟詠之嚆矢，其後始見宜蘭市「吟香社」、「光文社」，頭城「登瀛吟社」，羅東「東明吟社」等詩社相繼成立。

　　民國22年（1933），「仰山吟社」與「吟香社」「光文社」合併〔註15〕，更名「宜蘭仰山吟社」，公推宜蘭市太平醫院院長陳金波爲社長。1935年由副社長張振茂繼任社長，因故鉢韻日疏，蘭地詩社活躍主力轉移到盧纘祥所帶領的「登瀛吟社」。1952年李康寧任社長，重振社務，署名「宜蘭縣仰山吟社」，其後由蔡老柯、賴仁壽等人繼任社長。

（二）詩社成員

1、大正6年（1917）至昭和8年（1933）間的社員

　　仰山吟社社員名錄、社則，及課題、擊鉢錄等資料今日皆未能尋獲，但由當時發行報章雜誌可取得重要資訊。

　　《臺灣日日新報》大正6年（1917）至昭和8年（1933）刊載有關仰山吟社聚會新聞共有三則，雖未能窺知該社社員全貌，但足以得知該社中堅社員。

　　大正6年（1917）的社員以莊贊勳、林吳庚爲主要代表〔註16〕。大正11年（1922）例會由莊贊勳值東，與會者有三十八人，陳金波、張振茂掄元。〔註17〕可見大正年間莊贊勳常參與仰山吟社活動。

〔註13〕《詩報》第87號（1934年8月15日），頁16。
〔註14〕廖一瑾（雪蘭），《臺灣詩史》（臺北：文史哲出版社，1999年），頁37。
〔註15〕同註10。
〔註16〕《臺灣日日新報》1917年1月12日第六版「宜蘭詩會」記載，宜蘭廳參事莊贊勳，以及壯圍區長林吳庚，代表仰山吟社敘禮。
〔註17〕見《臺灣日日新報》1922年5月13日第六版「蘭陽特訊」。

　　莊贊勳（1875～），字仁閣、號卜廷。他和日人互動良好。其父莊國蘭，清治時期以事有功，賜五品頂戴列授奉政太夫，知縣彭達孫甚器重。莊仁閣稟性溫和，最精時務，光緒 22 年（1902）山東賑濟有功，賞授同知五品銜，並任職宜蘭縣正堂戶司科。乙未變革時，率先鞅掌公務，竭誠鎮撫。明治 30 年（1897）出仕宜蘭救民局。同年以土匪討伐幫助功，下賜賞金。或法院、或兵營，出入其它他諸官廨，誠忠悃篤，便用翻譯。時又講書於公學校，圓通融合，無適不可。明治 38 年（1905）一月授佩紳章。明治 42 年（1909）十月，登庸宜蘭廳參事，以備席前諮問，理義明晰，參畫皆可，邑人咸稱國器。〔註 18〕曾任仰山吟社顧問，雅好吟詠，平生素喜尋芳覽勝，足跡遍及臺灣名山大川，往來皆為權貴，古書、文物蒐集甚夥，亦曾以「古莊勳」之名發表詩作。報章雜誌上刊載莊仁閣〈恭迎內田督憲閣下節旄〉〔註 19〕、〈昭和七年上巳節宜蘭驛恭迎南刺軍閣下節旄敬呈川村法相蔗庵詞長兩先生一粲〉〔註 20〕、〈恭輓荒卷前宜蘭廳長〉〔註 21〕、〈祝臺灣始政四十週年〉〔註 22〕等作品，足見莊氏與日政府之親善關係。

　　昭和 6 年（1931）六月十四日宜蘭仰山吟社舉行創社五十週年紀念會，《臺灣日日新報》於昭和 6 年（1931）六月十九日刊登此新聞：

> 宜蘭仰山吟社五十週年紀念會……是日老少會員，有自圓山庄來
> 者，就中有二位女士參加，首由主倡者總代陳金波氏起述感想……
> 次莊贊勳氏述仰山吟社沿革……繼蔡老柯提出仰山吟社會則……投
> 票公選役員，發表結果，社長陳金波，副社長張振茂，幹事（編輯）
> 蔡老柯，同會計林本泉，同庶務石壽松計五名。各選就任。又擬催
> 薦林拱辰、莊贊勳、連碧榕、呂桂芬、李琮璜等為顧問。

文中所提及二位女士，筆者經由田野調查獲得此次聚會照片（見附圖三），能一睹芳容，惜其芳名及生平事蹟無法知曉。仰山吟社五十週年紀念會選出社長、副社長、幹事、顧問等職，因此可得知昭和 6 年仰山社員至少有陳金波、張振茂、蔡老柯、林本泉、石壽松等人，社員中有二位女士，足見該社男女平等皆可入社。

〔註 18〕《臺灣列紳傳》（臺北：臺灣總督府，1916 年 4 月），頁 71。
〔註 19〕《臺灣時報〔1919～1945〕》第 53 期（1924 年 2 月 15 日），頁 162。
〔註 20〕《詩報》第 34 號（1932 年 5 月 1 日），頁 15。
〔註 21〕《臺南新報》第 11691 期（1934 年 7 月 26 日），頁 8。
〔註 22〕《詩報》第 108 號（1935 年 7 月 1 日），頁 11。

2、昭和 9 年的社員

　　日治時期詩社大眾化、社會化、平民化的傾向（見本章第二節），產生大量詩作作者，這些作者使用不同雅號刊登作品，造成「只知其詩，不知其人」的狀況，不僅妨礙詩友間聯繫，亦爲詩壇憾事。天籟吟社在大正十幾年間舉辦一週年大會時，受招待詩社有一百零五社，到昭和 9 年（1934）十數年中已增至一百三四十社之多，詩人雲集，常有「只聞其名，不見其人」的情況。有鑑於此，天籟吟社林錫麟興起出版《臺灣詩人名鑑》的念頭，遂於昭和 9 年（1934）六月一日《詩報》第 82 號第一頁「騷壇消息」中刊登「臺灣詩人名鑑發刊趣意書」，〔註23〕廣邀喜好吟詠者提供「住址、芳名、雅號、略歷、所屬社名及生平得意詩作三首」等資料。可見，作者眾多，再加上使用筆名，在當時確實造成辨認的困難。早在林錫麟刊登「臺灣詩人名鑑發刊趣意書」之前，昭和 9 年（1934）四月十五日《詩報》第 79 號「本報啓事」已指出：

> 本報爲圖全島吟友、聯絡交誼起見，今後決定每期撥出一頁，揭載各社社友錄，敢求諸大吟社當事者，贊同微意，將左記各項，具列一表，速速惠下爲荷：一、社名。二、通信住址。三、代表者或幹部並全社員之芳名雅號。〔註24〕

《詩報》編輯群有刊載各社社友錄想法，遂從第 81 號開始刊登的「各社社友錄」專欄，此舉有助後人探索蘭地傳統詩社社員及組織。

　　依昭和 9 年（1934）年宜蘭仰山吟社提供給《詩報》第 87 號「各社社友錄」〔註25〕專欄的資料，可知此時由陳金波（鏡秋）擔任社長，張振茂（松村）爲副社長，幹事有：連挺生（棟臣）、林淵源（達初）、蔡老柯（鼇峰）、蔡王輝（鏡豪）、石壽松（友鶴）等五位。顧問有：林拱辰（星樞）、李琮璜（璧選）、莊贊勳（仁閣）、吳蔭培（竹人）、連城青（碧榕）等五位。社員有：張明理（知天）、陳耀輝（新淡）、楊隆泉（滾臣）、陳永和（睦卿）、葉長安（吉臣）、陳振炫（耀卿）、江紫元（夢花）、林玉麟（仁卿）、張洒西（天眷）、李康寧（壽卿）、張長春（柳塘）、陳金茂（博卿）、林紹裘（箕臣）、陳玉枝（友珊）、李燃薪（焰卿）、李炎（蘆洲）、賴仁壽（國藩）、黃炳焜（耀卿）、林松友（友梅）、莊木火（龍光）、李春池（步蓮）、李先麟（趾臣）、陳水木（樹人）、李耀東（啓明）、林德春（揚青）、黃新用（以仁）、陳春連（少岊）、

〔註23〕《詩報》第 82 號（1934 年 6 月 1 日），頁 1。

〔註24〕《詩報》第 79 號（1934 年 4 月 15 日），頁 16。

〔註25〕同註13。

張黃曾（佐臣）、黃春亮（少青）、李金波（碧海）、蘇西庚（星樵）、王學山（樹人）等三十二位。《詩報》第 87 號「各社社友錄」，讓我們明確掌握仰山吟社社員姓名及字號，並得知此時社團規模大約在三十人至四十人之間。

陳金波社長，張振茂副社長，幹事蔡老柯，以及顧問林拱辰、李琮璜、莊贊勳、連城青等人的職責，由昭和 6 年（1931）選出到昭和 9 年（1934）年皆未曾變動，昭和 6 年（1931）選出的會計林本泉，庶務石壽松，一律以幹事稱之，以上諸位社員爲仰山吟社中堅人物，他們在蘭地政商界也都很活躍，並有心致力於文教工作。陳金波、蔡老柯二人都曾參與臺灣文化協會，從事民族革命運動。

仰山吟社成員中已知吳蔭培〔註26〕、江紫元〔註27〕、林玉麟〔註28〕是寓居蘭地者。張黃曾（佐臣）、張洒西（天眷）是蘭地本地人，他們也是親兄弟，在父親張鏡光教導下，皆致力於蘭地文教傳承。

張黃曾（1909～1998），張鏡光長子，生於宣統元年（1909）十二月十二日，號佐臣，本名張娘眷，取「黃曾」爲字號乃緣於繼承「黃曾」兩姓血脈之需要，號「佐臣」則是其父張鏡光之意。幼時秉承父訓，未入日校，隨父攻讀經書，張鏡光曾教之曰：「詩言志也，可規正人心雍和情性者也，興觀群怨，温厚和平三百篇之遺音，宜追尋諷詠之，取之手上僅得其中，風雅頌賦比興六義分明，研求深造，庶可有成，余入庠後，始知深研，汝宜及早勉之，毋忽」。及張鏡光捐館，張黃曾嗣其業，於省心齋書房教授漢文。

1931 年，日人檢束漢學，禁開書房，張黃曾多方交涉，續課徒如昔。1937年日人於臺灣行皇民化政策，徹底消滅臺灣漢學文化，張黃曾以省心齋書房爲傳播民族思想據點，遭此打擊，遂北上加入世兄蔣渭水抗日行列，其中以1943 年金瓜石大抗暴，最爲慘烈，事敗被執者二百餘人，張黃曾幸得從其學詩之日警松井君暗助，得以潛逃。日警追捕不獲，拘夫人楊愛女士嚴刑迫供，夫人堅忍不屈，乃得免。此後，爲避耳目，居無定所，1943 年才返回宜蘭枕頭山故居。張黃曾生平詩作豐富，民國 90 年（2001）其子張國楨爲之搜羅輯佚，出版《省心齋詩文集》〔註29〕，詩、文、對聯盡收其中。

〔註26〕吳蔭培生平詳見本章第三節第四小節。
〔註27〕江紫元生平詳見本章第三節第十九小節。
〔註28〕林玉麟生平詳見本章第三節第三小節。
〔註29〕張娘眷著，張國楨編，《省心齋詩文集》（宜蘭：張國楨，2001 年）。

張迺西（1916～？），張鏡光三子，生平詳見本章第三節。張黃曾、張迺西兩人個性迥然不同，長兄黃曾脾氣較烈，教書時素有「雷公」之稱；迺西個性隨和，但不善交際應酬。（見附錄三）兩兄弟在父親的薰陶下，有深厚的漢學功底，同時成爲仰山吟社社員，但不知何因，張迺西於昭和10年（1935）退出仰山吟社。張迺西〈賦別仰山吟社諸詞友兼退社〉：

> 同聲同應等心知，七載騷壇未少離。
>
> 緣訂鷺鷗因翰墨，親如仲伯奏塤箎。
>
> 陷天待補嗟何術，缺月重圓見有時。
>
> 聚首西窗猶咫尺，不須秋日以爲期。〔註30〕

由此詩可知張迺西從昭和3年（1928）加入詩壇活動，於昭和10年（1935）五月這段時間退出仰山吟社。

昭和9年（1934）八月十五日《詩報》第87號「各社社友錄」所提供的仰山吟社社員及組織僅可得知此時間點；靜態的仰山吟社社員及組織狀況，無法得知社員間的流動，參考《詩報》其它訊息可稍微彌補此缺憾。

《詩報》每年年初第一期都會刊出有需要之全臺各詩社或公司行號賀年廣告，該廣告中偶而會列出社員組織，昭和9年（1934）一月一日《詩報》第73號〔註31〕刊出「宜蘭街仰山吟社」賀年廣告，該廣告中列出該社「社長爲陳金波，副社長張振茂，幹事：林本泉、石壽松、連坤樹、蔡炎輝、蔡老柯」，而昭和10年（1935）一月一日《詩報》第96號〔註32〕「宜蘭街仰山吟社」賀年廣告與《詩報》第73號相同。將《詩報》第73、96號提供的資訊與上述《詩報》第87號「仰山吟社社友錄」相比較，可確知昭和9、10年這兩年間仰山吟社社長爲陳金波，副社長張振茂，幹事人選則有所出入，但可知蔡老柯、石壽松、林本泉三人皆爲主要幹事。

關於仰山吟社社員變動，受限於史料我們僅能窺知一二。筆者綜合賴子清〔註33〕主編、李逐初校閱，《古今詩粹》〔註34〕「作者題名錄」所得資料

〔註30〕《詩報》第104號（1935年5月1日），頁15。

〔註31〕《詩報》第73號（1934年1月1日），頁20。

〔註32〕《詩報》第96號（1935年1月1日），頁24。

〔註33〕賴子清，號鶴洲，嘉義市觀廣文四子，任臺南州屬，操觚臺日報，曾駐香港辦報，鼓吹中日息戰和平，執教北市商職，任省編譯館、省文獻委員會纂修工作，膺聘爲嘉縣嘉市兩文獻會顧問，中國文化學院臺灣研究所理事，著有詩醇、詩海、詩典、詩粹、嘉義縣文獻專輯等。賴子清，《古今詩粹》（臺北：賴子清，1966年），頁54～56。

〔註35〕，及篩選陳長城〈宜蘭仰山吟社沿革〉〔註36〕提供仰山吟社名錄，得知日治時期還有吳英林、林恒吾、林榮輝、李朝梓、蔡炎輝、蘇雪樵、黃希葛、張松村、陳存、林金枝、陳春榮、林仁山等人爲仰山吟社社員，可惜尚無史料可判知這些社員入社時間。

二、登瀛吟社

（一）創社沿革

日治時期頭圍庄（今日宜蘭縣頭城鎮）的傳統詩社登瀛吟社取名「登瀛」採用「十八學士登瀛州」〔註37〕的典故。「登瀛吟社」，亦稱「登瀛詩社」、「登瀛社」，或冠以地名稱「頭圍吟社」、「頭圍登瀛吟社」，由該社社規（見附錄一）得知「登瀛吟社」是爲正名。

「十八學士登瀛州」的典故對文人來說，含有「受到重視、肯定」、「文人團體」、「文化氛圍」等涵義在內。以「登瀛」二字所承載的文化意義觀之，

〔註34〕《古今詩粹》民國55年（1966）十二月二十五日印刷，賴子清爲著作兼發行人。
〔註35〕依編者解釋：一，因人數太多，古代人多不載。二，爲優待繳歀（疑「款」之訛字）預約者，刊其字號簡歷，惟限於本人自行提示者，否則無從調查，未預約者一律不載。三，作者年齡照五十五年現在。可見要有金錢資助才會被列入記載，且這些資料爲作者自行提供，可視爲作者自我認定的歸屬社團。詳見賴子清，《古今詩粹》（臺北：賴子清，1966年），頁26。
〔註36〕陳長城，〈宜蘭仰山吟社沿革〉，《臺北文獻直字》，109期（1994年9月）。
〔註37〕此典故源於唐武德四年，李世民被任命爲「天策上將」，在秦王府中開設文學館，延攬四方文學之士入館，禮遇甚隆。當時房玄齡、杜如晦、虞世南、孔穎達、褚亮、姚思廉、子玄道、于志寧、蘇世長、薛收、陸德明、李守素、蔡允恭、顏相時、許敬宗、薛元敬、蓋文達、蘇勗等十八人並爲文學館學士，每日分爲三番，輪流值宿。李世民處理軍國事務完畢，參謁歸休之時，即引見學士論討墳典，商略前載，考其得失，有時討論至深夜才就寢。李世民溫顏善遇，天下歸心，當時奇傑之士咸思自效，只要預入館者，皆爲時人所傾慕，稱「登瀛州」。以上事蹟載於《唐文拾遺》，新、舊《唐書》中的〈褚亮傳〉也有相同的記載。由此觀之「十八學士」在當時已成爲身分地位的代表，文人如果能進入文學館成爲十八學士之一，其光榮不難想見，故有「登瀛州」之稱。五代十國時期，馬殷在今湖南地區建立楚國，馬殷死後，其子馬希聲、馬希範先後執政，馬希範驕奢淫逸，楚國日益衰敗，但他在位時曾仿照唐太宗李世民設天策府文學館的先例，以幕僚廖匡圖、李宏泉、何仲舉、徐仲雅、劉昭禹等十八人爲學士，號稱「天策府十八學士」。當時中國紛亂，人們生存已是不易，何暇顧及詩文？天策府十八學士的設立，使一批文士得以安心吟詩作文，互相切磋，提高技藝，形成亂世之中罕見的文人團體，並衍化爲文化氣氛，帶動湖南、長沙的文化發展。

其意隱含，希望艱苦年代裡，能夠在開蘭第一城——頭圍，建立漢文化氛圍，讓漢文化得以在日人的統治下薪火相傳，頗有振興漢文化的宏願。與乙未割臺第七年（1902年）臺中霧峰林癡仙（1875～1915）所創「櫟社」取《莊子‧人間世》「櫟社樹」為不材之木的消沉絕望心情，截然不同。昭和2年（1927）「登瀛吟社第二回通常總會擊鉢吟錄」〔註38〕開會紀錄中有「社則改修承認」一項，由社則改修起草委員莊芳池說明之，可見昭和2年（1927）登瀛吟社已設立社則。登瀛吟社社規（見附錄一）第一章總則第二條明確表明「研究漢詩振興漢學及助長地方文化為宗旨」，該社以「研究漢詩」作為實際的行動，藉此達到振興漢學、助長頭圍文化風氣為目的。

關於登瀛吟社創立之時間有三說，一云民國15年（1926），為日治時期的昭和元年，係盧纘祥、林才添、陳書等地方名流所組成。賴子清《古今臺灣詩文社》、廖一瑾《臺灣詩史》、莊英章及吳文星編著《頭城鎮志》、許俊雅《臺灣寫實詩作之抗日精神研究》〔註39〕皆採此說。

一云民國10年（1921），《臺灣省通志‧學藝志文學篇》：「民國十年，有盧史雲發起，邀集葉文樞、黃振芳、簡林財發等設立『登瀛吟社』，亦時集吟會。」〔註40〕民國91年（2002）林正芳《續修頭城鎮志》徵引連雅堂《臺灣詩薈》作為論證依據，贊同民國10年的說法。因《臺灣詩薈》創刊於大正13年（1924），至大正14年（1925）十一月停刊，僅刊出二十一號。其大正13年（1924）六月第五號載「登瀛社（頭圍），以五月四日發表徵詩，題為「白燕」五律（微韻），即五月夕截收。」又大正13年（1924）七月第六號記載：

> 宜蘭文社（宜蘭）陳雪峰氏以六月十八日邀蘭社、吟香社、登瀛社、
> 光文社等社友，泛舟西川之河以開吟會。〔註41〕

〔註38〕《頭圍登瀛吟社擊鉢吟錄》，昭和丁卯年（1927），頭城鎮史館館藏影抄本，共計40頁。

〔註39〕賴子清，〈古今臺灣詩文社〉，《臺灣文獻》十卷三期（1959年），頁79～111。廖一瑾（雪蘭），《臺灣詩史》（臺北：文史哲出版社，1999年）。許俊雅，《臺灣寫實詩作之抗日精神研究——1895～1945年之古典詩歌》（臺北：國立編譯館，1987年），以上三書提到登瀛吟社皆採用創立於民國十五年的說法。莊英章及吳文星編著《頭城鎮志》書中內文採用登瀛吟社創立於民國十五年之說，但加註說明《臺灣省通志》記載民國十年的說法。

〔註40〕《臺灣省通志》（臺北：臺灣省文獻委員會、中華學術院臺灣研究所合編，1971年），第三冊，頁62。

〔註41〕連雅堂，《臺灣詩薈》第6號（南投：臺灣省文獻會，1992年重刊），頁405。

此處登瀛社（頭圍）即是登瀛吟社，因當時頭圍並無其它詩吟社有相類似之名。依此可證大正 13 年（1924）時已有登瀛吟社，故《續鎮志》採用《臺灣省通志》記載登瀛吟社成立於民國 10 年（1921）的說法。

　　第三種說法爲《宜蘭縣志・人民志・禮俗篇》李春池「民國 8 年」之說。〔註42〕

　　究竟登瀛吟社創立的時間「民國 8 年」、「民國 10 年」、「民國 15 年」三種說法，孰是孰非？我們必須再徵引其它的文獻資料佐證。

　　「民國 8 年」之說並無其它可信的史料佐證。「民國 10 年」之說成形於昭和 11 年（1936），「民國 15 年」之說成形於昭和 5 年（1930），緣於登瀛吟社社員們對於創社時間經過一番追述的過程。

　　《登瀛吟社擊鉢錄》分號〔註43〕，首頁刊登昭和 5 年（1930）三月八日庶務寫的啓事一則，文中有「日前敝社四週年紀念會時動議擬創設東臺灣詩社聯合會之案」之句，並有夢霞室主人「祝登瀛吟社四週年」詩作。查證《臺灣日日新報》昭和 5 年（1930）二月二十六日第四版，「頭圍登瀛吟社　第四回總會」內容確實有「創設東臺灣詩社聯合會」之提議。此時社員們認爲昭和元年，即民國 15 年（1926）爲創社時間。

　　但是，到了昭和 11 年（1936）卻出現不同的訊息，《臺灣日日新報》昭和 11 年（1936）六月二十七日第四版「頭圍登瀛吟社定期總會」記載；

　　　頭圍登瀛吟社　定期總會　議辦州下聯吟　頭圍登瀛吟社。去二十
　　　三日午後一時。假信組樓上開定期總會。……爲本年秋季臺北州下
　　　聯吟大會輪值頭圍。討論結果。州下聯吟會期日。擬于十月中旬。
　　　古曆九月初開催兩日。該社爲適滿十五週年聯吟會翌日。兼開紀念。
　　　以作諸吟友招待會。

此新聞云：「該社爲適滿十五週年」，昭和 11 年爲西元 1936 年，往前推十五年，即 1921 年即大正 10 年，也就是民國 10 年。

　　又《詩報》昭和 11 年（1936）十一月十六日第 141 號刊載登瀛吟社十五週年慶擊鉢吟詩作，詩題「珠璣網」，左詞宗是葉文樞，右詞宗是吳蔭培，刊登曾笑雲、小遊仙、振芳、鰲峰、紉秋、義德、芳池等人三十二首七律詩作。同期有北臺吟社代表蔡子淘、倪登玉呈、李石鯨、謝尊五等人及貂山吟社撰

〔註42〕同註 10。
〔註43〕《登瀛吟社擊鉢錄》分號，頭城鎮史館影抄本，共計 12 頁。

詩表祝賀之意。《詩報》昭和 11 年（1936）十二月二日第 142 號則刊載登瀛吟社十五週年紀念會次唱題「海鏡」，共有曾笑雲、伯華、夢酣、史雲、清揚、禮耕、雲軺、夢竹、兩傳等人二十四首七言絕句作品。這兩項資料，同樣支持登瀛吟社成立於大正 10 年（1921）之說。

　　筆者以爲登瀛吟社創社時間經由社員們不斷追溯而得。昭和 5 年（1930）時認爲創社時間爲昭和元年，即民國 15 年（1926）。昭和 11 年（1936）時社員認爲登瀛吟社開始活動時間更早，因而以大正 10 年，即民國 10 年（1921）爲創社時間，故發佈「登瀛吟社十五週年紀念」的新聞。翻閱《臺灣日日新》大正 11 年（1922）五月九日第六版「光文社詩社例會」已見登瀛吟社鄭璞山、吳春麟、莊芳池社員參加，因此本文認爲登瀛吟社創社於大正 10 年（1921）較有道理。

　　有關登瀛吟社歷任社長傳承情形，依據《續修頭城鎭志》記載：

　　　首任社長吳祥煇。吳祥煇逝世後，昭和八年（1933）爲補充陣容，
　　　於當年二月二十六日，假本鎭慶安宮集會，改選幹部名單如下，社
　　　長盧纘祥、理事林才添、會計黃振芳、庶務游象新、編輯林錫虎。
　　　〔註 44〕

此處有關社長的傳承出現問題。首任社長不知爲吳祥煇或陳書？《頭城鎭志》介紹吳祥煇生平時並無說明吳氏爲社長〔註 45〕，介紹登瀛吟社此文藝團體時卻說明「吳祥煇爲社長，陳書爲顧問」〔註 46〕。另外《頭城鎭志》介紹陳書生平時又記載陳氏爲首任社長凡五年〔註 47〕。《續頭城鎭志》未考其異，直言吳祥煇爲首任社長。登瀛吟社社長傳承問題值得深究。

　　若依《頭城鎭志》記載登瀛吟社創立於民國 15 年（1926）的說法，陳書擔任社長的時間爲大正 15 年（1926）至昭和 5 年（1930）。但《臺灣日日新報》昭和 5 年（1930）二月二十六日第四版，「頭圍登瀛吟社　第四回總會」提到：

　　　宜蘭郡頭圍。登瀛吟社。第四回總會……去二十三日。午後二時。
　　　開於頭圍街。盧纘祥氏洋宅。各吟社社員。多數出席。首由該社審
　　　議則一部變更。次役員改選結果。均重任。登瀛吟社社長陳書敍禮。

〔註 44〕林正芳，《續修頭城鎭志》（宜蘭：頭城鎭公所，2002 年），頁 632。
〔註 45〕莊英章、吳文星編著，《頭城鎭志》（宜蘭：頭城鎭公所，1986 年），頁 430。
〔註 46〕同上註，頁 497。
〔註 47〕同上註，頁 430。

文中「登瀛吟社社長陳書敍禮」證明陳書昭和 5 年（1930）時擔任社長。又昭和 6 年（1931）一月一日《詩報》第 3 號「介紹各社近況」欄介紹登瀛吟社組織，此時陳書爲社長，盧纘祥爲理事。且陳書於昭和 7 年（1932）七月二日去世，《臺灣日日新報》於同年七月十九日人事一欄以「頭圍登瀛吟社長陳書字子經氏。去二日仙逝。擇定來二十二日出葬」公佈此訊息。可確定昭和 5 至 7 年間陳書任登瀛吟社社長一職，如此則《頭城鎮志》陳書「登瀛吟社首任社長凡五年」之說，存有爭議。

如前文所引證，若登瀛吟社創立於民國 10 年，陳書爲首任社長，任期應爲大正 10 年（1921）至昭和 7 年（1932）。如此一來又與《頭城鎮志》介紹登瀛吟社文藝團體時卻說明「吳祥輝爲社長，陳書爲顧問」、「陳書任登瀛吟社社長凡五年」，以及《續修頭城鎮志》首任社長吳祥輝的說法相衝突。

假設《臺灣日日新報》於昭和 7 年（1932）七月十九日人事欄記載「頭圍登瀛吟社長　陳書字子經氏。去二日仙逝。」其「社長」二字並未說明「現任社長」，只是對曾經擔任過職位的尊稱。依此推斷，陳書爲首任社長，任期大正 10 年（1921）至大正 15 年（1926）。吳祥輝第二任社長，任期昭和元年（1926）至昭和 7 年（1932），此時陳書擔任顧問一職，但此說與《臺灣日日新報》昭和 5 年（1930）二月二十六日第四版，及《詩報》第 3 號記載互相矛盾，此假設不能成立。

筆者認爲最有可能情況是：大正 10 年（1921）至昭和元年（1926）年間，爲登瀛吟社草創期，詩社運作還未步入正軌，組織未建全，社長及各幹部人選未產生。昭和 2 年（1927）至昭和 7 年（1932），陳書爲第一任社長，任期有五年。因爲昭和二年登瀛吟社第二回通常總會擊鉢吟錄中記載「役員選舉」一事，並公佈出席者投票公選結果如下：

社長　陳子經，理事　盧纘祥，幹事　吳六也，編輯　林博敏，庶務　莊芳池，會計　黃振芳。〔註48〕

「子經」爲陳書之字號，足可肯定昭和 2 年（1927）陳書擔任社長。陳書任社長期間爲登瀛吟社發展期，此時已訂社規，定期開擊鉢例會。再參考上述《臺灣日日新報》昭和 5 年（1930）二月二十六日第四版，及《詩報》第 3 號記載，可確定陳書爲登瀛吟社第一任社長，任期爲昭和 2 年（1927）至昭和 7 年（1932）。

〔註48〕《頭圍登瀛吟社擊鉢吟錄》，昭和丁卯年（1927），頭城鎮史館館藏影抄本。

陳書之後，由吳祥輝繼任登瀛吟社社長。據《詩報》第 49 號記載：

> 頭圍登瀛吟社社長吳春麟先生逝世　吳祥輝，字春麟，年未弱冠即
> 投身教育事業。領臺後，充頭圍公學校漢文教員。六年後仍教授私
> 塾兼任登瀛吟社顧問，去年春選任該社社長大加整頓，不意本月七
> 日溘然長逝，享壽六十有四齡，惜哉。〔註49〕

此則消息讓我們確定繼陳書之後，登瀛吟社第二任社長為吳祥輝。陳書 1932
年 7 月 2 日逝世前，已卸下社長一職，時間為同年春天。吳祥輝原本是登瀛
吟社顧問，在 1932 年春天被選任為社長，但是在同年 12 月 7 日溘然長逝，
任職社長的時間不到一年。陳書、吳祥輝兩位長輩雙雙去世後，由盧纘祥接
任社長一職，主持登瀛吟社各項事宜，將該社發展推向高峰。

昭和 8 年（1933）年盧纘祥擔任社長開始，為登瀛吟社鼎盛期。盧氏為
頭圍庄富豪之家，政商關係良好，在他的帶領下，登瀛吟社活動頻繁，生機
勃勃。光復後莊芳池曾任社長〔註50〕，傳至林才添時始趨沒落，林氏為登瀛
吟社末任社長，登瀛吟社至此走入歷史。

（二）詩社成員

整體而言，登瀛吟社規模及組織都非常健全，延續大正年間傳統詩社成
立的背景〔註51〕，當時社員人數最多時可達三十餘人。社規總則第四條（見
附錄一）明言「男女皆可入社」，對女性參與詩社並不排斥，可見該社男女平
等的觀念，該社社員中莊連珠即為閨秀詩人。

若依社員入社時間區分之，昭和 2 年（1927）之前已入社的社員，至少
應該包含「十八學士」。據《頭城鎮志》記載林才添、康灩泉、林萬榮等地
方人士的說法，「十八學士」其名單為「黃見發（夢熊）、林德發（夢修）、
陳木裕（夢痴）、楊水成（夢月）、簡林財發（夢珍）、吳六也（夢祥）、莊鼇
（夢梅）、盧纘祥（夢蘭）、吳阿根（夢麟）、劉枝昌（夢竹）、林才添（夢筆）、
陳阿榮（夢覺）、黃登元、李兩傳、陳書（子經）、游象新（雪齋）、張煙親、

〔註49〕《詩報》第 49 號（1932 年 12 月 15 日），頁 1。

〔註50〕陳燦榕，〈蘭陽文壇傳統詩的回顧與薪傳〉，《蘭陽》第 58 期（臺北：蘭陽雜
誌社，1991 年 5 月），頁 69。

〔註51〕黃美娥認為明治時期臺灣傳統詩社由社長、副社長個人主導。大正年間以後，
轉為各社自訂社規，促使詩社組織更為嚴密。黃美娥，《重層現代性鏡像：日
治時代臺灣傳統文人的文化視域與文學想像》，（臺北：麥田出版社，2004 年），
頁 150。

吳祥輝（春麟）」〔註52〕等十八人，其中有十三人以「夢」字爲號。

　　事實上其它登瀛吟社社員之中亦有以「夢」字爲號者，例如莊正義（夢蝶）、連瓊瑱（夢眞）、陳生枝（夢春）、鄭阿福（夢雲）等人，他們不被列入當時地方人士所說的十八學士之列。可以肯定的是登瀛吟社社員取字號時，喜好以「夢」字爲名號。和高雄鳳山「藏修吟會」會員以「修」字爲號，取「蘊藏進修，不敢炫耀」之意〔註53〕相較，登瀛吟社社員以「夢」字爲名號，應有其特殊含義，唯相關文獻不足，暫存闕疑。

　　昭和 2 年（1927）之前入社社員除「十八學士」之外，依《頭城鎮志》作者生卒年代及活躍情況觀之〔註54〕，應再加入鄭騰輝（璞山）、楊源榮二位。

　　另外，由《頭圍登瀛吟社擊鉢吟錄》可確知昭和 2 年（1927）共二十二位社員，依值東順序排列如下：黃見發（振芳）、林德發（夢修）、陳志謙（默虛）、陳木裕（蔭寬）、簡桃木、鄭阿福（夢雲）、楊水成（一清）、簡林財發（夢珍）、吳六也（至誠）、莊鱉（芳池）、盧纘祥（史雲）、吳阿根（挺枝）、劉枝昌（夢竹）、莊正義（夢蝶）、林才添（夢筆）、陳阿榮（夢覺）、李兩傳、陳書（子經）、陳生枝（夢春）、游象信（象新）、張煙親、陳枝成、連瓊瑱（夢眞）等人。

　　據昭和 5 年（1930）二月廿五日第四回總會詩集的資料〔註55〕，當時社員依序爲盧纘祥（夢蘭）、張文通、陳書（子經）、陳木裕（蔭寬）、陳阿榮（夢覺）、陳枝成、劉枝昌（夢竹）、林德發（夢修）、林博敏（夢筆）、李兩傳、簡林財發（夢珍）、簡祖林（夢松）、楊水成（夢月）、連瓊瑱（夢眞）、莊芳池（夢梅）、莊正義（夢蝶）、黃見發（振芳）、黃登元、吳祥輝（春麟）、吳阿根（挺枝）、吳六也（夢祥）、鄭阿福（夢雲）、游象信（雪齋）等二十四社員。

　　將昭和 2 年（1927）與昭和 5 年（1930）登瀛吟社社員名冊相比較，昭和 5 年（1930）社員名單中多了張文通、簡祖林（夢松）、黃登元、吳祥輝（春麟）四位，少了簡桃木、陳志謙（默虛）二人之名。

　　再參考《頭城鎮志》作者生平介紹〔註56〕，昭和 5 年（1930）之後入社

〔註52〕同註 45，頁 503。
〔註53〕同註 14，頁 28。
〔註54〕同註 45，頁 443、451。
〔註55〕《登瀛吟社詩集》頭城鎮史館影抄本，共計 46 頁，頁 23。
〔註56〕同註 45，頁 465、469、472、474、475、477。

的社員應有：康灩泉（健全）、吳鴻福（蔭庭）、林錫虎（德風）、呂營陳（厚生）、莊連珠（佩瓊）、林萬榮（樹德）等六位社員。

　　到了 1939 年則有「蕭獻三、曾笑雲、鄭指薪」三位外地文人加入登瀛吟社。

　　蕭文賢（獻三）因任職製糖公司來到蘭陽。曾潮磯（朝枝、笑雲）任職於盧史雲所帶領蘇澳郡臺灣石粉株式會社，因而加入登瀛吟社。昭和 14 年（1939）一月一日《詩報》第 192 號登瀛吟社賀年廣告社員名單中已包含蕭獻三、曾笑雲二人。〔註57〕昭和14年（1939）五月三日《詩報》第 200 號刊載登瀛吟社擊鉢詩題〈題曲水流觴圖〉此為登瀛吟社為鄭指薪（火傳先生）舉辦的入社歡迎聚會，社員笑雲、樹德、芳池、史雲、夢梅、象信等人皆有詩作以表歡迎之意。鄭指薪會加入登瀛吟社應與其師葉文樞有關，葉文樞於昭和 6 年（1931）受盧纘祥禮聘到宜蘭頭圍任教，而盧纘祥此時為登瀛吟社社長，葉文樞自然而然與登瀛吟社互動密切。鄭指薪，為葉文樞之學生，對登瀛吟社活動應當不陌生，因此於昭和 14 年（1939）間加入該社。

　　社員莊芳池〈指薪詞兄入社賦呈次笑雲先生韻〉一詩記三位新社友入社，為登瀛吟社帶來新氣象：

　　　一入登瀛便可群，互通聲氣久傳聞。

　　　騷壇拔幟添三友，驪穴探珠有二雲。

　　　且喜扶輪多大雅，莫愁掃地到斯文。

　　　即今槖筆來蘇澳，經濟遄收翰墨勳。

　　　（曾笑雲、蕭獻三、鄭指薪先後入社，社中有史雲、笑雲，故云二

　　　雲。）〔註58〕

由詩後小註更能清楚看出曾笑雲、蕭獻三、鄭指薪確實在昭和 14 年（1939）加入登瀛吟社，成為該社生力軍。莊芳池久聞三位新社友的詩名，有他們的參與，蘭地文風為之一振。曾笑雲、蕭獻三、鄭指薪三人加入登瀛吟社時至少三年以上，直到昭和 17 年（1942）社員名單中仍列有此三人之名〔註59〕。

　　分析登瀛吟社社員之間的關係，可概分為四種關聯：

〔註57〕《詩報》第 192 號（1938 年 1 月 1 日），頁 4。

〔註58〕《詩報》第 201 號（1939 年 5 月 20 日），頁 5。

〔註59〕登瀛吟社恭賀戰捷新春廣告所列出的社員名單，詳見《詩報》第 263 號（1942
　　　　年 1 月 1 日），頁 8。

1、師生關係：吳祥輝爲就正軒教師，其學生盧纘祥、林錫虎、黃見發、莊連珠、楊水成等人皆爲登瀛吟社社員。

2、家族關係：鄭騰輝與鄭阿福爲父子關係，吳祥輝與簡林財發爲翁婿關係，而林錫虎與莊連珠則爲夫妻關係。

3、賓幕關係：盧纘祥爲頭圍富豪，活躍於政經界，頭圍信用購買利用組合（頭城農會前身）、蘇澳臺灣石粉株式會社等組織，盧氏皆居首席之位。因此頭圍信用購買利用組合專務理事林才添，理事劉枝昌，會計主任游象新，組合員莊正義、林錫虎、康灩泉等人。〔註60〕蘇澳臺灣石粉株式會社職員黃漱六、李兩傳，以及頭圍庄協議會會員劉枝昌等人，皆加入登瀛吟社成爲社員。

4、地緣關係：因爲到頭圍經商或本身居住於頭圍，再因自身興趣而入社。例如吳六也從事代書工作，林德發從事建築業，他們都住在頭圍。莊鱉原來住在頭圍三抱竹（今頭城鎮竹安里），後搬到頭圍街上定居開藥房，又隨吳祥輝學習詩文，自然而然加入登瀛吟社。

以上四種關聯並不能截然劃分，它是允許多重關係存在，例如吳鴻福是頭圍人，同時也是盧纘祥蘇澳臺灣石粉株式會社臺北營業所主任，其加入登瀛吟社具有地緣及賓幕關係。

三、東明吟社

（一）創社沿革

蘭地主要城市，由北而南，依序爲頭城—宜蘭—羅東—蘇澳。宜蘭有仰山吟社、光文社、蘭社等詩社，頭城有登瀛吟社，羅東、蘇澳等地卻還未成立詩社。江夢花、楊靜淵等人因羅東郡無詩社，引以爲憾，興起創社之意，此事詳見《詩報》第79號「騷壇消息」第一則：

> 羅東郡下從來乏一吟社，好詩同人引以爲憾。今般計劃組織一吟社，研究漢詩，振興漢學，期可助長地方文化，兼爲互相親睦機關。現正募集社員，希好詩之士多大贊同，又如諸吟友住址未詳，未勸誘莫致者，可問羅東街十八垼江夢花，或蘇澳庄楊靜淵聲明云。〔註61〕

江紫元、楊長泉創社的動機爲「研究漢詩」、「振興漢學」、「助長地方文化」、

〔註60〕《頭圍信用購買利用組合創立十五周年誌》（臺北州宜蘭郡：1934年），附錄三。

〔註61〕《詩報》第79號（1934年4月15日），頁1。

「互相親睦機關」，由此觀之，該社「繫斯文於一線」的用心仍然存在，但已注意到地方文化的發展，且明白詩社作爲互相親睦社團組織的必要性。

　　東明吟社創立當以江紫元出力最多，早在《詩報》第79號之前，江紫元已於昭和9年（1934）三月三十日在《臺灣日日新報》刊登創社旨趣：

> 羅東街民間，多年懸案之詩吟社，者番由同街江紫元，發起以互相研究漢詩，及振興漢學，並助長地方文化發展等爲宗旨，擬組羅東吟社。最近得各有力者後援，日前回各界人士，發送趣意書，贊成者，可速回羅東隆●●店處聲名。按近日中，開創立總會云。〔註62〕

文中創社宗旨與昭和9年（1934）四月十五日刊登在《詩報》第79號「騷壇消息」文意相同。相異的地方在於《詩報》第79號未指出社名爲何，而上述引文中明言「擬組羅東吟社」，「羅東吟社」與「東明吟社」是否相關？我們可由先下列兩則新聞得到確認：

> 會事　蘭陽地方　輓近漢學日興，文壇亦振。如羅東街有志青年，自五月中，籌設吟社，顏曰羅東吟社，籌備就緒，訂本月十日午前九時起，假羅東公會堂，舉發會式，由該社創立委員長陳東山氏，柬請隣郡宜蘭仰山吟社、頭圍登瀛吟社、青年讀書會，並其它諸友多數出席。是日行事，有社則審議、社長之推薦、孔子之奉告祭等，終開擊鉢鉢吟會，及祝宴等云。〔註63〕

> 羅東　詩社發會　羅東詩社，訂本月十日午前九時在羅東公會堂欲盛舉發會式，現會員三十餘名，是日臺北、宜蘭及蘇澳方面之諸吟友擬多數參列。〔註64〕

比較上列兩則新聞，「羅東吟社」、「羅東詩社」同樣在昭和9年（1934）年六月十日舉行發會式，地點同樣是羅東公會堂，與下文提及「蘭東東明吟社發會式詳報」時間、地點皆相同，另外「社則審議」、「社長推薦」、「孔子奉告祭」等典禮的進行亦相同，足見「羅東吟社」、「羅東詩社」、「羅東街詩社」、「東明吟社」實指同一詩社。

　　另外，由范良銘〈祝羅東吟社成立〉與〈祝東明吟社發會式〉兩首詩作

內容同為：

> 客滿詞壇詩滿筵，和聲鳴盛韻悠然。
>
> 人為代代文章士，會結時時翰墨緣。
>
> 彷彿德星同類聚，依稀舊雨復班聯。
>
> 羅東今繼蘭亭事，觴詠何曾遜管絃。〔註65〕

觀之，〈祝羅東吟社成立〉發表在1934年5月15日《詩報》第81號，〈祝東明吟社發會式〉發表在1934年8月1日《詩報》第86號，時間相去不遠，從詩題不同，內容實同的情況判斷，應當是同一詩社，范良銘才會使用同一首詩。故筆者以為「東明吟社」創立之初，因地緣關係，曾使用「羅東吟社」或「羅東詩社」或「羅東街詩社」之別稱，至發會式始正式定名為「東明吟社」。

　　1934年六月十日，江紫元終於順利邀集地方人士成立社址設在羅東鎮的詩社，定名為「東明吟社」，並舉行隆重的發會式：

> 蘭東東明吟社發會式詳報　既報，去十日午前九時，蘭東東明吟社，假羅東公會堂，舉行發會式。先推薦臨時議長，次審議社則，選舉役員。以投票式，舉胡慶森氏為東明吟社社長，陳純精、藍淥淮兩氏為名譽顧問。次來賓鈴木羅東郡守，桃社鄭永南氏，仰山吟社顧問莊贊勳氏，演說詩學主旨。繼即登瀛吟社顧問杜仰山氏，仰山吟社副社長張振茂，登瀛吟社社長盧纘祥氏朗讀祝詞。江紫元氏披讀各地吟社祝電及祝詩。然後舉行大成至聖先師孔夫子奉告祭。〔註66〕

羅東位於蘭陽平原東方故曰「蘭東」。東明吟社在昭和9年（1934）六月十日上午九時假羅東公會堂，舉行創社發會式。由報上記載可知該社有訂定社則，於會中「審議社則」，該社長、顧問及役員，依選舉投票方式產生。當日來賓眾多，特別安排羅東郡守鈴木、桃社鄭永南、仰山吟社顧問莊贊勳演講詩學主旨，亦舉行大成至聖先師孔夫子奉告祭儀式，如此慎重其事，足見闡揚漢學，創立詩社，並非詩社「遊戲交遊為主」一言可蔽之。會中朗讀本地文人祝詞，各地吟社祝電及祝詩，同聲相和，共襄盛舉。

　　江夢華隨及發表〈昭和甲戌蒲節前六日為東明吟社發會賦似蘭陽諸吟友

〔註65〕范良銘，〈祝羅東吟社成立〉，《詩報》第81號（1934年5月15日），頁7。〈祝東明吟社發會式〉，《詩報》第86號（1934年8月1日），頁5。

〔註66〕《臺灣日日新報》1934年6月15日第四版「蘭東東明吟社發會式詳報」。

郢正〉一詩記東明吟社創社盛事：

> 羅將文物締詩盟，裙屐聯翩逸興生。
>
> 戞玉敲金扶大雅，揚葷摘藻暢幽情。
>
> 地靈人傑蘭陽秀，霞蔚雲蒸檜嶺明。
>
> 今日騷壇成鼎立，百年大計看恢宏。〔註67〕

江夢花創立東明吟社頗具宏願，想要和頭城登瀛吟社、宜蘭仰山吟社成為蘭地三足鼎立的詩社，為維護固有文化的百年大計盡一番心力。

蘭地文人們樂見本地詩社蓬勃發展，例如同年八月十五日登瀛吟社社員張文通登在《詩報》第87號〈祝東明吟社成立〉：

> 風騷今日萃群英，心血多年始創成。
>
> 壇玷蘭陽雄鼎峙，仰山而外又登瀛。〔註68〕

可見當時蘭陽傳統文人心中，仰山吟社、登瀛吟社是最活躍的詩吟社，再加上東明吟社，期待成為三足鼎立的局面，為提振蘭陽文風貢獻心力。

（二）詩社成員

依前文提及《臺灣日日新報》昭和9年（1934）六月十五日第四版「蘭東東明吟社發會式詳報」及昭和9年（1934）年羅東東明吟社提供給《詩報》第87號「各社社友錄」〔註69〕專欄的資料，可知此時由胡慶森任社長，副社長為林義，顧問由陳純精、藍淥淮二人擔任，幹事有：江紫元（夢花）、楊長泉（靜淵）、江朝開、李朝梓（維桑）、李金火（耀鋒）、林金枝（劍稜）等六人，社員為：林玉麟、張劍雄、陳東山、黃承爐、張天飛、馮石來、游垂德、黃春亮、林榮輝（子清）、張聰明（容光）、陳伯榮、林寬雍、何福春、陳琳煥、陳葉成、廖火練（雪峰）、廖榮松、范良銘、張火金、侯德鐘（少嚴）、李烏棕（修篁）、石朝枝（曉暉）、蔡奕彬、李盟珠等24人。

社長胡慶森為羅東新協泰大事業家〔註70〕，及顧問陳純精曾任羅東街長

〔註67〕《詩報》第85號（1934年7月15日），頁14。

〔註68〕《詩報》第87號（1934年8月15日），頁4。

〔註69〕同上註，頁16。

〔註70〕胡慶森，羅東人，羅東新協泰大事業家，性慈善，好施與，熱心公益，受人敬仰。生當日治時期，自幼習漢文，承辦日政府太平林場員工千餘人之日需食用品供給，言而有信，不論給養者資金缺乏或洪水交通斷絕，胡慶森不惜虧本，多方設法接濟，林場員工得免絕糧之憂。他也是中興羅東北管子弟團——福蘭社的功勞者。其生平事蹟詳見《宜蘭縣志‧人物志‧歷代人物篇》（宜

綜理地方政務〔註71〕，藍淥淮曾任臺州議員、羅東信用組合長〔註72〕，此三人皆不善寫詩，並無詩作流傳，東明吟社票選出三位地方能人擔任該社社長及顧問，應與他們政商背景有關。江紫元、楊長泉（二人生平見本章第三節）發起創立東明吟社，請羅東鎮有力人士共襄盛舉，確實有助於詩社順利運作。眾多東明吟社社員中，江紫元、楊長泉、林玉麟、黃春亮四位同時也是仰山吟社社員。

依本文附表十【東明吟社社員發表詩作數量一覽表】所示，東明吟社社員詩作量達百首以上有林玉麟、楊長泉、范良銘、江紫元四位社員，五十首以上有蔡奕彬 97 首、林金枝（劍稜）70 首、李朝梓（維桑）63 首、李金火

蘭：宜蘭文獻委員會，1969 年），頁 19。龍潭隱叟，〈蘭陽歷代名人榜〉，《蘭陽》，第 40 期（臺北：蘭陽雜誌社，1984 年 12 月），頁 35。《羅東鎮志・人物篇》（宜蘭：羅東鎮公所，2002 年），頁 835～837。簡秀珍，〈宜蘭縣北管人物誌──之六：胡慶森先生〉，《蘭陽文獻雜誌》第 20 期（1996 年 3 月），頁 85～94。（筆者按：因胡慶森無任何詩作，僅列名東明吟社顧問，故本文附表「蘭地作者小傳」並未列入此人生平資料。）

〔註71〕陳純精生平事蹟：陳純精，號舜、學山，生於 1877 年，卒於 1944 年。九歲入有心軒研修漢學，十九歲入宜蘭日語傳習所，翌年畢業。1900 年起曾任宜蘭廳通譯、街庄役場書記行政事務練習講師、宜蘭臨時臺灣戶口調查通譯、宜蘭廳農會地方委員、羅東區長、宅地審查委員等職，為人豪爽慷慨，治事精明負責。1920 年任羅東街長，綜理地方政務，爭取羅東紙廠、營林所（即蘭陽林區管理處）設置於羅東鎮，帶動該地工商林業，1941 年街長退休，適值二次世界大戰，擔任米穀配銷所主任，直至 1944 年因腦溢血糖尿病併發去世，享年六十七。鎮民於 1949 年立紀念碑乙座於公園內，時隔日久，碑座陳舊，後改見銅像以供人瞻仰。詳見《臺灣列紳傳》（臺北：臺灣總督府，大正 5 年 4 月），頁 75～76。〈陳純精傳〉，《蘭陽》，第 35 期（臺北：蘭陽雜誌社，1983 年 9 月），頁 135。黃裕升〈羅東之開發者陳純精翁〉，《蘭陽》，第 36 期（臺北：蘭陽雜誌社，1983 年 12 月），頁 135。《羅東鎮志・人物篇》（宜蘭：羅東鎮公所，2002 年），頁 781～785。（筆者按：因陳純精無任何詩作，僅列名東明吟社顧問，故本文附表「蘭地作者小傳」並未列入此人生平資料。）

〔註72〕藍淥淮生平事蹟：羅東鎮人。熱心公益，羅東國民學校紀念館及中學禮堂、校舍之建築，皆得其贊助。日治時期，歷任臺州議員，羅東信用組合長。光復初曾代理羅東郡守兼水利組合長。嗣被選為臺北縣參議員。民國 37 年（1948）春，新蘭陽建設委員會成立，被推為副主任委員，與盧纘祥等進行宜蘭恢復設縣運動。迨縣治成立，獲選為羅東水利委員會主任委員，連任多次，勞績卓著。詳見《宜蘭縣志稿・人物志・第十章時賢事略》（宜蘭：宜蘭文獻委員會，1960 年）。《羅東鎮志・人物篇》（宜蘭：羅東鎮公所，2002 年），頁 796～797。（筆者按：因藍淥淮無任何詩作，僅列名東明吟社顧問，故本文附表「蘭地作者小傳」並未列入此人生平資料。）

（燿鋒）62 首、黃春亮（少青）53 首等五位社員，其餘社員詩作量少，完全沒有詩作發表有十位之多，故筆者推斷該社實際運作的情況以提攜後輩、聯誼同樂爲重，能達到一定創作程度的社員在該社中僅爲少數。

四、蘭地其它詩社

蘭地大正年間有數個較不爲人知的詩社，據《臺灣日日新》大正 11 年五月九日第六版「光文社詩社例會」新聞：

> 宜蘭光文社本期值東陳金波氏。去四月二十八日午後五時，假宜蘭旗亭樓上。大開擊鉢吟會。出席者仰山吟社：莊贊勳氏、林吳庚氏、林青雲氏、陳登第氏。蘭谿吟社：連碧榕氏、李璧選氏、李先麟氏。蘭東吟社：藍授義氏、游時中氏、張陳聯氏。紫雲吟社：蔡士添氏。三星吟社：李光斗氏、黃壽朋氏。港澳吟社：蕭少藩氏。頭圍吟社：鄭璞山氏、吳春麟氏、莊芳池氏。員山吟社：朱雲樵氏、陳君猷氏、陳周臣氏、張恆如氏。歸眞文社：呂子香氏、陳占鰲氏。

當時與會的詩社有仰山吟社、頭圍吟社、蘭谿吟社、蘭東吟社、港澳吟社、紫雲吟社、三星吟社、員山吟社、歸眞文社等社，這些詩社應該都是大正 11 年（1922）已活躍於蘭地的詩社。報上所刊載詩社名稱有可能是詩社通（俗）稱，更增加辨認上的困難，例如登瀛吟社在此則新聞，被稱爲「頭圍吟社」，但是從參與的人士，和頭圍只有登瀛吟社判斷，可確定即是登瀛吟社。蘭谿吟社社員有連城青（字碧榕）、李琮璜（字璧選）、李先麟（字趾臣），此三人亦爲仰山吟社社員。仰山吟社還有哪些社員加入蘭谿吟社，或蘭谿吟社其它社員有哪些，都是急待新史料出現，才能明朗。

至於蘭東吟社社員有藍授義、游時中、張陳聯三位，紫雲吟社社員有蔡士添，三星吟社社員有李光斗、黃壽朋，港澳吟社社員有蕭少藩，他們代表所屬詩社參與宜蘭光文社擊鉢會，唯此三社創設時間、社員生平、詩社組織仍有待考查。

員山吟社社員有朱雲樵、陳君猷、陳周臣、張恆如四位，前三位社員生平仍待考查。張恆如，即張鏡光（1854～1932），原名張金月，官章鏡光，字恆如，諡正德，致力教育垂六十載，曾組吟香社，桃李幾遍北部。

歸眞文社，創社時間不詳，社員有呂子香、陳占鰲。陳占鰲社員生平仍待考查。呂子香，即呂桂芬，字子香，大正 12 年（1923）曾任蘭社社長。

　　除了上述蘭谿吟社、蘭東吟社、港澳吟社、紫雲吟社、三星吟社、員山吟社、歸眞文社等社之外，大正 13 年（1924）還有宜蘭文社活躍其間，該社成立時間、社員組織及社團性質，受限史料，所知不多，僅知連雅堂《臺灣詩薈》大正 13 年（1924）七月第六號記載：

> 宜蘭文社（宜蘭）陳雪峰氏以六月十八日邀蘭社、吟香社、登瀛社、光文社等社友，泛舟西川之河以開吟會，至者二十餘人，題爲「水中天」七絕（先韻），詩成開宴，夜深始散。〔註73〕

由此記載可確定三件事情，一則宜蘭文社在大正十三年間已成立。二則此時蘭地活躍詩社當爲宜蘭文社、蘭社、吟香社、登瀛社、光文社，五社社員「至者二十餘人」，規模不大，詩友同好，相邀擊鉢吟樂。三則陳金波（雪峰）爲宜蘭文社主持人。陳金波於大正年間主持宜蘭文社，有哪些人參與，今日已不可考。昭和 9 年（1934）間陳金波任仰山吟社社長，此時宜蘭文社是否合併之，仍待後續研究。

　　蘭地紫雲吟社、三星吟社、蘭谿吟社、蘭東吟社、港澳吟社、員山吟社、歸眞文社、宜蘭文社等社，受限史料難以推斷規模及性質，暫存闕疑。筆者以爲，蘭地詩社以仰山吟社、登瀛吟社、東明吟社爲較具規模的三大社，另有吟香社、光文社、蘭社、敏求吟社、潮音吟社等五社規模較小，有關它們的創社時間及社員將在此節討論。

（一）吟香社

　　吟香社活躍於大正年間，《宜蘭縣志・人民志・禮俗篇》第五節「詩社及聯吟會」記載吟香社成立於 1914 年〔註74〕，因無相關佐證，筆者對此說採取保留態度。據《臺灣詩薈》大正 13 年（1924）七月第六號記載：

> 宜蘭文社（宜蘭）陳雪峰氏以六月十八日邀蘭社、吟香社、登瀛社、光文社等社友，泛舟西川之河以開吟會。〔註75〕

此處已見吟香社之名，可見其活躍時間當與蘭社、登瀛社、光文社同時期。

　　日治時期蘭陽詩壇有「吟香社」鮮有學者提及，現任傳統詩學會常務理事及仰山詩社顧問陳燦榕曾撰寫〈蘭陽文壇傳統詩的回顧與薪傳〉刊在《蘭陽》會刊，文中提及：

〔註73〕同註 41。
〔註74〕同註 10。
〔註75〕同註 41。

宜蘭市的吟香社，創于民前，由蘭陽著名耆宿張天春先生之令先尊
張鏡光先生（字恆如）所創立。〔註76〕

又考《張家族譜》記載：

公（張鏡光）曾主吟香社，生徒吟詠者甚多，如盧纘祥、莊仁閣、
張振茂、林本泉、蔡老柯、莊芳池……等其它不具錄。〔註77〕

根據上述兩項資料，吟香社由張鏡光創立，應該是可信的。亦可知社員有莊
仁閣、張振茂、林本泉、蔡老柯等人，他們亦是仰山吟社社員，而盧纘祥、
莊芳池同時是登瀛吟社社員。

創社者張鏡光（1854～1932），為舉人李望洋之女婿，原名張金月，官
章鏡光，字恆如，諡正德。宜蘭人，生於咸豐3年正月二十日巳時，晚年患
疾，卒於民國 19 年八月二十一日辰時，享年七十八歲。幼時家貧，隨父務
農，年甫十歲，受業于陳占梅，窮極經義。翁素聰明，及稍長識見卓拔，詞
藻富瞻，馳名于遠近。弱冠設帳於枕頭山館，講經授徒。未幾，為進士楊芳
所知，推薦宜蘭仰山書院，主理文學。光緒乙西歲科，拔取優等第一，補用
弟子員。同庚寅承知縣蕭贊廷命，與刺史李望洋、進士楊士芳等協同，纂修
噶瑪蘭志續篇，依功賞授五品。後因時局變遷，未能及鋒上試，遂與舉業無
緣。

張鏡光為人謙和虛懷，從未出惡言，且耿介自守，臨危不亂。光緒 11 年
（1885）考取秀才，回宜蘭途中，於石硿古道遇到山賊刼掠，山賊知其能文，
要求張鏡光代為書寫綁票信函，張鏡光毅然不從，山賊將他監禁一個月，張
鏡光不為所動，山賊無奈，要求張鏡光為石硿古道之石砌土地公廟寫對聯，
鏡光寫下：「公老尊萬古，神正享千秋」，山賊始放人。（見附錄三）

日治時期，日人曾以宜蘭廳參事及協議員諸職位拉攏，皆拒之。嗣後整
頓省心齋書房舊業，課徒傳經，從此無意仕途，致力教育垂六十載，桃李幾
遍北部，學生多賢哲。〔註78〕張氏糾結生徒創設吟香社，惜《張家族譜》中
未詳列社員芳名，亦未陳述該社詳細活動情況。據筆者訪問其孫張國楨有關
吟香社種種事蹟（見附錄三），亦未有進一步收穫。該社發表在報章雜誌的詩

〔註76〕 陳燦榕，〈蘭陽文壇傳統詩的回顧與薪傳〉，《蘭陽》第 58 期（臺北：蘭陽雜
誌社，1991 年 5 月），頁 69。

〔註77〕 《張家族譜》，（未著撰年、作者），頁 13。

〔註78〕 張鏡光生平事蹟綜合自張國楨，《宜蘭張氏家譜》（宜蘭：2000 年修訂版），頁
42～46。

作很少，僅《臺南新報》〈紅葉〉詩題〔註79〕，上述社員皆有作品入選。

（二）光文社

《宜蘭縣志・人民志・禮俗篇》記載光文社成立於民國 8 年〔註80〕，此說有誤，依張振茂《茗園集》「作者簡歷」記載「民國十年（1921）創立光文社」，可知光文社之創始人爲張振茂，創社時間爲大正 10 年（1921）。

光文社有哪些社員？據《臺灣日日新》大正 11 年五月九日第六版「光文社詩社例會」新聞：

> 宜蘭光文社本期值東陳金波氏。去四月二十八日午後五時，假宜蘭
> 旗亭樓上。大開擊鉢吟會。出席者……光文社友林玉麟、陳記氏、
> 石鏗遠氏、石紹遠氏、黃再壽氏、蕭振東氏、廖漢卿氏、吳銀埠氏。

可知，陳金波、林玉麟、陳記、石鏗遠、石紹遠、黃再壽、蕭振東、廖漢卿、吳銀埠等人皆爲光文社社員，其中以陳金波、林玉麟二人最爲活躍（見本章第三節）。

張振茂與陳金波頗有交情，張振茂創立光文社時，陳金波加入該社，此說由陳金波〈茗園集序〉可得到證明：

> 顧余與君交遊有年，鮮及詩文，迨乎辛酉之冬，光文創社，忝作社
> 侶，過從頓繁。每逢花晨月夕，輒燭西窗，拈題分韻，擊鉢敲詩，
> 或談時事，或說古今……甲子冬十二月　觀風閣主人　雪峰　陳金
> 波　敬撰〔註81〕

「辛酉」年即西元 1921 年，與前文提及張振茂《茗園集》「作者簡歷」上記載光文社創社時間相符。據陳金波的瞭解，張振茂雖有漢學根柢，但對傳承漢學之事不甚重視，其後「勃然起興」、「潛心篤志」〔註82〕，態度積極，進而成立光文社，張氏與陳氏兩人交遊始於光文社之創立，以「詩」會友，暢論古今，無所不談。昭和 8 年（1933），「仰山吟社」與「光文社」合併，更名「宜蘭仰山吟社」，公推陳金波爲社長，張振茂任副社長，實有其緣由。

（三）蘭社

臺灣「蘭社」有二，一爲彰化陳紹年於 1930 年創辦之田中「蘭社」，其

〔註79〕《臺南新報》7872 期　（1924 年 1 月 23 日）。
〔註80〕同註 10。
〔註81〕陳金波，〈茗園集序〉，《茗園集》（作者自印：1954 年），頁 12。
〔註82〕同上註。

孫陳景崧亦為蘭社社員。〔註83〕另一個即是蘭地的「蘭社」，依《臺灣詩史》〔註84〕研究結果蘭社由連碧榕創立，其創立時間仍待考查，此說今日應獲得修正。

據筆者閱讀《臺灣日日新報》大正12年（1923）十一月二十三日刊登「蘭社發會式」新聞：

> 蘭社發會式　蘭陽三郡下諸吟社，自數年前屢經提唱聯合，因事未能實現。者番承內田督憲東巡之機，光文社及仰山社諸幹部，出為奔走，得各社之贊襄，遂見蘭社之成立。於去十八日午後一時，假宜蘭公會堂，舉發會式。〔註85〕

由此則消息可確定蘭社創立時間為大正12年（1923），創社發會式於同年十一月十八日舉行。蘭社創立原本的用意在聯合蘭地各詩社，但此事屢經延宕，不得成事，後因內田督憲至蘭地巡察，始由光文社及仰山社諸幹部多方奔走，才告成立。故蘭社的成立主要目的為「聯合蘭地各詩社」，又因統治者視察得以成型，刻意討好統治者之意甚明，也證明大正年間統治者對傳統詩社之鼓勵。發會式當天活動情況：

> 定刻前各方面吟侶，陸續參集。先由呂子香氏敘禮。次張松邨氏，報告創立經過，陳雪峰氏讀社則案，諮之社員，刪改二三文意，概照原案可決。及選舉役員，共推呂子香為社長。於是社起讀式辭。高橋氏為來賓總代述祝辭。林萃園氏，披讀各地祝詩祝電，陳少德氏，為社員總代起述答辭，並宣閉會。次擊鉢吟。〔註86〕

社長呂子香，即呂桂芬，字子香，號丹義、子香老，為貢生呂用賓第四子。博學多問，翰藻富麗。清治時期准補府學廩膳生。明治29年（1886）三月推舉勸善局長。首倡宣講聖諭，裨補風化凡十餘年，時人譽為海濱鄒魯，其扶輪大雅者，實子香老之力。明治30年（1887）四月授佩紳章。明治31年（1888）囑託揚文會市蘭支部幹事，同年12月舉為賑濟局主事。明治32年（1889）五月，任命宜蘭公學校教師。明治40年（1907）主司釋奠。大正元年（1912）鞅掌風俗改良會事務，凡地方公共義舉，以及慈善事業，靡不踴躍而為，昭

〔註83〕施懿琳、楊翠，《彰化縣文學發展史》（彰化：彰化縣立文化中心，1997年），頁101。
〔註84〕同註14，頁61。
〔註85〕《臺灣日日新報》1923年11月23日第六版「蘭社發會式」。
〔註86〕同上註。

和 9 年（1934）曾任宜蘭敏求吟社名譽顧問。生卒年不詳，年六十八歲時鶴髮童顏，尚有矍鑠是翁之概，資產約壹萬圓，子孫達膝。〔註87〕依大正 12 年（1923）獲選爲蘭社社長一事觀之，德高望重，甚受推崇。

　　由當天參與人士可知蘭社社員有張振茂（松邨）、陳金波（雪峰）、陳少德、林萃園等人，前二者爲仰山吟社社長及副社長，後二者生平事蹟不詳。

　　蘭社發會式當天例行的創社典禮後，舉行擊鉢吟活動。散會後，文人們意猶未盡，再由張松邨創立的光文社主催於集蘭館，續開擊鉢吟，拈題分韻，首唱詩題〈山茶〉，限眞韻。次唱詩題〈梅菊爭妍〉，限先韻。〔註88〕綜觀整個蘭社發會式過程，蘭社成員應包含蘭地各詩社社員，其中以光文社及仰山吟社最具影響力，登瀛吟社莊芳池也參與此次盛會。

　　大正 13 年（1924）八月蘭社舉辦第八期徵詩。〔註89〕之後，至昭和 3 年（1928）報章雜誌上才又有蘭社活動訊息：

> 宜蘭蘭社主開慶祝詩會　宜蘭街蘭社主催御大典奉祝詩會。去十四日，午後二時，開於宜蘭街西門碧霞宮。會員自壯圍庄七張方面及宜蘭各處，冒雨出席甚多。詩題慶登極大典，不拘體韻，定刻前，早陸續交卷。來會之老儒及青年詩友，各有恭賦，得詩頗多午後五時許散。〔註90〕

由此報導可知蘭社社員老少皆有，且遍及蘭陽各處，詩題〈慶登極大典〉，完全配合統治者政治而行。蘭社運作自始至終缺乏「對抗異族統治」的幽微心理，蘭地各詩社原本對蘭社的創設應有不同的聲音，才會多方延宕，直至大正 12 年（1923）十一月十八日才成事。創社即充滿變數，社團運作更見艱難，若非仰山吟社、光文社、登瀛吟社等社員的大力襄助，恐怕很難繼續。昭和 6 年（1931），《詩報》第 9 號「雜件」欄記載：

> 宜蘭蘭社社友陳金波、莊仁閣、楊隆泉、蔡鰲峰、石壽松、蔡焰輝、李紹蓮、李燃薪諸氏，爲歡迎葉文樞、盧纘祥、周石輝三氏三月十二日在成興樓開擊鉢吟會。〔註91〕

〔註87〕　呂桂芬生平綜合自下列資料：《臺灣列紳傳》（臺北：臺灣總督府，1916 年），頁 65。林萬榮編著，《宜蘭鄉賢列傳》（宜蘭：宜蘭縣政府民政局，1976 年），頁 50。《詩報》第 87 號，頁 16。

〔註88〕　《臺灣日日新報》1923 年 11 月 23 日第六版「蘭社發會式」。

〔註89〕　《臺灣日日新報》1924 年 8 月 3 日第四版「徵詩揭曉」。

〔註90〕　《臺灣日日新報》1928 年 11 月 18 日第四版「宜蘭蘭社主開慶祝詩會」。

〔註91〕　《詩報》第 9 號（1931 年 4 月 2 日），頁 15。

由此段記載可推知蘭社社員有陳金波、莊仁閣、楊隆泉、蔡鰲峰、石壽松、蔡焰輝、李紹蓮、李燃薪等八人，他們也是仰山吟社社員。另外，由《詩報》第1號〈鳥語〉及第9號〈春鳥〉〔註92〕詩作得第名單觀之，也可得知蘭社與登瀛吟社社員互動頗深，登瀛吟社林德發、莊芳池、盧夢蘭、簡財發、陳木裕等社員皆參與蘭社的活動。

綜合上述，蘭社為聯合蘭地各詩社而成立，呂子香為第一任社長，1923年至1931年間曾加入的社員有張振茂（松邨）、陳金波（雪峰）、陳少德、林萃園、莊仁閣、楊隆泉、蔡鰲峰、石壽松、蔡焰輝、李紹蓮、李燃薪等人，他們大多數為仰山吟社社員。

（四）敏求吟社

依昭和9年（1934）年敏求吟社提供給《詩報》第87號「各社社友錄」〔註93〕專欄的資料，可知敏求吟社社址設在宜蘭市，此時由莊仁閣（漆園叟）任社長，名譽顧問有：呂桂芬（子香老）、林星樞（梅居士）、李璧選（天乙生）、林英心（筱圃子），社員有：李屏藩（石金）、連鈞藩（城璧）、賴國藩（仁壽）、蔡作藩（奕樹）、林樹藩（赤木）、李耀藩（澄焜）、蔡昇藩（金龍）、簡雲藩（振坤）、藍學藩（桂亭）、李灼藩（焰坤）、吳錫藩（金發）、潘垣藩（壽屏）、林珠藩（寶庭）、呂同藩（俊澤）、張聖藩（九如）、潘巨藩（登臣）、蔡翰藩（朝元）、吳鴻藩（聯如）、梁宏藩（榮粲）、林經藩（展綸）、董君藩（耀輝）、陳文藩（清江）、游楊藩（如川）、梁懋藩（枝臣）、江廷藩（金塗）、黃和藩（光輝）、王忠藩（文藻）、林維藩（培增）、李成藩（懷澄）、呂延藩（國賓）、許貢藩（堅章）、謝建藩（柏松）等30人。

將上述名單與仰山吟社社員相比對，可得知莊仁閣、林星樞、李璧選三人同時為仰山吟社員。名譽顧問呂桂芬同時也是歸真吟社社員、蘭社社長。

其它敏求吟社社員，皆未詳其生平事蹟，且30名社員姓名最末一字皆為「藩」字，如此巧合，啓人疑竇，是否真有其人其事，未可得知。

（五）潮音吟社

前文介紹東明吟社創設沿革，曾提及江夢花、楊長泉兩人因羅東郡無詩社，引以為憾，故發起創社之意，有意加入詩界同好可向江、楊兩人登記聲

〔註92〕《詩報》第1號（1930年10月30日），頁5。《詩報》第9號（1931年4月2日），頁15。
〔註93〕同註13。

明。〔註94〕從東明吟社創設過程中，我們也不難發現江紫元是主導東明吟創設的關鍵人物。（詳見本節第三節）那麼楊長泉除了是登瀛吟社、東明吟社社員，又自組潮音吟社的緣由，應該和東明吟社創立緣由相近似。

昭和 9 年（1934）六月之前，蘭地主要詩社，由北而南，依序為頭城登瀛吟社，宜蘭仰山吟社，羅東東明吟社，蘇澳卻還未成立詩社。楊長泉既然和江夢花認同羅東郡無詩社實為憾事的看法，那麼家居蘇澳的楊長泉，應該也願意為「研究漢詩」、「振興漢學」、「助長地方文化」、「互相親睦機關」等動機，在蘇澳郡創立詩社，帶動地方文化的發展。

楊長泉生平事蹟見《宜蘭縣志稿・人物志・時賢事略》。〔註95〕〈時賢事略〉送審過程中，有為生人立傳之嫌，而遭刪去，今日刊行《宜蘭縣志》已不見此章。楊長泉當時身為宜蘭縣文獻委員會委員，還親自寫了〈陳輝略歷〉、〈楊來富略傳〉兩篇文章放入〈時賢事略〉中。

原來，楊長泉父親就是楊來富。楊來富，字風修，以捕魚為業，兼以墾荒埔為生，昭和 2 年（1927）遷居蘇澳，雅好琴棋，熱心提倡研究漢文。楊來富育有四子，長子名長流，字巨源，承父命設書房於蘇澳，鼓舞研讀固有文化。次子名長福，年三十逝世。三子：名長性，字達龍，曾任宜蘭縣縣議員，並經營東興通運公司。楊長泉排行第四，日據時期，畢業於馬賽國民學校，因家貧輟學，前往基隆臺灣海陸物產公司服務，因地利之便，乃就學於李燦煌所設立保粹書房夜學部研究經學古文，半工半讀。大正 14 年（1925），時值臺灣總督嚴禁臺人讀漢文，乃加入由李燦煌之子李春霖擔任社長的基隆網珊吟社〔註96〕，及大同吟社〔註97〕，冀保祖文化於不墜，後拜基隆碩儒李石鯨（碩卿、退嬰、小謫仙）為師〔註98〕，精研漢學。

楊長泉返回蘇澳後，組織海南興業公司，經營運輸業，旋被推為鎮民協議會會員，及臺北州水產會議員。楊長泉曾在故鄉蘇澳組織潮音吟社，昭和 17 年（1942）成為登瀛吟社一員。臺灣光復後，轉營漁業、商業，任石粉公

〔註94〕《詩報》第 79 號（1934 年 4 月 15 日），頁 1。
〔註95〕《宜蘭縣志稿》，民國 54 年 4 月油印本，宜蘭縣史館藏。
〔註96〕吳淑娟，《臺灣基隆地區古典詩歌研究》，中國文化大學中文所，2004 年碩士論文，頁 72 之註 145。
〔註97〕同上註，頁 88。據吳淑娟的研究，楊靜淵為大同吟社一員，依年齒為序，在 27 位社員中排行倒數第四，可惜該論文中並未指出入社時間。
〔註98〕楊靜淵〈敬和退嬰夫子週甲偶賦韻〉稱「退嬰」為「夫子」故知，詳見《詩報》第 265 號（1942 年 2 月 6 日），頁 4。

司經理，曾任宜蘭縣文獻委員會委員，平時熱心教育，好吟詠，提倡文教不遺餘力。

　　另外，經筆者田野調查，幸獲楊長泉大哥楊長流〔註99〕之子楊君潛〔註100〕提供父叔二人遺稿、照片及族譜，讓我們更瞭解楊家兩兄弟推動蘇澳傳統文學之貢獻。大哥楊長流設書房於蘇澳，熱心傳承固有文化，至於小弟楊長泉，則是活躍於詩壇的人物：

> （楊長泉）先後拜樹林名宿李碩卿、晉江茂才葉文樞爲師。任濤聲吟社社長，與宜蘭仰山、羅東東明、頭城登瀛等社，一年四季輪辦全縣詩人大會，共廣遊其它縣市騷客參與。〔註101〕

此處所言「濤聲吟社」即「潮音吟社」，據仰山吟社總幹事程滄波〈仰山吟社沿革〉：

> 林君拱辰……會多位地方士紳共組「仰山吟社」……此乃蘭陽平原擊鉢吟詠之嚆矢，其後始見頭城「登瀛吟社」，羅東「東明吟社」、「羅東吟社」，蘇澳「潮音吟社」（后爲濤聲吟社）……相繼成立。〔註102〕

筆者認爲「蘇澳『潮音吟社』（后爲濤聲吟社）」的說法是可信的，因《宜蘭縣志稿‧人物志‧時賢事略》記載「楊長泉……曾組織潮音吟社」，而楊君潛提供的資料爲「楊長泉……任濤聲吟社社長」，因此楊長泉在蘇澳設立詩社最早名爲「潮音吟社」，而後改名「濤聲吟社」的說法應該是可信的。

　　蘇澳潮音（濤聲）吟社創立時間，社員組識皆不明，《宜蘭縣志‧人民志‧禮俗篇》第五節「詩社及聯吟會」記載：「蘇澳地區有潮音吟社，於光復始成立，至今（民國四十二年）僅有五年歷史，詩友六人。」〔註103〕李春池編纂此文的時間離日治時期未遠，有可信之理，但因《宜蘭縣志‧人民志‧禮俗篇》記載光文社、登瀛吟社皆成立於 1919 年的說法與前文筆者研究頗有出入，故筆者對於潮音吟社成立光復後說法採取保留態度。且潮音（濤聲）吟社如果眞的成立於 1948 年，因創社者楊長泉是活躍於日治時期之人物，該社仍可

〔註99〕楊長流，字巨流，宜蘭縣蘇澳人。少從名宿黃熾秀才遊，詩文根柢縈實。嗣涉足工商界，仍不忘吟哦。今日其子楊君潛收有遺稿四十多首，餘皆散佚。

〔註100〕楊君潛，字春圃，號柳園，別署停雲閣主人。1937 年生於蘇澳，曾爲瀛社社員，現任中華詩學研究會理事，著有《柳園吟草》、《柳園詩話》等。

〔註101〕楊君潛提供〈楊長泉生平簡介及遺稿〉。

〔註102〕程滄波，〈仰山吟社沿革〉，《東北六縣市詩人聯大會文集》（宜蘭：仰山吟社，2000 年），頁 1。

〔註103〕同註 10。

視為日治時期詩社林立之餘韻。本文時間斷限，提供研究的便利，然文學的發展不會因政權的轉移，一刀兩斷，斷無瓜葛，故仍將潮音吟社列入本文研究之中。可確定的是，光復後，潮音（濤聲）吟社與宜蘭仰山吟社、頭城登瀛吟社、羅東東明吟社互有往來，四季輪辦全縣詩人聯吟，在蘭地傳統詩社發展中占有一席之地。

第二節　內外活動：境內域外勤交流

　　詩社主辦活動的多寡和性質，及詩作發表情況，都代表該社活躍能力，有關蘭地詩社交流活動，以下分成「吟社詩會、全島徵詩、聯吟大會、與它社之互動、詩作出版」五小節論述之。

一、吟社詩會

　　日治時期蘭地吟社（詩社）詩會的類型可概分為「創社詩會」、「社內例會」、「特殊聚會」三種。

（一）創社詩會

　　詩社舉行創社典禮，正式向世人宣告該社的成立，典禮當行同時舉行擊鉢會，對該社而言深具意義，不僅讓人明瞭該社的集會性質，亦提供與會者有切磋詩藝的機會，擊鉢詩題的選擇更是別具用意，以蘭社、東明吟社創社詩會為例。

　　蘭社創立時間為大正 12 年（1923），創社發會式於同年十一月十八日舉行。蘭社發會式當天例行的創社典禮後，舉行擊鉢會，以〈蘭社發會式〉為題，限七言絕句，東韻。共推林拱辰、連碧榕為左右詞宗，得詩一百九十首，左元由陳雪峰，右元由莊芳池獲得，五時發表，六時開宴，八時散席。〔註104〕從詩題的選擇，就足以顯示此次擊鉢會的重要。

　　東明吟社在發會式這一天，也舉辦擊鉢會，當日參與詩友多達八十餘人，《臺灣日日新報》昭和 9 年（1934）六月十五日第四版「蘭東東明吟社發會式詳報」記載：

> *蘭東東明吟社發會式詳報*　既報，去十日午前九時，蘭東東明吟社，
> 假羅東公會堂，舉行發會式。……舉行大成至聖先師孔夫子奉告祭。

〔註104〕《臺灣日日新報》1923 年 11 月 23 日第六版「蘭社發會式」。

畢。紀念攝影。終即推薦律詩詞張一泓、杜仰山擬題作共推莊仁閣、
陳鏡秋、莊夢梅、盧史雲。絕詩林達初、張松村、游象新、林玉麟。
拈題張廸西、李壽卿。互相推敲，至午後四時交卷。元乃張松村、
盧史雲兩氏所獲。迨午後六時，在太平閣旗亭開宴，是日出席詩友
八十餘名，得詩百餘首。至魚更三躍，各分乘臨時貨切自働車，或
回宜蘭，或歸頭圍云。〔註105〕

慶祝創社，東明吟社發會式擊鉢吟以具有地方特色的〈蘭東曉望〉〔註106〕、〈貯
木池〉〔註107〕為詩題，評選結果分別刊在《詩報》第85、87號。仰山吟社主
要社員張振茂（字松村）、莊贊勳（字仁閣）、陳金波（字鏡秋）、林本泉（字
達初）、張天眷（字廸西）、李康寧（字壽卿），及登瀛吟吟社主要社員盧纘祥
（字史雲）、莊芳池（字夢梅）、游象信（字象新）等人皆熱烈參與，促成其
事，一場創社擊鉢會圓滿落幕。

（二）社內例會

　　詩社內部定期舉辦的例會，是觀察該社是否正常運作的重要指標。光文
社創社後，大正11年（1922）四月二十八日於宜蘭旗亭樓上，舉行「光文社
詩社例會」，首題〈送春〉，限真韻，七言律詩。次題瀑布，限先韻，七言絕
句的擊鉢會。敦請與會的員山吟社張恆如任左詞宗，歸真吟社呂子香任右詞
宗評選詩作，觥籌交錯，盡歡而散。〔註108〕此為光文社某一次例會記載，無
法得該社整年的運作，因此，如何找到相關資料，佐證詩社例會活動詳情，
是首要之務。

　　首先談論蘭地歷史最悠久的仰山吟社。日治時期仰山吟社內部活動紀
錄檔案，目前仍未尋獲，筆者需採取其它的方法尋找史料。誠如本文第一
章所述，筆者肯定書寫區域文學史應重視報章雜誌刊載文學活動訊息的看
法，此研究理念果然讓筆者在研究日治時期蘭地詩社活動時有重大的收
穫。《臺灣日日新報》刊載仰山吟社詩會活動（詳見附表五「日治時期仰山
吟社詩會一覽表」），即可窺知該社舉辦詩會的情況。由昭和8年3月1日
第四版「翰墨因緣」記載昭和8年（1933）二月二十五日宜蘭仰山吟社所

〔註105〕《臺灣日日新報》1934年6月15日第四版「蘭東東明吟社發會式詳報」。
〔註106〕《詩報》第85號（1934年7月15日），頁5。
〔註107〕《詩報》第87號（1934年8月15日），頁13。
〔註108〕《臺灣日日新報》1922年5月9日第六版「光文社詩社例會」。

舉辦的春季吟會的內容，可知該社每個月都有月例會，並於春季吟會時選出各月承辦者一至五人不等，而每次與會社員約四十、五十餘人，可稱得上蘭地規模最大的詩社。目前以昭和 10 年（1935）月例會值辦資料最爲完整，如下表所列：

【仰山吟社昭和 10 年（1935）度月例會值東一覽表】

月份	值東社員
正月	李燃薪、林紹裘、吳漢淋、李繼先、賴仁壽。
二月	春季大會。
三月	陳統新、張松邨。
四月	林達初、李盧洲、林松水。
五月	石友鶴、黃春亮、蔡鰲峰。
六月	李琮璜、林玉麟、連坤樹。
七月	蘇西庚、李康寧、楊隆泉、林太炎。
八月	秋季大會。
九月	陳金茂、陳東州、黃炳焜、張水柳。
十月	陳玉枝、陳水木、林上青、莊木火。
十一月	王蔡樹、張迺西、張佐臣、陳焰焜、李耀東。
十二月	陳永和、蔡長安、蔡鏡豪。

　　上表整理自《臺灣日日新報》昭和 10 年（1935）二月二十七日第四版「仰山吟社臨時大會　並訂月會值東」，新聞中並明確指出月例會的時間固定在每月的第一個星期日，地點在碧霞宮，如需變更，值東者要事先通知。

　　仰山吟社依月舉行的例會並非只有該社社員可參加，有時會邀請蘭地其它詩友共襄盛舉，如昭和 8 年（1933）四月十五日該社舉行該年度第三期月例會，除社員外，有數名登瀛吟社友與會。又如，昭和 8 年（1933）八月二十七日由仰山吟社張明理、陳玉枝、李燃薪值東，特招請頭圍、蘇澳、羅東二結等地吟友參加。

　　次者談論留存史料較爲豐富的登瀛吟社。依《登瀛吟社社規》第十一條第四則（見附錄一）說明每月舉行例會的時間爲每月初三及十八，依昭和 2 年（1927）《頭圍登瀛吟社擊鉢吟錄》記載，如下表所示：

【登瀛吟社 1927 年擊鉢及課題吟錄目次表】

月日	題目	詩體	值東
梅月初八日	初夏	七絕	
〃	蓄音器對畫虎	分詠格	
十五日	榴花	七絕	簡林財發
二十一日	諫迎佛骨	七絕	楊水成
二十九日	葵心	七絕	吳六也
蒲月初五日	蘭池魚躍	七絕	盧纘祥
〃	走唱	七絕	莊芳池
十三日	慵貓	七絕	劉枝昌
二十日	貧女	七絕	吳挺枝
廿六日	帆影	七絕	莊正義
荔月初五日	臨流	七絕	林才添
十二日	慵粧	七絕	陳阿榮
十九日	夏蟬	七絕	黃登元
廿六日	大暑	七絕	李兩傳
瓜月初五日	藕絲	七絕	陳書

月日	題目	詩體	值東
瓜月初十日	牛女喜相逢	七絕	陳生枝
十七日	秋懷	七絕	黃振芳
	潮聲	七絕	林德發
	野鶴	七絕	
	伶優	七絕	
	盲樵	五律	
重九日	盆松	七絕	
	玉美人	七絕	夢蘭
	觀棋	七絕	夢梅
	菊屏	七律	

註：表中空白處，表示原本即無資料。

　　由上表得得知《登瀛吟社社規》規定擊鉢例會時間為每月初三及十八，僅供參考用，並不定嚴格依此規定舉行該社擊鉢例會，因此每月擊鉢的日期互有變動，但大體上每個月大約有四至五次聚會，並抽籤決定值東順序，昭和2年（1927）值東順序如下表：

【登瀛吟社 1927 年擊鉢及課題吟值東拈鬮表】

十五	十四	十三	十二	十一	十	九	八	七	六	五	四	三	二	一	順番
夢筆	夢蝶	夢竹	夢麟	夢蘭	夢梅	夢祥	夢珍	夢月	夢雲		夢凝		夢修	夢熊	別號
博敏		鳳鳴	挺枝	國潢	芳池	至誠		一清			蔭寬		振芳		字
林才添	莊正義	劉枝昌	吳阿根	盧纘祥	莊鱉	吳也	簡林財發	楊水成	鄭阿福	簡桃木	陳木裕	陳志謙	林德發	黃見發	氏名
										二十	十九	十八	十七	十六	順番
										雪齋	夢春			夢覺	別號
										挺華	子經			維藩	字
						連瓊塤	張煙親	陳枝成	游象信	陳生枝	陳書	李兩傳	黃登元	陳阿榮	氏名

註：表中空白處，表示原本即無資料。

　　將「登瀛吟社 1927 年擊鉢及課題吟值東拈鬮表」值東順序和「登瀛吟社1927 年擊鉢及課題吟錄目次表」所列的實際舉行活動紀錄相比較，登瀛吟社並未嚴格依拈鬮順序開擊鉢例會，其中以第十四順位莊正義至第二十順位陳生枝，這段時間是最步入正軌的階段。

　　另外，由報章雜誌上也能獲得登瀛吟社舉行例會的訊息，《臺灣日日新報》昭和 5 年（1930）八月十七日第四版「翰墨因緣」第二則新聞：

> 頭圍登瀛吟社。去十一日晚。在喚醒堂。開擊鉢吟例會。陳生枝陳枝成二氏值東「烹茶」為題。七絕眞韻。交番後錄託吳春麟周石輝二氏許甲乙。發表後各領贈品散去。又翌十二日晚。又在喚醒堂由

> 盧夢蘭氏當辦及寄附贈品。以「雁影」爲題。得詩五十餘首發表後
> 於十二時閉會。

擊鉢吟詩的時間總是在晚上，不會影響到原本工作的時間，集會可以到晚上
十二點才結束，統治者亦不干涉，其自由程度可見一斑。此次由盧纘祥（夢
蘭）值東負責聚會開銷及寄附贈品。

《臺灣日日新報》昭和 8 年（1933）八月十七日第八版「翰墨因緣」記
載頭圍登瀛吟社擊鉢例會的活動；

> 去九日午後十時。假喚醒堂。開例會擊鉢吟。由盧纘祥氏值東。招
> 待宜蘭仰山吟社友。首唱　　報。五律元韻。次唱秋聲七絕元韻。陳
> 金波莊仁閣莊芳池黃振芳四氏爲詞宗。得詩三十餘首。選取後。由
> 值東分贈賞品。盡歡至午後十二時餘而散。

此次聚會一樣由盧纘祥值東，並且請來仰山吟社陳金波、莊仁閣，和登瀛吟
社莊芳池、黃振芳四位共同擔任詞宗。活動地點在喚醒堂，時間爲晚上十點
至十二點，再次此類集會時間不受當時日本政府的限制，以及證明盧纘祥的
影響力。

詩社每季總會也算是社內例會，昭和 10 年（1935）四月二十七日，頭圍
登瀛吟社開春季總會：

> 去十三日假盧纘祥氏宅。開春季總會。出席者二十餘名。午後一時
> 開會關於來月中承辦北部同聲聯吟會。及諸磋商事項。逐條識決後。
> 繼由黃漱六氏起報收支決算。次開擊鉢吟。首題觀魚。七律江韻。
> 次題心香。七絕麻韻。交卷後繼開吟筵。席間發表詩榜。時已鐘鳴
> 九下。諸吟友興猶未盡。乃再開第三唱。題拈說鬼。七絕咸韻。得
> 詩四十首。由曾笑雲游象新二氏選取。盧史雲氏獨占雙元。十一時
> 盡歡散會云。〔註109〕

這次活動的時間比較長，由下午一點至晚上十一點，地點在社長盧纘祥家中。
此次集會，除了例行的擊鉢吟之外，並討論下個月承辦北部同聲聯吟會之事，
足見當時登瀛吟社與北部各詩吟社之間往來之密切，及其活躍程度。

登瀛吟社例會當以盧纘祥值東時場面最爲盛大，且因盧纘祥在政商界的
名聲響亮，故報章雜誌上才特別刊出盧纘祥值東時登瀛吟社例會活動實況。
登瀛吟社多次例會活動，每次交卷人數 8 至 19 人不等（見附表十二）。昭和 6

〔註109〕《臺灣日日新報》1935 年 4 月 27 日第四版「翰墨因緣」。

年（1931）至昭和 16 年（1941）最爲活躍，其中以昭和 10、11 年（1935、1936）
發表 15 次詩題最多，其次爲昭和 14 年（1939）發表 11 次（見附表十三）。

　　比較仰山吟社及登瀛吟社舉行例會的差異，仰山例會每月舉行一次，登
瀛例會依該社社規每月舉行二次，但實際上有每個月有四至五次，可見登瀛
吟社較爲活躍。至於春、秋兩季，仰山、登瀛都會舉行總會（大會），有貼近
時序更替之感。

（三）特殊聚會

　　蘭地詩社除每月例會之外，還會不定時舉行詩會，詩會名目頗多。

　　1、歡迎會：友人來訪，開擊鉢會相迎。大正 13 年（1924）十月間臺南
羅秀惠（蕉麓）來宜蘭遊玩，光文社遂於十月二十三日假集蘭館開吟筵，以
修東道之禮。會中推羅氏爲詞宗，擬題〈金柑〉，限七言絕句，庚韻，得詩二
十餘首，選後開宴，賓主歡談而散。〔註110〕讓外地人充分感受到蘭地人士的
熱情。

　　再如《詩報》主持人蔡清揚造訪宜蘭，仰山吟社於昭和 7 年（1932）十
一月二十四日召開詩會，詩題〈初冬小集〉。〔註111〕又如，昭和 7（1932）十
二月二十三日簡荷生到訪〔註112〕，昭和 9 年（1934）十一月八日吳少青、鄭
舜五等它社詩人來到蘭陽〔註113〕，仰山吟社特召開歡迎擊鉢會，迎接詩友，
共享歡樂。

　　又，昭和 6 年（1931）年，《詩報》第 9 號「雜件」欄記載蘭社活動：

　　　　宜蘭蘭社社友陳金波、莊仁閣、楊隆泉、蔡鰲峰、石壽松、蔡焰輝、

　　　　李紹蓮、李燃薪諸氏，爲歡迎葉文樞、盧纘祥、周石輝三氏三月十

　　　　二日在成興樓開擊鉢吟會，題擬「春鳥」得詩三十餘首，錄托文樞

　　　　氏選取 15 首，石輝氏獲元，發表後開宴盡歡散去。〔註114〕

蘭社社員大部分仰山吟社社員，他們爲了歡迎葉文樞、盧纘祥、周石輝三人，
特別在宜蘭成興樓召開擊鉢會。

　　2、慰勞會：慰問社友的辛勞，召開擊鉢會。昭和 9 年（1934）五月二十
七日仰山吟社承辦北部同聲聯吟大會圓滿落幕，陳鏡秋社長及張振茂副社長

<hr>

〔註110〕連雅堂，《臺灣詩薈》第 10 號（南投：臺灣省文獻會，1992 年重刊），頁 686。
〔註111〕《臺灣日日新報》1932 年 11 月 24 日第四版「宜蘭仰山吟社」。
〔註112〕《臺灣日日新報》1932 年 12 月 23 日第四版「仰山吟社忘年會」。
〔註113〕《臺灣日日新報》1934 年 11 月 8 日第十二版「蘭陽詩會續報」。
〔註114〕《詩報》第 9 號（1931 年 4 月 2 日），頁 15。

體貼社員連日來的辛勞，特於昭和 9 年（1934）六月十九日在宜蘭碧霞宮舉行慰勞吟會，會後至宜蘭成興樓開慰勞宴，盡歡暢飲至晚上九時三十分始散會。〔註115〕

3、洗塵會：社員外出歸來，開擊鉢會相迎。大正 11 年（1922）五月八日，由光文社陳金波與仰山吟社莊贊勳主催擊鉢會，爲張振茂、黃富陛、林俊傑三位社友洗塵，地點同樣在宜蘭旗亭樓，時間是午後三時。首題〈新柳〉，次題〈美人圖〉，會員八十餘名，得詩一百二十首。由張振茂、連城青、林吳庚三位聯合評選，結果艾園得元。詩作評選完畢後，開宴以慶，席上臨時起議，推林天冶述說開會旨趣，再由張振茂演說視察狀況作爲謝詞。〔註116〕

另外，昭和 10 年（1935）仰山吟社陳鏡秋社長爲處理社務北上，事成回宜蘭，同年七月二十日幹事數名爲發起洗塵會，會中報告陳社長北上處理社務經過，並以〈陳社長洗塵席上即事〉爲詩題進行創作，會員四十餘名出席。〔註117〕

4、觀月會：開擊鉢會，共享賞月之趣。宜蘭蘭社大正 13 年（1924）九月十四日，假碧霞宮開觀月會。至者有光文、吟香、仰山三社，而頭圍登瀛社友亦來相聚，共計四十餘人與會，拈題賦詩，首唱〈關壯繆〉，次唱〈秋興〉。〔註118〕

5、迎春會：一年之計在於春，開迎春擊鉢會，互道新禧。宜蘭蘭社自行聚集蘭地各詩社，藉以互通聲氣；而社員亦熱心研求，以相勉勵。大正 13 年（1924）一月三日，假東門外壯圍莊役場，以開春宴並擊鉢吟會，至者數十人。以〈迎春〉爲擊鉢詩題，得「春」字，共得七十餘首。從此歌誦之聲，遍於九芎城（宜蘭城）畔。〔註119〕

6、披露會：新居落成，開擊鉢會祝賀。如宜蘭蘭社社員張振茂大正 13 年（1924）五月十五日，柬邀社友至其新居開擊鉢會，至者二十餘人。推張鏡光、連碧榕二氏爲詞宗，題爲〈留春〉。選後，乃由主人分贈禮物，以爲紀念。〔註120〕又如，昭和 9 年（1934）九月二十二日仰山吟社幹事蔡老柯新居

〔註115〕《臺灣日日新報》1934 年 6 月 22 日第四版「仰山慰勞吟會」。
〔註116〕《臺灣日日新報》1922 年 5 月 13 日第六版「蘭陽特訊・洗塵會況」。
〔註117〕《臺灣日日新報》1935 年 7 月 23 日第四版「仰山吟會」。
〔註118〕連雅堂，《臺灣詩薈》第 9 號（南投：臺灣省文獻會，1992 年重刊），頁 615。
〔註119〕同上註，第 1 號，頁 67。
〔註120〕同上註，第 5 號，頁 339。

落成，召社員五十餘人開披露宴，首唱〈新樓雅集〉，次唱詩鐘，燕雀來賀翠錦格。另有來賓百餘名一同入席，賓主盡歡而散。〔註121〕

除新居落成之外，亦有社員邀請同好至家中開擊鉢會的情況。例如，宜蘭蘭社社員黃再壽氏，大正13年（1924）二月十三日柬邀各地社友在其家中開擊鉢吟會。首題〈乳鷹〉，次題〈鏡中美人〉，得詩七十餘首。適逢嘉義書家余蓮舫涖臨，即席揮毫，尤添逸興。〔註122〕

7、追悼會：追思已故社員，召開擊鉢會。仰山吟社不定時舉行的特殊聚會頗多，昭和7年（1932）五月八日召開李氏追悼詩會，詩題〈輓李紹蓮君〉，哀悼去世社員李紹蓮（？～1932）。〔註123〕同年六月《詩報》刊有林時香〈輓李紹蓮君〉、李春霖〈哭李紹蓮〉，及楊靜淵〈輓李紹蓮〉等人詩作。〔註124〕

8、其它

詩社聚會名目繁多，有時不需要特別名目也可以召開擊鉢會。例如，蘭社創社發會式大正12年（1923）十一月十八日舉行，當天舉行創社擊鉢會後，文人們意猶未盡，再由張松邨創立的光文社主催於集蘭館，續開擊鉢吟，拈題分韻。〔註125〕只要有意願，即可廣邀同好舉行聚會。有時也可以擴大規模，例如，大正13年（1924）九月十三日適逢農曆中秋節，光文社這一次假太平醫院舉辦猜燈謎活動，自午夜十二點起，邀請同鄉親友觀月猜謎，歷時二小時，參與者莫不盡歡而罷。〔註126〕此舉不僅是詩壇同好的遊樂，亦活絡蘭地人民的情誼。

詩社舉辦例會有固定的地點，特殊聚會的地點則視情況而變，以仰山吟社為例，仰山吟社舉辦詩會的地點通常以碧霞宮、宜蘭成興樓為多數，另有壯圍事務所、青年讀書會事務所、礁溪庄宜蘭水利組會監視所、宜蘭追遠堂等地也曾是仰山吟社舉行詩會的場所。就詩社特殊聚會名目而言，不論以詩會歡迎外地詩友到訪、迎春、觀月、新居落成，或是追悼、慰勞社員等聚會，這些都是蘭地吟社每月例會之外，增加的詩會活動，日治時期蘭地詩社活動已深深融入民眾生活中，凡事皆可召開擊鉢會，擊鉢會彷彿成了全民運動。

〔註121〕《臺灣日日新報》1934年9月26日第四版「翰墨因緣」。
〔註122〕連雅堂，《臺灣詩薈》第2號（南投：臺灣省文獻會，1992年重刊），頁134。
〔註123〕《臺灣日日新報》1932年5月12日第四版「翰墨因緣」。
〔註124〕《詩報》第37號（1932年6月15日），頁15。
〔註125〕《臺灣日日新報》1923年11月23日第六版「蘭社發會式」。
〔註126〕同註118。

二、全島徵詩

　　仰山吟社第一回徵詩，選擇具有地方特色〈蘭城聽雨〉爲詩題，由林拱辰任左詞宗，連碧榕任右詞宗，選出十三首作品刊登於《詩報》第 31 號。〔註 127〕宜蘭李琮璜、李紹蓮、陳鏡秋、張雲章等人，頭圍葉文樞、游象新、啓明、啓濤等人，皆有詩作入選。比較奇怪的是，《詩報》上只刊載仰山吟社第一回徵詩，日後報章資料只出現仰山吟社課題或擊鉢吟詩作，並無仰山吟社第二回徵詩新聞，可見仰山吟社並不熱衷於廣向全島徵詩這件事，相較之下登瀛吟社反而較注重此方面的活動，仰山吟社則以蘭地詩社聯吟及詩社內部聚會爲主要活動項目。

　　仰山吟社刊載第一回〈蘭城聽雨〉徵詩時〔註 128〕，登瀛吟社已發表第四期〈湯圍溫泉〉徵詩結果，就此點觀之，仰山吟社在《詩報》活躍力不如登瀛吟社，此情況與登瀛吟社社長盧纘祥先後擔任《詩報》副社長及社長有密切關係（詳見本章第三節）。《臺灣日日新報》大正 11 年（1922）五月三日，刊登「登瀛社徵詩」新聞：

> 登瀛社徵詩　頭圍登瀛社第六期徵詩一、詩題白燕。一、詩體五言律徵韻。一、期限五月末截收。一、場所頭圍登瀛社事務所「吳春麟」收。一、詞宗未定。一、贈品拾名內。均有薄贈。由吳朝陽寄附。

「登瀛社」、「登瀛吟社」、「頭圍社」、「頭圍登瀛社」指的都是同一社團，有時直接使用社團名稱，有時則以地名稱之，因當時頭圍（即今日宜蘭縣頭城鎮）只有唯一的傳統詩社，不會造成混淆。登瀛吟社在《臺灣日日新報》刊載第六期徵詩的新聞，獲得全臺詩人的回響，並將評選的結果，於同年七月三十一日第四版公佈：

> 詩榜揭曉　頭圍登瀛吟社。第六期徵詩白燕五律微韻。計得詩二百四十八首。經由鄭孝廉家珍氏評選。前後茅十名列左。　高一名高雄陳春林。第二名新竹鄭濟卿。第三名佳里洪子衡。第四名鄭濟卿。第五名桃園秋園。第六名臺北一鷗。第七名新竹鄭達英。第八名鄭濟卿。第九名佳里王大俊。第十名清水王則修。右前茅十名之贈品。不日當由郵寄贈云。

〔註 127〕《詩報》第 31 號（1932 年 3 月 15 日），頁 8。
〔註 128〕同上註。

當時詩社之間往來密切，或因個人私交不同，各詩社聘請敬仰的詩人擔任詞宗，登瀛吟社此次請新竹鄭家珍〔註129〕為詞宗，他對同樣是新竹人的鄭濟卿詩作特別偏好，共取其作品三篇進入前十名。評選之間的公平性我們不得而知，詞宗的偏好確實左右評選的結果，如同今日文學獎比賽，評審喜好決定作品等第。唯今日文學獎由多位評審員成立評審團，明朗的、公開的評選過程，較符合公正、公平的原則，日治時期擊鉢吟評選者，通常左右各一位詞宗，亦有一人自選或三、四人合選的情況。單獨一人任詞宗，可明顯看出該詞宗的評選標準，二位詞宗各以「左右」指明品評結果亦不難得知左右詞宗個人喜好，若是三、四人合選應該能比較中肯的選出佳作。詞宗選出結果大家有目共睹，詞宗修養內涵大家心知肚明，公道自在人心。最值得爭議的是詩題的選定，及送審作品是否有重新謄錄，詩題若以事先公開，可事先思索，找資料，先練習，擊鉢吟當天以舊作充數，則令人詬病。若主辦單位未將送審作品重新謄錄，讓評審者可由筆跡認為此詩為何人之作，則失去品評的意義，其公正性也令人質疑。

昭和年間，登瀛吟社曾以「吳沙」和「龜山朝日」、「大里漁燈」、「湯圍溫泉」、「北關海潮」、「隆嶺夕煙」等蘭陽名勝廣向全島徵詩，徵詩新聞及評審結果分別刊登在《臺灣日日新報》、《詩報》，詳如下表：

【登瀛吟社徵詩一覽表】

分　期	徵詩詩題	詩題限制	刊載徵詩新聞	刊載徵詩結果
第一期	吳沙	七律不拘韻	《詩報》第 10 號，1931年 4 月 15 日。	《臺灣日日新報》1931 年 6 月 15 日。 《詩報》第 14 號，1931 年 6 月 15 日。
第二期	龜山朝日	七律不拘韻	《臺灣日日新報》1931 年 6 月 15 日。 《詩報》第 14 號，1931 年 6 月 15 日。	《詩報》第 19 號，1931 年 9 月 1 日。
第三期	大里漁燈	七律不拘韻	《詩報》第 19 號，1931 年 9 月 1 日。	《詩報》第 24 號，1931 年 11 月 15 日。

〔註129〕鄭家珍，字伯璵，號雪汀，清光緒間新竹人。精術數，居八閩第一。乙未歸籍南安任校長。後返臺仕教。見陳漢光，《臺灣詩錄》（臺北：臺灣省文獻委員會，1971 年），頁 1058。

第四期	湯圍温泉	七律不拘韻	《臺灣日日新報》1931 年 11 月 13 日。《詩報》第 24 號，1931 年 11 月 15 日。	《詩報》第 31 號，1932 年 3 月 15 日。
第五期	北關海潮	七律不拘韻	《詩報》第 29 號，1932 年 2 月 6 日。	《詩報》第 38 號，1932 年 7 月 1 日。
第六期	嶐嶺夕煙	七律不拘韻	《詩報》第 39 號，1932 年 7 月 15 日。	《詩報》第 45 號，1932 年 10 月 25 日。

　　登瀛吟社以蘭陽名勝廣向全島徵詩，詩題限制皆爲七律不拘韻，大部分都在刊出徵詩結果的同一期，同時於該期首頁登刊下期的詩題及「題解」。有關「題解」的運用，今舉上表登瀛吟社第六期徵詩新聞爲例；

> 頭圍登瀛社第六期徵詩。一詩題。嶐嶺夕煙（題解附錄于後）一詩體七律不拘韻。一期限。昭和七年七月末日截收 一詞宗。陳懷澄先生。一交卷宜蘭郡頭圍庄頭圍游象新收。一贈品。十名内均有簿贈（由社員寄附）嶐嶺夕煙題解。嶐嶺在宜蘭郡上五十五里北近三貂以高得名。石梯如梯。常有煙雨。舊時往來蘭陽之孔道。蘭陽八景之一。所謂嶐嶺夕煙即此地也。清同治臺鎮使者劉明燈過此。立碑於山半。泗雄鎮蠻煙四大字。迄今尚存。流俗相傳。劉明燈杖節到此。興夫爲穠煙所迷。幾於失道。故立是碑以爲壓勝。自宜蘭縣汽車開通。過客寥寥。嶺上只有茅屋數椽而已。然夕陽欲墜煙嵐撩繞。固依然保其天然佳景不隨時世爲轉移云。

此第六期徵詩和前文大正 11 年（1922）五月三日第六版「頭圍登瀛社第六期徵詩」同爲「第六期」，應是不同主題的分期。大正年間第六期〈白燕〉之前徵詩情況，目前尚未有資料可尋。昭和年間登瀛吟社共六期的全島徵詩，不僅昭和 7 年第六期嶐嶺夕煙徵詩，附上解題，前五期亦附有解題，讓書寫者先對此地有基本的認識，也讓未到此地者可以有描寫的依據，果如後者，則創作者之想像力必然相當豐富。

　　除登瀛吟社、仰山吟社曾舉辦徵詩活動外，蘭地的光文社及蘭社也都舉辦過徵詩活動，只是史料不如登瀛吟社完整。

　　光文社第一期徵詩詳情仍待考查。第二期徵詩，詩題〈鬥花〉，王了庵任詞宗，選出陳少德、莊仁閣、莊芳池、陳雪峰、陳子經等十名詩作，其結果刊在《臺灣日日新報》大正 12 年（1923）九月二十二日第六版「詩榜揭曉」。

第三期徵詩，詩題〈燕賀〉，連碧榕任詞宗，大正 13 年（1924）三月十二日
公告，收卷日期至三月三十日止，可將詩作寄到宜蘭街展蘭產業株式會社內
陳少德收，前十名由光文社社員張振茂寄贈賞品，〔註130〕鼓舞心志。光文社
第三期徵詩新聞除刊登在《臺灣日日新報》大正 13 年（1924）三月十二日第
六版之外，連雅堂《臺灣詩薈》第五號亦刊載此新聞，〔註131〕廣邀詩壇同好
參與。光文社活動資料皆限於大正年間，故筆者推測大正 11 至 13 年間（1922
～1924）應是光文社最爲活躍的階段，昭和初年已趨於平淡，昭和 8 年（1933）
遂與仰山吟社合併。

　　另外，大正 12 年（1923）成立的蘭社，也曾舉辦徵詩活動。據《臺灣日
日新報》大正 13 年（1924）八月三日「徵詩揭曉」記載：

> 徵詩揭曉　蘭陽蘭社第八期徵詩蚯蚓，限庚韻七絕，得詩三百餘首。
> 經詞宗羅秀惠氏選舉，前茅十名如左：一宜蘭莊贊勳，二員山林淵
> 源，三頭圍夢熊，四頭圍楊源榮，六頭圍夢梅，七宜蘭林煥光，八
> 宜蘭林敏修，九宜蘭莊少濤，十宜蘭林朝綸。　　右十名內均由懷
> 德藥行行主林以時君，薄品寄呈云。〔註132〕

大正 13 年（1924）八月爲第八期徵詩，依此推論自創社大正 12 年（1923）
起至大正 13 年（1924）八月之間，應該還有第一至七期徵詩活動，惜今日未
尋獲相關資料。蘭社第八期徵詩之前，已事先在大正 13 年（1924）五月二十
九日舉行詩題〈蚯蚓〉，限庚韻七絕的擊鉢會。地點選在值東林以時私宅，並
邀集「蘭陽三郡吟侶」參加。〔註133〕事先有練習過，思考時間增加，較容易
有佳作，故大正 13 年（1924）八月三日「徵詩揭曉」前十名獲選名單皆爲蘭
地人士。

三、聯吟大會

　　舉辦全島徵詩或聯吟大會，都需要一些基本開銷，如紙筆、贈品、飲宴
等費用，以登瀛吟社入會費金一圓情況來看（見附錄一【登瀛吟社社規】第
十一條），社費恐怕不敷使用，遇到重大集會，例如昭和五年頭圍登瀛吟社第
四回總會，或是基隆、雙溪、平溪、三貂、宜蘭六詩社聯吟大會，二、三十

〔註130〕《臺灣日日新報》1924 年 3 月 12 日第六版「光文社徵詩」。
〔註131〕連雅堂，《臺灣詩薈》第 5 號（臺北：臺北市文獻會，1977 年重刊），頁 67。
〔註132〕《臺灣日日新報》1924 年 8 月 3 日第四版「徵詩揭曉」。
〔註133〕《臺灣日日新報》1924 年 5 月 27 日第六版「蘭社擊鉢吟會」。

人入會費怎夠支付，此時社員中有財力者如盧纘祥等人應該會在金錢方面鼎力襄助，促成其事，故登瀛吟社並無因為資金不足而導致詩社瀕臨解散，或無法舉辦聚會活動之情事。相反的，因為有頭圍富豪盧纘祥大力支持，頭圍登瀛吟社主辦多次聯吟大會。

昭和 5 年（1930）二月二十六日，頭圍登瀛吟社召開第四回總會，活動情況如下所述：

> 頭圍登瀛吟社　第四回總會　宜蘭郡頭圍，登瀛吟社第四回總會，竝基隆、雙溪、平溪、三貂、宜蘭六詩社、聯吟大會。去二十三日，午後二時，開於頭圍街，盧纘祥氏洋宅。各吟社社員，多數出席。首由該社審議則一部變更，次役員改選結果，均重任。登瀛吟社社長陳書敍禮。來賓有網珊吟社李石鯨，貂山吟社許桂珠，蘭社、莊贊勳諸氏，各起述祝辭披各地祝電祝詩。三時過閉會。一同攝影紀念寫真。續開擊鉢吟會。首題望龜山，五言律陽韻。推詞宗李石鯨、周士衡、子經氏合選。次題政潮，七絕真韻。由詞宗張一泓、張鶴年、莊贊勳合選。入選者各受主催者，分贈賞品。次移席開宴。席上有動議，創設東臺灣聯合吟社者，贊成雖多，因更須磋商實行方法，乃委囑各社籌備委員，研究籌謀，容後再議。至十時半，和氣靄靄，共祝斯文重興。盡歡而散。〔註134〕

詩社之間的聯吟為當時常見的現象，從報導中得知登瀛吟社將該社內部的第四回總會和基隆、雙溪、平溪、三貂、宜蘭聯吟大會一起舉辦。當時基隆市網珊吟社〔註135〕以來賓的身分出席。大家都想擴大詩社之間聯誼活動，故提議創設東臺灣聯合吟社。根據登瀛吟社留存【東臺灣詩社聯合會會則】第一條（見附錄二），「東臺灣」指基隆、宜蘭、羅東、蘇澳四郡，再加上花蓮港、臺東兩廳，有意將東部、東北部的詩友合成一氣，以提倡「東臺灣」漢學及文化活動。

昭和8年（1933）六月十七日登瀛吟社承辦「北部同聲聯吟會」，地點在頭城鎮開蘭路上的喚醒堂。出席者約有六十餘名，他們有的遠從新莊、北投、臺北、汐止、基隆、雙溪、宜蘭等地前往，熱鬧非凡。會中由主催社社長盧

〔註134〕《臺灣日日新報》1930 年 2 月 26 日第四版，「頭圍登瀛吟社　第四回總會」。
〔註135〕民國 15 年（1926）創立，由張一泓、蔡癡雲等主持，原小鳴吟社改組。見註14，頁45。

纘祥推薦謝尊五、曾笑雲、吳蔭培、蔡清揚四氏爲首唱及次唱詞宗，首唱詩題〈諸葛盧〉，次唱詩題〈商品券〉，是日十一時許，盡歡而散。隔日上午九時，眾人意猶未盡，復假喚醒堂開招待會，以〈園遊會〉、〈關壯穆〉爲首次唱詩題，推葉文樞、柯子邨、卓夢庵、張鶴年四氏爲首次唱詞宗，午後一時開園遊會，詞宗品評詩作，結果首唱由盧纘祥、張鶴年掄元，次唱由莊贊勳、張一泓掄元。〔註136〕眾人同歡吟唱的樂趣，令人意猶未盡，宜蘭仰山吟社陳金波社長及張振茂副社長，遂於六月十八及十九兩日在宜蘭成興樓設宴，兼開吟會，以慰勞出席社員。〔註137〕從昭和8年（1933）六月十七日登瀛吟社承辦「北部同聲聯吟會」起，至六月十九日仰山吟社開勞會止，接連三天，蘭地文人廣會詩友，克盡地主之誼，也盡情享受詩友共同切磋詩藝的樂趣。

　　北部各詩社組成的「北部同聲聯吟會」，常由各社輪流值東舉辦，昭和8年（1933）六月十七日由登瀛吟社主催擊鉢聯吟會〔註138〕，昭和9年（1934）五月二十七日改由仰山吟社承辦，地點在宜蘭街成興樓，午後二時開始，《臺灣日日新報》記載當日盛況：

> 是日參會者有遠自臺北、基隆並蘇澳、羅東諸郡下至者，計八十名出席。定刻前，一同至東門，宜蘭孔子廟參拜攝影記念寫眞後，歸到會場。首由仰山吟社社長陳鏡秋氏，述開會辭，推薦左詞宗律詩，李石鯨氏，右詞宗林子惠氏。絕詩左詞宗杜仰山氏，右詞宗吳蔭培氏。擬題首唱閒雲，七律灰韻。次唱竹屋，七絕侵韻。得詩百六十餘首，錄呈詞宗，選取左右各三十首。此間開懇親宴，張松邨氏爲主催社代表，起述開會辭，參加吟社代表登瀛吟社長盧史雲氏致謝。既而宴開，聯歡暢飲，席上對入選者，由竹山吟社贈呈賞品：孔子廟繪葉書。又臺北大世界美術館主簡荷生氏，對左右元寄贈副賞美美術橫額及鄭永南氏之書。宜蘭莊仁閣氏寄贈紀念詩箋。歡敍至夜十二時過閉會，頗呈盛況。〔註139〕

與會人員在聯吟大會正式開始之前，先到宜蘭孔子廟參拜，以示其傳承儒家

〔註136〕《臺灣日日新報》1933年6月20日第四版「宜蘭」。

〔註137〕《臺灣日日新報》1933年6月23日第四版「翰墨因緣」。

〔註138〕《臺灣日日新報》1933年6月21日第四版，「宜蘭　北部聯吟」，亦見《臺灣日日新報》1933年6月23日第四版，「翰墨因緣」。

〔註139〕《臺灣日日新報》1934年5月30日第四版，「北部同聲聯吟大會　由仰山吟社承辦」。

思想，敬仰孔子之意，此儀式在日本政府統治下，更顯現其維護固有文化，不爲異族所同化的重要意義。當天到場人士約八十名，除了宜蘭本地仰山、登瀛吟社，已知還有竹山吟社及臺北大世界美術館主簡荷生參與，熱鬧非凡，共得詩作一百六十餘首，聯歡聚首至晚上十二點以後結束。仰山吟社成功的承辦昭和 9 年（1934）五月間北部同聲聯吟大會，賓主盡歡。

聯吟大會的舉行有賴多方條件的配合，始能圓滿。從主催社的選定、詞宗的產生、評選的方式到贈品的分配，甚至是當日開宴席次的安排都是一大學問，隱含許多人情世故，並不是每一次都能順利成功，眾人皆滿意。仰山吟社社長承辦昭和 9 年（1934）五月間北部同聲聯吟大會之後，即舉行該社慰勞吟會，會中批判擊鉢會之得失，今日雖不能得知其評論內容，但可知陳社長對於擊鉢會利弊得失自有一番體認，陳社長也同時強調不管得失爲何，以詩會友的擊鉢會終不可廢。〔註140〕然而，不愉快的事情，終究發生了。

昭和 9 年（1935）仰山吟社承辦臺北州下聯吟會，林拱辰撰仰山吟社請帖，廣邀詩壇先進，於十一月三日齊聚宜蘭街公會堂。〔註141〕然而，活動過後卻發生詞宗買收疑雲，雙方發生筆戰，臺北林子惠、林欽賜、林夢梅、黃笑園等人以眞姓名在報章雜誌上發表意見，怪星、遺老、墨人、新聖嘆等人以筆名回應，雙方各持己見，歷時二、三個月，愈演愈烈，終至提出告訴，以名譽損害、恐嚇等罪對簿公堂，鬧得沸沸揚揚。昭和 10 年（1935）此事上報，文中批評此舉有失詩人溫柔敦厚，希望有人出面排危解難。〔註142〕本以風雅著稱的詩社聯吟大會發展至此，已完全變相，失去意義。

經過上述臺北州下聯吟會筆戰事件，仰山吟社於昭和 10 年（1935）二月二十三配合該社月例會舉行臨時大會，會中說明欲脫離州下聯吟及同聲聯吟大會之緣由。〔註143〕最後決議，決定退出臺北州下聯吟會及北部同聲聯吟會，另行創設「蘭陽聯吟會」，年分二季，由宜蘭、羅東、蘇澳三郡輪開，總計會員有百餘名，通訊處爲宜蘭街太平醫院陳金波（鏡秋）。〔註144〕以擊鉢爲樂的詩人聚會，卻發生牽涉人身攻擊的筆戰，對雙方而言都無助益，對整體聯吟

〔註140〕《臺灣日日新報》1934 年 6 月 22 日第四版「仰山慰勞吟會」。
〔註141〕林拱辰著，陳長城編，《林拱辰先生詩集》（臺北：玉豐印刷廠，1977 年），頁 90。
〔註142〕《臺灣日日新報》1935 年 3 月 8 日第四版，「聯吟會生出問題」。
〔註143〕《臺灣日日新報》1935 年 2 月 27 日第四版「仰山吟社臨時大會」。
〔註144〕《臺灣日日新報》1935 年 5 月 26 日第八版，「蘭陽聯吟本日開於宜蘭」。

活動更是一大損傷，仰山吟社憤而退出聯吟大會，斷絕與外界互動之機會，實爲不智之舉，但也能體會該社對聯吟大會徹底失望的心情。

　　歷經上述事件後，更顯得登瀛吟社與外界的互動情況良好，昭和 11 年（1936）六月二十七日第四版「頭圍登瀛吟社定期總會」；

　　　頭圍登瀛吟社　定期總會　議辦州下聯吟　頭圍登瀛吟社，去二十三日午後一時，假信組樓上開定期總會。出席社員十八名。首由盧社長，述開會辭。游庶務係，報告概況。黃會計係，報告收支，然後移入社務磋商，爲本年秋季臺北州下聯吟大會輪值頭圍。討論結果，州下聯吟會期日，擬于十月中旬，古曆九月初開催兩日，該社爲適滿十五週年聯吟會翌日，兼開紀念，以作諸吟友招待會。議至午後三時終了。乃開擊鉢吟會。首唱擬端午雨七絕支韻。次唱詩鐘海水浴美人，分詠格。同五時交卷錄呈詞宗選取左右各十名發表後竝開吟宴懇親。盡歡至午後七時餘而散。

頭圍登瀛吟社定期總會活動中，決定將「臺北州下聯吟大會」與「登瀛吟社十五週年」聯合舉辦，其聲勢可謂浩大，此次擊鉢詩作「端午雨」刊登在《詩報》昭和 11 年（1936）九月一日第 136 號。

　　臺北州下秋季聯吟大會的盛況刊載在《詩報》昭和 11 年（1936）十一月二日第 140 號〔註 145〕，舉行的地點在頭圍產業組合樓，時間昭和 11 年（1936）十月十七日，多雨的蘭陽當天細雨霏霏，出席會員八十餘名，場內高懸「人萃北州高會頭圍番第十　日行西陸聯吟揩屆月初三」對聯，滿場一致贊成由主催社（登瀛吟社）社長（盧纘祥）推任詞宗，結果盧氏首唱推薦李石鯨、謝尊五兩氏，次唱推薦歐劍窓、洪玉明兩氏任詞宗，首唱詩題〈秋穫〉，次唱詩題〈剪刀聲〉，左右元各有副贈，其餘左右四十名由主催社分與贈品。

　　臺北州下秋季聯吟大會於昭和 11 年（1936）十月十七日午後十一時結束。隔天上午九時，以煙火爲號，舉行「登瀛吟社十五週年」，大伙一同在組合樓前合影留念，再到樓上開招待吟會，會內高懸「兩日吟哦重放瓊琚爭首選　九天飄咳吐化成珠玉落頭圍」，頭圍庄長門脇芳藏到場祝賀詞。與前一日相同，由主催社社長推任詞宗，結果首唱詩題〈珠璣網〉，葉文樞、吳蔭培任詞宗，次唱詩題〈海鏡〉，張鶴年、黃笑園任詞宗，品選後左右元各有副贈，其餘左右四十名由主催社分與贈品。

〔註 145〕《詩報》1936 年 11 月 2 日第 140 號，頁 2。

「臺北州下秋季聯吟大會」與「登瀛吟社十五週年」聯合舉辦，兩天活動圓滿落幕。此次聯吟活動是日治時期蘭地詩壇最熱鬧的一次，北部重量級人物如李石鯨、謝尊五、葉文樞、張鶴年等人，皆來到蘭地共襄盛舉。

若將東明吟社與仰山吟社、登瀛吟社二大詩社相較，東明吟社交流活動以例會課題、社內小集、擊鉢會為主，目前並未發現東明吟社有主辦全島徵詩或聯吟大會的記錄，如附表六【東明吟社發表詩作總表】所示，該社有發表的例會課題次數為六，社內小集三次，擊鉢會二十一次，報章上未明言此次發表詩作為何種類型者十三次。從發表作者觀之，東明吟社聚會以社員及蘭地其它文人為主，並無主辦大型的全島徵詩或聯吟大會的能力或意願。

比較仰山吟社和登瀛吟社在《詩報》上的曝光率，《詩報》第 2 號即刊出登瀛吟社〈柳眼〉擊鉢吟錄，緊接著《詩報》第 3 號介紹登瀛吟社近況，仰山吟社則遲至《詩報》第 24 號始有〈探菊〉詩作刊出，晚至《詩報》第 87 號才登出仰山吟社社友錄。足見昭和年間登瀛吟社是蘭地比較活躍的傳統詩社。這和盧纘祥的帶領有關，盧氏當時為頭圍富豪之家，曾擔任頭城鄉鄉長，頭城中學校長，臺北縣議會議員、副議長、議長等職。民國 40 年（1951）宜蘭獨立設縣，盧氏為宜蘭縣首任民選縣長。登瀛吟社活動在盧氏的帶領下，生機勃勃，社員詩作常刊載《詩報》、《臺南新報》等報章雜誌，也有多次登瀛吟社擊鉢吟例會、總會或聯吟大會，在盧氏的洋宅舉行，並由他值東分贈賞品。一位強而有力的社團首領，確實能為該社團帶來蓬勃氣象。

四、與他社互動

（一）仰山吟社與栗社之互動

栗社，為 1927 年彭昶興、鄒子襄與黃運寶、運和、運元三昆仲成立於苗栗，後大湖的湖光吟社聞風亦來合併，社員遂有百餘人，主持苗栗騷壇。王幼華《日治時期苗栗縣傳統詩社研究——以栗社為中心》臚列眾多栗社社員〔註 146〕，文中並未說明這些社員名單由何而得，依筆者觀察，當為報章雜誌上參與栗社徵詩、擊鉢吟活動者。值得爭議的是「參與栗社徵詩、擊鉢吟活動者」，並不代表此人為該社社員，全國各地人士皆可參與栗社徵詩、擊鉢吟活動，依王幼華的說法，栗社社員分為通訊及聚會兩種方式，賴仁壽、

〔註146〕王幼華，《日治時期苗栗縣傳統詩社研究——以栗社為中心》碩士論文，頁33～35。

林紹裘、李康寧、李盧洲等人屬於偏遠或海線地區加入者。〔註 147〕依筆者的瞭解，賴仁壽、林紹裘、李康寧、李盧洲等人為蘭地仰山吟社社員，如果我們接受這些社員以通訊方式加入栗社，有兩點疑點急需澄清：

一、社員認定的標準：依一般社團運作標準而言，有詩作參與該社活動，並不代表是該社社員，有繳交會費，或擔任該社例會值東者才算正式加入該社。社員繳交社費及例會值東名單中是否有賴仁壽、林紹裘、李康寧、李盧洲等人，是解開謎題的關鍵，可惜此部分資料王幼華文中並未提及，不得而知。

二、為何加入栗社？如果我們對上述第一項疑點採寬鬆認定標準，只要詩人參加該社活動，即可認定為該社社員，那麼，令人疑惑的是，大正、昭和年間全臺詩社林立，宜蘭仰山吟社賴仁壽、林紹裘、李康寧、李盧洲等人，為什麼選擇與宜蘭有一段距離的苗栗栗社，以通訊的方式加入該社，其中因緣何在？此問題，筆者掌握資料有限，仍待後續之研究。

除了上述賴仁壽、林紹裘、李康寧、李盧洲等仰山吟社社員，參與栗社活動外，《詩報》第 108 號〔註 148〕栗社課題〈出谷鶯〉另有仰山吟社林淵源、吳英林二人詩作，顯見兩人與栗社亦有往來。吳英林、林淵源都是宜蘭人，也是仰山吟社社員，兩人生平見本章第三節，林淵源還曾擔任栗社課題右詞宗，與左詞宗王了菴共同品評詩作（詳見下表）。

多位仰山吟社員參與栗社活動中，林玉麟、林淵源、賴仁壽三人皆曾擔任栗社詞宗，其詳細情況，統計如下表：

詞　宗	順　次	栗社課題	出處
林玉麟	1	右詞宗	〈搖筆〉	《詩報》第 72 號（昭和 8 年 12 月 15 日），頁 13。
	2	右詞宗	〈採蓮舟〉	《詩報》第 91 號（昭和 9 年 10 月 15 日），頁 11。
	3	右詞宗	〈夕陽蟬〉	《詩報》第 92 號（昭和 9 年 11 月 1 日），頁 12。
	4	右詞宗	〈蔡邕哭董卓〉	《詩報》第 110 號（昭和 10 年 8 月 1 日），頁 8。
	5	右詞宗	〈南畝餉饁〉	《詩報》第 111 號（昭和 10 年 8 月 15 日），頁 8。
林淵源	1	右詞宗	〈徐妃却召〉	《詩報》第 117 號（昭和 10 年 11 月 18 日），頁 12。
	2	右詞宗	〈迅雷〉	《詩報》第 119 號（昭和 10 年 12 月 15 日），頁 11。

〔註 147〕同上註，頁 58。
〔註 148〕《詩報》第 108 號（1935 年 7 月 1 日），頁 9。

	3	右詞宗	〈隋隄〉	《詩報》第 135 號（昭和 11 年 8 月 15 日），頁 19。
	4	右詞宗	〈禁烟〉	《詩報》第 138 號（昭和 11 年 10 月 2 日），頁 9。
賴仁壽	1	右詞宗	〈觀奕〉	《詩報》第 125 號（昭和 11 年 3 月 20 日），頁 12。

　　林玉麟擔任栗社詞宗最多次，林淵源次之，賴仁壽最少。昭和 8 年（1933）林玉麟開始任栗社詞宗，昭和 10 年（1935）十一月之後改由林淵源擔任栗社詞宗，由此情況推論，仰山吟社員與栗社之互動始於仰山吟社員林玉麟，進而影響仰山吟社幹事林淵源及其它仰山吟社社員加入栗社活動，參與的時間集中在昭和 8 年（1933）年底至昭和 11 年（1936）年底，其後栗社課題已無仰山吟社社員詩作。而 1940 年栗社月例會名單中並無蘭地文人芳名〔註 149〕，可見 1937 年後仰山吟社社員已退出栗社活動。

　　林玉麟原為嘉義人，工作於蘭陽，不知何因與苗栗栗社往來密切。林玉麟、林淵源、賴仁壽三人任右詞宗時，都與左詞宗王了庵一同評選栗社課題，足見受重視程度，可惜的是僅從蘭地傳統文學史料，筆者尚且無法釐清仰山吟社社員和栗社間互動的詳細始末。

（二）登瀛吟社與鼎社之互動

　　廖一瑾「臺灣詩社繫年」記載鼎社由張廷魁、吳如玉、張一泓主持，由大同吟社發起，邀貂山吟社、奎山吟社合組而成，其後頭城登瀛吟社亦加盟。每年四季輪流值東聯吟，春由大同，夏值貂山，秋屬奎山，冬歸登瀛吟社。〔註 150〕鼎社成立於昭和 11 年（1936）十月，最早基隆大同、雙溪貂山、九份奎山三吟社組成，到昭和 16 年（1941）七月中斷，中斷的原因不明。《詩報》上刊登鼎社擊鉢資料共十期，已由基隆陳祖舜翻印，從參與作者觀察之，第三期即有盧史雲參加，第七期有盧史雲、游象新、鄭指薪參加。〔註 151〕登瀛吟社員從 1937 年至 1941 年即以鼎社名義在《詩報》上發表詩作（詳見

〔註 149〕栗社月例會名單：鄭子襄、麥榮青、蔡喬材、涂拋磚、謝鐸菴、羅無聞、趙德昭、黃振輝、鄭啓賢、陳雲龍、楊如昔、楊鶴汀、楊子淵、范慕淹、賴綠水、張紹良、黃祉齋、顏其昌、謝鳳池、黃莘韘、吳子平等 21 人。詳見《詩報》第 215 號（1940 年 1 月 1 日），頁 3。

〔註 150〕同註 14，頁 55。

〔註 151〕林恆州，《鼎社第十四次詩人聯吟會記要》，1993 年。此處鼎社為七十九年由基隆市詩學研究社顧問陳祖舜、雙溪貂山吟社社長姚德昌、宜蘭仰山吟社總幹事林恆州等人復社之鼎社。

附表七），可見登瀛吟社 1937 年四月之前已加入鼎社活動。

　　1940 年十月二十日，繼大同吟社、貂山吟社、奎山吟社之後，輪到登瀛吟社主辦鼎社聯吟會，地點選在登瀛吟社社長盧史雲宅第，當天由基隆、瑞芳、双溪方面來的吟友眾多，合計五十餘人。聯吟會午後一時三十分開始，登瀛吟社社員林才添司會，盧史雲代表主催社敘禮，許梓桑代表鼎社起述祝辭，繼開擊鉢會，首題〈草嶺風〉，推許梓桑、李石鯨為詞宗。次題〈渡江楫〉，推吳蔭培、蔡清揚為詞宗。賓主盡歡至晚間八時許散會。〔註152〕

　　事實上登瀛吟社與貂山吟社之間互動更早。登瀛吟社昭和 5 年（1930）二月廿五日第四回總會詩集，有許桂珠、吳麟祥、張廷魁、連文瑠等貂山吟社社員，及鐘亭吟社張一泓出席〔註153〕。《登瀛吟社拾遺》中有一則昭和 8 年（1933）十一月十五日寫於貂山吟社的詩作，游象新、林才添、盧史雲、莊芳池等登瀛吟社社員以傳統詩描寫貂山的溪聲；

　　〈溪聲〉　　　游象新

　　　夜雨初過後，潺潺枕上從。騰名猶號虎，逸响似吟龍。

　　　韻雜攞漁笛，音分遠寺鐘。劇憐愚上住，藉此洗心胸。

　　同題　　　　林才添

　　　溪流奔兩岸，竟夜繞淙淙。耳誤寒泉响，心疑夜雨濃。

　　　淵涵空萬籟，消息落孤峰。知否三篙漲，扁舟試一從。

　　同題　　　　盧史雲

　　　知是經梅雨，波痕漲幾重。臨流聞有韻，隔岸望無蹤。

　　　浪湧山腰起，濤翻石齒衝。夜窗傾耳聽，逸响自淙淙。

　　同題　　　　莊芳池

　　　琤琮從到耳，兩派水朝宗。激誤傳空谷，喧疑報曉鐘。

　　　魚鱗分細浪，燕尾合流淙。得雨聞偏壯，宜城客思重。〔註154〕

這些詩作頷聯、頸聯對仗工整，對溪水淙淙的聲音及水流的動態，描寫仔細，

〔註152〕《詩報》第 235 號（1940 年 11 月 2 日），頁 1。

〔註153〕《登瀛吟社詩集》，頭城鎮史館館藏影抄本，頁 12。

〔註154〕以處所引諸詩皆出自林旺根編輯，陳麗蓮整理，《登瀛吟社拾遺》之詩作。《登瀛吟社拾遺》，此為筆者經由田野調查，獲林旺根編輯《登瀛吟社拾遺》手稿而來，目前正協助完成此手稿之整理，此資料還未出版，筆者為行文之便利仍然冠以書名號，特此說明。

「寺鐘」、「曉鐘」、「吟龍」、「兩岸猿聲」等句頗有巧用古人佳句之意。曾經擔任貂山吟社社長，目前擔任名譽理事長李鷥輝以「淺、顯、典」為寫作傳統詩的標準，以三個字明白指出好的詩作應該淺白、詞意清楚，如果再用上典故就更好。持此標準，以上五首詩作，實為佳作。足見在鼎社成立之前，登瀛吟社與貂山吟社已互有往來。

五、詩作發表

詩作的發表也是詩社活動內容之一，以下分為「報章雜誌」、「社內詩錄」二點說明之。

（一）報章雜誌

蘭地詩社作品以發表在《詩報》為多數，偶而發表在《臺南新報》、《風月報》、《臺灣詩薈》等報章雜誌，但大部分與《詩報》重複，故《詩報》為蘭地詩社作品最重要的發表園地。

以東明吟社為例，該社於 1934 年創社後，積極活躍詩壇。創社一週年還先舉開「一週年總會備會」並擊鉢會〔註155〕，九天後正式舉辦「東明吟社創社一週年總會」〔註156〕。東明吟社雖無能力主辦北部聯吟大會，但活動頗多，就蘭地詩社而言，僅次於仰山吟社與登瀛吟社，有三足鼎立之勢。《詩報》、《風月報》皆有東明吟社詩作刊登，但《風月報》刊載東明吟社詩作都與《詩報》重複（見附表六【東明吟社發表詩作總表】），足見該社以《詩報》為主要發表園地。由附表六【東明吟社發表詩作總表】亦可知昭和 9 年（1934）至昭和 14 年（1939）為該社最活躍時期，統計這五年東明吟社發表詩作概況，如下表所列：

【1934 至 1939 年東明吟社發表詩作一覽表】

時　間	發表次數	詩　題
昭和 9 年（1934）	5 次	蘭東曉望、貯木池、冰旗、愛菊、重九節。
昭和 10 年（1935）	14 次	賞菊、歲暮、病妓、清明即景、初夏、賣錫簫、夏風、夏雨、羅東、月白煙青、烏江憶項王、落帽風、竹風蘭雨、尋梅。

〔註155〕《臺灣日日新報》1935 年 5 月 28 日第四版「羅東東明吟社會事」。
〔註156〕《臺灣日日新報》1935 年 6 月 6 日第八版「東明吟社創社一週年總會」。

昭和 11 年（1936）	9 次	歲寒圖、山水、春山、花夢、藝妓劇、水仙、採蓮女、秋濤、菊鐘聲。
昭和 12 年（1937）	3 次	雪夜、寒溪櫻信、屈原。
昭和 13 年（1938）	10 次	落花、新柳、水鏡、野僧、夏木、梅雨、中秋雅集、江楓、秋夜、落英。
昭和 14 年（1939）	5 次	陶淵明、老松、迎寒、冰山、冬日。

　　每一次的發表詩作都代表東明吟社的活躍能力，並可看出該社該年度活動情況。東明吟社於昭和 9 年（1934）六月創設，1934 年已過了一半，故只有五次活動。1935 年爲設立第一年，氣勢旺盛，一年舉辦十四次活動，平均而言，至少每個月有一次活動。1936 年稍微中挫，至 1937 年已顯疲態，只有三次活動，與 1936 年十四次活動相比，相差甚多。1938 年舉辦十次活動，有起死回生之勢，至 1939 年卻欲振乏力，只舉辦五次活動，此後報章雜誌上皆無東明吟社活動記載，最後一次活動時間爲 1939 年 7 月 24 日。

　　由以上舉例可知《詩報》半月刊，從 1930 年 10 月 30 日至 1944 年 5 月 5 日止，共發行 319 期，是日治時期蘭地詩社發表詩作最重要的刊物。

（二）社內詩錄

　　社內詩錄，指詩社舉行詩會後，將社員詩作的謄錄成冊。如莊及鋒著有《仰山吟社詩草》〔註 157〕，由其書名可推知應爲仰山吟社詩錄，傳日治時期有刻本，然已亡佚。

　　今以登瀛吟社爲例，筆者經田野調查搜集到登瀛吟社的社內詩錄有《登瀛吟社詩集》、《頭圍登瀛吟社擊鉢吟錄》、《登瀛吟社擊鉢錄分號》、《登瀛吟社徵詩錄》、《登瀛吟社課題吟錄》（第四、六、九、十期）等資料。

　　《登瀛吟社詩集》由林才添（夢筆）設計封面，收錄「登瀛吟社社規」，「頭圍登瀛吟社第四回總會」，以及〈初夏〉、〈蓄音機對畫虎〉、〈榴花〉、〈諫迎佛骨〉、〈葵心〉、〈蘭池魚躍〉、〈走唱〉、〈慵貓〉、〈貧女〉、〈帆影〉、〈臨流〉、〈慵粧〉、〈夏蟬〉、〈大暑〉、〈藕絲〉、〈牛女喜相逢〉、〈秋懷〉、〈潮聲〉、〈野鶴〉、〈優伶〉、〈盲樵〉、〈盆松〉、〈筆〉、〈玉美人〉、〈觀棋〉、〈菊屏〉、〈灯市〉、〈元宵〉、〈竹夫人〉、〈傳書鳥〉等三十首詩題之詩作。

　　《頭圍登瀛吟社擊鉢吟錄》爲昭和丁卯年（即昭和 2 年，西元 1927 年）編輯的社內詩錄，內頁有林才添編輯保管的字樣及簽章。收錄「登瀛吟社第

〔註 157〕《重修臺灣省通志・藝文志》（南投：臺灣文獻委員會，1997 年），頁 823。

二回通常總會」、「登瀛吟社擊鉢吟課題吟值東拈鬮」，以及《登瀛吟社詩集》三十首詩題，再加上〈竹影〉、〈紙幣〉詩題之詩作。

《登瀛吟社擊鉢錄分號》收錄「登瀛吟社擊鉢會、課題值辦者順番」、「東臺灣詩社聯合會會則」，以及〈政潮〉、〈望龜山〉、〈柳眼〉、〈三月殘花落更開〉、〈鷸蚌相持〉詩題之詩作。

《登瀛吟社徵詩錄》只收錄登瀛吟社第一期〈吳沙〉全島徵詩及該社社員同題詩作，以及第二期〈龜山朝日〉徵詩新聞及解題。登瀛吟社全島徵詩共有六期，從 1931 年四月十五日至 1932 年七月十五日止。（詳見本章第二節第二小節【登瀛吟社徵詩一覽表】）。因《登瀛吟社徵詩錄》昭和 6 年（1931）六月七日印刷，同年六月七日發行，故此時只有第一期徵詩結果及第二期徵詩新聞及解題可供收錄。

《登瀛吟社課題吟錄》分別為第四期〈竹影〉、第六期〈榴花〉、第九期〈選詩〉、期十期〈老樵〉詩題合錄本。以上有關登瀛吟社社內詩錄資料，都是見證登瀛吟社活動的重要文學史料，值得我們好好珍惜。

第三節　同聲相求：活躍詩人傳詩韻

何謂「活躍詩人」？對詩社有創社之功，或擔任社長，或發表詩作量在該社名列前茅者皆可視為活躍詩人。

如何找出蘭地傳統詩社之活躍詩人？首先依「對詩社有創社之功，或擔任社長」標準檢核，仰山吟社林拱辰社長，吟香社張鏡光社長，登瀛吟社陳書、吳祥輝、盧纘祥社長，光文社張振茂社長，蘭社呂子香社長，宜蘭文社陳金波社長，潮音吟社楊長泉社長，及東明吟社創社靈魂人物江紫元，社長胡慶森，皆可能是活躍詩人。若加上「詩作發表量」的條件，吟香社張鏡光社長、蘭社呂子香社長、東明吟社社長胡慶森未有任何詩作發表，此三人不能視為日治時期蘭陽地區傳統詩社之活躍詩人，他們對蘭地的貢獻在於文教的傳承。

詩作發表量是重要指標。例如《詩報》第 87 號清楚列出敏求吟社社員芳名，可惜的是日治報章雜誌中尚未找到以敏求吟社名義發表的詩作，又依本文附表十一【敏求吟社社員發表詩作數量一覽表】所示，三十六位社員中有二十八位皆未發表詩作，且吳鴻藩、李屏藩、林英心三位僅有一次聯吟發表

詩句，這些社員詩壇活躍度不強。有發表詩作的八位社員，僅莊贊勳有百首以上，是蘭地活躍詩人。

　　從詩社詩作發表總量可以看出社團活躍度，但不足以看出該社有哪些活躍詩人。例如，以「仰山」、「登瀛」、「東明」為社團名稱關鍵字，查詢「臺灣漢詩數位典藏資料庫」，得知以仰山吟社之名發表在報章上詩作有1629首，登瀛吟社1542首，東明吟社843首，可明顯看出仰山吟社、登瀛吟社較為活躍，東明吟社成立晚，〔註158〕有急起直追之勢。但是上述統計數字包含非該社社員，卻參與該社徵詩或參與擊鉢會者，因此未能準確看出該社社員詩作發表量。

　　觀察該社各社員發表詩作的情況，較能看出該名社員在詩壇活躍程度。依目前較能掌握社員姓名的仰山吟社、登瀛吟社、東明吟社來看，如附表八【仰山吟社社員發表詩作數量一覽表】所示，仰山吟社社員詩作發表量排行前十名分別是，林玉麟298首，吳蔭培251首，莊贊勳245首，李康寧239首，張天眷179首，陳存148首，吳英林137首，蔡老柯134首，陳金波121首，林本泉107首，他們發表詩作在該社名列前茅，可視為活躍詩人。

　　又如附表七【登瀛吟社社員發表詩作數量一覽表】所示，前五名依序為盧纘祥、莊芳池、鄭指薪、劉枝昌、游象信，他們發表的詩作都在百首以上，是登瀛吟社活躍人物，也是蘭地活躍詩人。

　　再如附表十【東明吟社社員發表詩作數量一覽表】所示，其有四位發表詩作在百首以上，林玉麟286首，楊長泉176首，范良銘111首，江紫元106首，他們可視為日治時期蘭陽地區傳統詩社之活躍詩人。

　　綜合上述的考察，林拱辰、陳書、吳祥輝、盧纘祥、張振茂、陳金波、楊長泉、江紫元、莊贊勳、林玉麟、吳蔭培、李康寧、張迺西、陳存、吳英林、蔡老柯、陳金波、林本泉、莊芳池、鄭指薪、劉枝昌、游象信、范良銘等二十三人，因對蘭地詩社有創社之功，或擔任社長，或發表詩作在該社名列前茅，可視為日治時期蘭陽地區傳統詩社之活躍詩人。依他們的詩作發表量整理如下表：

〔註158〕日治時期東明吟社創社時間（1934）與仰山吟社（1914）相差20年，與登瀛吟社（1921）相差13年，詳見本章第一節【日治時期蘭陽地區傳統詩吟社一覽表】。

【日治時期蘭陽地區傳統詩社活躍詩人總表】

序　號	活躍詩人	字　　號	發表詩作量
1	盧纘祥	史雲、夢蘭	357
2	莊鱉	芳池、藏英、夢梅	347
3	林玉麟	仁卿、夢鶴	286
4	吳蔭培	竹人	251
5	莊贊勳	仁閣	245
6	李康寧	壽卿	239
7	鄭指薪	火傳	229
8	劉枝昌	鳳鳴、克忠、夢竹	196
9	游象信	象新、雪齋	182
10	張天眷	迺西、天春	179
11	楊長泉	靜淵	176
12	陳存	望遠	148
13	黃見發	振芳、夢熊	146
14	蔡老柯	鰲峰	134
15	吳英林	松籟	133
16	陳金波	鏡秋、雪峰	121
17	范良銘	／	111
18	林本泉	淵源、達初	107
19	江紫元	夢花	106
20	張振茂	松村	27
21	陳書	子經	19
22	吳祥煇	春麟	14
23	林拱辰	星樞	9

今依其發表詩作數量由多至少為序，介紹其生平事蹟及詩作。

一、盧纘祥

　　盧纘祥（1903～1957），字史雲、國潢，號夢蘭。明治 36 年（1903）十月二十八日生於臺北縣烏山，祖籍福建省龍溪縣。六歲時隨父盧春發遷居宜蘭三星，八歲遷至頭城武營定居。春發東家盧廷翰以嫡子上元乏嗣，與夫人

陳氏定娘磋商，乞纘祥為螟蛉孫。纘祥乳名阿枝，過繼之後，廷翰延請宿儒鄭騰輝為之正名。

　　盧廷翰早逝，產業大不如前，全賴祖母陳氏刻苦經營。時當日治時期，陳氏堅持愛孫不受日人教育，不為日人服務，因資助就正軒書院，延聘頭城宿儒吳祥輝、福建葉文樞、湖北萬惠生等教授漢學經典詩文，四年學業有成。

　　大正 10 年（1921），盧夢蘭與鎮內同好十八人倡組登瀛吟社，藉維中華文化於不墜，昭和 8 年（1933）擔任該社社長。

　　民國 34 年（1945），臺灣光復，盧纘祥為首任頭城鄉長。民國 36 年（1947），當選為臺北縣議長，並兼任頭城中學校長。民國 37 年春，蘭陽人士發起設縣運動，當選為「新蘭陽建設委員會」主任委員。民國 40 年（1951）四月，當選為宜蘭縣長，勵精圖治，曾大舉造林，功績冠全省。推行土地改革，率先獻田四十餘甲，為救濟事業基金。民國 42 年（1953）本省全面修志，乃兼任縣文獻委員會主任委員，成宜蘭縣志。民國 43 年（1954）六月任滿，升臺灣省政府委員，多所獻替。民國 44 年，組織中國水泥公司，積勞成疾，民國 46 年（1957）五月二十六日因腦溢血而遽然去世，享年五十六歲。

　　盧夢蘭生平忠誠篤厚，修己敬事，為政廉潔，一介不取，時論稱之。他曾感嘆「荏苒光陰三十年，愧無神力可回天。人情鬼蜮應防備，世態炎涼任變遷」〔註159〕，面對爭名奪利的人生百態，詩人嚮往晴耕雨讀的自然生活。其一生對頭城及蘭地政績豐碩，張其昀稱譽：「史雲忠誠篤厚，古道熱腸，訥於言而敏於行，為一君子人，足以代表臺灣樸茂淳良之民風」。著有《史雲吟草》一卷，今日未得見之，其詩散見日治時期報章雜誌，尤以《詩報》為多，其本身亦為《詩報》創始人之一，周石輝發行該報精神物質得力於盧氏頗多〔註160〕，《詩報》從昭和 5 年（1930）至昭和 16 年（1941）間主事者替代凡三人〔註161〕，盧纘祥、杜香國為首任兩位副社長（未設社長），《詩報》第 33 號則改由盧纘祥任社長一職〔註162〕，直到第 46 號辭去

〔註159〕《詩報》第 3 號（1931 年 1 月 1 日），頁 7。
〔註160〕引自周石輝〈《詩報》發刊十週年回顧談〉，該文刊於《詩報》第 241 號（1941 年 2 月 4 日），頁 13。
〔註161〕引自陳碩卿〈祝《詩報》發刊十週年〉之說法，刊於《詩報》第 239 號（1941 年 1 月 1 日），頁 22。
〔註162〕《詩報》第 33 號（1932 年 4 月 5 日），頁 2。

社長一職〔註163〕，盧氏《詩報》的運作有開創之功。

　　盧纘祥熱衷參與詩壇活動，登瀛吟社在他的帶動下社運昌隆。他與桃園、新竹兩地的詩人互動尤深，甚至聘請新竹碩儒葉文樞任教頭圍。昭和 7 年（1932）二月二十九日桃園、新鶯兩社吟友，曾爲盧纘祥和葉文樞召開歡迎擊鉢會，假簡楫氏宅爲會場，以「桃園即事」爲題（七律、庚韻），並赴問津樓開吟宴，宴罷，由葉文樞、簡若川兩秀才各取十首，文樞、纘祥兩氏獲元，〔註164〕盧纘祥〈桃園即事〉：

> 遨遊偶爾趁初晴，知己重逢倍有情。
>
> 勝會何時能再得，縱談盡日快平生。
>
> 檜溪水漲迴環秀，蘆竹風來斷續鳴。
>
> 我愛武陵春景好，携筇到此听新鶯。〔註165〕

詩敘檜溪、蘆竹景致令人心曠神怡，知己相逢難能可貴，而武陵、新鶯點明所遊之地，更見巧思。

　　昭和 11 年（1936），盧纘祥曾到新竹，寫下〈仲春遊竹塹〉：

> 又近清明節，何妨策蹇忙。名園尋北郭，好景頌東皇。
>
> 流墨溪成隙，爭春山亦香。凝眸皆錦繡，盡貯入詩囊。〔註166〕

新竹林家潛園及鄭家北郭園，清治時期即是文人雅士匯集之處，園林之美，山水之盛，遠近遐名。日治時期新竹文風鼎盛，騷壇墨客，對潛園及北郭園的庭園景致更是情有獨鍾，詩人造訪名園，詩意滿胸懷。

　　對於傳統詩寫作及傳承，盧氏心中有些許的憂慮，觀〈臺中養拙老人〉：

> 偶結因緣翰墨場，彬彬濟濟萃冠裳。
>
> 小鳴鉢擊經三變，大雅扶輪又一霜。
>
> 思澀唫多嫌日短，節佳會却愛天長。
>
> 我祈貴社同延壽，萬歲高呼爲盡觴。〔註167〕

20 年代中期至 30 年代初期，正值臺灣文化界及文學界的菁英，針對舊文學弊端所提出的一連串批評，進而引發新舊文學論戰，對舊文學而言是重大的打擊。尤其是擊鉢吟的弊端，早已獲得有志者深刻檢討，極需眾志成城的改革

〔註163〕《詩報》第 44 號（1932 年 10 月 1 日），頁 2。
〔註164〕《詩報》第 31 號（1932 年 3 月 15 日），頁 1。
〔註165〕同上註，頁 15。
〔註166〕《詩報》第 127 號（1936 年 4 月 18 日），頁 5。
〔註167〕《詩報》第 35 號（1932 年 5 月 15 日），頁 3。

之際，如果無人參與擊鉢，對改進、推展傳統詩而言，無疑是雪上加霜。故面對興賢吟社蘭齋擊鉢無人到場的窘境，盧氏表達「小鳴鉢擊經三變，大雅扶輪又一霜」的憂心。

盧纘祥本身善於寫詩，他也鼓勵子女習詩，由其女盧品三保留的詩稿中可得知其教導子女寫詩的方法〔註168〕，並非將子女寫好的詩作逐字修改，而是同題擬作，讓子女自我體會其中奧妙。

盧氏並非頑固不化的守舊文人，1931年八月，革命鬥士蔣渭水留下未竟之志，意外地以四十歲壯年病逝於臺北，盧氏於同年九月一日發表〈弔蔣渭水先生〉三首七言絕句及〈蔣先生渭水輓聯〉表達追思之意，稱讚蔣渭水「少年思想異尋常，早把民權力主張。一貫精神堅到底，平生政見恥騎牆」，並且認爲蔣渭水爲社會人民權利奔走二十載，如果未來要寫歷史，絕對是「列傳應居第一篇」〔註169〕，名留青史。

事實上，盧纘祥的功績不止於政治方面，有關蘭地文教的推動及《詩報》的運作，盧氏皆有重要的影響力。盧纘祥1932年發表〈壬申年全島聯吟大會之提議〉主張廢除在聯吟會中招致藝妓彈唱佐興之惡風〔註170〕，這件事令學者印象深刻〔註171〕，但少有學者注意到盧纘祥推動日治時期詩作發表園地的用心。

盧纘祥是登瀛吟社第三任社長，也是《詩報》倡導者之一，他與杜香國兩人謙讓《詩報》社長之位〔註172〕，故《詩報》第1號刊行時，兩人同爲副社長〔註173〕。盧纘祥以雄厚資金贊助《詩報》實際運作〔註174〕，周石輝〈《詩

〔註168〕林旺根編輯，陳麗蓮整理，《登瀛吟社拾遺》，未刊稿。

〔註169〕《詩報》第19號（1931年9月1日），頁15。

〔註170〕史雲，〈壬申年全島聯吟大會之提議〉，《詩報》第27號（1932年1月1日），頁1。

〔註171〕學者有論及此事，但黃美娥書中僅說明「宜蘭盧纘祥」，李世偉書中則直接使用盧纘祥發表文章時用的筆名「史雲」，似乎對盧纘祥非常陌生。詳見黃美娥，《重層現代性鏡像：日治時代臺灣傳統文人的文化視域與文學想像》（臺北：麥田出版社，2004年），頁154。及李世偉，《日據時代臺灣儒教結社與活動》（臺北：文津出版社，1999年），頁43。

〔註172〕詳見附錄七：田調訪查——林旺根。

〔註173〕《詩報》第1號（1930年10月30日），頁1。

〔註174〕盧家是清代頭城首富，擁有頭城最大的貿易商行「十三行」，宜蘭有句俗語「有盧家厝，無盧家富，有盧家富，無盧家厝」，臺灣總督府編，《臺灣列紳傳》（臺灣：臺灣日日新報社，1916年），頁85，記載盧纘祥父親盧廷翰「資產約三萬圓，厚施不惜」。盧廷翰明治39年（1906）去世，享年40歲，留給盧

報》發刊十週年回顧談〉明言《詩報》於昭和 5 年（1930）十月發行創刊號，「拮据經營，費盧纘祥君之精神物質不少」〔註175〕。可見盧纘祥對《詩報》能否正常運作佔有重要地位，《詩報》第 33 號時已直接刊出「社長：盧纘祥」的告示，直至第 46 號，因盧纘祥有要事，由許梓桑任社長。原發行者周石輝則在《詩報》發行至第 44 號之後，因患有神經衰弱重症，轉由蔡清揚於基隆發行。可見《詩報》領導人物在昭和 7 年（1932）十一月間已有所更替，至第 75 號原本稱社長許梓桑，改稱「榮譽社長」，盧纘祥則直到 96 號才列名贊助員一欄內，繼續贊助該報。

　　《詩報》社長為何由盧纘祥轉由許梓桑擔任，其中原委仍待探究。但是由《詩報》第 1 號至第 46 號的版面編排，可看出社長盧纘祥的影響力。盧纘祥帶領的登瀛吟社不論徵詩或擊鉢錄在《詩報》第 46 號之前，都佔有極大的篇幅，例如第 2 號〈柳眼〉擊鉢錄〔註176〕、第 4 號〈菊魂〉擊鉢錄〔註177〕、第 14 號〈吳沙〉徵詩〔註178〕等，登瀛吟社刊載篇幅都橫跨到二頁，與其它詩社作品大都只有一頁篇幅相較，登瀛吟社顯然較受編輯群重視。且《詩報》第 2 號即刊出登瀛吟社〈柳眼〉擊鉢錄，《詩報》第 3 號即介紹登瀛吟社近況〔註179〕，相較之下，同樣蘭陽地區詩社，且歷史悠久的仰山吟社直到第 22 號才有詩作刊出，盧纘祥對《詩報》編輯及運作影響力可見一斑。

　　盧纘祥〈壬申年全島聯吟大會之提議〉一文針對召妓歪風正面的懇切建言，合情合理，十分中肯。並從經濟效益的觀點，實際計算盈虧表，刊登同一號同一頁，如此費盡心思勸導，想抑制「娼妓之非人道」之行為，只可惜未被他人採納。瀛社黃純青主辦全島詩人大會歡迎「好攜妓者攜妓，各從所好，以盡一日之清興」〔註180〕。也許，盧纘祥跟上時代潮流的高見，曲高和

　　　　纘祥龐大的家產。而《詩報》第 44 號（昭和 7 年 10 月 1 日），頁2，《詩
　　　　報》編輯室刊出告示，說明盧纘祥已為報社支出數百圓，但因個人因素辭退
　　　　社長一職，經眾人挽留亦不能改變盧纘祥初衷。又參考本文附錄三筆者 96
　　　　年 5 月 20 日之訪談記錄第二條頭城耆老林旺根的說法，故筆者認為《詩報》
　　　　雖有入不敷出的情況，卻無資金運轉問題皆能順利發刊，和盧纘祥有密切關
　　　　係。
〔註175〕《詩報》第 241 號（1941 年 10 月 30 日），頁 1。
〔註176〕《詩報》第 2 號（昭和 5 年 11 月 27 日），頁 23～24。
〔註177〕《詩報》第 4 號（昭和 6 年 1 月 17 日），頁 9～10。
〔註178〕《詩報》第 14 號（昭和 6 年 6 月 15 日），頁 4～5。
〔註179〕《詩報》第 3 號（昭和 6 年 1 月 1 日），頁 15。
〔註180〕黃純青，〈全島詩人大會管見〉，《詩報》第 30 號（昭和 7 年 2 月 24 日），頁 1。

寡，得不到守舊者的認同。但協同創辦《詩報》，開拓詩作發表園地，帶領蘭地登瀛吟社立足詩壇，功不可沒。

二、莊鱉

莊芳池，本名莊鱉。緣於莊芳池小時候常會將袖子摺起來，因此叫他莊「ㄅ一ˋ」（閩南語），後來覺得莊鱉不好聽，才取字芳池、藏英，號夢梅。（見附錄五）1894 年一月十四日生，祖籍福建省平和縣。原居宜蘭縣頭城鎮竹安里三抱竹，父莊戀生早逝，幼年失怙，賴寡母莊蔡氏肩負家計，撫養成人。莊芳池拒受日人教育，隨大姐夫吳祥煇學習古文經典，尤擅書法、詩文，並精於岐黃之術，被譽為蘭陽懸壺詩人，日治日期戶籍資料登載職業為「藥種商」，在頭城開設中藥行取名「莊仁壽」，後為頭城鎮中醫，省中醫師公會常務理事，曾任縣議員。莊芳池國學根柢深厚，喜於晚飯後大聲吟詩及推敲詩句（見附錄五），為登瀛吟社社員，曾任登瀛吟社社長，提倡國學不遺餘力，鎮中廟宇對聯多出其手，民國 59 年（1970）九月五日去世。《頭城鎮志》記載莊芳池著有《芳池吟草》〔註 181〕，而《重修臺灣省通志‧藝文志‧著述篇》記載莊氏著有《夢梅詩草》上下二卷〔註 182〕，惜今日未見詩集傳世。

莊芳池與同業李琮璜交情頗深，兩人亦師亦友，因騷壇而訂盟，經常一起作詩及討論懸壺之術。李琮璜知無不言，言無不盡，並以方書相授，兩人相知相惜，故李琮璜 1937 年去世時，莊芳池深感哀痛，寫下〈輓李琮璜先生〉三首刊於《風月報》〔註 183〕，表達對李琮璜思念及哀慟之意。

莊芳池詩作意境開濶，深受肯定，曾獲第四回全島聯吟大會贈眼杯三個（見附圖七），現今宜蘭縣國中鄉土教材，亦編入莊氏〈蘇澳探勝景〉詩，〔註 184〕足見莊氏對蘭地風景名勝的書寫備受讚賞。

尋幽攬勝，足以淨化心靈，莊芳池〈獅頭山竹枝詞〉〔註 185〕十首以平易的字句傳達遊新竹獅頭山愉快心情，詩中特別著眼於勸化堂、開善寺、海會庵、聖道岩、萬善祠等民間宗教聖地的書寫，可知詩人對民間信仰的喜愛，

〔註 181〕同註 45，頁 454。
〔註 182〕《重修臺灣省通志‧藝文志》（南投：臺灣文獻委員會，1997 年），頁 290。
〔註 183〕《風月報》第 47 期（1937 年 9 月 2 日），頁 17。前二首亦刊於《詩報》第
　　　　161 號（1937 年 9 月 22 日），頁 24，唯詩名改為〈哭李琮璜先生〉）。
〔註 184〕《宜蘭縣閩南語教學手冊》第七冊（宜蘭：宜蘭縣政府，2002 年），頁 59。
〔註 185〕《詩報》第 149 號（1937 年 3 月 21 日），頁 17。

氏著〈春日遊頭圍募善堂〉：

> 雅景堪推募善堂，偷閒來賞好春光。
>
> 聽經頓悟三乘法，頂禮同參一炷香。
>
> 慧日長懸照蓮座，慈雲廣被及蘭陽。
>
> 他時得遂平生願，擬學禪機近上方。〔註186〕

募善堂位於頭城鎮新建里，創建於宣統元年（1909），原爲齋堂，主祀釋迦牟尼佛，〔註187〕屬佛教信仰，詩人春日到此一遊興起願學禪機以終老的念頭。莊芳池雖然活躍於詩壇及政商界，但懷有「老遺民」的心態，觀〈五十述懷〉三首：

> 生逢盛世版圖新，轉眼光陰五十春。
>
> 未許從戎空有願，欲思奉養已無親。
>
> 事關防喋多緘口，年屆知非自省身。
>
> 我愛樂山兼樂水，超然且署老遺民。
>
> 信念奚殊魏少英，當思報國表眞誠。
>
> 奉公銃後期無忝，課子燈前望有成。
>
> 勞碌忙因兒女累，歌吟喜締鷺鷗盟。
>
> 未完婚嫁心長繫，何日纔能了向平。
>
> 平生不顧毀兼譽，有願終難得遂初。
>
> 俠骨豪華空傲世，雄心磊落欲凌虛。
>
> 消愁獨酌杜康酒，學術精研景岳書。
>
> 待到太平無事日，買山準擬樂樵漁。〔註188〕

此詩發表於1944年正值中日戰爭方酣之際，詩中「盛世」、「報國」所指爲何？頗費思索。四面楚歌的多事之秋，詩人寧可選擇「獨善其身」的處世哲學，只牽掛子女婚嫁，對世事三緘其口，曾經有過的俠骨雄心，就隨著幾杯黃酒入肚吧！至於生平的毀譽，且任人雌黃，以老遺民的心境等待太平之日，過著仁者樂山，智者樂水的隱居生活。這樣的避世思想，恐怕是許多傳統文人心中的願景。

〔註186〕《詩報》第201號（1939年5月20日），頁5。

〔註187〕同註45，頁389。

〔註188〕《詩報》第319號（1944年9月5日），頁7。

三、林玉麟

　　林玉麟在仰山吟社雖未擔任幹部，如前所述，由他帶領部分仰山吟社社員參與栗社活動，是仰山吟社很活躍的人物。林玉麟，字夢鶴、仁卿。嘉義人，七歲時父母俱亡，由姊姊、姑母將他帶大。其後家中舊屋又被強行徵收爲道路之用。伯父、姑母對姊弟倆恩情尤深，收留他們，並如同父母親般的疼愛，婚事也都由姑母打點。玉麟從小就體會寄人籬下，食「嗟來食」的可悲，故在公學校畢業後，自己工作存錢，夜間攻讀。1919 年他來到蘭陽，曾居住在羅東〔註189〕、員山鄉〔註190〕等地，二十年後妻兒回到嘉義就學從商，爲謀家計獨留他在蘭陽。玉麟八首〈感懷〉詩〔註191〕，以淺白的文句，回顧其一生的遭遇，也讓讀者能借由詩作對作者生平事蹟有初步的瞭解。

　　林玉麟寓居蘭陽，獨留妻子吳雪如在嘉義，夫妻倆人不僅承受相思之苦，妻子生病無人在旁照料，更是丈夫心中永遠的痛，「雁信乍頒知有病，花容頓瘦總堪憐。鴛鴦何日重雙聚首，搔首低徊欲問天。」〔註192〕因此，客居異地玉麟常興起辭職回家鄉的念頭，仰山吟社社員李抱罕曾寫〈呈夢鶴宗兄〉「欲賦陶潛歸去來，情深三徑印蒼苔，蘭陽謾認他鄉地，當作家鄉莫說回」〔註193〕安慰之。

　　暫且拋下思妻念子的愁緒，平常工作之餘，邀三五好友，對月夜飲，通宵「酣醉樂天眞」〔註194〕的生活，最得詩人心。或是垂釣溪邊，欣賞「風清浪靜水紋開」〔註195〕的美景，渾然不知日已西斜的愜意生活，也是詩人的最愛，〈老漁〉：

〔註189〕林玉麟繳納《詩報》報費時署名「羅東　林玉麟」，見《詩報》第 36 號（1932年 6 月 1 日），頁 1。

〔註190〕由莊仁閣〈遊員山訪林夢鶴社兄〉詩題可知，該詩刊於《詩報》第 200 號（1939年 5 月 3 日），頁 5。

〔註191〕有關林玉麟生平事蹟，取自林玉麟〈感懷〉詩八首。此八首詩刊於《風月報》第 88 期（1939 年 6 月 17 日），頁 33。亦刊於《詩報》第 205 號（1939 年 7月 17 日），頁 17。

〔註192〕嘉義吳氏雪如〈病起寄良人〉，宜蘭林玉麟〈次韻〉二詩刊於《詩報》第 207號（1939 年 8 月 16 日），頁 5，由其內容可知夫妻二人鰜鰈情深，異地相思，互相體諒。

〔註193〕李抱罕〈呈夢鶴宗兄〉詩後小註：「夢鶴君言欲辭職歸嘉義故云」，詳見《詩報》第 200 號（1939 年 5 月 3 日），頁 5。

〔註194〕林玉麟，〈對月夜飲〉，《詩報》第 147 號（1937 年 2 月 19 日），頁 19。

〔註195〕林玉麟，〈晚釣〉，《詩報》第 146 號（1937 年 2 月 2 日），頁 9。

扁舟長隱水雲鄉，冒雨衝風兩鬢霜。

蘆絮被中縈好夢，柳條籃裡貯餘糧。

紅顏酌酒搖銀浪，白髮高歌盪夕陽。

畢竟一竿閒歲月，悠然得意勝侯王。〔註196〕

對仗工整的頸聯，以顏色的對比襯托出白髮漁翁灑脫不羈的個性，悠遊自在的漁夫生活，在詩人心中勝過諸侯王位。

眾多蘭地勝景，林玉麟對宜蘭縣南澳鄉情有獨鍾，有〈南澳紀遊（上）〉十二首〔註197〕及〈南澳記遊（下）〉七首〔註198〕記其遊南澳之感，今舉二首為例：

〈南澳紀遊（上）〉之一

住民雍睦氣和團，買賣無欺一樣看。

戶數一村知不少，寡聞滋事與生端。

〈南澳記遊（下）〉之一

載筆清遊野興增，行行恨不約吟朋。

鶯花三月重來此，皷吹詩腸擬少陵。

南澳地處偏遠，如詩如畫的天然美景及善良居民，讓詩人整日流連也不覺得疲憊，有緣來到此地，「滿囊盡貯紀遊詩」，收穫豐富。昭和19年（1944）中日大戰方酣之際，地處臺灣東北角偏山區的南澳鄉完全感受不到戰爭的肅殺之氣，讓人有身處桃花源之感，詩人還想廣邀詩友，明年三月重訪南澳。

玉麟恥於向日人低頭，認為「婢膝奴顏最可嗤，送迎發起善奔馳。紳章鎮日胸前繫，空博虛名嚇小兒。」〔註199〕寫詩是他最大的興趣，亦喜於珍藏，他認為〈詩報〉「刊出騷人錦繡腸，滿篇麗句墨花香。他時万卷頒行後，石室蘭臺可貯藏。」〔註200〕他在蘭陽人緣極好，交遊廣潤，常有蘭地文人到員山拜訪他，李康寧、吳英林、柏樵等人曾寫下數首〈春日訪玉麟詞長車中偶感賦呈〉、〈贈林玉麟詞長〉〔註201〕，描寫他們到員山與林玉麟詩酒聯歡，安慰林氏客居異鄉的愁思。

〔註196〕《風月報》第61期（1938年4月1日），頁30。
〔註197〕《詩報》第310號（1944年2月11日），頁10。
〔註198〕《詩報》第311號（1944年3月1日），頁11。
〔註199〕林玉麟，〈有感〉，《詩報》第16號（1931年7月15日），頁15。
〔註200〕林玉麟，〈詩報〉，《詩報》第20號（1931年9月15日），頁6。
〔註201〕《詩報》第221號（1940年4月6日），頁3。

四、吳蔭培

　　吳蔭培（？～1944）字竹人。光緒間生員〔註202〕，世居竹塹，原古新竹北郭門外，書香世家，以教書爲業。後因大水襲去田產，轉居屏東，故發表詩作曾署名「潮州　吳蔭培」〔註203〕。吳氏曾與郭芷涵，鄭養齋等創立詩社。能文賦詩，文筆不俗，學識淵博，喜提攜後進。壯年時自新竹南下各地，設帳傳燈。昭和 3 年（1927），至笨巷（今新港），停留約三年，從學者甚多，後因愛種李樹，遂遷居宜蘭。昭和 9 年（1934）曾任仰山吟社顧問，讀書種樹至終老。〔註204〕吳蔭培小女兒嫁給游碧窗之子，昭和 13 年（1938）喜獲外孫〔註205〕。有一兒名榮欽早逝，吳氏寫下〈哭亡兒榮欽〉二首抒發白髮送黑髮人之悲。〔註206〕

　　吳氏因任教寓居蘭陽而加入仰山吟社，1931 年仰山吟社擊鉢錄詩題〈湯烟〉，由吳蔭培任詞宗，〔註207〕此時吳氏與仰山吟社間即有往來，該社才會請吳氏任詞宗，品評詩作。1935 年仰山吟社擊鉢詩題〈送吳蔭培先生之羅東〉敬送吳蔭培到羅東任教，吳氏到羅東後馬上擔任東明吟社〈尋梅〉擊鉢會左詞宗，〔註208〕已是活躍蘭陽詩壇的重要人物。由其任教臺灣各地情況觀之，吳氏以傳承漢學爲己志，熱衷參與詩壇活動。其詩典雅工整，因轉居臺灣各地，交遊廣闊，頗多酬答之作，如〈祝酉山吟社五週年紀念〉〔註209〕、〈昭和甲戌蒲節前六日爲東明吟社發會賦似蘭陽諸吟友郢正（次韻）〉〔註210〕、〈於雙溪貂山吟社呈諸詞友〉〔註211〕等。

〔註202〕《詩報》第 94 號（1934 年 12 月 1 日），頁 2，稱吳蔭培爲生員，故知吳氏之學歷。

〔註203〕《詩報》第 11 號（1931 年 5 月 1 日），頁 12，及《詩報》第 13 號（1931 年 6 月 1 日），頁 10。

〔註204〕以上有關吳蔭培之生平事蹟綜合自下列資料：王幼華，《冰心麗藻入夢來──日治時期苗栗縣的詩社》（苗栗：苗栗文化局，2001 年），頁 220。鄭定國編，《日治時期雲林縣的古典詩家》（臺北：里仁書局，2005 年），頁 226。《詩報》第 87 號（1934 年 8 月 15 日），頁 16。

〔註205〕吳蔭培，〈游碧窗親翁來函喜報小女生兒詩以祝之〉，《詩報》第 184 號（1938 年 9 月 1 日），頁 21。

〔註206〕吳蔭培，〈哭亡兒榮欽〉，《詩報》第 237 號（1940 年 12 月 1 日），頁 2。

〔註207〕《詩報》第 59 號（1933 年 5 月 15 日），頁 12。

〔註208〕《詩報》第 119 號（1935 年 12 月 15 日），頁 14～15。

〔註209〕《臺南新報》第 8259 期（1925 年 2 月 13 日），頁 5。

〔註210〕《詩報》第 85 號（1934 年 7 月 15 日），頁 16。

〔註211〕《風月報》第 58 期（1938 年 1 月 15 日），頁 32。

　　昭和 12 年（1937）左右吳蔭培曾經離開蘭陽到日本，仰山吟社爲此特別召開「送別吳蔭培」擊鉢會，詩題〈折柳〉，運用傳統詩詞「折柳送別」含意爲題，此次聚會由吳蔭培任左詞宗，林大冶任右詞宗，選出十二位詩友作品，〔註212〕由右七左九碧聰所寫的「忍遣蘭城離墨客，定知神戶迓文韜」詩句，可確知吳蔭培此行將至日本神戶，詩友們雖不忍離別，亦不忍強留，那麼贈送何物以表離情呢？吳紉秋云：「珍糕我愛蘭城李，買與先生佐腹枵」，宜蘭特產糕餅及郁李是贈送友人遠行最佳伴手禮。吳氏何以遠行東瀛，觀氏著〈負笈東都〉：「熱血櫻花氣吐虹，一肩書篋上瀛東。璠璵本是磨礱器，鋒劍終成淬礪功。馬帳五車酬壯志，鵬程萬里駕長風。學成早賦歸歟日，應世當非舊阿蒙。」〔註213〕傳統文人對於新知的追求一樣不落人後，吳氏遠赴日本吸取新知，擴展見聞。

　　吳蔭培與李琮璜同樣擔任仰山吟社顧問，兩人交情頗深，吳蔭培〈感興寄呈李琮璜先生〉：

　　　　車笠盟心氣若蘭，蕉詞遙寄託霜翰。
　　　　無才易惹窮途惑，有事方知幹濟難。
　　　　客久但餘風兩袖，身閒常臥日三竿。
　　　　升沈顯晦關天數，崛強猶存傲骨寒。〔註214〕

兩袖清風，日臥三竿的日子，雖無物質上的享受，卻能傲骨猶存，詩友相濡以沫，且將一生榮辱歸於天命吧！因此，當吳蔭培得知如此心靈契合的朋友辭世的消息，寫下〈輓李琮璜知友〉表達內心的悲嘆：

　　　　傷心吾道日非耶，噩耗傳來淚眼賒。
　　　　治瘰杜公留健筆，善交晏子脫高牙。
　　　　喜從禪窟參三昧，痛把儒醫失一家。
　　　　不盡雷陳知己感，束芻空駐故人車。〔註215〕

此詩距離吳氏寫〈感興寄呈李琮璜先生〉僅約三個月的時間，「喜從禪窟參三昧」的儒醫好友李琮璜已驟然去世，難怪吳氏詩文第一句即言「傷心吾道日非耶」，久居客鄉的他，對知友的凋零，倍感孤寂。

〔註212〕《詩報》第 149 號（1937 年 3 月 21 日），頁 22。
〔註213〕《詩報》第 211 號（1939 年 11 月 2 日），頁 6。
〔註214〕《風月報》第 45 期（1937 年 7 月 20 日），頁 16。
〔註215〕《風月報》第 50 期（1937 年 10 月 16 日），頁 26。

五、莊贊勳

莊贊勳（1875～1944），字仁閣、號卞廷。由莊贊勳〈遊員山訪林夢鶴社兄〉：「鬭風戰雨訪高賢，省識員山別有天。笑我年華今八八，何關滄海變桑田」〔註216〕，推知其生於 1875 年。生平事蹟詳見本章第一節。莊仁閣大正 6 年（1917）已加入仰山吟社，而昭和 6 年（1931）宜蘭仰山吟社五十週年紀念會，由他代表講述仰山吟社沿革，足見其在社內地位。莊仁閣參與擊缽活動，常有佳績，蘭陽蘭社第八期徵詩蚯蚓，即由莊氏掄元。其詩多酬答之作，尤與日人往來密切，觀其〈元旦書懷敬呈頭圍登瀛吟社諸詞友郢政〉三首：

> 虛度光陰五六秋，尋芳綠野思悠悠。
> 畢生懷抱雲間鶴，半世勳名海上鷗。
> 有酒聊同犀首醉，無才空抱杞人憂。
> 腐儒事業存篇幅，何物人間五鳳樓。

> 隻手擎天費所思，抽身宦海已多時。
> 愧無佳句酬同調，未分閒身了夙期。
> 名利塵心灰已久，詩書老境讀還遲。
> 老莊馬齒空加長，好把屠蘇醉百巵。

> 插竹栽松別樣新，旭旗掩映慶芳辰。
> 攢眉入社邀吟侶，挾刺登堂訪故人。
> 鉛槧窗前千古業，山川眼底百家春。
> 閒雲野鶴無羈束，隨處逍遙樂性眞。〔註217〕

詩人對於宦海浮沈，感慨頗深，想在異族統治下「隻手擎天」需要多費心思，如此勞心勞力的生活，詩人認為自己受世俗污染已久，如果能過著「老莊馬齒空加長，好把屠蘇醉百巵」、「閒雲野鶴無羈束，隨處逍遙樂性眞」的自由日子，應該是最舒服的，「半世勳名」或「五鳳」（指同時具有才名的五人）才名，如海上鷗燕，轉眼即逝。富貴命定，天命更是難以預測，1944 年四月九日梁盛文〈輓莊贊勳先生仙逝〉刊於《詩報》第 313 號，故得知莊贊勳乃於 1944 年去世，享年 70 歲。

〔註216〕《詩報》第 200 號（1939 年 5 月 3 日），頁 5。
〔註217〕此三首詩刊於《詩報》第 27 號（1932 年 1 月 1 日），頁 4。

六、李康寧

李康寧（1910～1968），字壽卿。宜蘭人，祖籍福建南靖。生於明治 43
年（1910）正月十一日。隨父有土公定居宜蘭，李氏家族爲書香門第，以耕
讀傳家，曾祖昆仲四人，科登三舉，有拔貢、秀才，家學淵源深厚。壽卿五
歲隨父啓蒙，研讀漢學。八歲受學仰南書房，大正 10 年（1921）入公學校（現
中山國小），品學兼優。昭和元年（1926），因家庭變故學業中輟，乃離鄉北
上學藝，習紙彫、國畫、西畫、彫刻及照相技術，翌年回宜蘭開業。執業期
間，深感學養不足，除利用夜間進修外，昭和 6 年（1931），再拜吳秀才受業
仰山讀書會四年，其間並入仰山吟社成爲社員，抗拒日本焚書政策，時常集
會吟詩，互通聲氣，以維護固有文化。昭和 16 年（1941），李康寧結束私業，
就任宜蘭水利組合庶務主任。光復後改任總務課長、防汛課長及人事股長等
職，服務公職 27 年。民國 41 年（1952）有鑑於仰山吟社社員流離渙散，乃
重募社員，重行改組，署名「宜蘭縣仰山吟社」，正式辦理人民團體登記，李
氏榮膺常務理事，後又被推爲社長，吟社附設詩學研究會，每月吟會一次，
以鼓勵後進。書齋名爲「詩酒軒」以誌其「常以詩酒爲歡」〔註218〕。民國 56
年（1967）深秋，李氏身體突感不適，經羅東博愛醫院檢查，得知罹患肝硬
化，藥石罔效，於隔年二月廿七日下二時，溘然長逝。

李康寧詩集《千年檜》，民國 77 年（1988）由蘭陽文教雜誌社發行，書
前有該社社長徐文雄撰寫〈李康寧先生傳略〉，前段所述壽卿生平，即取材自
此。《千年檜》雖名爲詩集，亦收有八篇隨文雜筆，是壽卿一生詩文總集。其
詩作內容集中於「蘭陽勝蹟」、「鯤島遊踪」、「感時言志」、「古檜寒梅」、「蟲
鳴鳥唱」、「詠史興懷」等方面，詩鐘及廟宇楹聯亦不少。李康寧〈祝臺灣新
民報日刊發行〉表達對報章雜誌掌控言論力量的體會：

能符輿論豈尋常，褒貶原來要主張。

我願操觚持正道，莫容末俗肆猖狂。〔註219〕

「臺灣新民報」前身爲「臺灣民報」，創立於東京，1927 年八月一日始獲總督
府批准回臺灣發行，週刊形式的「臺灣民報」從 1930 年三月二十九日的第 306
期起改稱「臺灣新民報」，並在 1932 年四月十五日，開始發行日刊形式的「臺
灣新民報」。李壽卿〈祝臺灣新民報日刊發行〉發表於 1932 年四月十五日，

〔註218〕李康寧，〈詩酒軒誌〉，《千年檜》（宜蘭：蘭陽文教雜誌社，1988 年），頁 10。
〔註219〕《詩報》第 35 號（1932 年 5 月 15 日），頁 15。

表達詩人對該報的期望，並可看出詩人對於報刊是否能導正民心的力量感到
擔憂。

秋天的景致最能引發詩人的愁緒，綜觀壽卿詩作以〈秋思〉最值得稱道：

> 飄泊年年志未伸，江山搖落繫懷頻。
>
> 來鴻信斷天邊雨，化蝶魂飛夢裡身。
>
> 王粲登樓悲落日，杜陵作賦感征塵。
>
> 傾心不爲鱸魚膾，萬里鄉關憶故人。〔註220〕

江河變色，爭戰頻繁，人民生活最受影響，通訊中斷，不能與故人的魚雁往
返，只能幻化蝶魂夢中相遇。

七、鄭指薪

鄭指薪，字火傳，爲葉文樞之高徒，昭和 13 年（1938）清明節鄭指薪
與其同窗伯達、燦煌、東明共四人，陪同葉師遊翠壁岩，途中偶遇蘊石、純
甫兩位先生，詩友相聚減少清明掃墓思親的悲悽，「回頭往歲思家切，今日
分明在故鄉」〔註221〕，鄭指薪詩句寫出離鄉遊子日久居他鄉，他鄉已成故
鄉的感嘆，簡潔的詩句隱藏多少無奈的心情。回到故鄉反而有「他鄉誰識本
吾鄉」〔註222〕的感覺，怎不令人悲哀。

鄭指薪，昭和 14 年（1939）才加入登瀛吟社，入社時間約二至三年，其
作品多以聚星詩學研究會、讀我書社名義發表，以登瀛吟社名義發表者較少。
因早有詩名，入社後深受重視，昭和 16 年（1941 年）登瀛吟社舉行擊鉢詩會
次唱〈雞群鶴〉即由鄭指薪擔任右詞宗品評詩作。

時局動亂，避世思想常會出現在傳統文人心中，鄭指薪〈丙子除夕感作
仍用甲戌除夕韻（步原韻）〉：

> 回首前塵一夢闌，獨傾歲酒不成歡。
>
> 閉門且覓青灯味，厭俗頻翻白眼看。
>
> 直把文章輕顯晦，惡趨時尚自鹹酸。
>
> 遙知兩虔風饕裡，只有蒼松耐得寒。〔註223〕

〔註220〕《詩報》第 78 號（1934 年 4 月 1 日），頁 12。
〔註221〕鄭指薪，〈清明陪蘊石、純甫兩先生與文樞夫子諸同窗游翠壁岩〉，《詩報》第
　　　　176 號（1938 年 5 月 3 日），頁 3。
〔註222〕鄭指薪，〈送友人遊大陸〉，《臺南新報》第 10196 期（1930 年 6 月 10 日），
　　　　頁 6。
〔註223〕《詩報》第 149 號（1937 年 3 月 21 日），頁 3。

與前述莊芳池想法相似，鄭指薪看盡人情冷暖，認為伴著青燈的出家生活也是不錯，但詩人並不是就此意志消沈，他懂得松柏後彫的道理，也知道文章微言大義的重要。與同儕一同切磋詩藝，是人生一大樂事，當蕭獻三1938年離開新竹至蘇澳糖廍任職時，鄭指薪感嘆「同學但防行散盡，不禁寥落感晨星」〔註224〕，最後也跟隨文樞夫子和獻三芸兄的腳步，加入蘭地的詩壇活動。

蘭地寒溪櫻信的美景，無法吸引詩人的目光，鄭指薪〈遊寒溪蕃社〉對寒溪蕃社印象深刻：

> 堆薪為堵竹為薨，自給原須仰力耕。
> 大有狐裘平仲例，一衣未敝不曾更。
> 養生有術獨翻新，薯栗家家酒釀醅。
> 少小怪他偏嗜飲，為教易長壯如人。
> 鑽峰峭壁擅躋攀，活計如何轉漸艱。
> 未識枉誇腰腳健，不耕平地愛耕山。
> 生存事物日推遷，淳朴寧容本自然。
> 居處也隨時勢改，室中穴地半平填。〔註225〕

原住民居處山中自給自足並不容易，要身手矯健善攀越，還要心思純樸享自然。詩人細心觀察原住民的生活，對他們善釀喜飲的習慣印象深刻，也發現他們居住設置已有改變，屋中已看不到穴地。

來到蘭陽，鄭指薪與登瀛吟社社長互動頻繁，有〈中秋夜即事和史雲社長原韻〉〔註226〕詩和盧纘祥相酬唱。1941年適逢鼎社聯吟大會，鄭指薪與盧纘祥、蕭獻三、莊芳池、黃振芳等登瀛吟社社員一同出席，在此次聚會中不小心遺失韻書，心中悵然若失，「毫釐偶失便天涯」〔註227〕，長年使用的韻書如同知己好友，怎會一轉眼即天涯兩隔，詩人心中的不捨，可想而知。

鄭指薪1941年春日還與盧纘祥北上同遊指南宮，〈春日陪史雲詞長遊指南宮〉〔註228〕四首敘述當日所見所思，此行由黃振芳於北投新樂園招待飲宴，

〔註224〕鄭指薪，〈和文樞夫子送獻三芸兄就職蘇澳原韵〉四首之三，《詩報》第177號（1938年5月22日），頁3。

〔註225〕《詩報》第216號（1940年1月23日），頁5。

〔註226〕《詩報》第214號（1939年12月20日），頁2。

〔註227〕鄭指薪，〈韻書遺失偶作（並序）〉，《詩報》第239號（1941年1月1日），頁29。

〔註228〕鄭指薪，〈春日陪史雲詞長遊指南宮〉四首，《詩報》第247號（1941年5月6日），頁4。

鄭指薪提醒自己「浮華競尚成風軌，吾輩寧非醉夢人」〔註229〕，人生黃粱夢，詩人已看透。

八、劉枝昌

　　劉枝昌（1904～1945），字鳳鳴、克忠，號夢竹。生於 1904 年一月十一日，卒於 1945 年七月三十一日，享年四十二歲。祖籍福建省漳浦縣，為劉老溪長男，家中經營雜貨商，遷居頭圍庄之後，也曾寄留基隆郡貢寮庄枋腳及宜蘭郡宜蘭街。民國 7 年（1914）三月頭圍公學校畢業後，習漢文二年。民國 9 年（1920）擔任大溪製酒公司檢查員，12 年（1923）轉任鐵道部宜蘭採購部，13 年（1924）擔任港澳信用購買販賣生產組合書記，16 年（1927）於頭圍街經營日用雜貨，生意蒸蒸日上，20 年（1931）當選頭圍購買販賣利用組合監事，二年後當選理事兼購買部主任（為無給職）。24 年（1935）當選頭圍庄協議會會員，四年後得以連任。27 年（1938）至 31 年（1942）間擔任宜蘭郡、頭圍庄各種商業組合理事，為頭城鎮富商之一。

　　劉枝昌頭腦靈活，善於交際，亦雅好詩文，1927 年左右，加入登瀛吟社，作品多刊登於《詩報》，平時以吟詩為樂。綜觀其詩作，多為頭圍名勝訪遊，其中以〈龜山島紀遊〉十一首七言絕句最富樂趣：

> 九秋風飽片帆斜，雲影山光襯晚霞。
> 天與蘭陽好形勝，海門雄鎮有龜蛇。〈梗枋出發〉
>
> 萬疊峯巒翠一彎，形成半月落江間。
> 舟人指點斜陽外，剩水殘山認北關。〈舟中〉
>
> 彼岸同登快此遊，雪泥爪印認痕留。
> 家書為報平安字，亟向瀛壖放小鳩。〈上路〉
>
> 一聲螺响近黃昏，執事居然秩序存。
> 鑽藻有魚圖脫網，不知多少上龍門。〈牽罟〉
>
> 不知暢飲幾杯乾，坐看靈峯吐玉盤。
> 明月影斜人影散，歸來半已步蹣跚。〈觀月會〉
>
> 一竿夜靜水雲鄉，坐對嫦娥逸興長。

〔註229〕鄭指薪，〈春日振芳詞長招飲於北投新樂園偶拈〉二首之二，《詩報》第 247 號（1941 年 5 月 6 日），頁 4。

　　　願把毒龍俱釣盡，風波始免起東洋。〈月下垂釣〉〔註230〕

　　　百戶爲鄰路幾叉，潮聲時誤市聲譁。

　　　此間剩有媧皇石，都被漁夫疊作家。〈漁家〉

　　　策杖尋詩破曉煙，好風習習覺冷然。

　　　此行逸致誠難得，一日晨光獨占先。〈朝涼〉

　　　潮平浪靜曉風涼，一棹環遊興更長。

　　　如此有山還有水，風光眞不遜餘杭。〈泛棹環遊〉

　　　長伴浮鷗鎭海東，晨曦光射影搖紅。

　　　即今科學文明甚，底事難施孵化工。〈龜卵島〉

　　　信寂潭煙喜共陪，渾如再度上天台。

　　　歸心轉似潮流急，一棹穿雲逐浪回。〈歸航〉〔註231〕

前六首總題爲〈龜山島紀遊（上）〉刊於《詩報》第265號，後五首總題爲〈龜山島紀遊（下）〉刊於《詩報》第266號，十一首〈龜山島紀遊〉記述詩人探訪龜山島經過。「龜山島」實際包含龜山島及龜卵嶼兩部分，皆歸頭城鎭所轄，龜山島距頭城鎭僅七公里，由梗枋漁港出發是最近的行程。龜山島周圍海象難測，詩人登島後急向家人報平安。

　　面積僅四平方公里（周圍九公里）的龜山島最適合漁業發展，島上居民多以捕漁爲生，因地利之便，就地取材使用媧皇石建造房舍。劉枝昌在島上牽罟、觀月、垂釣，還搭船環島一周，極爲愜意。並且幸運的看到民國33年（1944）不明原因突然消失的龜卵嶼，如果詩人再晚三年登島就未能親睹「長伴浮鷗鎭海東，晨曦光射影搖紅」的龜卵嶼美景，亦無法以讚嘆口吻發出今日科學昌明亦難使此卵孵化的豪壯語。

　　民國66年（1977）龜山島居民已遷至仁澤社區，該島成爲軍事用地，直到近幾年才開放民眾觀光旅遊，環島一周或登島已非難事，然亦未能夜宿該島。以今日情境觀之，劉枝昌能夜宿龜山島令人欣羨，而詩人在享受「一竿夜靜水雲鄉，坐對嫦娥逸興長」的閒情逸致時，仍有「願把毒龍俱釣盡，風波始免起東洋」詩句，意義繁複，引人深思，自然山水動人心弦，此一例也。

〔註230〕《詩報》第265號（1942年2月6日），頁6。
〔註231〕《詩報》第266號（1942年2月20日），頁7。

九、游象信

游象信（1910～2000）字象新，號雪齋，明治43年（1910）十月十四日生。父親游清山，母親吳氏阿笑讓游象新進入頭圍公學校念書。頭圍公學校畢業後，師事宿儒鄭騰輝、葉際唐研習經史詩文三年。年未弱冠即加入登瀛吟社，亦曾參加寶桑吟社，後加入臺北淡社，轉居臺北。平日經營工商業，閒暇以詩文自娛。民國74年（1985）吳文星、莊英章兩位撰寫《頭城鎮志》時，每次開會游象信都不辭辛勞由臺北到頭城參與編寫討論，對頭城文藝之提倡與關心不遺餘力。生平著有「立雪齋吟草」、「廣平游氏族志」。2000年六月十九日逝世，葬於臺北縣八里鄉，享年91歲。

游象信發表之詩作有三分之二以「登瀛吟社」社員的身分發表，《詩報》為主要發表園地，《風月報》、《臺南新報》偶有詩作，但數量不多。

游象新以程門立雪苦吟詩的毅力，及「滿腹苦吟憐島瘦，盈囊佳什媲郊寒」〔註232〕的心情，致力於古典詩的寫作，其詩集取名「立雪」，當為此意。從游象新遺稿中我們可以看到游氏寫詩、改詩的痕跡。例如，〈秋雲〉原本寫了六句：

漫云恰似人情薄，轉恐人情遜一籌。

最愛太清微点綴，困隨雁影蘸寒流。

償必蒼生霖雨望，何妨高處自優遊。

最後只取前四句，分別寫成二首七絕：

閒幻羅紋傍斗牛，依然星月豁雙眸。

漫雲恰似人情薄，轉恐人情遜一籌。

疏星淡月碧天秋，一抹真如富貴浮。

最愛太清微點綴，閒隨雁影蘸寒流。

又例如〈北關海潮〉首句有「鎖鑰蘭城氣自豪」與「險峻雄關氣自豪」兩個版本，前句寫出北關對於蘭陽的鎖鑰地位，比後句只以本身險峻為豪的氣度要大，當以前句為佳，詩人最後選擇前句參賽，其結果刊登在《詩報》第38號〔註233〕。文學秉賦因人而異，並不是每個人都具有蘇東坡「文如萬斛泉源，不擇地而出，……常行於所當行，常止於不可不止」（〈文說〉）的澎湃氣勢，有時得學學司馬相如的含筆腐毫〔註234〕、賈島的苦吟、杜甫的慎思、白先勇

〔註232〕以上二句詩文見游象新詩作〈松濤兄冬郊詩思依韻〉（未刊稿）。
〔註233〕《詩報》第38號（1932年7月1日），頁5。
〔註234〕劉勰《文心雕龍・神思》：「人之稟才，遲速異分；文之制體，大小殊功：相

五易〈遊園驚夢〉的精神，所謂「勤能捕拙」，努力耕耘，才能含笑收割，游氏寫作精神值得後人學習。

十、張天眷

張迺西（1916～？），以號行，本名天眷，又名天春，張鏡光三子。因其父無法撥空親自辦理戶口登記，託請旁人代勞，因戶政人員疏忽寫成「天春」，後來認為「天增歲月人增壽，春滿乾坤福滿門」意涵更佳，因此將錯就錯用「天春」之名。（見附錄三）曾任省立蘭陽女子中學、宜蘭高級中學教師，為已故宜蘭縣長陳定南之恩師。由昭和 12 年（1938））陳望遠〈為迺西世賢弟催妝四章〉，呂杏洲、鄭文治、李盧洲〈祝迺西詞弟花燭〉，及李維桑、李耀鋒〈祝迺西夫子花燭〉等人詩作，可推知其成婚的可能時間點。

受家學薰陶，張迺西十六歲已發表詩作，〈元旦書懷〉二首：

> 歲月蹉跎十六春，一年光景一年新。
> 滄桑變換都休管，彭澤前身我後身。
> 栽松插竹學維新，旭日和風簇紫宸。
> 十六韶華駒過隙，但期一視普同仁。〔註235〕

昭和 7 年（1932），年僅十六歲的少年即感嘆歲月蹉跎，不夠通暢的「彭澤前身我後身」詩句，表達詩人無意於仕宦的心情。「維新」、「旭日」隱含日人當道氣焰高張之意，詩人生於日治時期，十六年時光轉眼即逝，小小心靈期待受到平等待遇。張迺西〈三十述懷〉說明詩人長大後外出工作並不順遂，：

> 失意他鄉志不灰，憑攜眷屬賦歸來。
> 生經一世空為碌，業計千秋費所裁。
> 祖武久慚光莫紹，人文深悵力難培。
> 可堪詩酒無成日，酌酒春風醉幾回。〔註236〕

家鄉如同母親，永遠敞開心扉接納自己的小孩，外地失意的遊子，就回到母親的懷抱吧！張天春希望回鄉休養後能東山再起，但不免感嘆自己縱情於詩酒，難傳家學，深愧祖訓。

迺西書法蒼勁，著有《愛吾盧吟草》為其一生詩作總集，由作者生前

如含筆而腐毫。」劉勰著，周振甫注，《文心雕龍注釋》（臺北：里仁書局，1984 年），頁 515。
〔註235〕《詩報》第 27 號（1932 年 1 月 1 日），頁 4。
〔註236〕《詩報》第 309 號（1944 年 1 月 19 日），頁 8。

以毛筆字謄寫，已編輯成冊，惜未印行，今日僅見私人收藏的複印本。迺西喜於詠史抒懷，1938 年他選擇陶唐氏、有虞氏、大禹、比干、伯夷、姜尚、〔註 237〕孔子、顏淵、曾子、勾踐、伊尹、商紂〔註 238〕等古代歷史人物作爲吟詠對象，從詩題的選擇就能讀出詩人對堯舜古太平盛世的嚮往，及以儒學爲尚，教孝教忠，雪恥復國，控訴暴政的隱微意涵，今舉〈有虞氏〉、〈讀史雜詠（商紂）〉二首爲例。首談〈有虞氏〉：

> 達聞明見羨瞳聰，善惡猶分執兩中。
> 治得無爲恭已日，歌傳解慍暢民風。
> 玉金捐貯奢華戒，旌鼓陳排論諫通。
> 太息商辛琴亦好，興亡邦國究難同。〔註 239〕

詩人羨慕古聖賢有雙瞳能明是非，別善惡，還能允執其中，輕解民怨。賢能的君王懂得戒奢華，廣開勸諫之門，自然國泰民豐，因此，國家之興亡端看統治賢良與否，〈讀史雜詠（商紂）〉詩中更明白指出暴政必亡的眞理：

> 魴魚頳尾牝司晨，材力徒矜恃過人。
> 臺榭陂池奢已甚，玉杯象箸器猶珍。
> 虐殘竟忍凌民庶，炮烙奚堪殉士臣。
> 戈倒早知難取勝，衣將珠寶自焚身。〔註 240〕

詩人相信凶殘奢靡，迷戀女色，凌虐庶民之暴政，終將導致滅亡。商紂惡政原爲耳熟能詳的中國歷史，並不稀奇，但於日治時期，以商紂爲詩題，則具控訴意義。可是面對異族統治，詩人無勇氣追隨伯夷叔齊採薇成仁之舉，「羨煞採薇無怨色，直將畢命始成仁」（〈伯夷〉），只能認命接受事實，以詩作抒不平之鳴。

十一、楊長泉

楊長泉生平詳見本章第一節第四小節之「潮音吟社」。楊長泉原爲蘇澳人，後因工作離家至基隆，活躍於當地詩壇。1931 年回到蘭陽，寫下〈留別網珊吟社諸詞兄〉告別網珊吟社詩友：

> 好風吹我返蘭陽，舊雨殷勤勸幾觴。

〔註 237〕以上六首詩刊於《風月報》第 66 期（1938 年 6 月 15 日），頁 24。
〔註 238〕以上六首總名〈讀史雜詠〉刊於《詩報》第 188 號（1938 年 7 月 1 日），頁 4。
〔註 239〕《風月報》第 66 期（1938 年 6 月 15 日），頁 24。
〔註 240〕《詩報》第 188 號（1938 年 7 月 1 日），頁 4。

　　　自愛故園清靜地，卻慚濁事利名纏。

　　　十年萍水欣團聚，千里江雲望渺茫。

　　　最是諸君情誼厚，從今歸去總難忘。〔註241〕

屈指算來，詩人待在基隆有十年之久，能返回好山好水的清靜家園，自是令人雀躍，唯一不捨的是詩社吟友的珍貴友情。

　　寫詩創作是最能安慰文人心靈的方式，「久罹疾病困愁城，兩眼茫茫看不明。日臥院中無箇事，吟哦聊以慰閒情。」〔註242〕楊靜淵生病亦不忘吟哦之事，從基隆及返蘇澳，乃倡組東明吟社，加入登瀛吟社，甚至自組潮音吟社，廣交蘭地詩友。

　　1932 年仰山吟社李紹蓮去世，楊靜淵驚嘆與李氏「文字論交」的多年情誼「人鬼忽相捐」〔註243〕，情緒激動不已。登瀛吟社社友陳蔭寬辭世，楊靜淵寫十一言聯文弔唁之〔註244〕，詩友逝世，令人情傷。

　　細讀楊靜淵詩作，能感受到詩人交遊廣闊，喜以詩結緣的個性，〈謝石輝先生招飲〉：「自從翰墨識周郎，作客頻過處士莊。笑我停車來不速，幾番累得主人忙。」〔註245〕楊靜淵與詩報社發行人周石輝兩人喜結翰墨因緣，互有往來。

　　1939 年，楊靜淵寫了二首〈指薪詞兄入社賦呈〉〔註246〕刊在《風月報》第 84 期，記鄭指薪加入登瀛吟社之事，其中一首寫道：「久期翰墨締因緣，今日相逢喜欲仙。從此切磋欣有侶，公餘擊鉢好攤箋。」能得詩友切磋，人生之樂也。

　　1940 年，楊靜淵與登瀛吟社盧纘祥（史雲）黃見發（振芳）同遊草山，寫下〈與史雲振芳二君宿草山客寓（和韻）〉〔註247〕。1941 年，登瀛吟社康

〔註241〕《詩報》第 12 號（1931 年 5 月 15 日），頁 5。

〔註242〕楊靜淵，〈入赤十字社偶感〉，《詩報》第 36 號（1932 年 6 月 1 日），頁 6。

〔註243〕楊靜淵〈輓李紹蓮先生〉：「文字論交已有年，那堪人鬼忽相捐。未曾執紼趨堂上，惟有哦詩痛客邊。病眼憐余閒白日，傷心為爾問蒼天。如何倏忽不相見，遽作修文赴九泉。」刊於《詩報》第 37 號（1932 年 6 月 15 日），頁 15。

〔註244〕楊靜淵〈輓陳蔭寬社友〉：「君常懷伯道之憂緣何遽去。僕揮正子夏之淚聞訃增悲。」刊於《詩報》第 91 號（1934 年 10 月 15 日），頁 15。

〔註245〕《詩報》第 176 號（1938 年 5 月 3 日），頁 7。

〔註246〕《風月報》第 84 期（1939 年 4 月 24 日），頁 19。

〔註247〕楊長泉〈與史雲振芳二君宿草山客寓（和韻）〉：「真是光陰似水流，一年容易又逢秋。四時草綠花紅地，誰道名山景不幽。」刊於《詩報》第 216 號（1940 年 1 月 23 日），頁 6。

灩泉（海秋），亦是書法名家，入選主持全國書道大會，楊靜淵寫〈康海秋兄入選南州主催全國書道大會賦似〉〔註248〕賀之，由上述兩首詩作，可窺知楊靜淵與盧纘祥、黃見發、康灩泉之間的情誼。

　　除了廣結國內的詩友，楊靜淵1939年還到日本旅遊，與日本詩友相會面，楊氏以九首組詩記載此事：

　　　扶桑萬里試遊初，今日登程興有餘。

　　　破浪乘風效宗愨，先從蘇澳發輕車。〈車發蘇澳〉

　　　基津解纜近斜陽，萬里東來水路長。

　　　我慣舟車身更健，樓船搖動過重洋。〈舟發基津〉

　　　浪花如雪夜三更，對飲真堪慰客情。

　　　京國別開新眼界，明朝上陸樂平生。〈重陽日舟中小飲和松邨詞兄原韵〉

　　　出入東來第一關，樓船繫滿港門間。

　　　物資繁盛山連海，國富兵強見一斑。〈舟抵下關〉

　　　海水搖空島嶼通，綠雲片片繞江隈。

　　　悅人心目新風景，到處停車探幾回。〈東海道〉

　　　神殿巍峩聳九霄，紅楓簇錦映江潮。

　　　怪他士女爭參詣，變化風光暮復朝。〈謁嚴島神社〉

　　　紅葉旗亭盛宴張，主人把酒互傾觴。

　　　紅顏勸飲殷勤甚，難得名區醉一場。〈謝賀茂鶴主人招飲楓葉亭〉

　　　市况繁華百貨新，街衢車馬往來頻。

　　　夜間灯火光如畫，倒映江邊水似銀。〈廣島市〉

　　　酒能養性故多齡，舊釀新醅氣味馨。

　　　多謝主人情太重，筵中未許酒杯停。〈謝大阪銘酒聯合招飲〉〔註249〕

由第三首〈重陽日舟中小飲和松邨詞兄原韵〉得知楊靜淵此行有仰山吟社副

〔註248〕楊靜淵〈康海秋兄入選南州主催全國書道大會賦似〉：「鐵畫銀鉤信不差，千軍掃盡筆生花。骨超顏柳超全國，體別鍾王別一家。落紙胸中成錦繡，揮毫腕底走龍蛇。榮名怪底頻推首，書法神奇蒄以加。」刊於《詩報》第243號（1941年3月2日），頁3。

〔註249〕以上九首詩皆刊於《詩報》第213號（1939年12月4日），頁13。

社長張振茂（松邨）相伴。他們從宜蘭搭車出發，到基隆轉搭輪船，行抵日本，參觀東海道、嚴島神社、廣島市等地，受到日本詩人熱情的招待。兩地人民交往以詩相會通，毫無難事，難怪楊靜淵〈祝詩報社十週年紀念〉二首：

> 俚句殷勤祝十周，披來我喜閱從頭。
>
> 拓開詩境功非淺，聲氣相通五大洲。
>
> 東瀛韻事繼千秋，鯤島珊瑚鐵綱收。
>
> 抈雅揚風關一紙，深期無缺似金甌。〔註250〕

藉由傳統詩的創作，拉近各民族間的距離，詩作之功用，受到詩人無限的推崇。

外出旅遊可增廣見聞，但外地的月亮哪有家鄉圓。楊長泉與寓居蘇澳范良銘以詩相交遊，中秋夜一同縱酒吟詩，興致高昂，楊長泉〈中秋夜〉：「風景今宵異去年，清光萬里月偏圓。嫦娥相對心何樂，縱酒吟詩興欲仙。」〔註251〕范良銘〈次韻〉相和：「中秋佳節紀年年，皎潔瞻光月鏡圓。無限幽情今夜樂，人間怡似紫霞仙。」〔註252〕能守住家園，與友人賞月吟詩，樂似神仙。

十二、陳存

陳存，字望遠，日治時期仰山吟社社員。由〈爲迺西世賢弟催妝〉〔註253〕、〈祝天眷世弟之令郎國庠湯餅之辰〉〔註254〕等稱張天眷爲弟的詩題，可推知陳望遠序齒長於張天眷（迺西）。

陳望遠最早發表詩作〈蘭〉，1931年發表在《詩報》第7號：

> 幽谷曾聞放逸香，芳姿端不讓王嬙。
>
> 閒花野草尋常輩，淡薄孤高品格良。〔註255〕

詩人讚賞空谷幽蘭，生長野地，品格高雅，從蘭的植物特性入手，雖無奇筆，亦清新可觀，唯以昭君芳姿相比擬，其意不明，爲美中不足之處。

昭和11年（1936）陳望遠加入北臺吟社，並代表該社參加登瀛吟社十五

〔註250〕此二首詩皆刊於《詩報》第241號（1941年2月4日），頁6。

〔註251〕《詩報》第286號（1942年12月21日），頁6。

〔註252〕同上註。

〔註253〕《風月報》第55期（1938年1月1日），頁32。

〔註254〕《風月報》第87期（1939年6月1日），頁28。

〔註255〕《詩報》第7號（1931年3月1日），頁15。

周年紀念，有〈祝登瀛吟社十五周年紀念（北臺吟社代表）〉〔註256〕詩爲證。
闖蕩於詩壇，望遠對於詩作是否得魁，有很深的期待，曾寫〈待榜〉：「韻事
聯全島，吟場得句新。奪魁應是我，折桂究何人。坐久忘飢渴，思深及鬼神。
標名如有望，鵠立不辞辛」〔註257〕，表達擊鉢得第的心情對詩人的影響。

　　另有〈催詩鉢〉描寫擊鉢會場上作詩的情態，所謂「竟陵席上聽琤瑽，
鬥角鈎心興未降。一杵乍敲吟已就，不愁險韻押三江」〔註258〕，擊鉢催詩有
時間限制，攸關才思敏捷，此詩寫於 1940 年，與三年前寫〈待榜〉的自己相
比，此刻詩人顯然增加許多自信。

　　陳望遠詩作以酬答、詠物、遊記詩爲主。他與鼎社李登瀛相識〔註259〕，
有〈瑞芳八景〉〔註260〕詩描述瑞芳「龍潭弄月、雞峰笠雲、銅山爆石、金窟
披沙、煉灣漁火、古洞水簾、厎崙天梯、象鼻挑燈」等景觀。蘭地詩人反而
未見以蘭陽勝蹟爲詩題的作品，甚不合理，不知是否有同名同姓的兩人，亦
或陳望遠原本活躍於臺北及基隆，其後才加入仰山吟社，才會造成昭和 9 年
（1934）年宜蘭仰山吟社提供給《詩報》第 87 號「各社社友錄」未見陳望遠
之名，而陳長城〈宜蘭仰山吟社沿革〉〔註261〕提供仰山吟社名錄有陳存（望
遠）之名，其中詳情仍待新史料出現才得以釐清。

十三、黃見發

　　黃見發（1901～1970）字振芳、漱六，號夢熊。頭城人，生於 1901 年農
曆 10 月 15 日，祖籍福建省金浦縣。個性耿直，勤勉奮發。頭圍公學校畢業
後，即習營商業，業餘繼續進書房研習漢學，爲登瀛吟社社員。曾任保正、
里長、頭圍信用組合監事、頭城鎮民代表、鎮農會監事等職務，熱心公益，
重視地方教育之發展，與有識之士爭取頭城高中、復興工專等校之設立。民
國 59 年（1970）十一月二十四日去世，享年七十歲。〔註262〕

〔註256〕《詩報》第 141 號（1936 年 11 月 16 日），頁 19。
〔註257〕《詩報》第 152 號（1937 年 5 月 11 日），頁 23。
〔註258〕《詩報》第 217 號（1940 年 2 月 5 日），頁 9。
〔註259〕陳望遠，〈送鼎社吟友李登瀛先生之東京〉，《詩報》第 236 號（1940 年 11 月
　　　　19 日），頁 3。
〔註260〕陳望遠，〈瑞芳八景〉刊於《詩報》第 267 號（1942 年 3 月 7 日），頁 3，及
　　　　第 268 號（1942 年 3 月 18 日），頁 5。
〔註261〕陳長城，〈宜蘭仰山吟社沿革〉，《臺北文獻直字》，109 期（民國 83 年 9 月）。
〔註262〕有關連城青生平事蹟取自註45，頁 427、461。

　　黃見發喜以字號行之，發表詩作百首以上，頭圍家鄉事物為多數。〈大里驛曉望〉：「大里晨雞唱未休，車窗啓處豁雙眸。北關風急潮聲壯，東海雲開曙色浮。隱約炊煙騰蟹舍，迷濛帆影閃漁舟。此行莫漫嗟岑寂，萬頃汪洋一望收。」〔註263〕描述大里、北關海景，澎湃景致盡收眼底。〈桑麻話〉〔註264〕一詩則敘述耕罷歸來瓜棚坐對細話桑麻的田家樂事。詩人對新興事物的描寫，如〈戒麻雀〉四首，表達新文明戕害人心的擔憂：

> 雙雙書案果能行，百萬家資總可傾。
> 此即樗蒲新變相，休誇游戲最文明。
> 方形疊就較贏輸，隱語偏將看竹呼。
> 累得子猷遠相訪，才知戲是牧猪奴。
> 東西南北日摩挲，尺璧分陰付逝波。
> 徒耗精神年漸老，可憐難覓魯侯戈。
> 有人密室乍開場，警吏巡邏徧四房。
> 輸去金錢還小事，鐵窗風味恐親嘗。〔註265〕

「麻雀」即今日「麻將」，詩人勸告樂於此道人士「休誇游戲最文明」，如果沈迷其中，不僅耗損精神，失去金錢，還有入獄的風險，千萬不要以身試法。詩人不贊同人們將時間浪費在「方城之戰」，多費心思傳承漢學才是正事，〈祝東明吟社發會式〉二首：

> 天荒忽破敞唫壇，濟濟人才蔚大觀。
> 羅隱何妨留異跡，東坡原不戀高官。
> 休師元白標長慶，骨慕曹劉擬建安。
> 藉此斯文延一綫，豈徒詩酒強為歡。
>
> 為興漢學不辭難，詩酒初聯一日歡。
> 想是斯文天未喪，故教到處築唫壇。〔註266〕

第一首是七言律詩，第二首是七言絕句，詩人以為擊鉢會不僅是詩酒為樂之事，興漢學總需集眾人之力，大家應當理解有志者「斯文延一綫」的用心。

〔註263〕《詩報》第12號（1931年5月15日），頁15。
〔註264〕連城青〈桑麻話〉：「耕罷歸來趁夕陽。瓜棚坐對細商量。椹儲新鄭傳楊沛。飯飽天台異阮郎。東郭記逢瘤女采。邱中疑有子嗟藏。畝千可等侯千戶。齊魯田家樂趣長。」刊於《詩報》第19號（1931年9月1日），頁19。
〔註265〕《詩報》第27號（1932年1月1日），頁25。
〔註266〕《詩報》第86號（1934年8月1日），頁5。

十四、蔡老柯

　　蔡老柯（1912～？），字鰲峰，卒年不詳，宜蘭人。蔡老柯曾與石壽松、李春池三人一同前往日本求學，朋友們特別爲他們舉辦餞行吟會。（見附圖六【蔡李石三君餞行吟會紀念】）。蔡老柯有感於日人欺壓臺灣人的不平待遇，先後參加臺灣文化協會及臺灣民眾黨，從事民族革命運動。昭和3年（1928）由日本轉道逃回大陸，入上海持志大學，肄業。有〈思鄉寄逸峰〉二首〔註267〕、〈香港雜詠〉四首〔註268〕描寫大陸風光。後因處理家務回臺，遂致力產業活動，鼓吹產業合作之合理經營。光復後曾任宜蘭市公所總務課長、市農會經理、宜蘭水利委員會秘書等職。性狷介，喜好吟詠，仰山吟社社員，昭和9年（1934）曾任仰山吟社幹事。

　　1940年，鰲峰寫下〈四七生辰有感〉：

　　　　今逢四七又生辰，堂上喜留白髮親。

　　　　絃斷多年膠未續，兩孫兩子樂天眞。

　　　　身世飄蓬未有家，堂中慈母鬢霜華。

　　　　兒孫且喜階前立，未續鵾絃敢怨嗟。

　　　　來續鸞膠無恨心，最難覓處是知音。

　　　　世間幾箇相如婦，一曲求鳳樂聽琴。〔註269〕

由此詩推知鰲峰生於1912年。鰲峰二十八歲時母親仍然健在，但其父及其妻皆已去世，幸有兩個兒子、兩個孫子相伴，共享天倫之樂。詩人心中對愛情仍抱一絲希望，不隨意續絃，只因尙未尋得知音。觀氏著〈有約〉詩二首〔註270〕，詩人對某位武陵佳人頗爲傾心，但三年的等待，仍未能如願。

　　蔡鰲峰對於自己詩作很有信心，曾作七言長詩〈新春感懷〉：

　　　　鼠退牛臨又一春，桃符處處已更新。

　　　　未將甘旨順親意，菽水承歡暫屈貧。

　　　　藝學不成詩有成，騷壇舊雨笑相迎。

　　　　今朝幸喜添新歲，來飲屠蘇樂太平。

〔註267〕《南方》第133期（1941年7月1日），頁67。

〔註268〕《詩報》第281號（1942年10月10日），頁8。

〔註269〕《詩報》第235號（1940年1月2日），頁8。

〔註270〕蔡鰲峰〈有約〉二首「茫茫情海覓知音，難得佳人賞素心。有約武陵歸未得，不能如願自沉吟。」及「三年訂約未曾售，每聽鵑聲百感憂。倘得美人重顧我，藏嬌有屋可無愁。」刊於《詩報》第235號（1940年11月2日），頁8。

　　旭日迎年一歲除，春風送暖入新廬。

　　家家似喜升平日，醉飲屠蘇樂起居。

　　我愛兒孫繞膝居，因貧守分亦安如。

　　年來喜母長康健，滿室和風樂歲除。

　　莊子盆歌感不禁，潘郎無偶自傷心。

　　今逢四海除符日，聊唱新詞率歲吟。

　　一家和氣本天真，菽水承歡樂養親。

　　否極泰來知有日，暫時屈守莫憂貧。

　　家和萬事樂春風，草木欣欣雨露功。

　　我願兒孫知此德，眼前雖困豈終窮。〔註271〕

日治時期寫作傳統詩的蘭地詩人，有長詩發表在報章雜誌上的不多，蔡鰲峰有此詩作傳世，實屬難得，詩中「屠蘇」、「母」、「親」、「貧」、「菽水承歡」等字重複使用，過於累贅，意境不夠開拓。由此詩可知蔡鰲峰雖不甚富裕，但鼓勵子孫守貧以待騰達，家人能長相聚首，和樂融融，亦能安然度日，如果能覓得知音佳偶，相伴終老，則更能安慰詩人心靈。

十五、吳英林

　　吳英林（1913～），字松籍，宜蘭人，從事土地仲介業。氏著〈述懷〉：

　　拋擲光陰去刹那，年華廿四惹愁多。

　　於今未遂陶朱願，馬齒徒增嘆奈何。〔註272〕

此詩刊於1937年，由此推算吳氏應生於1913年。〈有感〉描述吳氏不甚得意的際遇：

　　焚膏繼晷志難酬，身世飄零不繫舟。

　　獨步青雲嗟未得，那堪惆悵覽江流。〔註273〕

1935年至1938年三年間當是吳氏人生低潮期，有〈書懷〉為證：

　　富貴由天實不虛，立錐無地苦何如。

　　功虧一簣愁難減，業失三年恨未除。

　　落拓慵看蘇軾賦，飄零忍讀杜陵書。

〔註271〕《詩報》第150號（1937年4月1日），頁9。

〔註272〕《詩報》第159號（1937年8月19日），頁5。

〔註273〕《詩報》第98號（1935年2月1日），頁13。

命途多舛逢今日，守拙閑居愧煞余。〔註274〕

民以食爲天，口腹無法溫飽，遑論其他，失業三年，讓詩人心情跌至谷底，閑居在家的日子並不好過，連看書都沒有精神，只能感嘆「富貴由天實不虛」。

人生不如意十常八九，還好有仰山吟社社友一同相伴，吳氏與蔡鰲峰、李琮璜、林淵源等人相善，曾一同參加詩壇活動。亦曾與林玉麟（夢鶴）、林本泉（淵源）、蔡老柯（鰲峰）等人創作〈席上聯吟〉〔註275〕聯句吟樂。另外，吳氏曾經寫〈席上贈鰲峰社兄（次韻）〉〔註276〕與蔡鰲峰〈席上答諸社兄〉〔註277〕互相唱和，鰲峰勸他忘卻傷心事，儘管把酒言歡，即時享樂。吳氏與蘭地文人情感融洽有詩作〈蘭齋話舊〉〔註278〕珍惜朋友相聚之樂，而面對友人李琮璜辭世噩耗，寫下〈哭李琮璜先生〉〔註279〕悼念之。

吳松賴熱衷於蘭陽文藝活動的推廣，昭和13年（1938）間曾創立「蘭星文藝部」並以「蘭星文藝部創立之記念」爲題，廣向全島徵詩，限七律虞韻，交卷處爲宜蘭街金順益精米所李文在先生，入選二十名，有薄品相贈。〔註280〕足見吳氏推動文藝的積極態度。

十六、陳金波

陳金波（1889～1961），字鏡秋，號雪峰、觀風閣主人。宜蘭人。1889年

〔註274〕《風月報》第56期（1938年1月16日），頁24。

〔註275〕抱罕、夢鶴、淵源、鰲峰、英林等人〈席上聯吟〉：「三分憨態六分嬌（抱罕）。一朵環枝解寂寥（抱罕）。花債未償頻寄語（夢鶴）。情緣已斷復相邀（抱罕）。看他癡愛人堪笑（淵源）。誤我興懷意可挑（鰲峰）。無限風流今夕醉（英林）。感來奇事暗魂銷（英林）。」見《風月報》第94期（1939年9月28日），頁44。

〔註276〕吳英林〈席上贈鰲峰社兄（次韻）〉：「旗亭邂逅意何之，舊恨重重共訴時。願子花旛來早護，免教碧玉夢猶思。」見《風月報》第94期（1939年9月28日），頁44。

〔註277〕蔡鰲峰〈席上答諸社兄〉：「風雅人非杜牧之，綠陰滿地立多時。重逢莫說傷心事，且把瓊漿寄所思。」見《風月報》第94期（1939年9月28日），頁44。

〔註278〕吳英林〈蘭齋話舊〉：「蘭齋對語坐殘更，觸起巴山興味生。夜雨聯床騷客意，春風入座故人情。會心長愛敲詩律，促膝何嫌晉酒舣。禊事重修逢七載，緣深好續鷺鷗盟。」見《詩報》第273號（1942年6月5日），頁13。

〔註279〕吳英林〈哭李琮璜先生〉：「傳來靈耗淚頻傾。遺老登仙了俗情。吟稿空教留後裔。書香不復計前程。懸壺盡有華陀術。濟世寧無仲景名。腸斷一篇歌薤露。淒涼風雨滿蘭城。」《詩報》第163號（1937年10月20日），頁24。

〔註280〕《詩報》第177號（1938年5月22日），頁1。

八月二十八日出生於宜蘭員庄內員山，卒於 1961 年九月五日。先世自福建龍溪及遷南靖來臺，居宜蘭市。父鳳鳴，精眼科，醫名籍甚。金波克紹箕裘，自臺灣總督府醫學校畢業後，即服務於宜蘭醫院。後赴日本東京帝國大學醫學部研究內科、兒科，復入臺北醫學專校深造。學成後在宜蘭設私立太平醫院，活人無算。生平信仰三民主義，與蔣渭水等從事臺灣民族運動，歷任臺灣文化協會理事，臺灣民眾黨本部執行委員，兼宜蘭支部常務委員。曾倡設蘭陽女子中、宜蘭中學，及協助宜蘭橋、孔聖廟之建築。其熱心公益，四十年如一日，未嘗或輟。臺灣光復後，推任宜蘭市長。民國 37 年（1948）春，新蘭陽建設委員會成立，被推為副主任委員，對於宜蘭設治運動，勞績卓著。迨縣治成立後，任宜蘭縣文獻委員會委員。性好吟詠，喜以鏡秋之名發表詩作，1933 年被推為仰山吟社社長。著有《觀風閣吟草》、《風義酬唱集》、《宜蘭發達史》。民國 55 年（1966）9 月 28 日蔡老柯將《觀風閣吟草》、《風義酬唱集》合編為《鏡秋詩集》，由太平醫院發行。

陳金波最早發表在《詩報》上的詩作為〈元旦書懷〉：

> 荏苒光陰感物遷，不能寡過又逢年。
> 理真莫厭多開口，任重尤難暫息肩。
> 巧智讓人長處樂，痴頑愧我未齊賢。
> 春朝卻喜身無事，情緒綿綿寄一箋。〔註281〕

此詩頷聯道出詩人對於傳承固有文化的責任心，且認為面對惡勢力應該「巧智讓人長處樂」，癡頑抵抗的方式他是無法看齊的。

綜觀陳金波 1944 年之前發表的詩作，偶有如〈大和魂〉〔註282〕、〈增產〉〔註283〕等迎合統治者之作，其餘以詩友酬唱及參與擊鉢吟詩作為多，對蘭地文物頗多描述如〈蘭城聽雨〉〔註284〕，〈宜蘭溫泉〉〔註285〕、〈宜蘭測候所〉〔註286〕等。陳金波〈蘭齋話舊〉：「西窗剪燭坐寒更，往事重提盡笑聲」〔註287〕，道出師友舊朋重提往事的樂趣。詩人對新興事物的描述，如〈自鳴鐘〉能抓住事物特性：

〔註281〕《詩報》第 3 號（1931 年 1 月 1 日），頁 7。
〔註282〕《詩報》第 94 號（1934 年 12 月 1 日），頁 16。
〔註283〕《詩報》第 293 號（1943 年 4 月 6 日），頁 20。
〔註284〕《詩報》第 31 號（1932 年 3 月 15 日），頁 8。
〔註285〕《詩報》第 84 號（1934 年 7 月 1 日），頁 10。
〔註286〕《詩報》第 133 號（1936 年 7 月 16 日），頁 5。
〔註287〕《詩報》第 273 號（1942 年 6 月 5 日），頁 13。

　　規模精巧匠心饒，逸響時從簡裡飄。

　　象體天機誇格致，聲回塵夢警昏朝。

　　兩針旋轉如爭逐，一杵鏗鏘不待調。

　　絕好案頭音律整，秋殘伴讀到深宵。〔註288〕

直賦鬧鐘自鳴特色，爲中規中矩詩作，末句「秋殘伴讀到深宵」，運用轉化技巧，頗有樂趣。另外，《鏡秋詩集》收錄〈敬次張區長鶴年先生蘭陽水災有感瑤韻〉〔註289〕、〈上醫醫國〉〔註290〕等詩，能道出知識份子使命。陳金波一生的事功，擴及醫事、政治、文學三界，他與蔣渭水都是醫界從事政治運動有名人物，一者專擅傳統詩的寫作（陳金波），一者致力於隱含諷諭的仿古文章（蔣渭水，參見本文第六章第二節），是蘭地耀眼的雙璧。

十七、范良銘

　　范良銘，字文新〔註291〕。1933 年，范良銘發表〈感懷〉：「易過光陰總不還，驚看鏡裏儘堪憐。今朝始覺知非晚，彈指風塵五十年。」〔註292〕由此詩推知范氏出生 1883 年，但由范良銘 1941 年發表〈六十述懷〉：

　　荏苒光陰六十秋，生平碌碌記從頭。

　　財如有道儂當取，事若虧心我不謀。

　　世味苦甘嘗既盡，人情冷暖感難休。

　　只能溫飽貧何碍，喜與詩朋共唱酬。〔註293〕

則范氏當於 1881 年出生，與前詩二年差距不明何故。范氏發表〈六十述懷〉時，友人魏潤庵、藍華峰、吳蔭培、莊仁閣等人次韻相和〔註294〕，由此可知范良銘交遊概況。范氏關心詩壇活動，時常贊助《詩報》運作，1935 年《詩報》發刊百號，范氏寫〈祝詩報發刊百號〉〔註295〕賀之。

〔註288〕同上註。

〔註289〕陳金波著，蔡老柯編，《鏡秋詩集》（宜蘭：太平醫院，1966 年），頁 5。

〔註290〕同上註，頁 67。

〔註291〕《詩報》第 105 號（1935 年 5 月 15 日），頁 14。范良銘發表詩作〈震災感賦〉署名「蘇澳范良銘　文新」，故知「文新」爲其字號。

〔註292〕《詩報》第 57 號（1933 年 4 月 15 日），頁 3。

〔註293〕《詩報》第 262 號（1941 年 12 月 17 日），頁 3。

〔註294〕詳見《詩報》第 262 號（1941 年 12 月 17 日），頁 3，及第 263 號（1942 年 1 月 1 日），頁 17。

〔註295〕《詩報》第 100 號（1935 年 3 月 1 日），頁 16。

1932 年，范良銘已寓居蘭陽數年，〈感作〉二首傳達居住蘭地的心情：

> 浮生行計到蘭陽，天意窮余總可傷。
>
> 壯不如人當益壯，年年老我鬢成霜。
>
> 行到蘭陽有幾年，清貧歲歲尚依然。
>
> 不求名利心無苦，萬事平心只聽天。〔註296〕

范良銘四、五十歲時，為了家計遷居蘭陽，詩人感傷歲月催人老，體魄不如前，又期勉自己捨棄名利，平心度日。范氏 1934 年曾回鄉探望親友，可惜的是從〈回鄉感懷〉〔註297〕二首詩作內容無法得知詩人原居何地。離開故鄉來到蘭陽，詩人似乎感嘆特別多，1935 年再寫〈感懷〉：「一年容易又經年，其奈依然業恨牽。夢裡不知身作客，驚看霜鬢總堪憐。」〔註298〕日久他鄉成故鄉，詩人認同長居久安的蘭陽，但原鄉的思念時常牽動詩人的情緒，1940 年范氏又發表四首〈感懷〉：

> 寡過未能每自傷，飄零身世寄蘭陽。
>
> 光陰似箭推人老，聚首他鄉兩鬢霜。
>
> 行年屆近杖鄉時，往事追思只自知。
>
> 但得蒼天相眷顧，回甘蔗境豈難期。
>
> 蘭陽竹塹兩情牽，離別家山十四年。
>
> 經史自欣勤苦讀，敢云得意着鞭先。
>
> 寄跡江湖志未伸，年年依舊瘁風塵。
>
> 而今幸有田三頃，黃臉山荊勸酒頻。〔註299〕

「蘭陽竹塹兩情牽」，原來范氏心中惦念的原鄉是人文薈萃，文風鼎盛的新竹。詩人 1926 年離開新竹，到蘭陽開創新天地，到 1940 年已經歷十四個年頭，雖無宏圖大展，但「幸有田三頃」，且夫妻和樂，相扶相持，清閒度晚年，亦有漸入佳境之感。

范良銘原為新竹新埔人，為謀生計，定居蘭地蘇澳，且加入羅東東明吟

〔註296〕《詩報》第 34 號（1932 年 5 月 1 日），頁 15。

〔註297〕范良銘〈回鄉感懷〉二首「少小離家志未銷，何堪年老思迢迢。縱然故我鄉情在，半屬知音半屬驕。」及「遨遊浪跡寄東留，懷抱頻年鬱不休。回首故鄉堪痛哭，祇看世變有沉浮。」刊於《詩報》第 78 號（1934 年 4 月 1 日），頁 3。

〔註298〕《詩報》第 101 號（1935 年 3 月 15 日），頁 6。

〔註299〕《風月報》第 107 期（1940 年 4 月 15 日），頁 32。

社。范氏發表詩作時署名「蘇澳　范良銘　文新」〔註300〕，足見范氏對居住地的認同。昭和 11 年（1936）范良銘回新埔拜訪從事醫業的藍華峰，寫下〈回新埔訪藍華峰先生賦呈〉：

> 慚余浪跡久東留，懷抱頻年鬱未休。
>
> 眼底帆檣時縱目，枕邊心事夜搔頭。
>
> 作詩吾輩談何易，活世先生術最優。
>
> 但願喬松長比壽，扶輪大雅潤皇猷。〔註301〕

這首七言律詩感嘆自己浪跡宜蘭已久，作詩對他而言並不容易，但他願意將枕邊心事、心中的懷抱，夜夜搔頭，絞盡腦汁的寫出來。藍華峰〈次韻〉回贈之，表達「應世有詩知共好，營生乏術究何優」〔註302〕的看法，認為趁著年輕力壯好好奮鬥事業是對的，能以詩作相知相惜，以見友情珍貴，就已經足夠。

范良銘何以願意「浪跡久東留」？詩人在蘇澳生活應該頗為舒適愜意，他蓋了一棟新房屋，同鄉里之詩友楊長流有〈和范良銘先生新居原韻〉二首七言絕句形容范良銘住家環境：

> 箕湖風景若仙間，四面青山水一彎。
>
> 榕樹成陰花滿徑，此中寄傲足清閒。
>
> 湖山安穩足烟霞，松菊婆娑月影斜。
>
> 最羨數株垂柳碧，居然栗里舊陶家。〔註303〕

青山綠水繚繞，又有榕樹成蔭，松菊婆娑，與隱逸詩人陶淵明居家相去不遠，正是適合修身養性的好居處。

寓居蘭地蘇澳的范良銘〔註304〕，與同樣寓居蘭地吳蔭培情感融洽，當吳蔭培 1937 年要離開宜蘭時，還特地寫了〈留別蘇澳范良銘諸賢〉向他告別：

> 最難別處在臨岐，書籃琴囊悵載馳。
>
> 摘藻君留雙管妙，出關我笑一行遲。

〔註300〕《詩報》第 107 號（1935 年 6 月 15 日），頁 6。

〔註301〕《詩報》第 121 號（1936 年 1 月 17 日），頁 8。

〔註302〕藍華峰〈次韻〉：「渺渺飛鴻爪跡留，接來佳句誦難休。人因勢利垂青眼，我對交情戀白頭。應世有詩知共好，營生乏術究何優。試觀名下無虛士，必具謀爲乃壯猷。」此詩刊於《詩報》第 121 號（1936 年 1 月 17 日），頁 8。

〔註303〕《詩報》第 207 號（1939 年 8 月 16 日），頁 7。

〔註304〕范良銘在《詩報》發表詩作，其歸屬地署名蘇澳，1938 年 1 月 1 日《詩報》第 168 號「謹賀新年」廣告中，范良銘以「范良銘　蘇澳街」之名刊登賀年廣告。

　　鶴翔雲外應求侶，駒列轅中忍就羈。

　　終久攜家忘客況，騷壇七載愧師資。〔註305〕

從 1930 年到 1937 年，吳蔭培到宜蘭任教有七年時間，范、吳兩人有如師生情誼，一同剪燭西窗，談笑風生，〔註306〕多年後吳蔭培稱范良銘爲「老詞友」，藉由《詩報》詩作聯歡唱酬，一起回憶「同話操修」〔註307〕的美好日子。

　　爲了生計來到蘇澳郡定居的范良銘，在工作之餘加入東明吟社，又有詩友吳蔭培、楊長流、五十嵐重四郎相唱和，其生活應當不孤獨。

十八、林本泉

　　林本泉，字淵源、達初。宜蘭人。曾任宜蘭市民代表會主席、宜蘭農牧開發公司總經理、宜蘭文獻會委員，及仰山吟社常務委員等職。林淵源與住在員山林玉麟（夢鶴）相識，曾寫下〈遊員山訪林夢鶴社兄（次韻）〉：

　　買車冒雨訪名賢，載道鶯花二月天。

　　到處風光如畫譜，青青禾稻秀腴田。〔註308〕

探訪好友令人心情愉快，蘭地許多文人都喜歡到員山拜訪寓居於此的夢鶴兄，觀林淵源〈呈夢鶴宗兄〉：

　　派衍西河九牧來，更兼鷗鷺締岑苔。

　　交逾廿載情逾密，此日登堂第一回。〔註309〕

可見「二林」原本相識已久，兩人有二十年的交情，但苦無登門拜訪的機會，昭和 14 年（1939）終於一償宿願。

　　林淵源詩作有〈庭松〉、〈春煙〉、〈蚯蚓〉等百首以上，除了詩社擊鉢、課題詩作外，其餘作品以哀悼亡妻之作最令人矚目，氏著〈悼亡〉七言絕句詩共十首，分別刊登於《風月報》第 59、62 期〔註310〕，詳列如下：

〔註305〕《詩報》第 147 號（1937 年 2 月 19 日），頁 6。

〔註306〕吳蔭培〈和范良銘賢友原韻〉：「鄉情師誼久相酬。灼剪西窗笑歙留。適楚荀卿偏感遇。依劉王粲輒悲秋。不將畫餅嗤名士。漫把儒珍付水漚。安得壺天同領取。揚華摘藻樂時休。」《詩報》第 250 號（1941 年 6 月 22 日），頁 6。

〔註307〕吳蔭培〈謹次范良銘老詞友瑤韻〉：「風雅曾同話操修。春光旖旎豁双眸。名山事業貽黃卷。大筆剛常凜素秋。文品双清真雅士。琴樽一列會吟儔。司空見慣休拘束。翰墨聯歡許唱酬。」《詩報》第 269 號（1942 年 4 月 3 日），頁 6。

〔註308〕《詩報》第 200 號（1939 年 5 月 13 日），頁 5。

〔註309〕同上註。

〔註310〕林淵源〈悼亡〉詩一至六首刊登於《風月報》第 59 期（1938 年 3 月 1 日），頁 33。七至十首刊登於《風月報》第 62 期（1938 年 4 月 15 日），頁 31。

廿八年華竟殞身，死生果否有前因。

同時最是傷心處，問暖憐寒少一人。

情長命短奈何天，遺恨媧皇補未圓。

醫藥文明難起死，惹人晨夕淚漣漣。

一病何期赴九原，憑誰剪紙返芳魂。

記曾踏月紗窗外，膩語喃喃在耳根。

井臼親操過十春，離鸞別鵠影難親。

更憐樓閣繞成後，遽冷衾裯不見人。

漫道長情與短情，臨終不斷喚吾名。

教人第一難忘處，愛子渾如己所生。

二豎相侵鬱不歡，慇懃看護到更闌。

從茲欲覓真容貌，除却夢中相見難。

香埋楚岫星光淡，雲杳巫山月色昏。

不盡鍾情知己感，空留倩影斷人魂。

千古無人補恨天，長教情侶思淒然。

來生願化爲鶼鰈，再續今生未了緣。

慧質偏憐作小星，榮華未享赴幽冥。

鍾情畢竟遭天妒，不許雙棲到百齡。

惆悵粧臺感慨頻，愁情滿腹向誰陳。

稚兒不解余心苦，繞膝依依問淚因。

十首詩作述盡詩人對妻子的不捨之情，娓娓道來不禁令人鼻酸。詩人憶起妻子操持家務，照料雙親，愛護子女，體貼丈夫，卻一病不起，廿八年華即因病辭世，詩人埋怨現代醫藥文明亦無法讓佳人起死回生，只能與愛妻夢中相會，難道是「鍾情畢竟遭天妒，不許雙棲到百齡」，希望「來生願化爲鶼鰈，再續今生未了緣」，夫妻一同踏月呢喃，互敘心曲。

　　鍾情的林淵源曾寫〈席上贈鰲峰社兄（次韻）〉：「相逢孽債奈何之，底事傷心憶昔時。願汝鍾情同杜牧，莫敎辜負美人思。」〔註311〕勸同樣爲情所困的友人蔡鰲峰，足見林淵源對愛情所持的態度。

〔註311〕《詩報》第 209 號（1939 年 9 月 17 日），頁 15。

十九、江紫元

　　江紫元，字夢花（華），生卒年不詳。《詩報》第 90 號刊載江紫元〈賦別東明吟社諸吟友〉〔註312〕，由此詩署名「寓蘭　江夢花」觀之，江夢花非出生於蘭地文人。陳燦榕認為江紫元是桃園縣人，年輕時遷居羅東經商（見附錄四），寓居蘭陽，加入仰山吟社，倡組東明吟社，大約民國五十餘年後遷回桃園縣。與頭圍陳志謙互有往來，陳氏辭世時他曾親筆書輓聯〔註313〕以哀之。

　　江氏最早發表在報章雜誌上作品〈晚釣〉：

　　　　浮家一棹背斜暉，間白滄江坐石磯。

　　　　和月釣垂香餌嫩，隨潮歸載錦鱗肥。

　　　　興懷渭水心還壯，重訪桃源路已非。

　　　　太息投竿時未可，且將簑笠息塵機。〔註314〕

傳達有心志士需沉潛以待良機的看法。江紫元活躍於詩壇，與崁津吟社互有往來〔註315〕，來到宜蘭後，鼓吹成立東明吟社，帶動羅東文教活動，厥功甚偉。

　　江紫元昭和 9 年（1934）十月間離開東明吟社，前往花蓮發展，此事見《詩報》第 90 號刊載江紫元〈賦別東明吟社諸吟友〉：

　　　　蓮社方成志乍申，離情縷縷感前塵。

　　　　攀龍未際風雲會，待兔空存氣節真。

　　　　壇坫東開聯勝友，榛苓西望溯伊人。

　　　　盍簪莫遂生平願，珍重知音寄羽鱗。〔註316〕

詩中提到「蓮社」並非 1922 年陳梅峰與門下女弟子蔡旨禪、蔡月華等人創立於高雄市的「蓮社」〔註317〕。亦非 1956 年盧業高、陳香、曾文新等人創立於花蓮的「蓮社」或其後分出的「花蓮詩社」〔註318〕。依江紫元詩中「蓮社方成志乍申」詩句，可知此詩中所指的「蓮社」是 1934 年十月左右初成立的詩

〔註312〕《詩報》第 90 號（1934 年 10 月 1 日），頁 10。

〔註313〕《蘭陽》，第 15、16 期合刊（臺北：蘭陽雜誌社，1978 年 12 月）。

〔註314〕《詩報》第 15 號（1931 年 7 月 1 日），頁 4。

〔註315〕江紫元〈寄崁津吟社友〉四首刊於《詩報》第 43 號（1932 年 9 月 15 日），頁 12。

〔註316〕《詩報》第 90 號（1934 年 10 月 1 日），頁 10。

〔註317〕同註 14，頁 42。

〔註318〕林淑媚，《花蓮地區詩歌研究》，佛光大學文學系在職專班，2006 年碩士論文，頁 20～21。

社，「蓮社」的「蓮」字應爲地區簡稱，花蓮「奇萊吟社」創辦於 1935 年，創辦人花蓮耆宿陳竹峰。詩社主要人物駱香林於 1933 年移居花蓮，帶動地方風氣，陳竹峰、郭昌盛等人協助設館，一、兩年後又以學生切磋文藝之名，促其成立詩社，可見奇萊吟社在 1934、1935 年間已逐漸成型，與江夢花詩中「蓮社方成志乍申」詩句相吻合，故筆者認爲江夢花詩中「蓮社」指的是「奇萊吟社」，清治時期稱「花蓮」爲「奇萊」，日治始改爲花蓮。1934 年十月江氏得知花蓮即將有詩社成立，故告別東明吟社諸吟友，雖說離情依依，去意仍堅，惟盼魚雁往返，互通訊息。

二十、張振茂

　　張振茂，字松村、松邨，號茗園。1893 年四月五日生於宜蘭市。幼入宜蘭市致用軒、林仰南書房攻讀詩書。1915 年畢業於臺北師範，旋回鄉任礁溪國民學校訓導，其後歷任蘭陽製油株式會社取締役社長、宜蘭郡壯圍庄長、宜蘭夜間中學講師、首屆民選宜蘭街協議會員、宜蘭市教育課長、宜蘭司法保護會、宜蘭建築信用合作社理事主席等職，晚年於礁溪自己經營農場，名曰「逢源」。張氏人格高潔，熱心社會公益，作育無數英才，日治時期臺灣詩社林立，張氏於 1921 創立光文社，1926 年創設庄立、壯二、育英書房，1934 年曾任仰山吟社副社長，鼓吹漢學不遺餘力。張振茂〈壯二育英書房成立感賦〉：

> 兩載吟旌駐壯圍，菲才自愧見功微。
> 居民待澤興文教，馬帳傳薪願不違。〔註319〕

張振茂 1925 年任壯圍庄長時有感於地文教的重要，特設立書房教育民眾，儘管力量微薄，能盡己願，足矣！

　　1934 年張振茂任仰山吟社副社長，鼓吹漢學不遺餘力，熱心參與蘭地詩壇各項活動。1934 年六月十日，江夢華邀集地方人士設立東明吟社，並在羅東舉行隆重的發會式，張振茂撰寫〈東明吟社發會式祝辭〉〔註320〕祝賀，強調文風之盛爲禮樂政教之源，東明吟社創立於蘭東，當有助於地方文教發展。

　　張振茂曾任礁溪國校教員私立宜蘭夜間中學講師十數年，1937 年接受表彰〔註321〕，亦曾任宜蘭教育課長〔註322〕。張氏頗注意報壇活動，〈祝國

〔註319〕張振茂，《茗園集》（宜蘭：張振茂，未著撰年），頁 54。
〔註320〕同上註，頁 46。
〔註321〕同上註，頁 68。
〔註322〕同上註，頁 69。

鐵時報特設漢文欄〉、〈祝東瀛梨華新報社創刊〉〔註323〕、〈慶祝臺光新報創刊〉〔註324〕等詩表達報紙應具有爲民喉舌，心存譎諫的理想。

　　生平著作《茗園集》於1924、1925年間〔註325〕已然成型，然張氏認爲個人詩集之出版不足爲大事，又非日常生活迫切之需要，遲至1953年夏天才印行問世〔註326〕。其詩淺顯易懂，不喜用典，多感懷、遊記、詠物及酬唱詩作。1915年詩人曾遊日本，參訪中京鶴舞公園、瀨戶內、名古屋、犬山白帝城、富士山等地。1943年曾環臺灣島一週，有「環島週遊吟草」二十二首〔註327〕記此盛事，對臺灣各地景致有深刻的體會與描寫。

　　張振茂書齋名爲「養眞齋」，其意爲「神能恬即足，性能靜即安，曠士達人，所欲養眞者故也」〔註328〕，居於市井塵囂，吵雜俗事，終難掩耳蔽目，視而不見，如何養性存眞，端視個人修爲而定。李康寧〈題養眞齋〉：「市隱襟懷不染塵，小齋猶足養天眞。主人豈是孤山客，也種庭梅伴潔身。」〔註329〕說明書齋主人「隱於市」的高尙性情。張振茂茗園內盛植梅樹，吳蔭培有〈玉茗園賞梅〉〔註330〕記茗園賞梅之樂，而松邨主人〈茗園賞梅〉亦云：

　　　　折甲庭梅索笑妍，小園元日會群賢。

　　　　芳姿共賞吟還酌，花下徘徊快欲仙。

　　　　小園紅紫各爭妍，準擬孤山且啓筵。

　　　　風送花香疎影動，含情欲笑最堪憐。〔註331〕

常邀詩友集聚茗園，悠遊於小園中，嗅花香賞芳姿，主客皆心曠神怡。

〔註323〕同上註，頁52。

〔註324〕同上註，頁56。

〔註325〕由陳金波〈茗園集序〉寫於「甲子冬十二月」，及洪慶瀾〈序〉寫於「乙丑年五月」，「甲子」即西元1924年，「乙丑」即西元1925年，故可知《茗園集》1924、1925年間已編成。

〔註326〕張振茂〈茗園集・緒言〉：「余之《茗園集》，尚在推敲，因凡物不足以講大事，取材不足以器用，而遂置之也。至癸巳年四月，時逢耳順，乃試作『六十述懷』叨蒙各界賜和，擬於是年季夏，印刷成帙奉贈。」「癸巳年」即西元1953年，由此推知《茗園集》出版年代。

〔註327〕同註319，頁39～42。

〔註328〕李康寧〈題養眞齋〉序文，同上註，頁69～70。

〔註329〕同上註，頁70。

〔註330〕同上註，頁49。

〔註331〕同上註，頁31。

　　張振茂交遊廣潤，1925 年十月初任壯圍庄長時〔註332〕，羅秀惠（蕉麓）
適巧到宜蘭，張氏曾邀羅至壯圍一遊，羅氏特以〈贈張君〉〔註333〕一文記
此盛情。張振茂一生致力於蘭地文教工作，其《茗園集》中收錄許多先賢詩
作。另外由《臺灣日日新》昭和 2 年（1926）七月十五日第四版刊載羅蕉麓
所寫的〈蘭陽詩文集序〉一文，可知張振茂不忍蘭地前輩文稿散佚，乃蒐集
採輯，釐訂成編，取名《蘭陽詩文集》，藉以表彰前人詩作，惜今日《蘭陽詩
文集》已佚，未能親炙此佳著。

二十一、陳書

　　陳書（1871～1932），字子經。同治 10 年（1871）十月三日生，原藉福
建省漳州漳浦縣赤湖鄉。其祖父渡臺，寄居金面里陳家爲傭，入贅陳氏遺孀
楊氏，生其父順水，始移居頭圍街，子經爲次男。光緒 19 年（1893）考取秀
才第三名，工詩文，曾受教於頭城寒士簡花魁，曾任登瀛吟社社長，鼓吹文
風，誘掖後進，藉維中華文化於不墜。明治 30 年（1897）四月授佩紳章。明
治 33 年（1900）拜命頭圍公學校教師。陳書詩文作品生前曾輯爲《畏勉齋文
集》一冊，日人鈴木鉦一郎爲之作序登於《臺灣日日新報》（明治 30 年 7 月
14 日），其弟子陳其寅，另撰序文一篇，惜尚未出版。

　　經筆者田野調查結果，得知陳書遺留下來的詩文集有《畏勉齋詩文稿》
〔註334〕、《備忘錄》〔註335〕、《雜作類存》〔註336〕、《畏勉齋詩》〔註337〕
等，皆爲未刊詩文集。《畏勉齋詩文稿》原爲二卷，《畏勉齋詩文稿》爲卷上，
卷下陳書另取名爲《雜作類存》。《備忘錄》爲日常生活記事及詩作，《畏勉
齋詩》則是陳書弟子陳其寅替他輯錄的詩集。至於《臺灣日日新報》提到的
《畏勉齋文集》即是《畏勉齋詩文稿》卷上「文集」的部分。陳書大部分的
作品都收錄在這些詩文遺集中，有發表的詩作較少，觀〈歲暮遺懷〉：

　　　　不嘆時乖與遇難，衰年無事且加餐。

　　　　醫方好歹隨人說，境地窮通笑命看。

〔註332〕同上註，頁 6。
〔註333〕同上註，頁 60。
〔註334〕陳書，《畏勉齋詩文稿》卷上，頭城鎮史館館藏手稿影本。
〔註335〕陳書，《備忘錄》，頭城鎮史館館藏手稿影本。
〔註336〕陳書，《雜作類存》（即《畏勉齋詩文稿》卷下），頭城鎮史館館藏手稿影本。
〔註337〕陳其寅編錄，陳書著，《畏勉齋詩》，頭城鎮史館館藏手稿影本。

東北戰端雲早掃，光陰箭似歲將殘。

羅東寄跡歸與賦，擬卜壬申燦大觀。〔註338〕

壬申年即是 1932 年，詩人此時已是 61 歲老翁，回顧其一生，經歷朝代的更迭，與戰亂的頻仍，雖能馳騁詩壇，已有晚景淒涼之感。風雨中的殘燭又能支撐多久呢？〈畏寒〉：

霜風冷雨拂重幃，觸目河山雪四飛。

密室潛身衾惡揭，開樽暖腹酒無威。

窗扃恐引風吹慄，衣厚還須火氣煇。

最羨梅花寒愈豔，方知勁節足芳徽。〔註339〕

虛弱的身軀終不敵寒風的摧殘，昭和 7 年（1932）七月二日陳書去世，享年 61 歲。

二十二、吳祥煇

吳祥煇（1870～1932），字春麟。宜蘭頭城人，生於同治 8 年（1870）八月十七日，自幼即聰穎過人，熟習經籍，工詩文，中年因痼疾不良於行，無法參加科考。因而於頭圍喚醒堂設帳授徒，其書房取名「就正軒」，終其一生從事漢文教育工作未嘗間斷，地方青年從習者爲數甚多。日治時期戶籍登記其職業爲書房教師，但將「煇」字誤植爲「輝」字，一般人不查，常以爲「輝」爲本字，今依頭城喚醒堂祿位及其孫女婿林旺根說法改正之。

日治時期報章雜誌中吳祥煇發表的詩作較少，且大部分詩社擊鉢會詩作，較難從其詩作窺知其心靈感受。吳氏爲喚醒堂創立之一，又是該堂特理副鸞，爲該堂《渡世慈帆》鸞書寫「敘」〔註340〕，足見其敬神勸善，望人行仁義禮智之心。

吳祥煇昭和 7 年（1932）十二月七日去世，享年六十三歲，其一生最輝煌的成績在於頭圍的文教傳承。吳阿根（1892～1930）是吳祥煇姪子，莊鱉（1892～1961）是吳祥煇妹婿，簡林財發（1902～？）是吳祥煇女婿，他們都追隨吳祥煇習漢文，並加入登瀛吟社社員。日治時期頭圍書法大師康灩泉（1908～1985）幼受業於宿吳祥煇。其它登瀛吟社社員如林錫虎（1912～1990）楊水成，也都隨吳祥煇研習詩文。

〔註338〕《詩報》第 29 號（1932 年 2 月 6 日），頁 6。
〔註339〕《詩報》第 32 號（1932 年 4 月 1 日），頁 5。
〔註340〕《渡世慈帆・正部》（宜蘭頭圍：喚醒堂，1983 年重刊），頁 125～130。

二十三、林拱辰

　　林拱辰（1865～1935），譜名瑞龍，官章拱辰，字星樞，號景其、梅居士，曾任仰山吟社社長，敏求吟社顧問。蘭地已故大學生林釗嗣子。與前清幫辦臺灣撫墾欽差大臣林維源為叔姪。伯仲有五，君居次。自幼讀書，宏通經史，文藝精妙，詩賦尤佳。六歲啓蒙於大姐夫秀才陳瑞林，又拜林以佃為師，後依張鏡光攻讀，蒙受厚愛，學業精進。林拱辰敬張師如父，師有疾，親煎湯藥送服。光緒 12 年（1887）縣試，考取秀才第一，補為弟子員。光緒 15 年（1890）府試，擢拔一等首班，補食廩膳。乙未鼎革後，返回大陸，此時福建亦不安寧，且瘟疫流行，林拱辰殤子染病。又因以漳籍應鄉試，涉及冒籍應考，不為清廷所受理。乃毅然與林以時秀才放棄功名，拜泉州杏林名醫林子俊宗長為師，專攻醫術。光緒 22 年（1897）春始回臺，問疾於遠近，著手成春，仁聲遠播。曾與林以時合撰《冤童哂》及《醫方大成》二書問世。大正初年小松吉久接掌宜蘭廳，特好詩文，拜林拱辰為師。林拱辰身處異族統治，心繫民生疾苦，利用課餘勸小松吉久去苛政恤民情，先生之用心良苦也。明治 30 年（1897）四月授佩紳章。〔註341〕昭和 10 年（1935）十二月間去世，後人編有《林拱辰先生詩文集》。

　　林氏生於清治時期亡於日治時期，目睹山河變色，感嘆尤深，唯其詩文受戰火波及，損失殆盡，幸得陳長城廣為蒐羅始於 1977 年出版《林拱辰先生詩文集》。〔註342〕此文集內容以廟宇楹聯、對聯和書信為主。林拱辰發表在日治報章上的詩作不多，僅〈弔浴沂張先生〉〔註343〕、〈夏日田家雜興〉〔註344〕、〈湯圍温泉〉〔註345〕數首，其〈詩家花〉：「那有詩人不惜花，花香詩思未曾遐。閑看花放無他事，獨自敲詩手八叉。」〔註346〕生動描繪出詩人樂於創作的憨態。

〔註341〕以上資料綜合自下列二書：《臺灣列紳傳》（臺北：臺灣總督府，1916 年），頁 79。《詩報》第 118 號（1935 年 12 月 1 日），頁 14。及林拱辰著，陳長城編，《林拱辰先生詩集》（臺北：玉豐印刷廠，1977 年），頁 18～29。

〔註342〕引自林桂川序文，林拱辰著，陳長城編，《林拱辰先生詩集》（臺北：玉豐印刷廠，1977 年），頁 23。

〔註343〕《臺南新報》第 8424 期（1925 年 7 月 28 日），頁 5。

〔註344〕《詩報》第 41 號（1932 年 8 月 15 日），頁 3。

〔註345〕《風月報》第 70 期（1938 年 8 月 16 日），頁 22。

〔註346〕同上註。

第四節　交流往來：興學傳播跨區域

　　日本政府對臺實行同化政策時期，鼓勵傳統詩社設立，藉以達到同化的殖民手段。因此詩社成立的目的，並不以評論時事，替疾苦人民發聲為訴求，其社團活動之性質，承清末傳統詩社傳統不以抨擊時事為宗，換言之，傳統詩社的活躍為漢字、漢詩、閩南語的傳承提供助力。

　　良好的傳統詩社活動提供創作者「多讀、多作、多商量」的場合，跨越新舊文學創作的陳虛谷（1896～1965）認為作詩的原則在於：

> 你悟多讀、精通之道，不患無門徑可入。六一居士說：「多讀、多作、多商量」正是此意。王安石說，杜甫說何以會那麼好呢？就是他自述「讀書破萬卷，下筆如有神」。康長素（有為）能背誦杜詩全，不遺一字（梁啟超語），啊！怪得古人詩好？〔註347〕

多讀書，多寫作，是自我訓練的重要方法。常常與同好討論，互相切磋琢磨，更能刺激創作。蘭陽地處臺灣東北隅，與西部、北部地區隔著崇山峻嶺進出不易，日治時期大正 13（1924）年宜蘭鐵道全線開通後，與西部、北部地區的交通進入嶄新階段，不論蘭地人士外出，或外地人士進入蘭陽平原，都非常方便。蘭地的詩社在日治時期至少十個以上，外地文人參與蘭地詩社活動，有以下幾種原因：

一、訪友於蘭

　　訪友於蘭者如羅秀惠，臺南市人，生於 1865 年，卒於 1942 年十月二十三日，字蔚村，號蕉麓，又號花花世界生。為蔡國琳門生，光緒年間考中舉人。1895 年赴北京參加乙未科考會試，適逢清朝訂立割臺的「馬關條約」期間，羅氏與安平縣汪春源、淡水縣黃宗鼎等五人上書都察院代奏諫阻割臺島，但大勢已定，無濟於事。羅氏 1897 年臺灣社會秩序安定後返臺，協助揚文會纂修《臺南縣志》。1898 年出任揚文會臺南支會幹事。後任《臺澎日報》漢文部主筆、臺南師範學校漢文教諭、臺南工商公會會長等職，後內渡創辦《廈門日報》，停刊後回臺。1906 年參加南社，成為南社社員。1908 年主持《臺灣日日新報》漢文部。1922 年 3 月赴臺北參加瀛社十五週年紀念擊缽吟會，並任詩會左詞宗。曾出刊《梨花新報》，僅出一期。〔註348〕足見羅氏在詩壇、

〔註347〕陳虛谷〈寄送性信〉之九，收於《陳虛谷作品集》（彰化：彰化縣立文化中心，1997 年），頁 596～597。
〔註348〕以上生平事蹟綜合自下列各資料：張子文、郭啟傳、林偉洲，《臺灣歷史人物

報壇的活躍能力。

　　羅秀惠常任蘭地詩社詞宗，品評詩作。《臺灣日日新報》大正十三年八月三日第四版「徵詩揭曉」，此爲蘭陽蘭社第八期徵詩評選結果，徵詩題目蚯蚓，限庚韻七絕，由羅秀惠擔任詞宗從三百餘首作品中選出前十名。

　　羅氏爲「蘭陽詩文集」寫序文，且刊載在報章，〔註349〕足見對蘭地文壇之關心。由此序文可得知羅氏曾遊蘭陽，與蘭地文人莊贊勳、張振茂、陳金波等人擊鉢閒吟，當時莊、陳二人皆有吟草，張振茂著有《茗園唱和集》（後題爲《茗園集》），袖珍未梓，羅氏認爲此三人詩作溫柔敦厚、犖犖可觀。

二、移硯蘭地

　　移硯蘭地者如葉文樞、吳蔭培、杜仰山、吳永遠等人。

　　葉文樞、吳蔭培爲新竹地區移硯蘭地之名儒。日治時期新竹名儒碩老移硯各地者頗多，據范根燦〈竹社沿革概略〉所言：

> 竹社自社長鄭養齋於民國廿八年仙逝後不置社長，改由總幹事綜理社務，……更值一提是，曾有名儒碩老之經傳外地，如蔡啓運之霧峰，王了庵及黃爾竹昆仲之台中，魏德清、劉篁川之台北，葉文樞之頭圍，吳蔭培之宜蘭，張純甫之松山，駱香林之花蓮等，喜見竹塹文風之流衍矣。〔註350〕

依照范根燦的說法，鄭用錫歿後，同治 2 年（1863）間有竹社及梅社繼起，前者爲得意科舉者所組織，後者多爲未成名童生。光緒 12 年（1887）由蔡啓運提倡合爲竹梅吟社，曾極盛一時，後亦老成凋謝。割臺後重振旗鼓復名爲竹社，由鄭養齋任社長，曾吉甫爲副社長，葉文樞即是此時竹社社員。葉文樞於昭和 6 年（1931）受盧纘祥禮聘到宜蘭頭圍任教。

　　吳蔭培任教地方頗多，屏東潮州亦有其足跡，觀其經歷，其入蘭任教當在 1930 至 1934 年間，1935 年還到宜蘭羅東任教，成爲蘭地詩壇非常活躍的人物。

　　杜仰山在昭和 8 年（1933）十一月受登瀛吟社之邀至頭圍擔任講師，《詩

小傳——明清暨日據時期》（臺北：國家圖書館，2006 年），頁 801。及，筆者 96 年 7 月 30 日檢索國家臺灣文學館「臺灣文學詞典」之結果，系統網址：http://www2.nmtl.gov.tw

〔註349〕《臺灣日日新》1926 年 7 月 15 日第四版。

〔註350〕范根燦，〈竹社沿革概略〉，游象新藏書，頭城縣史館館藏，共一頁。

報》第 69 號首頁「騷壇消息」刊載此新聞，同期第 3 頁刊載〈移家頭圍別先外祖母墓〉、〈別先慈墓〉、〈別端兒墓〉、〈星社諸同人惜別席上賦呈〉等數首杜仰山（天棄）離家至頭圍詩作，表達杜仰山不忍別離之情，除了對家人的不捨，對星社友人離散各地的感嘆特別深，觀氏著〈星社諸同人惜別席上賦呈〉第二首：

> 十載過從文字緣，盍簪吾社每拋磚。
>
> 既非簡練遊燕意，合有艱難入蜀篇。
>
> 此夕忘形契鷗鷺，他時懷舊感夔蚿。
>
> 涼風天末陳張駱（作者自註：謂翕菴純甫香林三社兄。）星散音塵
>
> 亦可憐。〔註351〕

寫詩已十載有餘的杜仰山，謙稱自己的作品是拋磚引玉，雖然稱不上簡練，卻是嘔心瀝血、用心良苦之作，可作為他日懷念之依據。最末兩句，感慨星社陳翕菴、張純甫〔註352〕、駱香林〔註353〕三位友人星散各地的可悲。為什麼杜仰山願意離開新竹至頭圍任教，從星社友人林其美〈送仰山社弟之頭圍〉：「難卻千金聘，移家就講臺」〔註354〕，以及歐劍窗〈送別仰山同社〉：

> 天地猶逆旅，聚散豈能長。儒者多無產，生計異尋常。
>
> 胡為衣食住，奔走費周章。畏友仰山子，學探二酉藏。〔註355〕

可見杜仰山離家至頭圍，生計的考量是很大的因素。筆者以為另一方面亦是「繫斯文於一線的使命感」，觀杜氏〈星社諸同人惜別席上賦呈〉第一首：

〔註351〕《詩報》第 69 號（1933 年 11 月 1 日），頁 3。

〔註352〕由《詩報》第 111 號（1935 年 8 月 15 日），頁 4，葉文樞〈贈張純甫先生〉：「移硯頻年類轉蓬，臺北松山又基隆。」可知張純甫曾至臺北松山基隆等地任教，可與范根燦〈竹社沿革概略〉所言互為印證。葉文樞、張純甫二人在《詩報》第 111 號（1935 年 8 月 15 日），頁 4，及《詩報》第 113 號（1935 年 9 月 1 日），頁 3，對詩壇狀況及異地任教心情互有唱和。另外，張純甫著，黃美娥主編《張純甫全集》（新竹：新竹市文化中心，1998 年）書中有年表可查閱張純甫相關事蹟。

〔註353〕駱香林（1895～1977），新竹人，名榮基，字香林，號月舲，晚號與木石居。畢業於新竹公學校，十六歲北上師事宿儒趙一山，與同門黃水沛、李騰嶽、林述三等人共組星社，編纂《臺灣詩報》。1933 年遷居花蓮，與門生共創奇萊吟社，花蓮詩社活動之嚆矢。詳見林淑媚，《花蓮地區詩歌研究》，佛光大學文學系在職專班，2006 年碩士論文。

〔註354〕《詩報》第 71 號（1933 年 12 月 1 日），頁 2。

〔註355〕同上註。

聚散茫茫詎預期，飽經憂患敢爲詩。

生原若夢天奚問，壯不如人老可知。

同調無多君共惜，斯文未喪我安悲。

蜩螗世合希夷混，忍效前修泣路岐。〔註356〕

只要「斯文未喪」，有志趣相投的朋友共砥礪，何悲之有呢？飽經憂患的亂世，我們不必「效前修泣路岐」，應將人生聚散淡然處之，將「此生端合付天倪」〔註357〕。杜仰山在蘭地待了約一年的時間，對蘭地社友「寫實勝」〔註358〕的詩作印象深刻，雖然「吾道非歟世異秦」〔註359〕，但希望他回到故鄉後還能和大家「會當談心未荒徑」〔註360〕。經過此次任教頭圍的機緣，杜仰山對於蘭地詩文活動非常關切，曾寫下〈仰山吟社主催州下聯大會不果行有賦〉〔註361〕，爲詩壇「勾心鬥角」感慨良多，也爲「文物典章久昭著」的蘭陽舊遊地未能主辦州下聯吟大會惋惜。

至於另一位移硯蘭地名儒——吳永遠，字紖秋，他是《東寧擊鉢吟後集》發行者。《詩報》第108號〔註362〕刊登竹社徵詩〈文君當壚〉，吳紖秋得第十四名，其刊登的歸屬地即書寫「頭圍」，可見他認同頭圍，更重要的是他參與頭圍登瀛吟社活動。《詩報》第108號〔註363〕刊載登瀛吟社〈觀魚〉擊鉢詩，曾笑雲擔任左詞宗，吳紖秋獲得「左二右三」的名次。而《詩報》第111號登瀛吟社擊鉢詩題〈嵐影〉，吳紖秋擔任右詞宗。〔註364〕

爲什麼吳紖秋會到蘭陽呢？1935年《詩報》第112號刊登高雄施子卿〈贈吳紖秋先生移硯〉一詩解答我們的疑惑：

移硯頭圍博逸才，滿門桃李任栽培。

莫嫌末世文章賤，直挽頹風手腕開。

彩筆興酣搖五嶽，騷壇戰罷振三臺。

天涯飄泊須相憫，勿惜魚書惠我來。〔註365〕

〔註356〕《詩報》第69號（1933年11月1日），頁3。

〔註357〕同上註。

〔註358〕《詩報》第90號（1934年10月1日），頁8。

〔註359〕同上註。

〔註360〕同上註。

〔註361〕《詩報》第94號（1934年12月1日），頁3。

〔註362〕《詩報》第108號（1935年7月1日），頁3。

〔註363〕同上註，頁7。

〔註364〕《詩報》第111號（1935年8月15日），頁8。

〔註365〕《詩報》第112號（1935年9月1日），頁9。

可見昭和 10 年（1935）間吳紉秋至頭圍任教，他爲發揚傳統詩的寫作，轉戰各地，不以「飄零客路」爲苦，觀吳氏〈和韻〉：

> 得意人生始算才，穠桃豔李媿滋培。
>
> 飄零客路身行慣，束縛情場口不開。
>
> 筆墨風騷憶南瀬，雲天月色靜東臺。
>
> 暮年我亦江關動，詞賦何堪寫恨來。〔註366〕

能作育英才，滿門桃李，才是吳氏認同的得意人生。吳紉秋移硯蘭地，友人思念他，〔註367〕儘管舊友情深，仍移硯位居臺灣東北部頭圍，雲天月色異鄉生活，靜謐有情，何恨之有！

　　吳紉秋到達蘭陽後獲得蘭地文人熱烈的歡迎，1935 年宜蘭仰山吟社擊鉢「例會并招待吳紉秋先生」，詩題〈進士第雅集〉，〔註368〕由同樣寓居蘭地的吳蔭培任左詞宗，吳紉秋擔任右詞宗。同年登瀛吟社〈秋影〉擊鉢會吳紉秋也是擔任右詞宗〔註369〕，可見蘭地文人對他的尊重。

三、隨師入蘭

　　隨師入蘭的外地文人以鄭指薪、簡明霞爲代表。

　　鄭指薪爲葉文樞學生，亦爲讀我書社一員〔註370〕。鄭指薪因其師任教頭圍與該地登瀛吟社交流密切，1939 年加入該社成爲社員，其事蹟見本章第三節。

　　簡明霞曾有〈壬申元旦書懷呈吳蔭培夫子誨正〉一詩，可推知簡明霞曾受教於吳蔭培。〔註371〕因此筆者判斷簡明霞受其師吳蔭培之影響參與蘭地詩社活動。簡明霞 1932 年於《詩報》第 27 號發表〈秋感〉：

> 畫角臨風遍晚山，壯懷原不戀豬肝。
>
> 飄飄捲起沙塵白，時局驚心豈等閒。〔註372〕

〔註366〕同上註。

〔註367〕許君山，〈寄懷紉秋老弟〉，《詩報》第 113 號（1935 年 9 月 16 日），頁 11。

〔註368〕《詩報》第 114 號（1935 年 10 月 1 日），頁 14。

〔註369〕《詩報》第 116 號（1935 年 11 月 3 日），頁 9。

〔註370〕讀我書社爲葉文樞 1921 年集門人創立於新竹之詩社，鄭指薪加入的時間不明，但 1941 年讀我書社曾以「歡迎指薪芸兄歸梓」舉行擊鉢吟會，詩題〈冬友〉，可知鄭指薪先爲讀我書社社員，後加入登瀛吟社，1941 年間曾返回新竹，與讀我書社友朋相聚。擊鉢會詩作詳見《詩報》第 224 號（1941 年 3 月 21 日），頁 22。

〔註371〕《詩報》第 28 號（1932 年 1 月 15 日），頁 4。

〔註372〕《詩報》第 27 號（1932 年 1 月 1 日），頁 24。

此詩署名「宜蘭　簡明霞女士」,「宜蘭」代表她對蘭陽的認同,但簡明霞待在宜蘭的時間可能不長,或者亦有可能未到蘭地,因其後發表詩作多署名「武陵　簡明霞」〔註373〕,少有「宜蘭　簡明霞」的署名方式。簡明霞爲閨秀詩人,《詩報》「香閨麗藻」、「閨秀麗藻」、「閨秀騷壇」、「閨蘭藻繪」等特別爲女性設立的專欄常有其詩作發表。

簡明霞當爲活躍詩壇的閨秀詩人,1932 年全島聯吟大會有「吳燕生、盧莫愁、陳凌碧、簡明霞」四女士出席〔註374〕,非常難得,由此可窺見簡明霞女士詩壇活躍程度。

四、工作在蘭

因工作在蘭陽而加入蘭地文學活動有林玉麟、江紫元、范良銘、蕭獻三、曾朝枝等人。前三者入蘭詳情見本章第三節。

蕭文賢（獻三）因任職大南澳糖廠〔註375〕,曾潮磯（朝枝、笑雲）因任職於盧史雲所帶領蘇澳郡臺灣石粉株式會社,昭和 14 年（1939）間先後加入登瀛吟社。

蕭獻三與曾笑雲二人同樣寓居蘭地蘇澳,常有機會相酬唱,蕭獻三〈次笑雲詞兄韻〉:

> 年來慣踏軟紅塵,谷隱難同老子眞。
>
> 有志書應仍讀我,不才熱敢謝因人。
>
> 長教蔗境能追顧,何必桃源學避秦。
>
> 夜看漁灯朝蜃市,江山如此著吟身。〔註376〕

古人避秦之亂世而嚮往桃花源,今日無桃花源可避,蔗園生活差可比擬。詩人未論及統治者對人民的剝削與不平等待遇,此爲自我心情之抒發,白天工作,夜晚賞景,閒暇亦可讀書,蘇澳漁燈蜃市陪伴詩人渡過日復一日的生活。

〔註373〕《詩報》第 32 號（1932 年 4 月 1 日）,頁 14〈春晴〉、〈紅梅〉二首詩作。又如《詩報》第 58 號（1933 年 5 月 1 日）,頁 5,〈映雪讀書〉詩作皆署名「武陵　簡明霞」。

〔註374〕《詩報》第 32 號（1932 年 4 月 1 日）,頁 1。

〔註375〕大南澳拓殖製糖公司 1930 年創設,廠址爲宜蘭縣蘇澳鎮南強里南澳路 61 號。1934 年改組爲大南澳拓殖株式會社。1946 年改稱大南澳興業股份有限公司大南澳糖廠。詳見盧世標,《宜蘭縣志・經濟志・工業篇》（宜蘭:宜蘭文獻委員會重刊,1970 年）,頁 23。

〔註376〕《詩報》第 176 號（1938 年 5 月 3 日）,頁 4。

　　曾朝枝，字笑雲，居臺北，林述三高足，編輯《東寧擊鉢吟前後集》
二冊。〔註377〕據《詩報》第 108 號〔註378〕刊載，昭和 10 年（1935）七月
間曾笑雲寓居頭圍，開設新建豐米穀商行，他在此期間編輯《東寧擊鉢吟
後集》要求島內諸吟友將作品惠寄頭圍。他以頭圍作為文學活動歸屬場域，
例如《詩報》第 105 號培文書閣課題〈紅竹〉曾氏獲「右元左眼」、「右六」
二名次〔註379〕，及《詩報》第 110 號鷺州吟社徵詩曾氏獲第四名〔註380〕，
其刊登的歸屬地皆書寫「頭圍」。曾笑雲詩作能力頗受登瀛社社員肯定，擔
任該社〈觀魚〉、〈荷傘〉、〈折桂〉、〈秋影〉等擊鉢會左詞宗〔註381〕，除此
之外，還曾擔任蘇澳納涼會〈蘇澳泛舟〉徵詩左詞宗〔註382〕，可窺見曾笑
雲在蘭地詩壇活躍情況。

　　黃水沛（春潮）昭和 11 年（1936）重遊頭城，此時曾笑雲還未離開頭城，
黃氏稱讚盧史雲及曾笑雲讓頭圍有瀛州之氣象，「孤客有心難返老，二雲元氣
足摧堅。頭城即此瀛洲是，留得千秋一段緣」〔註383〕，曾笑雲雖客居頭圍，
有盧史雲熱情相待，一同為提倡頭圍文風而努力，應當不寂寞。《詩報》第 130
號登瀛吟社〈月眉〉擊鉢詩〔註384〕，及第 140 號登瀛吟社〈屈原〉課題〔註385〕，
史雲任左詞宗，笑雲任右詞宗，二雲一同品評登瀛吟社社員詩作。

　　一地文學有一地文學之特色，文學活動卻非只有該地文人的參與，尤其
日治時期，臺灣詩社林立，報章發行提供文人交流的最佳園地。蘭地各詩社
於報上徵詩，只要有詩作參加徵詩，即是參與蘭地文學活動。且文學交流不
以區域為限，桃園寓居蘭地文人江夢花曾推動羅東東明吟社的創立，蘇澳人
楊靜淵則是先參與基隆網珊吟社，再回蘇澳組織潮音吟社。外地文人曾寓居
蘭地，或發表詩作時以「宜蘭」為歸屬地，表示他們對蘭陽的認同，他們的

〔註377〕曾朝枝，《東寧擊鉢吟前集》（臺北：龍文出版社，2006 年）。
〔註378〕《詩報》第 108 號（1935 年 7 月 1 日），頁 1。
〔註379〕《詩報》第 105 號（1935 年 5 月 15 日），頁 11。
〔註380〕《詩報》第 110 號（1935 年 8 月 1 日），頁 1。
〔註381〕詳見《詩報》第 108（1935 年 7 月 1 日），頁 7；《詩報》第 109 號（1935 年
　　　　7 月 15 日），頁 10；《詩報》第 115 號（1935 年 10 月 17 日），頁 10；《詩報》
　　　　第 116 號（1935 年 11 月 3 日），頁 12。
〔註382〕《詩報》第 113 號（1935 年 9 月 16 日），頁 9。
〔註383〕黃春潮〈重到頭城喜晤史雲　笑雲暨登瀛吟社諸社友賦贈〉七言律詩，見《詩
　　　　報》第 120 號（1936 年 1 月 1 日），頁 7。
〔註384〕《詩報》第 130 號（1936 年 6 月 1 日），頁 6。
〔註385〕《詩報》第 140 號（1936 年 11 月 2 日），頁 17。

加入，活絡蘭地詩社活動，減少蘭地被邊緣化的感覺，爲蘭地文學注入另一股新鮮的活力。

　　日治時期，傳統詩成爲人們日常生活之中人際交流最佳應酬文字，無形中形塑「文學社會化」、「社會文學化」的罕見社會現象，也造就文學特殊性質。〔註386〕黃美娥觀察日治時期臺灣傳統詩社發展，認爲；

> 我們發現此刻臺灣詩人的身分，實際上可稱得形形色色、包羅萬象，……因爲全島詩人激增，各類人士紛紛投入詩壇，結果在詩的創作數量上，達到驚人的程度，只要翻閱當時各地所創的有關舊詩的刊物，便能了然於心。相關刊物中，擊鉢吟、課題詩、詩鐘、漢詩頻頻曝光，彰顯了社會大眾熱烈參與創作漢詩的成效，社會沉浸於一片文學的氛圍中，這正是文學「社會化」、「大眾化」的指標。
> 〔註387〕

這樣的罕見現象與特殊性質，和詩社爲了增加參與者，拉攏「大眾」，走向「大眾化」的要求有密切相關。從文學傳播角度來看，筆者以爲是傳統文學爲了普及漢文化，而走向「大眾化」的內在需求，此內在需求在日人的刻意拉攏下迅速成長，進而變本加厲，模糊焦點，失去本意。誠如江寶釵所云：

> 從傳播學的角度來看，……傳播不是任何個人、群體或組織單方面的事，而是雙方建立共知、共識、共感的共同性的過程。……個人（或團體）與其他個人（或團體）相互表達意向和情感，交流外界的信息，這種溝通信息的內在動力，即是人際傳播的動機。人際傳播的動機可以說是人類內在精神發展的需求之一。欲望與動機是人類對客觀需要的主觀反應。找人進行人際傳播，直接受到欲望與動機的推動，背後存在一種交往或其它的需要，這種交往互動頻繁固定下來後便形成集團力量。……在集團之中，面對面直接進行人際傳播，傳播雙方不斷互換角色，相互作用有效性高，易於產生積極主動的傳播心理與行爲，從而獲得心靈的滿足。這種集團傳播正是詩社存在的意義。〔註388〕

〔註386〕黃美娥，〈日治時代臺灣詩社林立的社會考察〉，《臺灣風物》，第 47 卷第 3 期（1997 年 9 月），頁 45。

〔註387〕同上註，頁 84。

〔註388〕江寶釵，《臺灣古典詩面面觀》（臺北：巨流出版社，1999 年），頁 67～69。

人際傳播的動機為人與人溝通的內在精神需求，詩社的存在，提供此需求所需的媒介，在詩社活動中，互動性高，以切磋詩藝達成溝通之需要。因此，不論參與者的動機為主動或被動〔註389〕，皆可依個人（或團體）實際需求，各取所需，獲得心靈的滿足。

　　無形間，各行各業，各色人物彷彿都可以在詩社中找到安身立命、相濡以沫的情感意義，傳統詩作已成為大眾的共通語言，通認的文學創作代表：

> 翻開這些報紙、雜誌，我們十分訝異，舊詩彷彿在無聲無息間早已溶入了人們的生活之中，無論清風明月、良辰美景的賞玩，或是日常間婚、喪、喜、慶等瑣事，總會舉辦擊鉢吟唱或徵詩的活動以資紀念，否則似乎諸事不夠圓滿，而當時不僅男人參與詩社活動，屬於女人的詩社也出現了，即連「女校書」也有多次徵詩的記錄。〔註390〕

從《臺灣日日新報》報導觀察蘭陽徵詩活動，除了詩社徵詩新聞，還可看到個人徵詩新聞：

> 羅東李金恭氏。所徵詩三生石。經託人選畢。入選者如左。一臺南林草香。二新竹希鎮。三臺南韓承澤。四宜蘭李康寧。五高雄施子卿。六頭圍綺雲生。七林草香。八文山文淵生。九臺北李思齊。十羅東李智賢。〔註391〕

也有公司行號徵詩啓事：

> 宜蘭物產司。所徵蓮根●詰之詩。因惠稿無多。故期限延至●十二月十五日截收。〔註392〕

擊鉢吟唱或徵詩的活動已深深融入大眾生活之中。

　　除了各行各業皆可在報紙徵詩，以及加入詩社之外，女性參與詩社活動，更值得注意。「大眾」之意為不區分社會階層，更沒有男女性別之分，女性有機會在公開場合參與原本以男性為主的詩壇活動，也成為我們探究蘭地傳統詩「大眾化」發展的重要指標。日治時期臺灣古典詩女性身分背景不盡相同，有因為家學淵源、從師問學而寫作傳統詩的女性，亦有詩妓及齋女詩人等特

〔註389〕同註386，頁63～83。

〔註390〕同上註，頁44。

〔註391〕《臺灣日日新報》1935年10月17日第十二版。

〔註392〕《臺灣日日新報》1935年11月12日第十二版。筆者按：「●」為難辨之字。

殊女性作者。〔註393〕已知仰山吟社、登瀛吟社皆有女性入社，文學創作原無貴賤之分，不論參與動機爲何，女性能加入原本以男性爲主的詩社，提供傳統詩大眾化的有力佐證。

小　結

　　臺灣政治文化發展動向由南往北，蘭地位於臺灣東北角，開發更晚，清治時期只有仰山社，供士人切磋詩藝，並無評論時事之性質。日治時期，全臺詩社林立，蘭地也增至十幾個詩社，聯誼交遊、互通聲氣、相濡以沫，以及帶動地方文教發展是這些詩社最主要的目的。經由多位活躍文人的努力，蘭地詩壇活動熱絡，外來文人的加入更讓蘭地文學活動欣欣向榮。

　　我們不否認日治時期大量傳統詩社的成立有其社會因素，如果我們暫時撇開這些外緣環境的影響，直接將目標對準詩社成立之目的及其運作是否達到此目的來看，日治時期傳統詩社確實盡到傳播「漢文」的責任與目的，讓傳統詩文成功的走向大眾，融入一般民眾日常生活中，這是我們應該給予肯定的。

〔註393〕吳品賢，《日治時期臺灣女性古典詩作研究》（臺北：師範大學國文所碩士論文，2001年），頁93～140。

第六章 蘭陽地區日治時期（1896～1945）詩文分析

　　本文第五章論述蘭地詩社的歷史、交流活動，及詩社社員的文學表現等問題，本章首言日治時期蘭陽地區傳統詩文輯佚的情況，其後分成「古文題材分析」，及「詩作題材分析」二部分，說明該時期該地的詩文特色。

　　人文地理學相關研究提醒我們文學與地方的關係，文學能創造地景，也能強化人們的地方感（詳見本文第四章前言及第三節），因此，某地文學作品與某地關係密切，能呈現某地的地方特色，蘭地之詩文也當然的會呈現蘭陽的地方特色，本章第二節即是此觀點的闡述。尤其是分析日治時期蘭地詩作題材更能清楚找出蘭地各地方特色。至於，日治時期蘭地古文難道不能呈現蘭地各地方特色的問題，因為該時期文學創作以詩作為主軸，文人傾心於寫詩，古文（單一作者）創作量較少，能流傳下來的也不多，無法綜合整理出蘭陽各地區的古文地方特色，這是令人遺憾且不得不接受的事實。

第一節 詩文輯佚：各方徵求廣蒐羅

一、蘭陽方志

　　蘭陽地方文獻以《宜蘭縣志》〔註1〕、《宜蘭文獻合訂本》〔註2〕、《頭城鎮志》〔註3〕、《續修頭城鎮志》〔註4〕收錄的蘭地傳統詩文較齊全，可從中找

〔註1〕 盧世標，《宜蘭縣志》（宜蘭：宜蘭文獻委員會，1970年重刊）。
〔註2〕 林萬榮，《宜蘭文獻合訂本》（宜蘭：宜蘭文獻委員會，1972年）。
〔註3〕 莊英章、吳文星，《頭城鎮志》（宜蘭：頭城鎮公所，1986年）。
〔註4〕 林正芳，《續修頭城鎮志》（宜蘭：頭城鎮公所，2002年）。

出一些日治時期蘭地詩文。

《宜蘭縣志・藝文志・文學篇》〔註5〕收錄張鏡光〈開生路論〉，及陳金波、李康寧、石壽松、莊鱉、楊長泉、蔡老柯、游象新、黃振芳、盧纘祥、吳英林、莊木火等日治時期詩人詩作數首，惟這些詩作寫作年代仍需仔細考證，如石壽松〈員山溫泉〉，該詩又名〈宜蘭溫泉〉刊登於《詩報》〔註6〕，可確定此詩爲日治時期所作。而陳金波〈慶祝宜蘭恢復設治〉由詩題可知爲光復後作品，不宜列入本章討論。

宜蘭文獻委員會於民國 61 年（1972）出版《宜蘭文獻合訂本》，將宜蘭文獻委員會曾經出版的「吳沙特輯」、「楊廷理特輯」、「蔣渭水特輯」、「勝蹟特輯」及節錄楊士芳、李望洋、李逢時、盧纘祥、陳金波、李康寧等人詩作，合成多達四百一十四頁合訂本，可稱得上是蘭地重要詩文人總集，可供參考對照之益。

《頭城鎮志・藝文志》〔註7〕對頭城地區的文學作品及社團有詳細的介紹，尤其是有關日治時期登瀛吟社的社團組織，社員生平及詩作，收錄頗豐。《續修頭城鎮志・文化篇》〔註8〕則補入登瀛吟社員發表在《詩報》的詩作，並有所刪減。以黃見發爲例，《頭城鎮志・藝文志》〔註9〕收錄黃見發〈諫迎佛骨〉、〈政潮〉、〈甘澍〉、〈寒溪櫻花〉、〈秋懷〉、〈吳沙〉、〈舊劍〉、〈學圃〉、〈桑麻話、〈春帆〉十首詩作，《續修頭城鎮志・文化篇》〔註10〕補入〈探菊〉、〈次清敦先生韻〉、〈春〉、〈戒麻雀〉、〈龜山朝日〉、〈春山〉、〈冷泉〉、〈懷蔣烈士渭水〉八首，刪去〈諫迎佛骨〉、〈舊劍〉二首。二志合觀可對日治時期頭城地區社員詩作有基本的認識。

其它蘭陽地方文獻，或因未注意傳統文學作品的輯錄（如《羅東鄉土資料》〔註11〕），或因收錄光復後詩文作品爲多（如《礁溪鄉志・藝文篇》

〔註5〕 盧世標，《宜蘭縣志・藝文志・文學篇》（宜蘭：宜蘭文獻委員會，1970 年重刊），頁 72～80。

〔註6〕 《詩報》第 84 號（1934 年 7 月 1 日），頁 10。

〔註7〕 莊英章、吳文星，《頭城鎮志・藝文志》（宜蘭：頭城鎮公所，1986 年），頁 437～503。

〔註8〕 林正芳，《續修頭城鎮志・文化篇》（宜蘭：頭城鎮公所，2002 年），頁 592～630。

〔註9〕 同註7，頁 461～463。

〔註10〕 同註8。

〔註11〕 羅東公學校編著，林清池翻譯，《羅東鄉土資料》（宜蘭：宜蘭縣文化局，1999 年）。

〔註12〕），對本文研究較無實質上的助益。

二、臺省通志

　　《臺灣省通志稿》〔註13〕，《臺灣省通志》〔註14〕較少日治時期蘭地詩文的資料。《重修臺灣省通志・藝文志・著述篇》〔註15〕記載蘭地本地作者著述的情況，如下表所示：

【《重修臺灣省通志》宜蘭縣日治時期作者著述考證表】

人名（生卒）	著　作	存　佚	現況
莊及鋒 （1853～？）	《仰山吟社詩草》	已佚	據傳日治時期有刻本，今日已佚。
陳書 （1871～1932）	《畏勉齋詩文稿》	未梓	經筆者多方蒐集得《畏勉齋詩文稿》卷上、《雜作類存》（即《畏勉齋詩文稿》卷下）《備忘錄》之手稿影本，目前由頭城鎮史館館藏。
蔣渭水 （1891～1931）	《蔣渭水全集》 （1931年）	待考	蔣渭水著，王曉波編，《蔣渭水全集》（臺北：海峽學術，2005年）。
	《蔣渭水遺集》 （1950年）	無	蔣渭水著，白枝成編，《蔣渭水遺集》（臺北：蔣先烈遺集刊行委員會，未標明出版日）。
陳金波 （1888～1961）	《觀風閣吟草》 《風義酬唱集》 《宜蘭發達史》	無	民國55年9月28日蔡老柯將《觀風閣吟草》、《風義酬唱集》合編爲《鏡秋詩集》，由太平醫院發行，目前宜蘭縣史館館藏。
莊鱉 （1892～1961）	《夢梅詩草》上下二卷。	無	已亡佚。
石壽松 （1901～1973）	《友鶴詩集》 《文學集成》	無	已亡佚。
盧纘祥 （1903～1957）	《史雲吟草》一卷	無	已亡佚。

〔註12〕林萬榮，《礁溪鄉志・藝文篇》（宜蘭：礁溪鎮公所，1994年），頁581～616。
〔註13〕《臺灣省通志稿》（臺北：臺灣省文獻委員會，1952年）。
〔註14〕《臺灣省通志》（臺北：臺灣省文獻委員會，1971年）。
〔註15〕《重修臺灣省通志・藝文志・著述篇》（南港：臺灣省文獻委員會，1997年）。

| 張天眷
（1916～？） | 《愛吾盧詩文集》 | 無 | 張天眷《愛吾盧詩文集》，李裕亮私人收藏。 |

表中「存佚」欄，爲《重修臺灣省通志・藝文志・著述篇》記載此書的存佚情況，「無」表示該書中沒有說明存佚情況，「未梓」即未刊行之意。「現況」欄爲筆者訪查結果，從此欄可知蘭地著作亡佚者不少，蒐羅不易。

三、詩文別集

蘭地社員有詩集刊刻傳世者，如《蔣渭水全集》〔註16〕、陳金波《鏡秋詩集》〔註17〕，張振茂《茗園集》〔註18〕，李康寧《千年檜》〔註19〕。未見刊刻者，如張天眷《愛吾盧吟草》〔註20〕，陳書《畏勉齋詩文稿》〔註21〕《雜作類存》〔註22〕、《備忘錄》〔註23〕、《畏勉齋詩》〔註24〕。僅手稿流傳者未集結成冊者，如游象信《立雪齋吟草》，經筆者多方蒐集尋獲，目前由頭城鎮史館整理中。另外，生於清末，卒於日治時期的林拱辰，後人編有《林拱辰詩文集》傳世，此文集以日治時期的作品爲主，故列入本章討論。

然蘭地社員詩集亡佚者亦不少，如莊鱉《芳池吟草》、《夢梅詩草》，盧纘祥《史雲吟草》，石壽松《友鶴詩集》今日皆未能尋獲。以石壽松爲例：

石壽松（1901～1973），字友鶴。生於明治34年（1901）生，卒於民國62年（1973）一月十五日。大正元年（1912）四月一日入宜蘭公學校就讀，大正6年（1917）畢業後，隨及進入張鏡光生生書房習漢文，三年有成。1920年就讀岡山市中學，1922年轉入日本大學附屬中學就讀，畢業後修習早稻田大學政治經濟科，卓然有成。曾任宜蘭市水利會合評議員、臺北州稅務調查委、宜蘭會總務部長、宜蘭市本町區會會長、宜蘭區礁溪鄉副鄉長、礁溪鄉

〔註16〕蔣渭水著，王曉波編，《蔣渭水全集》（臺北：海峽學術出版社，2005年）。

〔註17〕民國55年9月28日蔡老柯將《觀風閣吟草》、《風義酬唱集》合編爲《鏡秋詩集》，由太平醫院發行。

〔註18〕張振茂，《茗園集》（作者自印：1954年）。（原書無版權頁，由自序推知出版年代）。

〔註19〕李康寧，《千年檜》（宜蘭：蘭陽文教雜誌社，1988年）。

〔註20〕張天春，《愛吾盧詩文集》，李裕亮私人收藏。

〔註21〕陳書，《畏勉齋詩文稿》卷上，頭城鎮史館館藏手稿影本。

〔註22〕陳書，《雜作類存》（即《畏勉齋詩文稿》卷下），頭城鎮史館館藏手稿影本。

〔註23〕陳書，《備忘錄》，頭城鎮史館館藏手稿影本。

〔註24〕陳其寅編錄，陳書著，《畏勉齋詩》，頭城鎮史館館藏手稿影本。

合作理事等職，平素爲人豪爽，有仁者風。〔註25〕石壽松原居宜蘭市，民國
55 年（1966）居住在宜蘭縣礁溪鄉經營橘子園，光復後才搬回宜蘭市。另外，
革命先烈蔣渭水夫人石有女士爲石壽松姑母，石蔣兩家有親戚關係。〔註 26〕
今日可見的石壽松詩作以擊鉢、課題爲多，〈有感（次韻）〉較能窺知詩人志
向：

> 得失浮沉任太虛，安身立業快何如。
> 飽嘗世味愁能減，閱歷人情恨自除。
> 屈志守成聊作賦，韜光養晦且觀書。
> 前途莫漫嗟多舛，自力更生當讓余。〔註27〕

石家家族產業龐大，大正 2 年（1913）將家產分爲公業及仁義禮智四鬮，在
廳長小松吉久調停下完成分家立業之事。〔註28〕石壽松繼承家業，努力經營，
偶有投資失敗之事，然能從錯誤中學習，克勤克儉，亦有一番成就。石壽松
與蔡老柯、李春池、林以士等人相善（見附錄六），曾與蔡老柯、李春池三人
一同前往日本求學（見附圖六【蔡李石三君餞行吟會紀念】）。石壽松熱衷詩
文，創作豐富，《重修臺灣省通志·藝文志》記載石壽松著有《友鶴詩集》、《文
學集成》，然已亡佚。〔註29〕經筆者訪查，其子石精華亦無收藏，甚至不知道
石壽松有這些著作。因此，許多蘭地社員亡佚的詩集，都有待後續的蒐羅。

四、詩文選集

個人出版的詩文集，已如上述，我們也可以由全臺性詩文選集蒐集日治
時期蘭地詩文。以下依其出版先後，分述之。

堪稱臺灣擊鉢吟集之濫觴的《臺海擊鉢吟集》〔註30〕，1908 年成書，共
輯錄二十五位作者詩作，蘭地人士無一人入列。

曾朝枝（笑雲）編輯《東寧擊鉢吟前後集》，是當時臺灣詩壇盛事，書中
依地區詳列作者姓名，可清楚看出頭圍、宜蘭、蘇澳、羅東四個地方爲蘭地
作者聚集地。《東寧擊鉢吟前集》〔註31〕出版前先在《詩報》1933 年八月一日

〔註25〕筆者整理石精華提供之「石壽松履歷」而得。
〔註26〕見本文附錄六：田調訪查──石精華。
〔註27〕《詩報》第 257 號（1941 年 10 月 6 日），頁 11。
〔註28〕見石精華提供之「石家分鬮合約」。
〔註29〕《重修臺灣省通志·藝文志》（南投：臺灣文獻委員會，1997 年），頁 832。
〔註30〕蔡汝修，《臺海擊鉢吟集》（臺北：龍文出版社，2006 年）。
〔註31〕曾朝枝，《東寧擊鉢吟前集》（臺北：陳鐵厚發行，1934 年）。

至九月十五日連刊四期的姓名錄及部分詩作〔註 32〕，同年十月十五日刊出此書序文及預約購書廣告〔註 33〕，同年十一月一日公佈已預購此書者多達四百二十部的消息〔註 34〕，於昭和 9 年（1934）三月順利出版。《東寧擊鉢吟後集》〔註 35〕姓名錄則刊於《詩報》第 93、95 號〔註 36〕，全書於昭和 13 年（1936）十一月印行。

　　書籍出版與報刊廣告密切結合的行銷策略奏效。賴子清編輯《臺灣詩醇》〔註 37〕於 1935 年印行，也曾在出版前刊登預告出書及作者名錄〔註 38〕。該書收錄年代橫跨清治至日治時期，近七百名作者。日治時期蘭地作者，如石壽松、江紫元、李炎、李康寧、吳英林、吳蔭培、吳紉秋、林淵源、林玉麟、林本泉、林拱辰、范良銘、陳金波、張振茂、莊贊勳、莊芳池、游象新、楊長泉、葉際唐、蔡老柯、盧纘祥、羅秀惠（依原書姓名錄順序）等人，皆有作品入選，提供許多珍貴詩作史料。

　　1940 年，黃洪炎編輯的《瀛海詩集》〔註 39〕出版，蒐集當時全臺詩友及物故詩人，多達四百餘名作者詩作。此書依日治行政區域分類，蘭地是時隸屬臺北州，計有林才添、林萬榮、吳祥輝（輝）、連碧榕、莊芳池、陳書、陳志謙、黃見發、楊長泉、蔡奕彬、劉枝昌、盧纘祥、簡林財發、范良銘、曾朝枝等人入選。

　　賴子清另一巨著《臺灣詩海》〔註 40〕於 1954 年出版，是書分前、後編，大量蒐集馬關條約前後騷人墨客吟詠佳作為此書特色。書前題詩者包括登瀛吟社社長盧纘祥，且書前作者題名錄，已加入作者字號及生平概述。與《臺灣詩醇》收錄日治時期蘭地作者相較，增加李遂初、張天眷、黃振芳、鄭火

〔註 32〕 《詩報》第 64 號（1933 年 8 月 1 日），頁 2～3；第 65 號（1933 年 8 月 15 日），頁 2～3；第 66 號（1933 年 9 月 1 日），頁 2～3；第 67 號（1933 年 9 月 15 日），頁 1。

〔註 33〕 《詩報》第 68 號（1933 年 10 月 15 日），頁 3。

〔註 34〕 《詩報》第 69 號（1933 年 11 月 1 日），頁 2。

〔註 35〕 曾朝枝，《東寧擊鉢吟後集》（臺北：吳紉秋發行，1936 年）。

〔註 36〕 《詩報》第 93 號（1934 年 11 月 15 日），頁 2。《詩報》第 95 號（1934 年 12 月 15 日），頁 2。

〔註 37〕 賴子清，《臺灣詩醇》（臺北：龍文出版社，2006 年）。

〔註 38〕 《詩報》第 92 號（1934 年 11 月 1 日），頁 2。《詩報》第 94 號（1934 年 12 月 1 日），頁 2。《詩報》第 97 號（1935 年 1 月 15 日），頁 1。《詩報》第 101 號（1935 年 3 月 15 日），頁 1。

〔註 39〕 黃洪炎，《瀛海詩集》（臺北：龍文出版社，2006 年）。

〔註 40〕 賴子清，《臺灣詩海》（臺北：龍文出版社，2006 年）。

傳、簡夢珍等人，少去李炎、林淵源、莊贊勳等人詩作。

1966 年，賴子清出版《古今詩粹》〔註41〕，從天文至雜收，共分三十二類，書前亦有作者題名錄，可得知作者生平。日治時期蘭地作者有石壽松、李康寧、李蘆洲、吳旺水、吳英林、林本泉、陳水木、莊芳池、康灩泉、游象新、楊長泉、蔡奕彬、蔡老柯等人詩作收錄其中。《臺灣詩海》、《古今詩粹》二書收錄時間斷限包含 1945 年之後的詩作，溢出本文研究範圍，需慎選之。

五、報章雜誌

日治時期發行的報章雜誌，提供我們追尋該時期蘭地文人作品重要資料，如蔣渭水古文創作就是發表在《臺灣民報》（詳見本章第二節第四小節），又如本文第五章第二節第五小節所述，《詩報》為蘭地詩社作品最重要的發表園地，該報刊登的詩作提供大量的文學史料，雖以擊鉢詩為主，也有個人感懷詩。

在此，需特別提出說明的是，日治時期詩作大眾化後產生「擊鉢吟則斷不是詩」〔註42〕的體認，對擊鉢詩採取貶低態度。筆者以為從文學傳播觀之，擊鉢詩擔負活絡文學活動的重責大任。我們今日所見擊鉢詩以詠物為主，實受限於「傳播媒體」，以昭和 10 年（1935）《詩報》第 97 號「本社啓事」第二條為證：

> 最近諸大吟壇中有以「時局問題」為詩題之擊鉢吟錄，或顯然議論
> 政治之佳作，投到本報者，無如本報原係「文藝雜誌」與諸「社會
> 新聞」不能並提，實難從命刊出，即希原諒。〔註43〕

既然刊登內容以「文藝雜誌」為取向，或如《風月報》以吟風弄月的閒詠詩為主，就會造成我們今日所見詩作以不關民生疾苦為多，批判意識不夠。江寶釵即認為；

> 日治時期以詠物/博物為主的詩在課題、擊鉢吟中出現了無法勝計的
> 數量，可諷讀的比例仍然偏低。〔註44〕

隱含諷諭作品比例不高是事實，但我們應體認該時期「傳播媒體」受限的編

〔註41〕賴子清，《古今詩粹》（臺北：賴子清，1966 年）。

〔註42〕葉榮鐘引述林幼春語，見《南音》第六號，卷頭言〈作詩的態度〉，該文葉氏署名「奇」。

〔註43〕《詩報》第 97 號（1935 年 1 月 15 日），頁 1。

〔註44〕江寶釵，《臺灣古典詩面面觀》（臺北：巨流出版社，1999 年），頁 101。

輯方針，造成刊登的詩作「諷讀的比例偏低」的文學傳播現象，不要只從貶義看待擊鉢詩。

　　動亂的時代，文字獄是作者最大的夢魘，鄭坤五（1885～1959）〈駁醫卒氏三診及第二傍觀生之再診感言〉文中曾有一段夾註的文字：

> 現在臺灣詩，大部分屬詠物（此是我在二十年前已在詩壇上改革者，
> 因爲詠史大半已被古人占說了，詠時事恐有時不謹慎，怕割了舌，
> 作香奩，恐變軟派，應酬詩則恐趨諂媚失資格，不如詠物無事平安
> 爲上。且新物愈出愈多，苟有一句可傳者，則後日便爲此典之祖。
> 〔註45〕

詠物詩成了日治時期詩作主流，時代環境的影響爲重要因素，故筆者雖以詠物寫景詩爲討論日治時期蘭地詩作的研究方向，仍不忘尋找當時不易刊出的評論時事詩作，並從正面的態度，理解經歷動亂後仍可留存的珍貴文學史料，以呈現「詠物寫景」的「蘭陽詩情」。

第二節　碩果僅存：古文題材馨香微

　　本文第三章討論蘭地鸞書中的古文創作是宗教信仰濃厚的集體創作，本節所論爲單一作者的古文作品。現今流傳下來的日治時期蘭地古文並不多，探究其因，有三：

1、傳統詩為主，古文沒落

　　日治時期以傳統詩爲創作主流，詩社林立，鼓勵傳統詩創作，相較之下，古文並未受重視。能以古文創作者已減少，再加上白話文的提倡，禁用漢文，日文教學等因素而逐漸失去使用古文創作的動機，古文日趨沒落。

2、作者減少，質量下降

　　傳統讀書人在日治時期以科考文章獲取功名已無望，古文創作僅存日常生活抒情達意的功能。白話文、日文的推動更爲古文的推展雪上加霜，願意學習古文，創作古文的作者減少，創作的質與量就很難提升。

3、天災人禍，灰飛煙滅

　　蘭陽潮濕多雨，書籍本不易保留，而戰爭的殘害更使得先聖先賢的保貴文史資料喪失殆盡。臺灣割讓日本之際，蘭地自 1895 年十二月三十一日起，

〔註45〕《南方》第 140、141 期，（1941 年 11 月 1 日），頁 21。

七百餘名抗日軍包圍宜蘭城，負責守備的日軍一度瀕臨陷落的危機，不過當日軍增援部隊於隔年一月四日抵達後，情勢轉穩，八日，大多數的抗日軍都被擊退。總督府更於宜蘭一帶深入掃蕩，到二月上旬為止，宜蘭方面的抗日軍幾乎全遭鎮壓。在這一次群起抗日事件中，宜蘭方面遭殺害的日本守備兵、憲兵、警察約二十餘人，抗日軍約四、五百人戰死。此外因日本報復性的討伐而遭殺戮的臺灣人更多達二千五百人左右，而家屋被燒毀的約有一萬戶。〔註46〕總督府文書記載：「宜蘭平原大半化為灰燼。」〔註47〕天災人禍的苦難，一般百姓也只能咬緊牙關，堅強度日，又有幾人能有餘力顧及先人遺留文物。

「水火交融」的摧殘下，蘭地文學史料，所剩無幾，而幸運逃過一劫者，亦需要明理識物的後人能加以保存，否則僅存的吉光片羽，終將消失於歷史洪流中。「往者已矣」，我們不知道已失去多少先人佳作，只能以疼惜的心情把握今日可見的作品，本節將以僅知的張鏡光、林拱辰、陳書、蔣渭水四位先賢的古文作品，作為本節研究對象。

一、張鏡光重文傳民意

甲午中日戰爭，清朝戰敗，將臺灣割與日本後，臺灣人民不服，擁唐景崧等成立臺灣民主國以抵抗日軍。其後唐景崧離臺，僅劉永福駐守臺南一帶，幾番激戰，終以孤軍無援而撤退。曇花一現的臺灣民主國終究無法達成臺灣人民的期望。

日軍光緒 21 年（1895）六月八日佔領臺北。十四日臺灣總督樺山資紀到臺北，即分一軍取宜蘭。二十日，以岩崎少佐率兵二中隊，偕支廳長河野一郎，乘八重山艦自基隆直趨宜蘭。二十一日，由蘇澳登陸。二十二日，進駐宜蘭縣城，清知縣汪應泰避居紅水溝江錦章家，被迫辦理移交，至此宜蘭遂完全受日人掌控。日人入臺，民情激憤，事變紛起。同年十二月，林大北、林李成、林玻璃、王石頭等人起義抵抗日軍，襲擊頂雙溪及瑞芳，進圍宜蘭。1896 年二月，林朝俊、林火旺、林火花等人，又在礁溪、林尾、奇武蘭各地起義，當時蘭陽陣雲密佈，日軍疲於奔命。日援軍初抵蘭陽，殘殺蘭民殆三

〔註46〕許世楷著，李明峻、賴郁君譯，《日本統治下的臺灣》（臺北：玉山社，2005年），頁 116～123。

〔註47〕臺灣總督府警務局編，《警察沿革誌（第二篇　上卷)》（臺北：臺灣總督府，1938 年），頁 302。

千人，眾怒益劇。至此，支廳長河野及守備長兒玉，知掃蕩無效，乃採納邑
紳張鏡光所著〈開生路論〉之意見，設救民局，施懷柔政策，推鳩勢吉主其
事，至 1898 年，日本臺灣總督府公佈招降，宜蘭秩序稍定。〔註48〕張鏡光〈開
生路論〉在宜蘭史上具有舉足輕重的地位。

　　張鏡光（1853～1930）生平詳見本文第五章第一節第四小節有關吟香社
社長之介紹。張鏡光生前作品，只留下〈開生路論〉一文，餘皆亡佚，該文
長三百九十七字，《宜蘭縣志・藝文志・文學篇》〔註49〕、《西堡張家族譜》
均有記載。全文情理兼具，扣緊主題，反覆述說，「兮」、「哉」等感嘆詞的運
用，更顯出撰文者內心的憂慮，及謙恭提議的語氣。全文原未分段，筆者依
其行文脈絡分爲五段，以闡述其意。

　　首段「夫好生惡死……而生之者也。」明言人皆好生而惡死，爲政者更
應有好生之德，寬容對待那些生爲「黎民」，卻不幸變爲「綠林」的人們。「宜
生而生，人人皆有免死之念，宜死而死，人人咸有幸生之心。」的排比句法，
加強人們對於「生」的企盼。

　　第二段「試即蘭民論……宛如鬼民！」論述上位者應思考人們是否願意
隱匿「綠林」與官方作對呢？請體諒是否有「官逼民反」的無奈與委屈。故
此段剖析蘭地人民爲匪之因，分辨眞匪、假匪的差異。蘭地人民爲眞匪者少，
受人蠱惑的假匪爲多，他們何曾想要拋妻棄子，離開家園，過著如同「生人」、
「鬼民」的生活呢？

　　第三段「風凄凄兮苦楚……等蠖屈兮莫伸。」運用賦體的寫作手法給人
的凄涼感，陳述人們居於山中的凄苦、悲慘的可憐之狀，以博取主政者的同
情，激發主政者的同理心。

　　第四段「況自重兵駐山邊要路以來……即全臺亦曾有幾人哉！」文中「困
久矣，惡念自能漸泯；慘極矣，善心自易發生」使用排比句法說明「人性本
善」之理。爲匪者一時迷惘，受困山中之後當有所覺悟，此時爲政者應廣開
生路使其「去惡從善」。蘭地人民甚至全臺人民原本都是顧家愛子的良民啊！

　　末段「所願執政者清夜自思……可不懿哉！」卑微的請求主政者在夜深
人靜之時，思考「化民以德」的可行性，最好是讓降服的良民都能免於刑罰。

〔註48〕盧世標，《宜蘭縣志・卷首下史略》（宜蘭：宜蘭文獻委員會，1970 年重刊），
　　　　頁 34～35。
〔註49〕同註 5，頁 72。

「懿」字的使用，更具深意，《易·小畜》：「君子以懿文德」，以文治而不以武治才是真正有作為的治民之方。

　　文學本有不證自明的本體價值，何須功利取向的評斷，張鏡光身處異族統治，在情勢比人強的情況下，以文傳意，如有解救人民於萬一之用，則更增添此文的光芒。

　　設立救民局、保良局等機構，作為保家安民的中介單位，是日本接收臺灣初期由留臺的臺北士紳們所發起的建議。藉以溝通上下情誼，使上無滯政，下無遁情，以申冤、劈誣、救良、拯善等為目的。1895 年八月保良總局成立後，各堡旋設立分局，至十月初全臺已成立三十餘處，臺北、宜蘭、桃園、臺中、彰化、嘉義、臺南等地皆有保良局之設。〔註 50〕蘭地張鏡光適時寫下〈開生路論〉表達人民的苦難，及主政者應以厚愛百姓為德的想法。

　　1895 年八月至十月，保良局漸次成立運作後，日本政府已感受到其權力的擴張有礙於殖民行政，遂於隔年六月十日悉數關閉，保良局完成階段性的任務。有力的紳商另組「士商工會」，當時宜蘭設有「紳商士庶公會所」，假天后宮為所址，作為過渡性的組織，以維護權力。〔註 51〕

　　日本政府深知臺灣士紳階級對地方事務的推動具有相當大的影響力，是維持社會和政治整合的主要憑藉，同時也是官民間的溝通橋樑。1900 年初，兒玉總督特召開「揚文會」，廣邀臺灣士紳集會臺北，共計發出一五一張邀請函，結果全臺有七十二人參加，宜蘭占十一名。總督府事先設計「修保廟宇、旌表節孝、救濟賑恤」三議題作揚文會討論內容，宜蘭廳舉人李望洋、歲貢黃友璋、李挺枝、李葆英、李紹宗、廩生林巽東、呂桂芳、張捷元、陳朝楨、張俶南、林拱辰等人皆撰文陳述己見。〔註 52〕

　　以李望洋為首的蘭地士紳文人何以不戰而降，並且十分配合殖民者的政策，讓人質疑他們是否具備「忠貞報國」的高貴情操？我們可以從身分認同的轉變來思考這件事。關於身分（identity）的問題，當代學者廖咸浩〈在解構與解體間徘徊——臺灣現代小說中「中國身分」的轉變〉提出值得參考的看法：

〔註 50〕吳文星，《日據時期臺灣社會領導階層之研究》（臺北：正中書局，1992 年），頁 54～55。

〔註 51〕同上註，頁 57～59。

〔註 52〕《揚文會策議》（1901 年），宜蘭縣史館館藏，頁 59～67。

身分是由文化感情與現實策略所交織而成。文化感情中帶著無以名之，彷若天生的固執；而現實策略則壓低較偏向本質的因素，強調以福祉或利害爲依歸。身分的形成是建立在這兩種辯証態度的發展上。

身分對任何人都不是明確不變的，但較大範圍的文化或政治性身分危機，則往往是在社會產生重大變動的特殊狀況下較容易出現。〔註53〕李望洋等人親日的態度，首先來自「現實策略」的壓迫。當日軍兵臨城下，眼見無力護城，又無法攜家帶眷一走了之，選擇投降也是一條出處。其後日本殖民政府舉辦「饗老宴」、「揚文會」，發行紳章等政策，既可滿足傳統文人在「文化感情」上的固執與堅持，亦可獲得（或保留）某些福祉。

總督府刻意拉攏的心態，傳統文人們應該相當的清楚。他們願意接受招撫，且撰文提出建言，除了享受備受尊重的禮遇外，應該也希望提出的意見能被採納。誠如林拱辰〈修保廟宇議〉所言：「有道之政，夫復何議，而敢於議者，又未必無補於政」〔註54〕，清末日治初期的士紳們能在異族統治下，以文傳意，其情可憫。

二、林拱辰多書信酬答

議論類的文章多傳達政治理念，文人們與親友酬答的書信，則可窺知文人日常生活、爲人處世的態度。然今日留存蘭地文人書信有限，本節僅討論《林拱辰先生詩文集》〔註55〕收錄〈與堂弟林爾嘉、林鶴壽書〉、〈與堂弟林彭壽書〉、〈與吳萬裕先生書〉、〈與陳子經秀才書〉、〈與陳金波先生書〉〔註56〕等五篇書信。

林拱辰生平詳見本文第五章第三節第二十三小節。〈與堂弟林爾嘉、林鶴壽書〉、〈與堂弟林彭壽書〉及〈與吳萬裕先生書〉三篇屬於家書類，前二封寫於明治41年（1908）舊曆七月及十一月，林拱辰與林爾嘉、林鶴壽、林彭壽諸位堂弟陳述彼此之交誼，信末皆云：「蘭地雖屬僻陋，而八景亦頗顯壯觀

〔註53〕廖咸浩，〈在解構與解體間徘徊——臺灣現代小說中「中國身份」的轉變〉，收在張京媛編《後殖民理論與文化認同》（臺北：麥田出版社，1995年），頁194～195。
〔註54〕同註52，頁66。
〔註55〕林拱辰著，陳長城編，《林拱辰先生詩集》（臺北：玉豐印刷廠，1977年）。
〔註56〕同上註，頁92～100。

瞻，目下秋中逼近，風景更佳」，歡迎堂弟到蘭地一遊，他當烹茗以待。此爲
客套之應酬語，反復使用，未見深意。〈與吳萬裕先生書〉寫於昭和 3 年（1928）
三月廿九日，爲弔唁表弟吳萬裕母喪之書信，哀悼與慰問之情兼而有之，情
通理達。

〈與陳子經秀才書〉爲大正 9 年（1920）二月六日林拱辰答陳書（子經）
祝賀任宜蘭廳參事的書信。文中答謝陳書之祝賀，並慰問其身體是否稍癒。
值得注意的是信中云：

> 況値維新世界，自知不合時宜久矣……忝拜廳命，與有地方責成，
> 清夜自思，不勝慚愧，深恐有名無實，見笑他人，以貽知自羞，甚
> 望閣下高見，此後有地方公益，不吝格外指南，庶得與閣下並在蘭
> 諸知己，共同維持一、二，因以稍塞此責……〔註57〕

黃美娥的研究即指出臺灣傳統文人對日本殖民時期國家政策的接受，潛藏著
透過自我的立場、想法而說服自己迎向文明的現象，「顯示日治時期臺人由舊
到新身體的變化，已含括自我主體的重新想像與建構」。〔註58〕由引文中我們
也可以得知，順從日本政府的文人，對於殖民政策的施行，有其自我的體認，
主政者是何人，他們已無力反抗，他們將自己定位在爲民謀福利的角色，從
傳統「士」階級的體認，轉化爲現代知識分子，他們也認知到傳統思想恐不
合時宜，努力在時代巨流中盡一己之力，照顧家鄉里民。今日所見陳書詩文
集（詳見本章第一節第三小節）未收有陳書致林拱辰書信，不能詳見兩人往
返交遊之詳情。然就以上引文，亦可窺知蘭地文人接受日本官職的某些想法。

傳統文人迎接新文明之時，亦有自我的堅持與抉擇。林拱辰〈與陳金波
先生書〉特別爲其子遲遲未斷髮一事向蘭地友朋提出說明。清治時期遺留下
來「纏足」和「辮髮」的風俗習慣，日治時期被視爲落後的、不文明的行爲。
自 1900 年起有放足團體展開解纏足的運動，接著斷髮運動亦起。在此風潮中
以臺灣中、上層階爲主要勸導對象，傳統文人遲疑、反對、接受者兼而有之。
〔註59〕林拱辰之子林耀庚就讀臺北醫學校，受斷髮風潮影響，臺北醫學校蘭

〔註57〕同上註，頁 98～99。
〔註58〕黃美娥〈差異／交混、對話／對譯——日治時期臺灣傳統文人的身體經驗與
新國民想像（1895～1937）〉，收入梅家玲主編《文化啓蒙與知識生產：跨領
域的視野》（臺北：麥田出版社，2006 年），頁 314～316。
〔註59〕吳文星，《日據時期臺灣社會領導階層之研究》（臺北：正中書局，1992 年），
頁 247～304。

親會的友朋都已斷髮，只有林耀庚和另一名會友未斷髮。林拱辰特地寫信回覆臺北醫學校蘭親會陳金波等人，說明「弟雖漢學腐儒，邇來屢閱報紙，頗知剪髮事項，乃文明第一要件，且漢族方興，偶一遲疑，即遭鄙苗」，深知斷髮迎向文明之理，但其子林耀庚因祖母年邁，錮習已深，未允斷髮，故遲遲未行動。希望蘭親會的友朋能瞭解箇中隱情。信末云如能「文明意外，更有文明，豈不快哉！」日治時期藉由報紙達到宣達政令的效果，爲鼓勵去辮髮，斷髮被解釋爲文明之舉，林拱辰之子林耀庚遲遲未斷髮引來臺北醫學校蘭親會友朋的關切。林拱辰一方面以長輩年邁體弱，稍有不愼，恐天人永隔，不忍違逆其意，作爲其子未斷髮的理由，另一方面則以「文明意外，更有文明」的「自由」眞締，作爲期求大家諒解的重要理由，顯見林拱辰對文明自有一番體認。

三、陳書主科考議論

　　清末接受科考教育的傳統文人，至日治時期，失去考取功名的活動場域，但因從小所受的訓練即爲科考所準備，故仍擅長議論性質的文章。本節即以陳書《畏勉齋文稿》〔註60〕收錄的幾篇古文作爲討論的對象。

　　陳書（1871～1932）生平詳見本文第五章第三節第二十一小節。他的古文創作除去替人寫序的序文外，依《畏勉齋詩文稿》卷上目錄共有〈漢文價值論〉二篇、〈小基隆石記〉二篇、〈孔教如何復興策〉一篇、〈重四教以敦風化論〉四篇、〈佛教裨益國家社會說〉一篇、〈穎考叔論〉一篇，另有試帖文〈行己有恥〉二篇、〈今若此〉二篇，依其篇題可推知陳書古文創作偏重議論類的文章。實際翻閱後，可發現目錄與內文收錄情況有差異，《畏勉齋詩文稿》卷上只收錄〈漢文價值論〉二篇、〈小基隆石記〉二篇，卷下（另名《雜作類存》，見附圖八）收錄〈穎考叔論〉一篇、試帖文〈行己有恥〉二篇、〈今若此〉二篇、〈佛教裨益國家社會說〉一篇、〈孔教爲東洋文化之源如何復興策〉一篇，而〈重四教以敦風化論〉只有三篇，與目錄所云四篇有所出入。

　　〈佛教裨益國家社會說〉爲大正14年（1925）舊曆閏四月二十日陳書應臺北梅山郡板橋庄南瀛佛教會募集投稿之文，此文由林述三評選爲第一名。

〔註60〕陳書《畏勉齋詩文稿》共分卷上及卷下，卷下另名《雜作類存》，頭城鎮史館館藏手稿影本。

全文認為鼓舞民情必藉宗教之力，孔教之外，佛教亦有可觀者，兩者相輔相成，必能勸化眾生存善念。行文中將佛理與儒家學說互為說解，但其心中仍以儒家學說為主要思考依據。

〈孔教為東洋文化之源如何復興策〉及〈重四教以敦風化論〉都是大正15年（1926）陳書為臺北聖廟（孔廟）徵文所寫的文章。臺北聖廟〈孔教為東洋文化之源如何復興策〉所得徵文共有二百九十篇，陳書之文名列十六。全文首言歐化東漸之際，自由平等之思盛行，視人倫為敝屣。此時應提倡孔教以匡正人心，隨後提出組織團體強化認同，編輯造冊盡力解說，保留祭典以誌其事，定期聚會講道傳意，表彰節孝鼓勵民眾等具體意見。〈重四教以敦風化論〉第一篇論何謂四教者，「根之於心，為仁義禮智，發於事，即文信忠信是也」。第二篇則以「禮義廉恥，國之四維」破題立論。第三篇則談到「居今日而談風化，鼓吹相尚。則曰破除民情舊習，嶄新吾人頭腦。歐東美西，朝秦暮林之總以功利為主張。翻雨覆雲，尤在邦交之敏活。馬上得天下，何用詩書。武力伏群雄，難言綏撫。誇詐成風，浮華競煽。服民氣囂而不靖，民心險而好功亂，社會之中樞失障，則風氣之流潮愈幻。」陳書推崇儒家學說，認為西風東漸的風潮下，我們應保衛固有文化。

陳書《畏勉齋詩文稿》另有〈解纏會會詞〉、〈斷髮會會詩〉二篇替解纏會、斷髮會寫的文章，認為「解纏足」、「去辮髮」為文明者必要之行為。陳書捍衛傳統文化的同時，本身也受到日本政策的影響，而修正某些觀念和看法。中日甲午戰後，中國的自強與日本的維新，孰優孰劣，顯而易見。且清朝割臺，足見其無能力護臺，陳書以為改變外貌以迎向文明的作法，符合「正為齊一變至於魯。魯一變至於道矣」，審時變通之理。

試帖文〈行已有恥〉二篇及〈今若此〉二篇，起承轉合，四平八穩，情理兼具。〈穎考叔論〉一篇談論穎考叔是否為純孝的問題，陳書以為穎考叔雖未能終養其母，但觀其生前奉母至情，稱為古之孝子，不為過也。

〈小基隆石記〉是二篇遊記，記載明治30年（1897）七月，陳書與友人泛舟遊於基隆前面社寮島，偶得一石，形似小基隆，故以為記。第一篇稱讚社寮島為寰海勝地，但鮮有人知。進而述及得石之經過，並推想何以此石會由他獲得，此「石之奇峰列嶂於後，河海澗谷納於中，本呼天然，得季靈之氣，固非勢力可玖也。吾以遊故而得之。其無知耶？謂為無知。彼牧童之聚土成山，拾矸圍場者，何不溷厠其中，而竟鄙棄無恙耶？謂為有知。彼文人

之披榛搜奇，學士之紀勝寫幽者，何不分薦其間，而竟屈守久困耶？」陳書幸得此石，本著「天地之生物甚繁，物之見棄於人何限。惟智者，能超於物之外，灼然有見於物之眞。而後物之名，乃能表揚於世。」的心情撰文誌之。第二篇細論回鄉後賞玩此石的愉悅，嘆「造化之善養珍」，喜小基隆水光山光之境，無時無地瞭然於目前。

〈漢文價值論〉二篇，論漢文之重要。第一篇開頭以「昔孔子之作春秋也，筆則筆削則削，游夏不能贊一詞。」說明漢文一字即可寄褒貶。且彪炳漢文，無美不收，無形不備，自漢流傳至今，爲無價之寶，亦如「布帛之不可廢。飲食之不可離」。第二篇以「中庸有云：『見諸天地而不悖，質諸鬼神而無疑，百世以俟聖人而不惑』，此數語，可據爲漢文之眞價值矣。」破題，直言漢文永世不墜的價值，尤其人心不古之時，更應力籌一脈之傳。

綜觀陳書古文創作，承科考文章之遺風，以議論文居多，偶有遊記亦清新可誦。其文以理爲尙，對西洋文化浸蝕固有人倫義理之情事，甚感憂心，故以闡述孔孟儒家學說作爲撰文主要思想。

四、蔣渭水喜借古抒懷

1931 年，日警將革命鬥士蔣渭水逮捕入獄，他在獄中所寫的新舊文學作品，深受研究者重視。林瑞明稱蔣渭水是「臺灣啓蒙時代相當有代表性的文學家，在臺灣人權文學的範疇裡，佔有重要位置」〔註 61〕。廖振富認爲蔣渭水的「監獄文學」〔註 62〕作品，其仿古諸作在因襲舊體中見開創，大有可觀，而〈入獄日記〉、〈入獄感想〉、〈獄中隨筆〉等散文，則展現他對白話散文的嫻熟掌握能力，深具文學情韻，價值頗高。〔註 63〕林秀蓉推崇蔣渭水爲「監

〔註61〕 林瑞明，〈感慨悲歌皆爲鯤島——蔣渭水與臺灣文學〉，收入《蔣渭水逝世六十週年紀念臺灣史學術研討會論文集要》（高雄：高雄縣政府，1991 年），頁35。

〔註62〕 依廖振富的定義，所謂「監獄文學」：「指寫作者因入獄服刑而產生的文學創作，而不論其身分及入獄原由。如當代作家歐銀釧等人，曾多次赴各地監獄指導一般受刑人寫作，後來並集結成書發表，一般即以『監獄文學』指稱之。不過本文所指的『監獄文學』，則可說是屬於『政治文學』的一支，特指知識精英因政治案件而入獄服刑所寫的文學作品」。廖振富，〈日治時期臺灣「監獄文學」探析——以林幼春、蔡惠如、蔣渭水「治警事件」相關作品爲例〉，《日治時期臺灣傳統文學論文集》（臺北：文津出版社，2003 年），頁 137～201。

〔註63〕 同上註，頁 189。

獄文學的驍將」〔註 64〕。蔣渭水新舊文學作品清朗明快〔註 65〕，各有值得研究之處，依本文的體例，本節以蔣渭水傳統詩文作為主要討論對象。

　　蔣渭水（1891～1931），號雪谷，宜蘭市人。九歲起，受業於當地宿儒張鏡光，奠定良好的漢文根基。16 歲入公學校就讀，3 年後考進臺北醫學校，在醫學校期間認識不少臺灣各地優秀青年，成為日後從事政治活動的同志。賴和、杜聰明、翁俊明、王兆培都是大他一期的學長。〔註 66〕醫學校畢業後回到家鄉的宜蘭醫院任職，11 個月後在臺北大稻埕開設大安醫院。蔣渭水本業是醫生，但是自求學時期即熱衷於政治社會運動，因參與臺灣議會設置運動而結識林獻堂。1921 年臺灣文化協會成立，林獻堂被公推為總理，而幕後最有力的推手則是蔣渭水。

　　1923 年十二月，蔣渭水因「治安警察法違反事件」（簡稱治警事件）被捕，拘留六十四天。1925 年二月二十日判刑確定，他隨即於當天赴臺北監獄報到，刑期三個月，於同年五月出獄。經此事件，讓蔣渭水更加堅定推展政治運動的決心。

　　1925 年臺灣文化協會分裂後，蔣渭水另組「臺灣民眾黨」，自 1927 年至 1929 年間致力於宣傳、演講等活動。1928 年日本官頒布「臺灣新鴉片令」，特許本令施行前有鴉片癮者准予吸食，在臺日本人則一律不准吸食。如此罔顧臺民健康，將臺民視為二等國民的作法，引起臺灣民眾黨反彈。進而於 1930 年元月直接發電報至日內瓦國際聯盟本部，控訴日本總督府「違背國際條約」。該聯盟於三月派員來臺關切，由林獻堂、蔣渭水等人會見國際聯盟代表，陳述臺灣吸食鴉片情況，迫使日本總督府成立戒鴉片所平息國際輿論。

〔註64〕　林秀蓉，《日治時期臺灣醫事作家及其作品研究——以蔣渭水、賴和、吳新榮、王昶雄、詹冰為主》，高雄師範大學國文所，2002 年博士論文。

〔註65〕　有關蔣渭水作品討論可參考黃煌雄《蔣渭水傳——臺灣的先知先覺者》（臺北：前衛出版社，1976 年），頁 23～34。張恒豪〈蔣渭水及其散文〉，《散文季刊》第 1 期（1984 年 1 月 20 日），頁 142～150。林瑞明，〈慷慨悲歌皆為鯤島——蔣渭水與臺灣文學〉，《蔣渭水逝世六十週年紀念暨臺灣史學術研討會論文集要》（高雄：高雄縣政府，1991 年），頁 35～53。

〔註66〕　賴和、杜聰明、翁俊明、王兆培是臺灣總督府醫學校第十三期學生，蔣渭水是第十四期。參考陳建忠〈立足本土，瞭望世界：賴和文學與世界文學的關係初探〉，《2003 年彰化縣研究學術研討會論文集》（彰化：彰化縣文化局，2003 年），頁 269。

　　1930 年八月，林獻堂、蔡培火、楊肇嘉等人，認為蔣渭水領導的臺灣民眾黨，已逐漸走向勞工農民的階級運動，乃另組「臺灣地方自治聯盟」。1931年一月，林獻堂、林幼春等人正式宣布辭去臺灣民眾黨顧問之職，蔣渭水領導的臺灣民眾黨終於和林獻堂等人分道揚鑣。1931 年二月，日警利用臺灣民眾黨開會之際加以取締，並逮捕蔣渭水等人，隔日才釋放。蔣渭水一生多次因政治運動被羈押、入獄，仍不屈不撓的為臺灣人民的權益奔走。1931 年八月，蔣渭水留下未竟之志，意外地以 40 歲壯年病逝於臺北。蔣渭水 30 歲重燃政治情懷，逝世時僅 40 歲，參與政治只有短暫 10 年的歲月，其「十年如一日」的革命熱情，永遠令人感佩。〔註67〕

　　蔣渭水求學時「對於社會及政治問題，饒有趣味，長口辯，富膽識，有革命性，有領導才，且不修邊幅，有樸素風」〔註68〕。蔣渭水不是一生皆致力於創作的文學家，但他的文章貼近生命脈動，讓人感受到他對革命的熱情，「莽莽神州幾陸沉，藩籬已削更相侵。強鄰蠶食肇黃禍，碧血橫流滄海深」（〈嘆神州〉）〔註 69〕。異族入侵的國仇家恨，化為革命的力量，為臺灣權益而奔走。然而強權壓境，言論自由受限。1929 年，民眾黨舉行第三次全島黨員大會，通過大會宣言。該年冬天蔣渭水被捕，他寫下：「政事日非不可言，憂思徒喚奈何天。為求同志須團結，意外招來受禍連」（〈己巳冬為宣言案被逮〉）〔註 70〕，敘述時不我予的無奈。

　　蔣渭水古文創作共有〈快入來辭〉、〈送王君入監獄序〉、〈獄歌行〉、〈入獄賦〉、〈春日集監獄序〉、〈牢舍銘〉六篇，如下表所示：

【蔣渭水仿古作品一覽表】

編號	題　目	出　　處	刊載時間	撰寫時間	備　　註
1	快入來辭	臺灣民報 2 卷 3 號（頁 8）	1924.2.21	1924.1.11	仿陶潛〈歸去來辭〉

〔註67〕蔣渭水生平詳見黃煌雄，《臺灣的先知先覺者——蔣渭水先生》（臺北：黃煌雄，1976 年）。

〔註68〕此為臺灣總督府醫學校第十七期韓石泉所述。詳見莊永明，《韓石泉傳》（南投：臺灣文獻委員會，1993 年），頁 35。

〔註69〕蔣渭水著，王曉波編，《蔣渭水全集》（臺北：海峽學術出版社，2005 年），頁733。

〔註70〕同上註。

2	送王君入監獄序	臺灣民報 2 卷 5 號（頁 16）	1924.3.21	1924.1.31	仿韓愈〈送李愿歸盤谷序〉
3	獄歌行	臺灣民報 2 卷 10 號（頁 12）	1924.6.11	1924	仿曹操〈短歌行〉
4	入獄賦	臺灣民報 3 卷 4 號	1925.2.1	1924.1.26	仿蘇軾〈前赤壁賦〉
5	春日集監獄序	臺灣民報 3 卷 4 號	1925.2.1	1924.1.29	仿李白〈春夜宴桃李園序〉
6	牢舍銘	臺灣民報 3 卷 4 號	1925.2.1	1924.1.30	仿劉禹錫〈陋室銘〉

　　上表轉引自廖振富的研究結果〔註 71〕，此六篇都是仿古人名作，寫作時間集中在 1924 年羈押期間，前三篇發表於 1924 年，後三篇發表於 1925 年，皆以《臺灣民報》為發聲園地。其中〈獄歌行〉附於 1924 年六月十一日〈獄中日記〉刊出，並未單獨發表。〔註 72〕黃煌雄《臺灣的先知先覺者——蔣渭水先生》已整理此六篇的原文及蔣渭水仿作的對照表，〔註 73〕方便後人研究。蔣朝根編著《蔣渭水留真集》清晰的重現蔣渭水發表在《臺灣民報》的仿作書影〔註 74〕，增加閱讀者親炙原刊作品的真實感。以下所引蔣渭水仿古諸作，皆對照上述黃煌雄、蔣朝根二人之著作而得，為免累贅，行文中將不再詳註，特此說明。

　　蔣渭水何以選擇仿古的寫作技巧呢？這和他能熟背古詩文有關。他自述能背誦屈原的楚辭 2 篇，及〈春夜宴桃李園序〉（李白）、〈送李愿歸盤谷序〉（韓愈）、〈嚴先生祠記〉（范仲淹）、〈前赤壁賦〉（蘇軾）、〈短歌行〉（曹操）、〈陋室銘〉（劉禹錫）、〈愛蓮說〉（周敦頤）、〈蘭亭記〉（王羲之）、〈送董邵南序〉（韓愈）、〈歸去來辭〉（陶潛）等十篇古文。〔註 75〕深印腦海中，能隨口背誦的古文，引發蔣渭水創作靈感，其仿古諸作，為獄中憑記憶寫下的作品，誠如〈快入來辭〉第一段所云：「仿〈歸去來辭〉試作一篇藉以報平安也。但

〔註 71〕同註 62，頁 147～148。

〔註 72〕蔣渭水〈入獄日記〉之 1 月 19 日欄，《臺灣民報》2 卷 10 號（1924 年 6 月 11 日），頁 12。

〔註 73〕黃煌雄，《臺灣的先知先覺者——蔣渭水先生》（臺北：黃煌雄，1976 年），頁 192～201。

〔註 74〕蔣朝根編著，《蔣渭水留真集》（臺北：臺北市文獻委員會，2006 年），頁 74～75。

〔註 75〕蔣渭水〈入獄感想（二）‧苦樂正比例本實相〉，《臺灣民報》2 卷 8 號（1924 年 5 月 1 日），頁 10～11。

獄中無古文只憑腦根記出不無錯誤諒之。」〔註76〕蔣渭水入獄，選擇閱讀及創作宣洩思緒，儘管他自己坦承並不擅長於寫詩〔註77〕，但傳統詩文與白話散文，相互輝映，完整呈現他充沛的自信、全然覺悟的心情。

深印蔣氏腦海中的佳句名篇，由於原作已為讀者所熟知，容易引起共鳴，非常適合仿作。就修辭學上的分類，仿作有二種。一是「仿擬」，指單純模仿前人的作品，學得維妙維肖。二是「仿諷」，在句法和語調上，刻意模仿前人的作品，形式結構維妙維肖，題材內容卻與原作迥異，藉形式與內容的不調和，模擬嘲諷，達成滑稽悅人的效果，以能夠推陳出新、講究諷刺警惕為優秀之作。〔註78〕廖振富認為〈快入來辭〉、〈獄歌行〉、〈春日集監獄序〉、〈牢舍銘〉四篇屬於單純模仿古人的「仿擬」之作，重在直抒己志。〈送王君入監獄序〉、〈入獄賦〉二篇則是摹仿古人而意含諷刺的「仿諷」之作。〔註79〕筆者以為蔣渭仿古諸作，選用古人崇高宏偉的文體，敘述獄中微不足道的瑣事，題材內容與原作迥異，皆可視為「仿諷」之作，惟其技巧有優劣之別。

〈快入來辭〉起筆云：「快入來兮，心園將蕪，胡不入？己自以身為奴役，奚惆悵而獨悲？悟以往之不入，知來者猶如仙。實迷途其未遠，覺今是而昨非。（入即是，不入即非）」陶淵明〈歸去來辭〉表達辭官歸隱的愜意，有逃出樊籠享受自由的暢快。蔣渭水更動題目二字，其意翻轉，〈快入來辭〉顯現欣然入獄毫不退怯的決心。〈快入來辭〉首尾完整呼應，宣示堅定意志和徹底覺悟，在形式表現上，雖未能保存原韻，遣詞造句大體順暢，惟直接套用原句或只更改一二字的句子不少，仿作技巧不夠純熟。而文中加註的寫法，如「時低吟，以消閑（獄裡禁聲不許高吟）」、「往日久已成趣（慣勢成自然）。門雖設而常關（且加鎖）。時散步以休憩（讀書作文時出庭園散步）」更顯示作者對古文的創作仍未熟稔，擔心他人無法理解寫作內容，故需另外加註說明。甚至連閩南語「慣勢」用詞也寫入文中。此現象在其它六篇古文中已未見，可見經過首次試作後，已漸入佳境。

〔註76〕蔣渭水仿古諸作出處詳見本文【蔣渭水仿古作品一覽表】備註欄。

〔註77〕蔣渭水獄中日記有一段話：「又楊木君來信慰問，並贈詩兩首，錄下做紀念。但我不會作詩，沒有詩可答他，很是可惜。」可見蔣氏對寫詩比較沒有信心。引文詳見蔣渭水〈入獄日記〉之1月14日欄，《臺灣民報》2卷10號（1924年6月11日），頁12。

〔註78〕沈謙，《修辭學（上）》（臺北：空中大學，1991年），頁210～211。

〔註79〕同註62，頁185。

　　〈送王君入監獄序〉一文敘述王敏川爲民喉舌而入獄的無怨無悔。文中
以「凡俗夫」和「大丈夫」的對比，更顯現王敏川的凜然正氣。所謂「凡俗
夫」指「利權求於官，名聲臭於時，走於衙門，諂媚百官，而佐桀爲虐」者。
「大丈夫」則是「與其有譽於官，孰若無毀於其民；與其有財於身，孰若無
害於心。官飯不食，紳土不爲，藝妲不嫖，酒肉不華，大丈夫者爲民請命者
之所爲也」。爲民請命而入獄，何難之有，蔣渭水感佩王敏川坦蕩爲民的氣魄，
仿韓愈〈送李愿歸盤谷序〉寫成〈送王君入監獄序〉，文增加「凡俗夫」作爲
對照，更顯大丈夫之可貴。〈送李愿歸盤谷序〉描述李君理想未展歸隱山林，
過著行止無礙生活。〈送王君入監獄序〉闡揚王君心志坦蕩入獄服刑，過者行
動受限日子，與韓愈原作的題材內容迥異，爲「仿諷」佳作。〈送王君入監獄
序〉與〈快入來辭〉同樣展現革命同志不怕犧牲的無畏精神，令人感佩。

　　〈獄歌行〉仿曹操〈短歌行〉，但用韻不協，說理、抒情亦缺乏詞采，是
嘗試失敗的仿作。〔註80〕可見歌行體的仿作對蔣渭水而言，難度較高。〈入獄
賦〉是仿蘇軾〈前赤壁賦〉的優秀佳作，後者是觀自然山水而得人生體悟，
前者是出入牢獄而得政治體悟。尤其妙者，蔣渭水〈入獄賦〉以牢獄中終日
與他相伴的「蚊」爲喻，假借人蚊對話諷刺執政者之行徑。低下如「蚊」者
亦知憑借他人權勢以作威作福之可悲可嘆，坐擁權勢者竟不自知，更令人哀
嘆！「發亥之冬，臘月既望，蔣子與妻同衾臥於木榻之上。刑事急來，大叫
不休。舉身跳起，攜洗面之巾，開隔房之門。少焉，警吏登於樓之上，徘徊
於各房之間，白刃懸腰，劍光閃研，任一警之所牽，到監獄之門前。」（〈入
獄賦〉）此段描述有如電影情節的畫面，其緊張肅殺之氣氛和蘇軾〈前赤壁賦〉
悠遊成了明顯的的對比，是爲仿其體例，更新其意的優秀「仿諷」。

　　〈春日集監獄序〉表現蔣氏泰然自若的獄中心情：

　　夫人類者，萬物之靈長，光陰者，白駒之過隙，而青春易老，作事
　　幾何，古人擊棹中流，良有以也。況官府召我以拘留，獄吏假我以
　　時間，會臺北之獄所，論臺灣之政事。感慨悲歌，皆爲燕趙，吾人
　　動作，獨慚印鮮，暢談未已，拘入囚房。展南華以誦讀，揮禿管而
　　著述，不有佳作，何伸紀念，如文不成，罰依拘留日數。

前幾句和李白〈春夜宴桃李園序〉同樣感嘆時光的流逝，後文則相異，李白
享受美好春光，蔣渭水則受牢獄之災，無美酒相伴，惟創作以抒懷。盡情享

受良辰美景，與終日難見日光的監獄相比，不調和的滑稽感，油然而生。

劉禹錫〈陋室銘〉，後人仿作不少。如陳少華〈陋室銘〉同樣寫陋室何陋之有，屬於「仿擬」。吳稚暉〈斗室銘〉是名副其實的「陋室」。黛郎刻意將〈陋室銘〉原本清幽高雅寫成〈何懼之有〉、〈何忌之有〉、〈何愁之有〉、〈何異之有〉充滿酒色財氣的「仿諷」之作。〔註 81〕蔣渭水仿劉禹錫〈陋室銘〉寫成〈牢舍銘〉更是經典佳作：

> 室不在美，有氣則通，窗不在大，有光則明。斯是牢舍，惟吾意誠。
> 既決穿衣紅，未決穿衣青，談笑有嚴禁，往來無單行。可以學坐禪，
> 閱書經。無親戚之會面，無朋友之交情。宋朝三字獄，周代公治刑，
> 多人云：『何罪之有？』

此文依原韻創作，文筆流暢，前六句敘簡陋牢舍之可愛可親，後述獄中清靜的日子正足以修身養性。文末「何罪之有」的疑問句，跳脫原作直述陋室何陋之有寫法，改以追問入此室之原由作結，控訴執政者「欲加之罪何患無辭」的低劣行徑，更見新意。蔣渭水仿古諸作，大多與原作旨趣相異，整體而言，具有借古抒懷，隱含諷喻的寫作特色，可見文言的委婉曲折，自有其優點，言盡而意無窮，耐人尋味。

第三節　蓬勃多元：詩作題材萬象新

日治時期蘭地文人發表在報章雜誌上詩作大部分為擊鉢吟之作，這些詩作皆屬於整齊、標準、合律作品。1914 年出生的登瀛吟社社員莊連珠老太太，最記得其師吳祥輝說的二句話「絕仔不用對，律仔要對」、「一個字可以『胡』四音」（閩南語）。〔註 82〕可見小時候所學的做詩標準及聲律音調，深印在老太太腦海中。以今日所見日治時期蘭地詩社詩作，亦可看出社員們遵守傳統詩格律的寫作方式。但筆者論析此時期詩作並不以律絕、詩鐘格律為討論重點，因為此時期蘭地各詩社社員作品繁多，且大體為符合格律之作，詩歌格律之分析無法有效呈現蘭地日治時期傳統詩特色，故本文以詩作內容作為論述主軸，分成「吳沙開蘭、天災人禍、風景名勝、雨城風情、自然植物、新興事物」六大類討論之。

〔註 81〕沈謙，《修辭學（上）》（臺北：空中大學，1991 年），頁 239～246。
〔註 82〕筆者民國 94 年四月九日訪莊連珠之紀錄。

一、吳沙開蘭

　　清治臺灣的墾殖過程中，發生許多可歌可泣的故事。其中以雲嘉地區吳鳳與曹族事蹟最受到各時期執政者的重視，經過不斷的追索加述，形塑吳鳳「殺身成仁」的正義形象。相較之下，宜蘭吳沙事蹟則較不受注意。民國 61年（1972），林萬榮編輯《宜蘭文獻》「吳沙特輯」時曾感嘆的說：「向聞臺灣有二吳焉，吳鳳吳沙是也，顧世人知鳳殺身感番者多，而知沙闢地化番者殊少。」〔註83〕林氏此言，實欲提高吳沙之地位，忽略吳鳳傳說所涉及的意識形態問題。

　　考之史實，吳沙開蘭的歷史雖不比吳鳳傳說多采多姿，但也踵事增華，耐人尋味。吳鳳傳說經歷「口傳、神化、殖民化、倫理化」四階段〔註84〕，吳沙開蘭事蹟並未受到日本政府的重視，因此並無「殖民化」階段。吳沙開蘭經歷「口傳、方志化、神格化、定型化」四階段（詳見本文第二章第一節），光復後，林萬榮編輯《宜蘭文獻》「吳沙特輯」正是處於「定型化」階段，已定型的「吳沙開蘭」歷史被特意的放大、重視，宜蘭縣政府於 1966 年成立唯一的，也是第一座的「吳沙紀念館」，各種相關紀念活動於焉展開，「吳沙開蘭」成為蘭地人民認同的共同記憶。

　　日治時期，登瀛吟社在《詩報》第一次徵詩，即以〈吳沙〉為題，為使其它人瞭解吳沙事蹟，特於同一期刊載連橫〈吳沙列傳〉，提供詩友同好參考。〔註85〕徵詩結果刊登在《詩報》第 14 號〔註86〕，共取蔡錦鎔、錦痕女士、犁卿女士、牧仙、鄭季雍等人詩作三十首，並由詞宗葉文樞擬作二首：

〔註83〕林萬榮，《宜蘭文獻合訂本・吳沙特輯》（宜蘭：宜蘭文獻委員會，1972 年），頁 4。

〔註84〕李亦園分析「吳鳳傳說」四階段的演變，一、口傳階段：由吳鳳逝世（1769）起至最早記載吳鳳事蹟劉家謀《海音詩》（1855），吳鳳為盡職的通事，為鄉人犧牲性命，鄉人春秋於其墓祀之。二、神化階段：1894 年出刊的《雲林采訪冊》記載居民「立祠祀之」，將吳鳳轉化成神建廟祭祀之。三、殖民化階段：日治時期臺灣總府民政長官後藤新平為吳鳳立碑，中田直久編《殺身成仁通事吳鳳》，從吳鳳感化曹族人解釋其死因，與前二期為保護漢族而犧牲截然不同。四、倫理化階段：光復後，吳鳳死事的情節仍沿日治時期之故事，唯改變解釋角度，強調儒家儒理精神意義，吳鳳搖身成儒者，此階段以貫景德《重修吳鳳廟碑》為代表。詳見李亦園，《文化的圖像（上）——文化發展的人類學探討》（臺北：允晨出版社，1992 年），頁 327～351。

〔註85〕《詩報》第 10 號（1931 年 4 月 15 日），頁 16、15。

〔註86〕《詩報》第 14 號（1931 年 6 月 15 日），頁 4～5。以下所引〈吳沙〉皆出自此處，不再詳註。

　　大俠居然起布衣，憑將赤手拓番畿。

　　流民合力羅三籍，賢姪收功抵四圍。

　　壯志擬追班定遠，雛形略具克雷飛。

　　如今烏石遺城圯，還有游人弔落暉。（一）

　　三貂託足暫須時，開闢蘭陽兆始基。

　　秘計每同天送定，高才早受夢麟知。

　　斧刊山木供門客，藥療天花感裔夷。

　　我向頭圍尋舊跡，盧家牆畔別殘碑。（二）

咸豐 8 年（1859）頭圍縣丞王兆鴻為吳沙所立《昭績碑》今日已失，傳說曾經放置盧纘祥家花園內，由葉氏詩作第二首末二句，可知此事為真。或許是受碑文影響，葉氏肯定吳沙整合三籍流民開闢蘭陽之功，認為吳沙以德化番，為番民治療天花是吳沙成功開墾蘭陽的重要關鍵。

　　早期蘭地的居民可分兩大類：一是漢化較淺，居住山地的泰雅人。文獻上多以「生番」、「野番」、「山番」等名稱之。一是漢化較深，居住平原的噶瑪蘭人，文獻上多以「熟番」稱之。清嘉慶元年（1796），吳沙率漳、泉、粵三籍流民以「合法」之姿，由三貂入墾頭圍，進而二圍、三圍、四圍、五圍（今宜蘭市），漢人與原居住者（泰雅人、噶瑪蘭人）之間，為維護各族群利益，常引發衝突。吳沙開蘭的歷史，從漢族角度立論，吳沙講義氣、守信用，以醫術解救原住民，讓衝突減低，有助於族群間的共生共存。從原住民立場看這段史實，無異是漢民族將開墾異族領土的行為合理化。

　　登瀛吟社以〈吳沙〉為題徵詩，葉文樞任詞宗，獲選詩作的書寫方向當然和詞宗的想法一致才能入選得第。詩人們並未考察吳沙事蹟的來龍去脈，因為吳沙開墾蘭陽功績已深入民心。蘭地詩人在此次徵詩中，只有名列「廿三」仰山吟社社員蔡鰲峰榜上有名，詩云：

　　藉得屯田作緩兵，膏腴萬頃任經營。

　　撫番畫策追吳鳳，拓地籌謀紹漢生。

　　光裔無能承父業，夢麟從此固邊城。

　　劇憐盛古恩波渺，闖闢憑傳竹帛名。

其它登瀛吟社社員的詩作則以課卷的方式刊出。昭和 6 年（1931）葉文樞受盧纘祥之聘任教頭圍，登瀛吟社社員以〈吳沙〉為課卷詩題，並選出黃振芳、盧纘祥、莊芳池、簡林財發、莊氏連珠、吳祥輝、陳書等七位社員的十首詩

附錄於《詩報》第 14 號〈吳沙〉徵詩作品之後。名列第一的黃振芳詩：

> 披荊斬棘啓邊陲，三籍流民聽指麾。
> 得地襃虛鳳凰詔，亡身痛感鵜鴃詩。
> 漫愁繼後兒無志，且喜光前任有爲。
> 石港於今遺跡在，臨風憑吊不勝悲。

葉文樞擬作對社員提供學習模仿的對象，對唱和者也有一定的影響力。登瀛吟社社員或入選者詩作都對葉氏擬作內容採取肯定的、追隨的態度。登瀛吟社社員以七律歌頌吳沙開墾蘭陽，胼手胝足的功績，並將他和吳鳳相比，「赤心原不輸吳鳳」（盧夢蘭）「出生入死同吳鳳」（吳祥輝）二句，即是就此方面立說。吳鳳故事由鄉野流傳、紀錄直到日治時期已經過日人編寫改造，將吳鳳塑造成殺身成仁、奉公守法的形象，爲他寫傳、立碑、修廟、演劇、謳歌，並將事蹟列入教科書，透過多種管道加強傳播，幾乎完成一種文化認同。〔註87〕登瀛吟社詩人們將吳沙事蹟與吳鳳相比，足見吳鳳事蹟流傳之廣，詩人們並不知其中曲折。吳沙開蘭的歷史在日治時期已獲得蘭地文人的認同，足以代表蘭陽平原開發的歷史，故登瀛吟社第一次廣向全島徵詩，即以〈吳沙〉爲題。

二、天災人禍

　　詠景、詠物詩雖爲日治時期蘭地詩作的大宗，但爲數不多的，有關天災人禍的作品，展現蘭地文人的人文關懷，特別值得珍惜。

（一）戰雲

　　清末民初，中國處於內憂外患之中，中日甲午戰敗，臺灣成了犧牲品。但戰爭仍未結束，直到日本投降，戰事才告一段落。臺灣內部的武裝抗日行動也要等到統治者強勢鎮壓的西來庵事件後，才轉以柔性方式繼續反抗殖民者的壓迫。臺灣一直處於戰爭的陰霾中，此時代的人民對於戰爭應該一點也不陌生。

　　頭圍登瀛吟社選擇〈戰雲〉作爲擊鉢詩題，透露詩人們對戰爭某些的看法。〈戰雲〉由周士衡任左詞宗，蔡子淘任右詞宗，共品評出十六首詩刊登在《詩報》第 24 號，〔註88〕名列「左一右五」劉枝昌詩：

〔註87〕江寶釵，《嘉義地區古典文學發展史》（嘉義市：嘉義市文化中心，1998 年），
　　　　頁 273～277。
〔註88〕《詩報》第 24 號（1931 年 11 月 15 日），頁 10。以下所引〈戰雲〉皆出自此
　　　　處，不再詳註。

隨風作勢去還來，密佈沙場日幾回。

若化太平膏澤雨，中原黑幕一時開。

全詩前二句描寫因彈砲而產生的黑雲，滿天密佈，揮之不去。後二句則以蘭地人士熟悉的雨（詳見本章第二節第四小節）作為比喻的對象，戰雲如果是潤澤大地的雨水，我們也就不用處在昏天暗地的世界裡。名列「右一左三」及「左右二」莊芳池詩：

一望繽紛出岫來，似將翻墨馬頭摧。

怪他別具排空勢，不釀恩膏釀禍胎。

如烟如霧費疑猜，驟勢排空出岫來。

真箇中原多黑幕，安危須仗濟時才。

這兩首詩同樣將戰雲與氣象相比擬，前二句皆以懸疑的語氣，對遠觀的「雲」充滿詩意的想像，後二句則是認清「雲」之真象的感嘆。名列「右三」黃振芳詩：

隨風片片自徘徊，移向沙場次第來。

太息中原烽火急，漫天漠漠掃難開。

此詩不作比擬，直寫濃得化不開的戰雲，給人沉重的、窒息的、壓迫的感覺。戰火摧殘下，人民飽受煎熬，「砲火紛飛民命賤，漫空慘淡不勝哀」（簡林財發），「可憐礮雨槍林上，如墨濃陰去復來」（張烟親），不停息的戰爭，帶給人們無盡的痛苦，蘭地詩人選擇〈戰雲〉作為擊鉢詩題，本身就具有批判之意。

（二）豐年無樂

日治時期臺灣人民生活雖普遍獲得改善，但日本政府對臺灣經濟的剝削與壓榨，讓臺灣人成了次等公民。《詩報》上刊載多首蘭地詩人〈豐年吟〉詩作，控訴統治者不當的政策造成人民「豐年無樂」的矛盾現象。

仰山吟社社員連碧榕 1931 年在《詩報》第 4 號刊登第一首〈豐年吟〉：

樂歲欣狼戾，應聞鼓腹歌。那知經濟惡，更比去年多。

貧富同窘蹙，商賈遭折磨。工作愁無役，飢寒日難過。

嗚呼豐年樂，今是豐年苦。百業俱沉滯，為害猛於虎。

政府籌救濟，細民究何補。袞袞諸議員，痌瘝在抱否。〔註89〕

〔註89〕《詩報》第 4 號（1931 年 1 月 17 日），頁 2。

全詩以「豐年」之苦為論述的主軸，批判在位者未能施行有效的經濟政策，讓人民的生活陷入困境。

隨後《詩報》第 5 號刊載張松村、陳鏡秋、蔡鰲峯、抱罕子等人〈豐年吟步連碧榕先生韻〉詩作，〔註90〕今舉陳鏡秋和蔡鰲峯之詩為例：

> 凶年嘗聞哭，樂歲合聞歌。今乃稻豐稔，哭聲又何多。
> 脂膏既消耗，筋骨行且磨。窮極資本制，沒落路上過。
> 厚祿衍官場，閭閻擔稅苦。瞻彼解禁金，類犬不成虎。
> 低利配區區，杯水薪無補。都鄙待人斃，有司應未覩。（陳鏡秋）
>
> 昔聞梁鴻子，曾唱五噫歌。豐年遭穀賤，歎息苦尤多。
> 田畯饒薪俸，農家痛折磨。迎春雖在即，瞠目任推過。
> 念彼血汗勞，誰憐粒粒苦。逋負爭誅求，驀突驕如泥。
> 倉廩縱不虛，價賤勤難補。哀哉觀人風，躅詔可毋覩。（蔡鰲峯）

陳鏡秋詩言簡意切，以直賦手法寫出人民賦稅之苦。詩人將此苦歸於「資本制」的侵略，認為資本主義讓人民蕭條，唯有上位者獲利。蔡鰲峯詩首二句用典，三四句說明穀賤傷民的悲哀，全詩極力諷勸在位者體恤人民之苦。

繼《詩報》第 4、5 號刊載連碧榕、張松村、陳鏡秋、蔡鰲峯、抱罕子等人對政府施政批判之後，緊接《詩報》第 6 號又刊載張天眷〈豐年吟和連碧榕先生原韻〉〔註91〕：

> 樂歲人應喜，如何起悲歌。百業俱罷敝，沿途歎息多。
> 蹙頞而相告，吾儕受折磨。窮困瀕凍餒，歲月總難過。
> 催稅流星急，周思經濟苦。細民命不堪，貽害猛於虎。
> 考自周文王，施仁薄歛補。誰司民牧者，安可等閒覩。

此詩運用苛政猛於虎的典故，及周文王事蹟，懇請執政者正視人民的需要。

蘭地詩人對連碧榕〈豐年吟〉的訴求感觸頗深，故相繼在《詩報》寫詩相和，日本政府能允許此類表達對政府賦稅不滿的詩作連刊三期，不知其因何在？是日人不察的漏網之「詩」，抑或託古諷今，諷勸在位者仁政愛民，詩意委婉，無反叛之思，統治者尚能接受。不論其因為何，此類詩作能在《詩報》前幾期出現，雖有如曇花一現，但已屬難能可貴。

〔註90〕《詩報》第 5 號（1931 年 2 月 1 日），頁 11。
〔註91〕《詩報》第 6 號（1931 年 2 月 17 日），頁 3。

（三）震災

　　昭和 10 年（1935）四月二十一日上午六時二分，臺灣中部發生大地震，震央在苗栗縣與臺中縣交界的大安溪中游地區，造成中部重大的財產損失及民眾傷亡，傷亡人數以千計。其後餘震不斷，以七月十七日午時餘震最大，又造成四十四人死亡，是苗栗有史以來最大的天然災害。〔註 92〕《詩報》刊載許多有關此次地震災害的詩作。

　　首先《詩報》第 105 號刊載竹東葉紹尹、汐止余萬森、彰化施春華等九人〈震災感賦〉詩，其中蘇澳范良銘（文新）〈震災感賦〉：「不測風雲起一時。茫茫天數有誰知。可憐中竹眞悲慘。愧我囊空莫救施。」〔註 93〕前二句悲嘆風雨難測，後二句感嘆自己無能力施救，深覺慚愧。

　　1935 年六月一日，仰山吟社刊登〈臺灣震災〉擊鉢詩，由蔡鰲峰任左詞宗，林淵源任右詞宗，〔註94〕名列「左右元」蔡鏡豪詩：

　　　　一震全臺動，飛災次帝都。家亡還折足，屋倒又捐軀。

　　　　野塚容埋葬，屍身費運輸。三州雖幸免，爭忍失中區。

全詩前六句描繪出令人震驚的震災現場實況，後二句則感嘆雖然臺北、新竹、高雄三州幸免於難，但怎麼忍心看著臺中、臺南二州中區的同胞失去家園。名列「左二右四」李蘆洲詩：

　　　　瀛島天災降，哀鴻遍地呼。山川皆振動，樓閣似摧枯。

　　　　壓死人盈野，扶危客滿途。無分貧與富，生命喪須臾。

此詩著眼於地震帶來的禍害。不論貧富，人類的生命是如此的脆弱，面對大自然的災害竟毫無招架之力。名列「右二左三」張振茂（松邨）詩：

　　　　激震驚春夢，西臺慘禍俱。千家全滅歿，萬戶盡傾吁。

　　　　閭竹成搖市，中州半廢都。空前悲物害，恢復冀良圖。

全詩前六句同樣描寫無法預知地震的災害，讓中部的同胞流離失所，末兩句則展望未來，祈求統治者能有好的謀畫，拯救人民於萬一。觀看仰山吟社〈臺灣震災〉擊鉢詩的描述，不禁讓人回想起民國 88 年（1999）九月二十一日臺灣中部大地震，以及 2008 年五月十二日大陸四川大地震的情景。擊鉢詩傳達

〔註92〕〈民國 24 年苗栗縣震災誌〉，《苗栗文獻》第 1 卷第 1 期（苗栗：苗栗縣政府，1981 年 6 月），頁 74。

〔註93〕《詩報》第 105 號（1935 年 5 月 15 日），頁 15。

〔註94〕《詩報》第 106 號（1935 年 6 月 1 日），頁 14。以下所引〈臺灣震災〉皆出自此處，不再詳註。

千古同的受難心情，此非限時定韻的外在形式所能限制。

　　仰山吟社蔡鰲峰〈震災感賦〉詩三首，﹝註95﹞在悲傷之餘，不忘讚揚具有仁心的人能夠雪中送炭。災難已發生，如何善後更重要。栗社第七十五回〈賑災〉七律不拘韻課題，由左詞宗王了庵，右詞宗涂拋磚評選，名列「左二右十三」蘭地張迺西詩：

> 中竹雙州地震連，哀鴻遍野令人憐。
>
> 有心發藥皆仁濟，無處施金不義捐。
>
> 傷害已教逾一萬，死亡豈獨止三千。
>
> 寄聲島內膏梁輩，好趁斯時種福田。﹝註96﹞

全詩鼓勵善心人士，伸手相援。名列「右二左五」蘭地吳英林詩：

> 傾囊濟世有何愚，震後堪憐死體鋪。
>
> 數郡河山看破碎，兩州風景看模糊。
>
> 艱難禍患宜相恤，困苦災殃好共扶。
>
> 寄語諸君須慷慨，莫作長作守錢奴。﹝註97﹞

此詩同樣強調全島同胞患難與共，相恤相扶的重要，並且以強烈的語氣勸大家不要當守錢奴。蘭地詩人雖不是災民，但人心本善，人皆有惻隱之心，我們不能因為擊鉢詩是限定詩題的詩作，就無法寫出詩人內心的真實想法。試想今日作文課由教師指定題目，寫作者難道都是毫無依據的亂寫？也許寫作的技巧還需磨練，也許有為賦新詞強說愁的味道，但作者創作意圖，讀者是不宜妄自斷定的。

　　如前文所述，1935 年四月二十一日的中部大地震，以苗栗受創嚴重，栗社〈賑災〉、〈震災〉課題，顯示他們對此事的關心。1935 年十二月一日苗栗栗社〈震災〉七絕詩課題，由王了庵任左詞宗，涂拋磚任右詞宗，結果蘭地的吳英林有二首詩入選，分別名列「左三」、「左八右十二」，張迺西的詩名列「右三」。﹝註98﹞此次災變震撼全臺，具有寫作能力者，其悲憫之情躍然紙上，

﹝註95﹞蔡鰲峰〈震災感賦〉詩三首：「天災禍劫最堪悲，家破人亡腸時腸。且喜聖恩憂渥甚，頻施雨露救民危。」「目擊災黎無處睡，餐風宿露更堪悲。天恩憂渥蘇民困，楊柳瓶中甘露施」「紛然一震達天聽，慘酷災黎匝月經。幸得仁人頻濟急，莫教群眾哭伶仃。」《詩報》第 109 號（1935 年 7 月 15 日），頁 16。

﹝註96﹞王幼華，《日治時期苗栗縣傳統詩社研究——以栗社為中心》，中興大學國文系在職專班，2000 年碩士論文，頁 88。

﹝註97﹞同上註。

﹝註98﹞《詩報》第 118 號（1935 年 12 月 1 日），頁 11。

蘭地詩人亦未缺席。

　　大約過了十年，登瀛吟社社員鄭指薪於 1944 年重遊苗栗，仍能感受到人們對地震的恐懼心：

　　〈重遊苗栗〉〔註99〕並序

　　　（余於震災前曾再遊之，自劫後未嘗一至，逮今春因事重臨斯地，

　　　其街衢之結構更新，面目全改，寧無今昔之感而成詠。）

　　　浩劫雖經歲月深，陳痕餘跡尚可尋。

　　　重興土木排雄壯，儘有兢兢戒震心。

歲月流逝，心頭的傷痕是否已撫平？人們記取教訓，興建耐震的建築物，在原有土地上重生。距 1935 年臺灣中部發生大地震 64 年之後，1999 年的 921 大地震同樣重創臺灣人民的心靈，此情此景怎不讓人感嘆。

（四）龜山島船難

　　「他們說，龜山島是隻活龜。」〔註100〕

　　宜蘭頭城外海，龜山島靜靜地趴伏著。牠的周身灰墨，身軀上下籠罩一層淡淡的霧靄，龜首突起的背脊分明可辨，雲氣氤氳讓牠碩大的軀體顯得神秘幽深，遠遠的龜山島不動，像沉睡的大龜。歌仔戲界的苦旦首席廖瓊枝說，那隻龜是個活穴，如果要吃人，島上會發出怪聲，村民都聽得到。這時就要舉行祭拜儀式，祈求龜仙息怒，才能保佑村民討海平安，人船無事。村民說，只要拜拜，龜就不會動怒。龜仙一向保佑龜山島人，「只吃外客，不吃島民」。〔註101〕瞬息萬變的龜山島周圍海域，更增添該島的神秘色彩。1950 年五月三十一日，龜山島海面交通船沉沒，溺死十八人，這一次還不是最悲慘的船難。1938 年五月十九日，由龜山島對岸頭城大溪漁港出的遊覽船「見取丸」號不幸遭颱風沉沒，溺死二十五人。〔註102〕人生際遇難測，觀景攬勝之旅成了不歸路，詩人們雖未親見其狀，但對同胞們發生的不幸事件深表同情，作詩哀之，人之常情。

　　宜蘭仰山吟社〈弔遊龜山島遭難者〉擊鉢詩，1938 年七月十五日首刊於《風月報》第 68 期，重刊於同年七月十九日《詩報》第 181 號，〔註103〕

〔註99〕《詩報》第 313 號（1944 年 4 月 9 日），頁 4。

〔註100〕紀慧玲，《廖瓊枝——凍水牡丹》（臺北：時報文化出版社，1999 年），頁 2。

〔註101〕同上註。

〔註102〕同註 3，頁 7、10。

〔註103〕詳見《風月報》第 68 號（1938 年 7 月 15 日），頁 24。及《詩報》第 181 號

由左詞宗莊仁閣，右詞宗陳鏡秋，選出十一首詩，名列「左元」蔡鰲峯詩：

> 龜島風波未可籌，同船廿五命齊休。
>
> 靈骨縱忍翻鯨浪，海若何心捲石尤。
>
> 堪嘆良材沉極浦，却憐嫠婦泣孤舟。
>
> 于今莫作鮫人淚，且擬端陽吊碧流。

此詩頷聯以轉化手法探問神龜及海神何以如此無情，表達對船難的不解。當年「見取丸」號載著赴龜山島旅遊的民眾，從大溪漁港出發。靠近龜山島之際，突然天色大變，風雲驟起，海面波濤洶湧，轉瞬間，船隻就翻覆了，船長、大副和船上二十七位遊客共二十九人，全數落海。僅有陳漢筠、黃松源、邱金茂、林長陽四人被捲入海中又爬上來，而最會游泳的陳呈雲，因救人而耗盡體力，最後隨波流去，無力自救，總計二十五人遇難。〔註104〕變化莫測的龜島風波，讓同船的二十五人一同命赴黃泉，留給生者莫大的遺憾。名列「右元左花」賴仁壽詩：

> 探勝龜峰一葉舟，無辜命喪此清流。
>
> 淒風酒奠洪潮裡，苦雨魂招碧水頭。
>
> 長隔紅塵歸化鶴，難尋白骨葬荒丘。
>
> 忍聞遺族堤邊哭，頓使傍人感不休。

全詩著重於生者情緒的描寫。「見取丸」號船難事件，落海遇難的二十五人，包括當年羅東街長陳純精的長子陳呈雲，宜蘭著名製鑼廠、兩度獲教育部民族藝術薪傳獎工藝類的「林午鐵工廠」負責人林午的父親林阿時，大溪保正吳蕃薯的兒子吳水土，以及薪傳獎戲劇類、民族藝師雙重榮銜、歌仔戲著名藝術家廖瓊枝的母親廖珠桂。吳蕃薯念海上孤魂無所依歸，乃倡議建碑憑弔。昭和 13 年（1938）一月十三日，「龜山島遊覽遭難者之招魂碑」在大溪漁港後的山坡高高豎起，距今已過了七十幾個年頭。每年都是大溪前保正伯吳蕃薯的後代家人事先理出路徑，前來祭拜的遺族才前後踩踏而來。招魂碑背後「招魂碑誌」寫著：

> 昭和 13 年歲在戊寅夏令初鐵道部所屬宜蘭旅行社俱樂部募集龜山
>
> 島遊覽團行樂事也於時蘭人應募者約百餘人乃涓新 5 月 19 日拂曉於

（1938 年 7 月 19 日），頁 17。因《風月報》多漏字，以下所引〈弔遊龜山島
　　遭難者〉皆出自《詩報》第 181 號，不再詳註。

〔註104〕同註 100，頁 3。

大溪驛齊集屆期團員畢至少長咸集乃乘舟往舟凡五艘中有氣動機名
曰見取丸先一小時啓航團員爭先登舟者凡 27 人是日天氣晴朗薰風
習習仰觀宇宙之大俯瞰滄溟之遠游目騁懷逸興湍飛致足樂也豈意幾
未極而悲生景未觀而禍起忽而黑雲四起而天地晦冥風雨驟至而濁浪
排空後駕之舟皆反棹而歸惟見取丸將近龜山竟被怒濤掀翻而覆矣時
舊 4 月 20 日午前 9 時也……

長達四百多字的碑文，詳細記載了事件發生的經過，及吳蕃薯建碑原由。〔註105〕
「傷心莫話龜山事，尸體依然覓尚不」（林淵源），突如其來的悲劇，讓二十五
個家庭頓失親人，甚至找不到遺體安葬。悲慟之情，何處安置？「惆悵大溪昂
首望，臨風悼吊淚難收」（林玉麟），聽著「江聲嗚咽淒風夜，疑是英靈哭未休」
（李壽卿），死者、生者其情皆悲。

（五）奸商

臺灣根據天津、北京條約之規定，被迫開放淡水、基隆、安平、打狗四港
口為通商口岸，其結果使臺灣的對外的貿易進入新紀元。茶、糖、樟腦等成為
臺灣出口之大宗，棉、毛紡織品等洋貨亦源源輸入臺灣，臺灣經濟顯著發展，
加以對外接觸漸次頻繁，因此臺灣開始有資本家崛起，日治時期隨著殖民政策
和制度的施行，臺灣社會變遷更大。經濟上，上一代已漸由地主或資產家轉變
為中、小資本的工商、金融業者；下一代延續此基礎，發展成為重要的實業家
或資本家，其經濟力遠上一代更為擴張，社會聲望及影響力較上代更為提高。
惟大企業仍為日人資本家所控制，臺人資本家始終屈居從屬地位或僅是局部對
立的勢力。1931 年，配合建設臺灣成為「南進基地」而展開工業化，透過統制
資金、勞力、物質等措施，集中全力從事軍需工業之發展，繼續開發電力以應
工業之需，工業化的結果，使工、礦業產值自 1939 年以降已超過 50%，臺灣成
為半農半工社會。〔註106〕工商社會的貿易行為不同於農業社會，能看準商機，
通其有無，囤積居奇的商人，獲利豐厚，容易惹來民怨。

1940 年，宜蘭仰山吟社即以〈奸商〉為擊鉢詩題，由左詞宗莊仁閣，右
詞宗陳鏡秋，選出十三首詩，刊登在《詩報》第 232 號，〔註107〕名列「左元

〔註105〕同註 100，頁 4。
〔註106〕吳文星，〈近代臺灣社會變遷〉、〈日治時期殖民統治政策之演變〉，收入賴澤
　　　　涵主編《臺灣 400 年的變遷》（桃園：中央大學，2005 年），頁 217～256。
〔註107〕《詩報》第 232 號（1940 年 9 月 15 日），頁 20。以下所引〈奸商〉皆出自此
　　　　處，不再詳註。

右避」陳鏡秋詩：

> 貿易公平缺，交關黯括囊。投資皆破例，獲利不尋常。
>
> 客任門前立，物偏庫裡藏。見機多酷索，店主幾人良。

全詩控訴商人故意囤積貨物，居心不良，消費者嚴重被剝削，何來公平交易。
名列「右元左五」蔡鏡豪詩：

> 價格超公定，售多物退藏。心偏存暴利，面却假純良。
>
> 道德忘双字，膏脂吸四方。平然違統制，還囑莫聲張。

此詩頷、頸聯對仗工整，尤其是頸聯巧妙刻劃奸商罔顧良心，吸取民脂民膏
的醜態。交易買賣原是良心事業，如果「招牌懸一角，信口任雌黃」（林夢鶴），
「貪心忘古道，暴利飽私囊」（李蘆洲），即為「欺人偏漏網，惑世擅深藏」（蔡
鰲峰）的奸商。一般人對這些橫收暴利者有何辦法，執政者未能體恤民情，
那麼只能希望上天主持公道，讓他們「成家如有日，未必子孫昌」（李壽卿），
讓惡者終有果報。

（六）世態

〈世態〉〔註108〕作者皆以筆名發表，歸屬地皆寫「蘭陽」，可知為蘭地
人士對於人情世事的看法。作者依序為「蘭陽　釣客」、「蘭陽　逸民」、「蘭
陽　古樵」、「蘭陽　學陶」、「蘭陽　野叟」、「蘭陽　小棒」、「蘭陽　怪石」、
「蘭陽　大林」、「蘭陽　少喦」、「蘭陽　醒鐘」，共刊出十首「西江月調」詞
作如下所列：

> 共逐權門募利，誰從鄉里施仁。
>
> 朝方按劍暮相親，羞惡之心喪盡。
>
> 幽竹耐寒勁節，天桃放艷傳神。
>
> 于今巧術日翻新，那有人情可信。（釣客）
>
> 既會吹牛打馬，何妨背德違仁。
>
> 眼中阿堵最堪親，義理人情滅盡。
>
> 可嘆吞舟漏網，偏教使鬼通神。
>
> 勾欄姊妹慣迎新，巧語花言取信。（逸民）
>
> 最惱人都附勢，堪嘆世放行仁。
>
> 萬般祇為利為親，蜀犬吳牛不盡。

〔註108〕《詩報》第241號（1941年1月1日），頁20～21。

漫道花花綠綠，須知鬼鬼神神。

惟期巨眼究時新，冷暖炎涼要信。（古樵）

滿眼城狐社鼠，平空害理傷仁。

飽人酒食負朋親，那個眞情克盡。

敗節慙羞碩士。送窮顧盼財神。

世間魔術逐時新，婢膝奴顏怎信。（學陶）

當識賣名競利，伊誰仗義施仁。

朱門奔走日加親，可惡良心殆盡。

痛罵人情冷暖，怎思天理聖神。

宛如妓女喜迎新，萬語焉能使信。（野叟）

慣作趨炎附勢，怎知見利拋仁。

孔方酒肉最相親，觸目傷心不盡。

莫怪淪亡道理，只因信奉財神。

同娼婦棄舊迎新，巧語如何可信。（小棒）

多出風頭耀武，那知碎骨成仁。

眼中誰是可能親，博愛之恩已盡。

豪傑含冤不語，英雄屈志安神。

無羞體面喜趨新，誰謂蒼天可信。（怪石）

突改主張大勢，焉知反效忘仁。

恨今小醜自傷親，畫餅充饑也盡。

節勁而枝不北，心驚其氣無神。

嗟嗟騙局日翻新，惟有老農實信。（大林）

爭慕土豪財勢，罔知大局恩仁。

鬩牆兄弟又傷親，道德天良喪盡。

無恥無廉壞士，越權越理邪神。

嗟嗟奇巧又翻新，焉有正言是信。（少齟）

貪財又作趨勢，處事何忘曰仁。

馮鋏歸來孰可親，若獸如禽遍盡。

冬栢能支大雪，春風遍掃妖神。

警鐘三叩醒民新，切勿對朋失信。（醒鐘）

此十首詩詞未列次第，不像擊鉢詩作，亦未註明爲某社課題。目前僅知其中一篇爲仰山吟社社員陳春連（少喦）之作，其餘尚未得知爲何人之筆名，難以探究眞象。

　　綜觀〈世態〉諸作書寫方向大致相同，前四句感嘆世事炎涼，後四句以媚世巧言不可信之作收。作品內容，則特別強調人品的重要，尤其是仁義、義理、信用、人情、羞惡之心等德行是書寫的重點。若是言論自由的年代以詩詞勸人不可趨炎附勢，阿諛諂媚，巧言令色，極力宣傳仁義禮智的重要，亦是合情合理，且有其必要。若這一類作品，出現於臺灣受日本殖民統治的時期，其意義更加重大且繁複，值得令人深思。

三、風景名勝

　　清治時期有蘭陽八景「龜山朝日、隆嶺夕煙、西峰爽氣、北關海潮、沙喃秋水、石港春帆、蘇澳蜃市、湯圍溫泉」。民國 42 年（1953）春，第一屆民選宜蘭縣長兼宜蘭縣文獻主任委員盧纘祥編修《宜蘭縣志》，選定新蘭陽八景「太平雲海、大里濤聲、五峰瀑布、武老林泉、龍潭清影、金面大觀、南方漁港、吉祥梵宮」登入縣志。另有「員山遠眺、大溪漁燈、大湖澄碧、猴洞瀑布、風岫雲煙、西隄晚眺、蘇澳冷泉、鑑湖秋月、沙林聽濤、枕山春海、礁溪楓林、新寮瀑布、寒溪櫻花、石燭凝翠、蘭陽大稿、蘇花公路、秋塭觀魚」等宜蘭十八勝景。〔註109〕1997 年宜蘭縣政府「蘭陽百景」，包含自然景觀、生態景觀、人文景觀三大類，從頭城龜山朝日、頭圍老街、礁溪溫泉、宜蘭運動公園、碧霞宮、梅花梅、羅東運動公園、太平山、福山植物園、蘇澳冷泉等，一直介紹到南澳南溪，〔註110〕蘭陽名勝古蹟、自然風光皆囊括其中。

　　日治時期詩人筆下，蘭地有哪些古蹟名勝呢？綜觀該時期詩作，筆者大略依北至南的地理位置，選出蘭陽十勝：「隆嶺夕煙、龜山朝日、大里漁燈、北關海潮、湯圍溫泉、謁岳王祠、寒溪櫻信、太平山林、港都蜃市、蘇澳冷泉」。

（一）龜山朝日

　　龜山島位於宜蘭縣東北方，約十二海浬的大海上，面積只有二點九平

〔註109〕盧世標，《宜蘭縣志‧文化志‧勝蹟篇》，（宜蘭：宜蘭文獻委員會，1970 年重刊），頁 1～3。

〔註110〕《蘭陽百景》（宜蘭：宜蘭縣政府建設局觀光局，1997 年），頁 1～3。

方公里，因外貌酷似浮龜而得名，依地勢可分爲龜頭、龜甲、龜尾三部分。〔註111〕日治時期歸屬頭城鎮管轄，現在爲軍事管制區，每年春夏之季開放一般民眾登島觀光。宜蘭縣境內無山丘阻擋之處皆可看到龜山島的身影，甚至因觀看地點的差異而有「龜山會旋頭」（閩南語）的說法。龜山島被視爲蘭陽平原的守護神，更是宜蘭人民共同信仰的圖騰。日出朝陽的光芒，讓「龜山朝日」蘭陽勝景自清治至日治，屹立不搖。

日治時期，《詩報》創刊號即刊出登瀛吟社第四回擊鉢吟錄次唱詩題〈望龜山〉〔註112〕，由李石鯨、周士衡、陳子經三位先生合選，名列「第一」楊靜淵詩：

> 撐天憑遠眺，蔽魯不堪望。紫翠迷離甚，滄桑感慨長。
>
> 昂頭空際外，觸目水中央。欲藉愚公力，來移出異鄉。

全詩使用轉化的筆法，將龜山形塑成理學外傳，又不得母親照拂的遊子象徵。與清治時期楊廷理依「景仰閩學宗倡楊龜山」之意，將噶瑪蘭廳的書院取名仰山書院的概念相連接。

登瀛吟社第二期全島徵詩即以〈龜山朝日〉爲題，由鄭養齋任詞宗，選出三十首詩，並由詞宗擬作二首，一同刊登於《詩報》第19號〔註113〕，名列「第一」盧纘祥詩：

> 紅旭初升照翠巒，休將不動誚蹣跚。
>
> 昂頭東向琉球島，曳尾西連噶瑪蘭。
>
> 峰峙何須盛玉匣，濤翻却似湧金盤。
>
> 祺生一賦流傳久，攜向晨光仔細看。

全詩前六句描述龜山朝日的景致，後二句引清朝李祺生〈龜山賦〉，發思古之幽情。名列「第三」葉文樞詩：

> 形勢渾如長介蟲，最宜初旭蘸瞳矓。
>
> 蕃滋草木尾疑綠，變幻雲霞背訝紅。
>
> 兩卵微茫依嶼畔，一輪燦爛湧波中。
>
> 有人指點晨光裡，故國毘耶此極東。

〔註111〕同註3，頁505。

〔註112〕《詩報》創刊號（1930年10月30日），頁8。

〔註113〕《詩報》第19號（1931年9月1日），頁6。以下所引〈龜山朝日〉皆出自此處，不再詳註。

朝陽由龜山昇起的美麗景色，是詩人極力描繪的對象。然而在欣賞美景的同時，因龜山島的位置和名稱，興起詩人對故國、傳統文化的思念。

（二）崙嶺夕煙

崙嶺，指今日頭城鎮石城里，是由北入蘭的第一個行政區域。該地有高嶺聳天，雲煙繚繞，夕陽反照，暮靄尤佳。〔註114〕《臺灣日日新報》昭和 7 年（1918）六月二十九日第四版，「翰墨因緣」一欄刊載頭圍登瀛吟社第六期徵詩〈崙嶺夕煙〉題解：

> 崙嶺在宜蘭郡五十五里，北近三貂，以高得名，石梯如梯，常有煙雨。舊時往來蘭陽之孔道。蘭陽八景之一，所謂崙嶺夕煙即此地也。清同治臺鎮使者劉明燈過此，立碑於山半，泖雄鎮蠻煙四大字，迄今尚存。流俗相傳，劉明燈杖節到此，興夫為穠煙所迷，幾於失道，故立是碑以為壓勝。自宜蘭縣汽車開通，過客寥寥，嶺上只有茅屋數椽而已。然夕陽欲墜，煙嵐撩繞，固依然保其天然佳景，不隨時世為轉移云。

此消息亦刊於《詩報》第 39 號〔註115〕。此次共得詩二百又四首，託詞宗陳懷澄選出五十首，其中二十首及詞宗擬作二首刊於《詩報》第 45 號，蘭地詩人只有吳春麟（第一名）葉文樞（第二、八名）莊芳池（第十、十四、十七名）吳蔭培（第十三名）四位進入前二十名。〔註116〕名列「第一」吳春麟詩：

> 九點齊州訝此間，濛濛徧布近貂山。
>
> 氤氳色共浮雲碧，搖曳光分落日殷。
>
> 峰向香爐曾獻瑞，書從石碣竟名蠻。
>
> 楊鞭南去休迷路，澎湃潮聲又北關。

全詩對仗工整，末二句有旅人趕路行色匆匆之感。名列「第二」葉文樞詩：

> 踏盡斜陽路幾層，空濛如霧散還凝。
>
> 遠迷龜嶼雲同合，近接貂山月未升。
>
> 地僻漫疑傳蠟燭，年深尚說誤明燈。
>
> 疏林蔓草人家少，史蹟惟將片石徵。

〔註114〕同註 110，頁 398。

〔註115〕《詩報》第 39 號（1932 年 7 月 15 日），頁 1。

〔註116〕《詩報》第 45 號（1932 年 10 月 15 日），頁 2。以下所引〈崙嶺夕煙〉皆出自此處，不再詳註。

此詩寫景亦懷古，人煙稀少的古道，逝去的歷史，只有石碑爲證，今昔之比，感慨尤深。

（三）大里漁燈

大里，爲宜蘭縣頭城鎮最靠北邊的第二個鄉里。沿岸外多礁石，北側山嶺名爲草嶺，是宜蘭縣與臺北縣界山，因地當草嶺南麓，亦稱「草嶺腳」。又因地居三貂嶺之險，西倚千仞峯巒，下臨萬里滄溪，旭日初昇，濤聲澎湃，景色甚佳。或觀日出，或賞明月，或望洋觀濤，或觀漁家燈火，都令人心動。〔註117〕

仰山吟社張迺西曾寫了一首〈大里觀潮偶感〉〔註118〕：

閒來大里驛頭望，捲地浮天勢莫當。

往事驚心懷鹿耳，舊遊回首憶錢塘。

銀花高噴龜山外，練影橫拖草嶺旁。

省識孫恩身死後，漫言滄海不波揚。

此詩首聯、頷聯寫大里觀潮之狀，頸聯、末聯抒發滄海桑田之感。張迺西在異族統治下，將晉末平民起義領袖孫恩寫入詩中，其意義自不同於平常。

登瀛吟社第三期以蘭陽名勝〈大里漁燈〉爲題，廣向全島徵詩，由林述三任詞宗，選出三十首詩，並由詞宗擬作二首，一同刊登於《詩報》第24號〔註119〕。若以蘭地詩人作品爲例，名列「第一」盧纘祥詩：

輝煌萬點勝楓橋，往復波心影動搖。

網上光臨東海岸，船頭燄照北關潮。

大溪日落烟初裊，卯澳風高爐未銷。

試向拱蘭宮外望，秋來夜夜似元宵。

盧纘祥爲頭城人，此詩不僅寫大里漁燈，鄰近的大溪里、合興里（北關）的景色也含在其中。拱蘭宮，1854 年創建，主祀天上聖母，原本在龜山島，1976年遷至大溪里。〔註120〕1931 年拱蘭宮未遷廟之前，盧纘祥從龜山島拱蘭宮上望向頭城大里、大溪、合興里等漁村海岸線，彷彿能感受到過元宵的和樂氣氛。由龜山島望向大里的觀賞角度，蘭地詩人多所著墨，如「拱蘭宮外月華

〔註117〕同註110，頁74、402。

〔註118〕《詩報》第51號（1933年1月16日），頁13。

〔註119〕《詩報》第24號（1931年11月15日），頁8。以下所引〈大里漁燈〉皆出自此處，不再詳註。

〔註120〕同註110，頁383。

臨」（劉枝昌）、「拱蘭宮外銀花艷」（林錫虎）、「凌霄宮對拱蘭宮」（莊芳池），而蘭地以外的詩人都未曾寫到。此當為本地人熟悉此地理環境，特有的書寫角度。

（四）北關海潮

蘭陽平原三面環山，東臨太平洋，地形封閉。清治時期在蘭陽平原北端設有北關，南端設有南關，遙相呼應，成為管控進出蘭陽的重要門戶。北關1918 年由通判高大鏞所建，城樓、箭垛、馬道、砲座、營房等皆俱備，大石鱗列，雄鎮一方，扼守入蘭咽喉，惜今日已全毀，只能由站在北關觀海亭上，遠眺龜山佳景，近觀驚濤拍岸，尤其日出、漲潮時，是走訪北關的最佳時刻。

登瀛吟社第六期徵詩〈北關海潮〉由詞宗洪鐵濤選出三十首詩，刊於《詩報》第 38 號，限於報章篇幅，二十四名以後只錄其名未錄其詩。〔註 121〕登瀛吟社在徵詩之時有〈北關海潮〉題解：

> 北關在宜蘭郡龜山驛北，該處高山險峻，大石鱗列，蜒蜒而入於海，天生門戶。北通三貂嶺，南趁頭圍，為全蘭咽喉，前嘉慶二十四年通判高大鏞奉准於山隙建關一座，橫直各十二丈，派兵防守，以司啟閉，每遇潮漲時，勢極湍悍，猛擊海岸，巨石浪花四散，如飛銀濺雪，真壯觀也。舊時廳誌列為八景之一。「附錄烏竹芳詩一首以借參考：蘭城鎖鑰扼山腰，雪浪飛騰響怒潮。日夕忽疑風雨至，方知萬里水來朝。〔註 122〕

此題解提供作者寫作靈感，也讓我們對北關有基本的認識。蘭地詩人描寫北關海潮的詩作並未受到詞宗青睞，只有九首入選，且名列前茅者僅葉文樞（第二名）、游象新（第七名）、莊芳池（第八、九名）三位。葉文樞詩：

> 龜山烏石望非遙，一線奔騰破寂寥。
> 蕞爾堞寧過百雉，軒然沫欲濺三貂。
> 位疑辰極星皆拱，勢控瀛壖水盡朝。
> 可是大鏞遺跡在，聲聲嗚咽為魂招。

全詩前六句描繪北關浪潮的壯闊，末二句將陣陣海浪聲比喻為招魂，捍衛山關的魂魄，何時再顯聖靈。游象新詩：

〔註 121〕《詩報》第 38 號（1932 年 7 月 1 日），頁 5。以下所引〈北關海潮〉皆出自此處，不再詳註。
〔註 122〕《詩報》第 29 號（1932 年 2 月 6 日），頁 1。文中標點符號為筆者所加。

> 鎖鑰蘭城氣自豪，汪洋萬頃湧滔滔。
>
> 地連貂嶺星河近，門對龜山雪浪高。
>
> 大信往來同日月，雄威澎湃仗鯨鼇。
>
> 當年譏察人何在，惟有狂瀾尚怒號。

此時同樣給人今昔之感。莊芳池共有三首詩（第八、九、二十四名）入選，名列第八名的詩作：

> 比固蘭陽勝景饒，長驅白浪海門遙。
>
> 守關軍馬威何在，戲水魚龍勢尚驕。
>
> 萬派洪濤掀島嶼，一重險隘扼山腰。
>
> 我來憑弔興亡事，不見英雄只見潮。

時代動盪不安，詩人為江山易主感到無奈，他期盼出現一代豪傑，但時代的巨輪下，誰是英雄呢？只見潮水不停的拍打著岸邊，以景作結，留給讀者無限想像。

（五）湯圍溫泉

礁溪舊名湯圍，後倚鳳頭、金面諸山，前臨萬頃平疇，遙望煙波龜嶼，風景絕佳。〔註123〕「礁溪溫泉」是少見的平地溫泉，源於礁溪鄉德村路福崇寺後的山下，屬於鹹性溫泉，色清無味，水中含有氯化鉀、硫酸鈉、重碳酸鉀、硼酸等礦物質，洗後通體舒暢，能消除疲勞，又能養顏美容，有益健康，是清治時期有名的蘭陽八景之一。日治時期盛名不減，現在更是蘭陽平原熱門的休閒景點。

登瀛吟社第四期全島徵詩，詩題〈湯圍溫泉〉，附錄題解：

> 湯圍溫泉乃蘭陽八景之一，在礁溪驛北三町圓山子上。大正四年，
> 臺北州設立公共浴場一所，溫度五十二度，泉質屬鹽類，澄清無色，
> 含有重炭酸、硼酸及其它各質，能治各種慢性胃腸病及皮膚病等。
> 此外尚有旅館、料理店，均兼營浴場。附近溫泉流域，舊時統名曰
> 湯圍。湯圍之東有龜山，西有五峰旗山，北鵝子山，南接曠野，春
> 秋佳節日，士女如雲，誠蘭陽之勝境也。〔註124〕

湯圍溫泉的魅力，自清治至日治依然存在，登瀛吟社以此為題向全島徵詩，由詞宗魏潤菴選出三十首詩，刊於《詩報》第31號，限於報章篇幅，二十三

〔註123〕同註110，頁7。
〔註124〕《臺灣日日新報》（1931年11月13日），第四版。

名以後只錄其名未錄其詩。〔註125〕蘭地詩人有十首入選，但名次偏後，可見蘭地詩人作品未獲詞宗青睞，名列「第九」莊芳池詩：

> 不須調鼎釀烟濃，獨藉乾坤一氣鎔。
> 昇月樓前泉滾滾，員山館下水淙淙。
> 滌來汗垢千般去，療得皮膚百病鬆。
> 浴罷倚欄舒望眼，龜峰聳峙對西峰。

名列「第十五」李琮璜詩：

> 員山勝景紀湯泉，長藉天工爐火然。
> 人浴樂園春浩浩，烟迷昇月溜涓涓。
> 丹砂有氣渾如釀，白水何知解自煎。
> 莫怪世情多附熱，笑儂到此亦流連。

徵詩附錄題解以礁溪湯圍溫泉為主，故外地詩人寫湯圍溫泉，常以「礁溪」地名入詩，如「齊向礁溪驛上歸」（第二名劉元和）、「礁溪風景久馳名」（第四名陳文石）、「礁溪活水葆天眞」（第六名陳文石），而莊芳池及李琮璜寫的是宜蘭溫泉。因為如題解所云：「附近溫泉流域，舊時統名曰湯圍」，位於員山的宜蘭溫泉成為熟悉蘭地溫泉流域的本地詩人歌詠的另一重點。張天眷〈宜蘭溫泉偶詠〉：

> 驅車不憚入西鄉，拋却詩書教授忙。
> 數處館房俱靜爽，四邊花木競芬芳。
> 市遙偏喜山無瘴，地暖纔知水有礦。
> 他日若能賦歸隱，免愁塵垢穢吟腸。
>
> （作者自註：即宜蘭溫泉離本宅不遠故云。）〔註126〕

宜蘭溫泉離張天眷住家不遠，而宜蘭市與員山鄉只有一線隔，故知所指為員山溫泉。該溫泉位於員山鄉內員山，泉水溫暖適宜，與礁溪溫泉相伯仲，浴罷遠望，風景怡人。〔註127〕

　　仰山吟社曾以〈宜蘭溫泉〉為詩社課題，由左詞宗林拱辰，右詞宗連城青，選出十六首，刊登在《詩報》第84號，〔註128〕名列「左一右三」石壽松詩：

〔註125〕《詩報》第31號（1932年3月15日），頁7。以下所引〈湯圍溫泉〉皆出自此處，不再詳註。
〔註126〕《詩報》第139號（1936年10月15日），頁5。
〔註127〕同註110，頁13。
〔註128〕《詩報》第84號（1934年7月1日），頁10。以下所引〈宜蘭溫泉〉皆出自

好是溫泉景色幽，員山勝地賦清遊。

窗含玉嶺雲常幻，宅映蘭川水自流。

竹塢風輕忘入夏，磺池氣暖不知秋。

此間恍惚桃源境，觴詠何妨十日留。

此詩形容員山溫泉，冬暖夏涼，有如人間桃花源。名列「右一左九」陳鏡秋詩：

四時一氣沼中浮，形勝員山景物幽。

地脉如潮來大隴，天風飛霧到深溝。

梵宮塵淨清溪上，縣社春生古渡頭。

鳥語盈林花滿徑，此間聲色足嬉遊。

全詩讚頌宜蘭溫泉是嬉戲郊遊的好去處，得天獨厚的地熱水脈，是天賜的禮物。

　　早在 1933 年仰山吟社就曾以〈湯烟〉擊鉢詩，由左詞宗吳蔭培，右詞宗李琮璜品評出十三首詩，刊登在《詩報》第 59 號，〔註129〕名列「左一右十」陳鏡秋詩：

不須爐火醞，冉冉起谿前。掠水迷春草，隨流罩石田。

輕摩高士頂，淡拍美人肩。寒日開窗看，彌漫欲蔽天。

此詩頷、頸聯以轉化的筆法，形容湯烟裊裊之狀。名列「右一左八」蔡鏡豪詩：

隨風飛白練，遙望勢凌天。似沸迴炎影，如焚出湧泉。

光搖三峽水，霧鎖楚山巔。終歲無冬夏，臨流散暮煙。

全詩以白描的方式，形容湯烟自地面往上飛升的凌空之勢。湯圍溫泉流域，位於蘭陽平原，不需舟車勞頓即可享受大自然的恩賜，不論泡湯舒活筋骨或遠觀湯烟霧氣，詩人們沉浸美景，心情也為之放鬆。

（六）謁岳王祠

　　岳王祠，指碧霞宮，又名岳武穆王廟，位於宜蘭市城隍街。光緒 22 年（1896）春初，由陳祖疇、陳登弟、李琮璜、李紹年等人創始，時當乙未割臺之初，創始人等憤慨臺灣淪於日本，目擊蘭地人民受其蹂躪，欲存民族正氣，故籌建岳王祠，奉岳王為典範，以喚醒愛國意識，期隱藏民族精神於民間信仰中。

此處，不再詳註。

〔註129〕《詩報》第 59 號（1933 年 5 月 18 日），頁 12。以下所引〈湯烟〉皆出自此處，不再詳註。

〔註130〕岳王祠是全省少見的祀奉岳武穆王神像的廟宇，也是蘭地士紳集結的鸞堂（見本文第三章）。

1939 年仰山吟社以〈謁岳王祠〉爲擊鉢詩題，由左詞宗林玉麟，右詞宗林淵源，評選出十三首詩刊登在《詩報》第208 號，〔註131〕名列「左元右八」李康寧（壽卿）詩：

千古忠臣廟，登堂肅禮儀。枕戈懷報國，解早痛班師。

香火崇今日，江山恨昔時。秦奸讐未復，鐘鼓泣神祇。

全詩以岳飛國仇未復讓鬼神共泣作結，借古諷今，意義非凡。名列「右元左避」林玉麟（夢鶴）詩：

細雨紛紛裡，來參武穆祠。千秋香火盛，萬古姓名垂。

刺背忠心現，勤王義膽披。冤沈三字獄，不忍憶當時。

仰山吟社常以碧霞宮作爲集會地點，岳飛的民族精神已內化爲宗教生活的一部分，詩人們歌詠岳王事蹟，嘆息者爲多。但身於異族統治之下，他們也不能有所作爲，只能在形式上或精神上，努力維持「漢文想像共同體」〔註132〕，消極抵抗殖民者的文化侵略。

（七）寒溪櫻信

宜蘭縣太平鄉（後改稱大同鄉）寒溪村，住戶大部分爲原住民，周圍遍植山櫻，冬末春初櫻花盛開，如雲如霞，恍如仙境。是光復後第一任民選宜蘭縣長盧纘祥選定蘭陽十八勝之一。〔註133〕

1937 年東明吟社小集詩畸以〈寒溪櫻信〉（双鉤格）爲題，找來張天眷擔任詞宗，並由他擬作「櫻花爛漫傳春信，溪水潺湲入夜寒」作爲範例，最後選出六例刊登在《詩報》第149 號。〔註134〕寒溪櫻花之美，早已受到詩人們

〔註130〕盧世標，《宜蘭縣志・人民志・宗教篇》（宜蘭：宜蘭文獻委員會，1970 年重刊），頁10～11。

〔註131〕《詩報》第208 號（1939 年9 月1 日），頁18。以下所引〈謁岳王祠〉皆出自此處，不再詳註。

〔註132〕黃美娥認爲日治時代臺灣傳統詩社再起，蘊含「漢文再發現」的歷程，不同於清代單純以文會友的型態，而是具有漢文化記憶的再確認與再鞏固的積極意義，促使社群成爲「新漢文想像共同體」，社群意識的凝聚來自集體組織活動與刊物傳播。詳見黃美娥，《重層現代性鏡像：日治時代臺灣傳統文人的文化視域與文學想像》，（臺北：麥田出版社，2004 年），頁143～182。

〔註133〕同註110，頁13、15。

〔註134〕《詩報》第149 號（1937 年3 月21 日），頁15。

的注意。張天眷《愛吾盧吟草》收有〈寒溪櫻花〉：

> 爛漫櫻開近大元，人來探勝不辭煩。
>
> 蠻花狚草迷雙嶂，國色天香艷一村。
>
> 鐵骨枝枝凝夜露，硃唇點點醉朝暾。
>
> 採時我愛攜盈掬，歸路蘭東景色昏。〔註135〕

全詩描寫自己沉醉於滿山盛開的山櫻，渾不知日已西斜。

　　寒溪為原住民居住之地，蕭獻三、鄭指薪兩人寫的〈遊寒溪蕃社〉七言古詩〔註136〕，針對原住民生活有詳細的描述，居住於本地的詩人則未見有關這方面的描寫。對一地事物之觀察因身分角色不同，所產生的視域也就有差異。外在寓居蘭陽的文人注意寒溪原住民的生活，本地詩人欣賞該地的自然風景，櫻花綻放之美，並未特別原住民和漢人的差異。

（八）太平山林

　　太平山位於羅東西南五十三公里，為宜蘭濁水溪南岸之森林地帶，林野面積廣大，自山麓之熱帶林至南湖大山之寒帶林，針葉樹、濶葉樹產量佔全省總量十分之六。〔註137〕「太平」山名，翻譯自原住民口中的「眠腦」地帶，其林場區域有兩個主要分布點，一是加羅山（標高 2387 公尺），二是宜蘭濁水溪（即今日蘭陽溪）上游對岸的茂興線上。是一片樹齡在兩百至兩千年均有的原始森林，扁柏、紅檜、巒大杉、臺灣杉遍佈，日治時期大致隸屬羅東郡，現在則屬於宜蘭縣有大同鄉、南澳鄉境內。〔註138〕

〔註135〕張天春，《愛吾盧詩文集》，李裕亮私人收藏，頁 49。

〔註136〕蕭獻三〈遊寒溪蕃社〉：「鑿齒雕題自一村，偶談蕃社每消魂，試刀蓪草青如舊，馘首餘風久不存。（蕃人欲出草必先試刀於蓪欉，如一刀能斷乃決行。）如鰈如鶼萃女男，豐年祭賽一村湛。那須接吻歐西羨，兩口同杯酒更甘。鑿地蝸盧六尺深，手揮搗杵口彈琴。結繩紀歲遵周易，老幼長存太古心。薯塩充腹火防寒，作稼勞勞尚未安。受盡鞭笞牛馬走，一冬飽暖度還難。」鄭指薪〈遊寒溪蕃社〉：「摧薪為堵竹為篝，自給原須仰力耕。大有狐裘平仲例，一衣未敝不曾更。養生有術獨翻新，薯粟家家酒釀醹。少小怪他偏嗜飲，為教易長壯如人。鑽峰峭壁擅蹧攀，活計如何轉漸艱。未識枉誇腰脚健，不耕平地愛耕山。生存事物日推遷，淳朴寧容本自然。居處也隨時勢改，室中穴地半平填。」詳見《詩報》第 216 號（1940 年 1 月 23 日），頁 5。

〔註137〕盧世標，《宜蘭縣志·土地志·地理篇》（宜蘭：宜蘭文獻委員會，1970 年重刊），頁 2。

〔註138〕石計生，《宜蘭縣社會經濟發展史》（宜蘭：宜蘭縣政府，2000 年），頁 37。

　　大正 3 年（1914），日臺灣總督府開始小規模開發宜蘭太平山森林。1920年將林政事劃歸營林局統一掌理，斯時臺灣「阿里山、八仙山、太平山」三大林場開發工作同時完成。〔註139〕日治時期太平山林場，作業面積廣達五萬餘公頃，其中心地帶儼然成為日人居住村落，有神社、郵便局、小學、運動場。1924 年太平山森林鐵道開始營運，太平山開採的林木由水運改由鐵路運輸，以減少原木被沖入大海所造成的損失。〔註140〕被運送到山下千百年良木，放置於羅東貯木池儲存備用。貯木池面積約三萬坪，水中貯木的好處是保持優良原木材質，免於晒裂。〔註141〕

　　昭和 8 年（1933）太平山森林鐵道曾因雨水沖刷中斷，後經修復通車。〔註142〕森林鐵道增加交通便利，日人鼓勵大家至太平山旅遊，自 1933 年七月十八日起至二十三止，在《臺灣日日新報》連載六篇〈神秘太平山之行〉。〔註143〕隔年八月中川總督視察太平山，〔註144〕沿途風景絕佳，報上一一詳細介紹，宣傳太平山之美。

　　1935 年，仰山吟社社員李康寧曾寫了二首〈太平山秋望〉七言律詩刊登在《詩報》第 117 號，其中一首：

　　　　天高放眼望崚嶒，萬木霜凋檜尚榮。
　　　　地接溫泉溫轉冷，溪流濁水濁還清。
　　　　螺鬟紫擁濃烟暮，鴉背紅翻夕照明。
　　　　指點中原雲蔽處，江山搖落易傷情。〔註145〕

全詩前六句對太平山秋景有精彩細膩的描述，自然色彩與泉水溫度的變化，點出秋色山景之美。末兩句則輕輕帶出懷國（想像的故國）的憂傷，不脫「秋思」、「秋懷」、「秋興」書寫的傳統。

　　配合太平山林木的開發，設於羅東的貯木池是蘭陽平原最大的貯木所。東明吟社發會社即以〈貯木池〉為擊鉢詩題，廣邀同好描繪此勝地，由左詞宗張一泓，右詞宗杜仰山，選出三十二首詩作，刊於《詩報》第 87

〔註139〕盧世標，《宜蘭縣志·經濟志·林業篇》（宜蘭：宜蘭文獻委員會，1970 年重刊），頁 2。
〔註140〕《臺灣日日新報》1924 年 5 月 31 日第五版。
〔註141〕《太平山歷史圖片集》（臺北：中興大學森林系編印，未著撰年）。
〔註142〕《臺灣日日新報》1933 年 6 月 16 日第三版。
〔註143〕《臺灣日日新報》1933 年 7 月 18～23 日第三版。
〔註144〕《臺灣日日新報》1934 年 8 月 14 日第四版。
〔註145〕《詩報》第 117 號（1935 年 11 月 18 日），頁 16。

號。〔註146〕名列「左右元」盧史雲詩：

> 杉紅檜碧亂橫抛，幾畝方塘接近郊。
>
> 多少大材憑浸潤，留爲世上佐衡茅。

全詩在直寫貯木池良木之餘，亦能讀出「有爲者亦需沉潛浸潤，以待良機」的弦外之音。名列「左眼」李鏡秋詩：

> 伐木盈池浸近郊，良材寧碍雨風敲。
>
> 爲梁爲棟關家國，莫笑些時水裡抛。

此詩與盧史雲〈貯木池〉有異曲同工之妙。原本爲防止晒裂而將原木貯放於水池中的作法，在詩人筆下其意大不相同，隱含良材需經得起風吹雨打的外在考驗，才能成爲棟樑的寓意。

（九）港都蜃市

蘇澳港位於宜蘭縣蘇澳鎮東南四里許，昔稱東港，西南北三面環山，東臨太平洋，半島突出，分港爲二，南爲南方港。〔註147〕由於蘇澳港港面寬闊，礁石羅列，當春夏之際，海面風平浪靜，船舶市廛倒影入海，反映空中，幻化爲林臺樓閣，宛如神仙世界，遂有「蜃市」之稱。

登瀛吟社第七期徵詩以〈蘇澳蜃市〉爲題，由詞宗邱筱園品評出二十首詩，刊登在《詩報》第66號，〔註148〕蘭地詩人有葉文樞（三首）、陳志謙、游象新（二首）、盧史雲、莊芳池、楊靜淵等人九首詩入選，幾乎占了一半，且前六名幾乎都是登瀛吟社社員。一方面可能因爲此爲登瀛吟社徵詩，該社作品本來就多，入選機會增加，另一方面可能在地的作者有實際地理環境的體會，較能寫出優秀之作。名列「第一」葉文樞詩：

> 異境凌虛聳幾重，蘭陽南盡偶然逢。
>
> 小樓近映烏巖角，高閣遙臨黑石峯。
>
> 居肆無人非幻象，當壚有女合眞龍。
>
> 我來武荖坑前問，渾似桃源久絕蹤。

全詩對仗工整，形容位於蘭陽平原南端的蘇澳蜃市，眞假難辨的幻影，有如

〔註146〕《詩報》第87號（1934年8月15日），頁13。以下所引〈貯木池〉皆出自此處，不再詳註。

〔註147〕盧世標，《宜蘭縣志・經濟志・交通篇》（宜蘭：宜蘭文獻委員會，1970年重刊），頁81。

〔註148〕《詩報》第66號（1933年9月1日），頁8。以下所引〈蘇澳蜃市〉皆出自此處，不再詳註。

桃花源。名列「第三」陳志謙詩：

　　　　不信蓬瀛此地浮，澳中南北湧高樓。

　　　　幻來闤闠三千里，滙到蛟龍十二州。

　　　　直使空間饒蜃氣，錯疑天外有神謀。

　　　　劇憐世境都如是，羅馬先墟感未休。

此詩在讚嘆蜃市幻影之美的同時，興起對人類榮枯的感慨。名列「第四」游象新詩：

　　　　南去蘭陽最海隅，蜃雲深處有街衢。

　　　　織綃龍女寒休杼，泣淚鮫人夜賣珠。

　　　　萬井繁華通貝闕，百工貿影近蓬壺。

　　　　澳中別具神仙境，龍斷應無賤丈夫。

全詩馳騁想像，將神話中的龍王之女、海底怪人都寫入詩中。名列「第五」盧史雲詩：

　　　　奇萊路欲入蘭陽，夕照蒼茫別有鄉。

　　　　方喜波間浮貝闕，又疑海上駕鼉梁。

　　　　層嵐掩映雲千疊，傑閣迷離水一方。

　　　　幻景偶從南澳望，教人無限感滄桑。

此詩前二句點明地點，三至六句形容海上蜃市，末二句直抒感慨。名列「第六」莊芳池詩：

　　　　蘭陽勝景傍山隅，現出珠樓結構殊。

　　　　口窄最宜雙澳抱，內寬真有萬靈趨。

　　　　蒼茫蜃氣噓原易，縹緲鰲身載或無。

　　　　恰好日斜風定後，留將一幅蕊宮圖。

全詩同樣描寫蜃市，但著重地理環境的書寫。風和日麗的美好時節，才能看見港都蜃市，這樣的情境像一幅畫，深印詩人腦海。蘇澳港都的蜃市幻象，自清治至日治，皆為蘭地詩人歌詠的對象，已成為蘭地文學地景，永留存於詩人心中。

（十）蘇澳冷泉

　　1928 年日本人在蘇澳發現冷泉，水質清澈，水溫低於攝氏 22 度，屬「低溫礦泉」，為東南亞獨一無二的特殊資源。又因冷泉中含有大量二氧化碳，1933

年曾設廠生產汽水，稱為「那姆內」，〔註149〕用冷泉水製作的「羊羹」則是遠近馳名的蘇澳名產。1934 年《臺灣日日新報》在「蘭陽自慢」欄，以全臺唯一碳酸冷泉，介紹蘇澳冷泉，並贊同一日泡一回可終身無病的說法。〔註150〕

　　洗冷泉的特色在於，初入水中，冷入心扉的「透心涼」的感覺，但只要忍耐的住，等 2 至 5 分鐘後，便覺渾身發熱，洗冷泉不僅養生，還是考驗信心與毅力的養性之道。

　　登瀛吟社曾以〈冷泉〉為擊鉢詩題，廣邀同好描繪全臺唯一的勝景，由左詞宗施性湍，右詞宗陳子經，選出十四首詩作，刊於《詩報》第 35 號。〔註151〕名列「左一右三」蕭獻三詩：

　　　　剖竹穿林出翠微，臨流偏覺冷侵衣。

　　　　在山莫怪寒如許，世態炎涼早見幾。

蕭獻三因任職蘇澳的糖廠來到蘭陽，並加入登瀛吟社，對蘇澳冷泉特別有體會，全詩就「冷」字著眼，從冷泉的冷談到人情的冷。名列「右一」吳鴻福詩：

　　　　滴滴靈泉濺釣磯，一泓秋色漾寒威。

　　　　世情我亦如冰冷，擬向池邊永息機。

全詩仍就「冷」字著墨，觀看冷泉亦能悟出許多道理。該社社員詩作大多就此方面立論，如「誰是滿腔皆熱血，不妨澆背濕重衣」（游象新），「於今盡是趨炎客，入浴人應到此稀」（盧史雲），「我勸熱中名利客，臨流應汲一瓶歸」（葉文樞），皆不失「文以載道」的傳統寫作風格。

四、雨城風情

　　蘭陽多雨，一年四季都有雨。春夏之交，北方大陸冷氣團和南方海洋暖濕氣團鋒面停滯，帶來梅雨季。盛夏，因平原地形三面環山，加以日射強烈，空氣受熱對流旺盛，故每日午後二時至五時溫度最高時，熱雷雨頻仍，宜蘭雷雨日數，年平均四十餘日，為臺灣雷雨眾多地區之一。五至十月也是臺灣盛行颱風的季節，宜蘭常遭侵襲或波及，當其至也，狂風挾豪雨，往往一日之間，雨量即達數百公釐。迎風山坡雨量更驚人，故雖在秋

〔註149〕《臺灣日日新報》1933 年 3 月 27 日第三版。

〔註150〕《臺灣日日新報》1934 年 8 月 17 日第三版。

〔註151〕《詩報》第 35 號（1932 年 5 月 15 日），頁 6。以下所引〈冷泉〉皆出自此處，不再詳註。

季西南季風轉弱，臺灣各地天氣晴朗之時，宜蘭九、十月總雨量仍爲全年各月之冠。

　　冬季，宜蘭所處地帶，首當東北季風之衝，故入冬常陰雨綿延，每每逾月，1928 年曾有連續降雨五十三日之紀錄，即緣於宜蘭南境爲山區，屬迎風面，故降雨最多。所以宜蘭終年有雨，平原的年平均雨量可達二千五百至三千公厘，全年降雨日更可高達二百五十天，爲全臺最潮濕地區，亦爲終年多雲日照稀少之區。〔註 152〕因此，蘭地詩人終日與「雨」爲伍，對「雨」的感受最深，以下分爲「蘭城聽雨、山莊觀雨、竹風蘭雨、端午遇雨、雨意雨徑、甘雨喜晴」六小節，細述蘭地的詩情雨意。

（一）蘭城聽雨

　　雨，是蘭陽平原的氣候特色，宜蘭仰山吟社第一回徵詩即以〈蘭城聽雨〉爲題，由林拱辰任左詞宗，連碧榕任右詞，品選出十三首詩，其結果刊登在《詩報》第 31 號，〔註 153〕名列「左一右二」李琮璜詩：

　　　驟雨下蘭城，連宵倍愴情。滂沱孤夢醒，蕭瑟五圍生。
　　　聒耳添愁思，敲窗雜漏聲。曉來猶未息，悶坐待天晴。

全詩描寫驟雨連夜下不停，擾人清夢，天亮仍然未停，只能枯坐等待天晴的幽悶心情。名列「右一左九」李紹蓮詩：

　　　獨坐幽齋裡，頻聞淅瀝聲。初疑來草嶺，終覺到蘭城。
　　　洒竹音皆碎，彈蕉韵更清。思鄉眠不得，点点听分明。

李紹蓮居於蘭陽，終老此地，聽著雨聲，想起自己由外地來到此，從草嶺走到宜蘭城，一路上也是有「雨」相伴，雨勾起旅者思鄉的情緒，又是一個難以入眠的瀟瀟雨夜。

　　居住在宜蘭的人，常常能感受到「雨」如影隨行，「蘭陽連夜雨，入耳一聲聲」（葉文樞），「此處疑天漏，瀟瀟瀝本城」（陳鏡秋），「子夜蘭城雨，樓風听愈明」（李琮璜）的詩句隨手捻來即是。下雨了，最擔心「半規田水漲，傷稼最關情」（陳鏡秋），有農民照常下田工作，「枕頭山下路，戴笠有人耕」（游象新），樂天知命勤躬耕，更勝夜夜難眠。

〔註 152〕盧世標，《宜蘭縣志・土地志・氣候篇》（宜蘭：宜蘭文獻委員會，1970 年重刊），頁 1～27。
〔註 153〕《詩報》第 31 號（1932 年 3 月 15 日），頁 8。以下所引〈蘭城聽雨〉皆出自此處，不再詳註。

（二）山莊觀雨

雨，宜「聽」，宜「觀」，登瀛吟社社員莊芳池細觀「雨」之狀，寫下〈雨絲〉：

> 霏霏終日淡煙低，好似天孫織綿綈。
>
> 我亦矓矇雙醉眼，幾疑蛛網掛樓西〔註154〕

綿密如織的雨絲，詩人以「天孫織綿綈」及「蛛網掛樓西」形容之，「看」出「雨」的身影。

昭和6年（1931）三月二十一日全島聯吟大會首唱詩題〈雨絲〉，登瀛吟社盧纘祥榮獲「右二」〔註155〕：

> 纚自何人手，穿花五色明。棼如春二月，婉約夜三更。
>
> 刀剪曾勞燕，梭穿合情鶯。欲知長短處，斷續看難清。

全詩善用譬喻技巧，雨絲如線，因花色的映襯而色彩繽紛。以燕為剪，剪出有情絲，想細辨其長短，斷斷續續，令人難以看清。

仰山吟社〈山莊觀雨〉擊鉢詩，由左詞宗林玉麟，右詞宗李康寧，選出十六首詩，刊在《詩報》第212號，〔註156〕名列「左一右爐」張廼西詩：

> 瀟瀟入眼莫晴天，落遍諸峰後復前。
>
> 縹緲雲低山失徑，蒼茫水漲野成田。
>
> 催詩臥倦嗤中嫩，攜屐登高溯惠連。
>
> 我喜溫泉村熱滌，憑欄閒眺思如仙。

首聯第二句描寫雨勢一陣又一陣，前後山頭紛紛落，寫出雨的活潑樣貌。名列「右元左花」陳鏡秋詩：

> 四顧霏霏不見天，苔侵村徑水盈阡。
>
> 珠懸蛛網千竿竹，晶滾荷盤一沼蓮。
>
> 石壁雲封迷遠岫，林亭樹暝起寒煙。
>
> 開窗更向清溪望，白鷺參差浴野田。

全詩宛如一幅雨中農家的畫作，頸聯以「珠懸蛛網」及「晶滾荷盤」道出雨滴的可愛，讓整首詩有鮮活的動態感。

〔註154〕《詩報》第3號（1931年1月1日），頁6。
〔註155〕《詩報》第10號（1931年4月15日），頁6。
〔註156〕《詩報》第212號（1939年11月17日），頁9。以下所引〈山莊觀雨〉皆出自此處，不再詳註。

（三）竹風蘭雨

　　「竹風蘭雨」的俗諺，清楚點明新竹、宜蘭兩地的氣候特色。羅東東明吟社以〈竹風蘭雨〉作爲七言詩鐘（双鈎）的詩題，由天（張廼西）地（李耀峰）人（李維桑）三位詞宗品評，〔註157〕讓大家盡情馳騁詩技。而頭圍登瀛吟社直接以〈蘭雨〉爲擊鉢詩題，請左詞宗洪鐵濤，右詞宗蕭獻三，選出十三首詩，其結果刊登在《詩報》第185號，〔註158〕名列「左一右三」盧史雲詩：

> 行人恍惚杏花村，不遇清明亦斷魂。
>
> 名共仁風揚竹塹，物沾甘雨說桃源。
>
> 迷離蜃市傳蘇澳，紉佩騷經續屈原。
>
> 我愛催詩並留客，何妨日日落傾盆。

新竹的風，蘭陽的雨，是大家耳熟能詳的事，「竹風媲美姓名存」（莊芳池）、「竹風長與共名存」（劉枝昌）。這麼有名的雨，有何佳處呢？對盧史雲來說，蘭陽的多雨讓他有催詩留客的好理由。

　　春夏之交，梅雨季節來臨。詩人們寫了〈梅雨〉七言詩鐘（鶴頂格），刊在《風月報》第76期。〔註159〕夏天的颱風雨、午後雷陣雨，精彩的下個不停，羅東東明吟社、宜蘭仰山吟社都不約而同選擇〈夏雨〉作爲擊鉢詩題。

　　東明吟社〈夏雨〉擊鉢詩，由蔡鰲峰任左詞宗，林淵源任右詞宗，選出首十五詩，刊在《詩報》第111號，〔註160〕奪「元」林義詩：

> 熟梅節到雨初飄，萬里平原賴細澆。
>
> 隨著南風偏淅瀝，一天炎氣覺全消。

獲「眼」林玉麟詩：

> 熟梅天氣雨瀟瀟，掃却炎威頃刻消。
>
> 淒絕荷池聲響處，幾疑邊地戰軍囂。

原來夏天午後的雷陣雨是消暑的良方，斗大的雨珠紛落，如戰地裡的聲響。

　　仰山吟社春季大會次唱以〈夏雨〉爲擊鉢詩題，同樣對夏雨消暑之事多

〔註157〕《詩報》第117號（1935年11月18日），頁13。

〔註158〕《詩報》第31號（1932年3月15日），頁8。以下所引〈蘭雨〉皆出自此處，不再詳註。

〔註159〕《風月報》第76號（1938年12月1日），頁52。

〔註160〕《詩報》第111號（1935年8月16日），頁12。以下所引東明吟社〈夏雨〉皆出自此處，不再詳註。

所著墨，最後由左詞宗林玉麟（夢鶴），右詞宗林淵源，選出首十六詩，刊在《詩報》第 135 號，〔註161〕名列「左元右花」蔡鰲峰詩：

> 黃梅時節慣陰霾，乍聽風雷雨亦偕。
>
> 一滴能除三伏熱，管他簷溜欲平階。

消暑甘霖，更添詩意。名列「右元」賴仁壽詩：

> 瀟瀟雨下滿庭階，能洗塵寰面感怀。
>
> 我獨熱腸消未得，葛衣蕉扇更安排。

夏雨去暑生凉，花草也顯得亮麗，但作者暑意未消，穿著薄衣手拿蕉扇隨意瀏覽。

　　陰霾綿密的梅雨令人斷腸，亦能催詩留客；雷聲電影的夏雨洗去炎天，亦能解農憂。多變的雨，多情的詩人。

（四）端午遇雨

　　逢年過節恰逢「雨神」造訪，心情又如何？宜蘭仰山吟社、頭圍登瀛吟社都曾經描寫農曆五月五日端午節碰到下雨時的感想。

　　仰山吟社〈端午遇雨即事〉擊鉢詩，由左詞宗吳蔭培，右詞宗蔡鰲峯，選出首十六詩，刊在《詩報》第 40 號，〔註162〕名列「左一右五」王蔡樹詩：

> 艾旗蒲劍閱文旌，銀箭絲絲落滿城。
>
> 令節正思同競渡，消魂霡霂雜波聲。

龍舟競渡之時，下雨了，雨聲伴隨水波聲令人消魂。名列「右一」陳玉枝詩：

> 佳辰蒲節雨頻傾，卻恨蒼穹未放晴。
>
> 載笠披簑難競渡，奪標舟斷楚江聲。

全詩仍舊著墨於下雨打斷競渡之事。名列「左三右避」蔡鰲峰詩：

> 端陽積雨似盆傾，城北川流漲已盈。
>
> 悵觸汨羅當日事，不堪澤畔苦吟行。

端陽佳節雨像「整桶倒」（閩南語），河水暴漲，讓詩人想起江畔苦吟的屈原，心情更加惆悵。名列「左四」李康寧詩：

> 濃陰一抹起東瀛，不聽龍舟奏曲聲。

〔註161〕《詩報》第 135 號（1936 年 8 月 15 日），頁 10。以下所引仰山吟社〈夏雨〉皆出自此處，不再詳註。

〔註162〕《詩報》第 40 號（1932 年 8 月 1 日），頁 7。以下所引〈端午遇雨即事〉皆出自此處，不再詳註。

蒲節如何天忽漏，好將艾酒且怡情。

詩中以「天忽漏」巧妙形容雨勢之大，「山不轉，人轉」，意識可主導心境變化，不能觀賞激烈的競渡龍舟，就喝酒怡情養性吧！

仰山吟社社員詩作集中描寫端午節遇雨的悵惘之情，而登瀛吟社〈端午雨〉擊鉢詩則是描寫端午節的「雨」，由左詞宗盧史雲，右詞宗楊靜淵，選出首八詩，刊在《詩報》第 136 號，〔註163〕名列「左一右三」莊芳池詩：

一樣巴山對語時，汨羅江口好催詩。

縱然傾盡天河水，難洗含冤楚屈悲。

名列「右一」簡林財發（夢珍）詩：

香蒲角黍鬧清時，底事陰霾四佈施。

忽聽楚江聲滴瀝，豈能洗得屈原悲。

名列「左右二」游象新詩：

恰值江心鑄鏡時，片雲罩處雨如絲。

莫將應候催詩看，天爲三閭淚暗垂。

以上三首詩，前二句描寫下雨之狀，後二句皆著眼於雨與屈原的關係。每到端午都會下雨，難道是上天也爲屈原叫屈，可惜傾盆大雨難以洗淨屈原的冤屈。自然萬物，因人之所思所感，彷彿也變得多愁善感。

（五）雨意雨徑

蘭地，全年各月多雨，故終年多雲，爲全省平地雲量最多之地，且年降雨日可高達二百五十天。〔註164〕多雲迷漫的日子充滿雨意，隨時隨地都有可能下雨，蘭地詩人有很多的機會可以試試雨中散步的滋味。

仰山吟社〈雨意〉擊鉢詩，由左詞宗莊仁閣，右詞宗蔡鰲峰，選出十二首詩，首刊於《風月報》第 132 號，重刊於《詩報》第 251 號時，限於篇幅後三名未錄其詩。〔註165〕名列「左一右二」李蘆洲詩：

黯淡煙雲襯碧流，空教喚雨噪斑鳩。

〔註163〕《詩報》第 136 號（1936 年 9 月 1 日），頁 13。以下所引〈端午雨〉皆出自此處，不再詳註。

〔註164〕盧世標，《宜蘭縣志・土地志・氣候篇》（宜蘭：宜蘭文獻委員會，1970 年重刊），頁 28。

〔註165〕《風月報》第 132 號（1941 年 6 月 15 日），頁 28。以下所引〈雨意〉皆出自此處，不再詳註。〈雨意〉重刊於《詩報》第 251 號（1937 年 7 月 4 日），頁 10。

花心著露閨人夢，旅底牽情野客愁。

頓使迷濛遮日腳，未聞滴瀝到樓頭。

憑誰撥霧回天手，得現清光悅眼眸。

全詩寫出烏雲密佈，未見雨水，也盼不到天晴的幽悶心情。名列「右一」李康寧詩：

驚寒到處聽啼鳩，漠漠春陰罩小樓。

客待催詩臨北苑，農懷佈穀倚西疇。

桃花有恨紅偏釀，楊柳多情翠欲流。

問道蒼生仍渴望，老天恩澤幾時酬。

全詩表達春陰之日，祈望雨潤大地的情緒。名列「左二右八」賴仁壽詩：

商羊舞罷日初收，萬里濛朧景色幽。

幾朵歐雲昇海上，一彎鐮月斂峰頭。

江波客未攜青笠，村野人將事碧疇。

四顧煙迷天欲晦，寒風陣陣滿山樓。

此詩有山雨欲來風滿樓之意味，頸、頷聯生動的描繪雨勢來臨前，天空雲月的變化，及江客村人面對雨即將落下的不同反應。

仰山吟社另一首〈雨徑〉擊鉢詩，由左詞宗吳蔭培，右詞宗蔡鏡豪，選出首十三詩，首刊於《詩報》第 152 號，重刊於《詩報》第 160 號，〔註166〕名列「左右元」張廼西詩：

連晝天難霽，霏霏灑滿歧。屐投欣此日，巾折記當時。

泥漬黃翻滑，苔深翠展姿。澹臺吾願效，冒濕豈因私。

首、頷聯描繪出雨徑濕滑，苔深難行之狀。頸、末聯道出詩人對自我的堅持。詩中「澹臺」，指孔子弟子澹臺滅明，字子羽。以貌醜不爲孔子所重，退而修行，南遊至江，有弟子三百人，名聞於諸侯。孔子聞之，曰：「以貌取人，失之子羽。」（《論語·雍也》）。名列「右眼左避」吳蔭培詩：

夾道淋漓處，羈人苦雨時。泥濘連曲浦，淅瀝雜疎籬。

屐齒留龜印，苔痕上鳳池。頻歌行不得，路滑欲何之。

首、頷聯點明多日不停的雨勢，阻礙人們的活動。頷聯以龜印和鳳痕爲喻，生動形容出雨徑上的足跡。末聯以轉化的技巧，詢問爲雨所困的人們，何以

〔註166〕《詩報》第 152 號（1937 年 5 月 11 日），頁 3。以下所引〈雨徑〉皆出自此處，不再詳註。〈雨徑〉重刊於《詩報》第 160 號（1937 年 9 月 1 日），頁 10。

仍舊願意在雨徑中行走，爲何事而忙碌呢？詩人在此並未道出結論，留給讀者許多想像的空間。如果與名列「左花右七」林玉麟詩：

> 鎮日淋鈴響，苔痕處處披。傾盆泥欲濺，執傘步翻遲。
>
> 大地飛塵淨，遙村蔓草滋。漫教歌滑滑，有興藉催詩。

互相參照，可推知詩人們熱衷催詩之樂，即使雨徑難行，也難以阻擋這份熱情。

（六）甘雨喜晴

　　雨下太久，或暴風雨的肆虐，人們生活作息全被打亂，心中期望晴空萬里。仰山吟社〈喜晴〉擊鉢詩，由連碧榕、李芦洲、李康寧三位詞宗合選，選出首十詩，刊於《詩報》第 97 號，林淵源二首詩囊括前二名，[註167] 如下所列：

> 雨餘山色映柴扉，欣賞秋光入錦幃。
>
> 自是農夫情更暢，歡聲响雜白雲飛。
>
> 亂峰聳翠白雲歸，結網蛛絲弄曉暉。
>
> 烏鵲似知秋色好，雙雙歡叫繞簾飛。

二首詩描寫久雨初晴的舒暢心情，不論人（前一首）或動物（後一首），都欣喜於天氣轉晴，秋光迷人，蛛網弄暉，彷彿帶來無限希望。

　　過與不及，都不是佳事，一直是豔陽高照的日子，亦令人困擾，久旱逢甘霖爲人生一大樂事，登瀛吟社〈甘雨〉擊鉢詩，由左詞宗盧史雲，右詞宗莊芳池，選出首十二詩，刊於《詩報》第 145 號，[註168] 名列「左一右四」黃振芳詩：

> 甘霖偶爾潤田疇，解得民間苦旱愁。
>
> 聞說農夫閒論價，千金一滴有耶不。

雨水潤溼大地，其價如金。名列「右一左二」楊靜淵詩：

> 一滴我欣蘇草木，萬家人喜潤田疇。
>
> 如金漫作尋常看，早兆豐年五大洲。

楊靜淵有二首詩入選，另一首名列「右二左四」：

〔註167〕《詩報》第 79 號（1934 年 4 月 15 日），頁 4。以下所引〈喜晴〉皆出自此處，不再詳註。

〔註168〕《詩報》第 145 號（1937 年 1 月 17 日），頁 8。以下所引〈甘雨〉皆出自此處，不再詳註。

> 商羊起舞兆豐收，一滴如金洒不休。
>
> 草木盡欣人盡喜，兩三日已潤寰球。

同樣將甘雨比喻為黃金。其它登瀛吟社社員詩作，如「分明一滴如金重」（游象新）、「千金一滴知時降」（盧史雲）、「散作千金豐豆熟」（李兩傳），都表達即時而降的雨水，其價值與黃金相等。

水可載舟，亦可覆舟；雨可助人，亦可害人。大自然的力量不容小覷，尤其是颱風季節，人民的損失及傷亡，更是難以估計。范良銘〈次潤庵先生暴風雨吟原玉〉詩：

> 銃後人勞當永續，蘭陽禍降不單行。
>
> 驚逢風雨重來襲，忍見居廬盡毀傾。
>
> 已死家家皆飲恨，雖生箇箇亦傷情。
>
> 願言自力更生速，土木經營次第成。〔註169〕

戰爭過後，正需休養生息之時，蘭地偏偏遇到風雨作亂，死者飲恨，生者情傷。楊長泉也寫了〈次潤庵先生暴風雨吟原玉（次韻）〉及〈疊韻再和潤庵先生暴風雨吟〉〔註170〕表達對颱風的驚恐、無奈及感嘆。甘雨喜晴的日子最能讓人感受自然的恩澤。

五、自然植物

蘭陽平原物產豐富，《宜蘭縣志・土地志・生物篇》〔註171〕記載蘭地的植物有稻、麥、豇豆、荣豆、西瓜、冬瓜、桃李、金橘、樟、楠、綠竹、刺竹、梅花、桂花、蘭花、菊花、艾草、菖蒲、蕁蔴、扶桑、夏枯草、滿天星蓼藍、草棉等，總計三百二十七種植物。

劉若愚認為作家對宇宙的關係是不自覺的顯示〔註172〕，宇宙包含人類社

〔註169〕《詩報》第284號（1942年11月25日），頁5。

〔註170〕楊長泉〈次潤庵先生暴風雨吟原玉（次韻）〉：「喜見親朋相接至，驚看禍患不單行。蘭陽三郡家全破，四海同胞囊盡傾。生死由來原有命，風雲變幻太無情。于今說起羅災事，擱筆長吁寫不成。」及〈疊韻再和潤庵先生暴風雨吟〉：「禾稻失收家亦破，舟車顛覆路難行。恩深義重金重賜，膽破心寒屋再傾。有死有傷兼有病，無衣無住太無情。果能得似塞翁馬，賜福還期願早成。」《詩報》第284號（1942年11月25日），頁5。

〔註171〕盧世標，《宜蘭縣志・土地志・生物篇》（宜蘭：宜蘭文獻委員會，1970年重刊），頁47～119。

〔註172〕劉若愚撰，杜國清譯，《中國文學理論》（臺北：聯經出版社，1981年），頁129。

會與自然界萬物，作者居住於某地，對某地事物的感受應當最深，本節即是
闡述日治時期蘭地詩人如何以傳統詩反映他們所感受的蘭陽平原可見的、可
親的自然植物。

（一）畫荷愛蓮

出汙泥而不染的蓮花是文人筆下廉潔品格的象徵，豐富蓮花特性與人們
性格之間的聯想，有花中君子之稱。蓮花亦名荷花，屬睡蓮科，多年生草本，
生淺水中，很適合溼潤多雨的蘭陽平原。《宜蘭縣志·土地志·生物篇》第三
節花卉類介紹蘭地夏日的荷花，抽長花梗，開重瓣花，色淡紅或白，品種甚
多，可池沼栽植，或以缸栽培供觀賞用。〔註173〕蓮花的用途廣泛，可供食用
及藥用，還有純觀賞的價值，是蘭地常見的自然植物，蘭地文人常以「蓮」
入詩。

筆者整理蘭地文人與「蓮」有關的詩作，如下表所示：

詩　題	詩　社	詞　宗	入選作者	出　處
睡蓮	登瀛吟社	左詞宗：葉文樞 右詞宗：游象新	吳鴻福、葉文樞、林錫虎、楊靜淵、游象新、林萬榮、李兩傳、劉克忠、吳春麟、吳六也、盧史雲、曾笑雲、莊芳池、林達庵、陳維藩、黃振芳等人。	《詩報》第53號（1933年2月15日），頁7。（該期刊出時將「游象新」誤植成「游眾新」。）
荷傘	仰山吟社	左詞宗：吳蔭培 右詞宗：陳鏡秋	張佐臣、連挺生、李芦洲、蔡炎輝、李康寧、林淵源、林玉麟、蔡鰲峯等人。	《詩報》第109號（1935年7月15日），頁14。
秋蓮	登瀛吟社	左詞宗：曾笑雲 右詞宗：游象新	紉秋、笑雲、芳池、振芳、象新、鴻福、史雲、樹德、炳文、達庵、夢珍、維藩、德發等人。	《詩報》第129號（1936年5月15日），頁3。
蓮房	仰山吟社	左詞宗：玉麟 右詞宗：松邨	燃薪、鏡秋、仁壽、康寧、鰲峰、春連、英林、佐臣、蘆洲、仁山、西庚、玉麟等人。	《詩報》第139號（1936年10月15日），頁5。
畫蓮	登瀛吟社	左詞宗：海為 右詞宗：樹德	史雲、樹德、芳池、六也、萬榮、海為、振芳、文通、枝昌、德發、曾笑雲等人。	《詩報》第143號（1936年12月15日），頁12。

〔註173〕同註171，頁86。

荷錢	登瀛吟社	左詞宗：曾笑雲 右詞宗：莊芳池	洪鐵濤、曾笑雲、蕭獻三、林炳文、盧史雲、莊芳池、曾笑雲、楊靜淵、黃漱六、呂厚生、吳蔭庭、李兩傳、林達庵、簡夢珍、張文通等人。	《詩報》第178號（1938年6月1日），頁8。

　　如上表詩題一欄所示，蓮花、蓮子、蓮葉都是詩人描繪的對象。池塘的荷葉「翠蓋亭亭立，橫塘遠近分」（張佐臣〈荷傘〉）形成「田田遮日影，蜜蜜覆波紋」（李蘆洲〈荷傘〉）壯觀景象，讓「尋涼池畔客，藉此避塵氛」（李康寧〈荷傘〉），此情此景令人神往。只看他人池塘裡的蓮花不過癮，「我羨愛蓮周茂叔，盈池別蓄買山貲」（曾笑雲〈荷錢〉），讓詩人不禁想要獨自擁有。

　　田田荷葉，簇擁朵朵蓮花迎風搖曳，「淡妝凝旭日，無語醉斜曛。西于添朝媚，眞妃帶宿醺。」（吳鴻福〈睡蓮〉）詩人以女子容貌形容蓮花的美姿，眞是「花」比人「嬌」。蓮花的美不僅白天好看，晚上更迷人，「夜深燒燭照，出水態輕盈」（盧史雲〈睡蓮〉），「看宜當皓月，坐訝傍慈雲。似有佳人採，歌聲夢裡聞。」（葉文樞〈睡蓮〉）賞蓮最宜有皓月、慈雲、佳人、歌聲相伴，好一幅悠閒歲月的景象。然而，夢境莫認眞，「醒來如解語，相對倍心傾」（莊芳池〈睡蓮〉），蓮花和佳人，如蝶的幻化，人生知己難尋。

　　秋天蓮花落，「可憐池上亭亭態」（吳紉秋〈秋蓮〉），興起美人遲暮之感。「蒹葭秋水夢何如，君子名參釋氏書」（莊芳池〈秋蓮〉），世俗紅塵宜看破，佛理哲學慰心靈。

　　轉念一想，花落結果，是生生不息的圓滿，「柄側果斜雨露侵，清香顆顆出波心。只因自結新房後，紅臉羅裙無處尋。」（李燃薪〈蓮房〉）爲了世代的傳承，「墜粉拋香費苦心」（賴仁壽〈蓮房〉），蓮子心中苦，世人皆知曉。

　　如果感嘆好花不常開，那麼「畫蓮」永流傳，是另一種癡情。「翠蓋分明開紙面，紅衣恍惚現波心。亦知妙手多情種，並蒂描來用意深。」（盧史雲〈畫蓮〉）從此「亭亭那怕雨風侵」（林樹德〈畫蓮〉），如果「一朵倘能供佛座，願將墨水化甘霖」（莊芳池〈畫蓮〉），「蓮心」／「憐心」，願人人皆有照拂他人之善心。

（二）東籬菊魂

　　「菊」象徵高潔，陶淵明賞菊、採菊，菊儼然成了隱居者的代名詞。《宜蘭縣志・土地志・生物篇》第三節花卉類介紹菊花爲多年生草本，屬菊科，

秋末開花，頭狀花序，花冠多黃色，亦有白色紫色者，種類甚夥，花可供藥用，有野生及庭園栽植。〔註174〕菊花是蘭陽平原野地或庭園常見花卉，且因菊爲花之隱逸者，蘭地文人非常喜歡摹寫菊花。統計蘭地文人以「菊」爲題的詩作，如下表所示：

詩　題	詩　　社	詞　　宗	入選作者	出　　處
菊魂	登瀛吟社	左詞宗：林雲汜 右詞宗：游古桐	夢蘭、夢竹、春麟、連珠、夢修、兩傳、夢珍、夢梅、一清等人。	《詩報》第4號（1931年1月17日），頁。4
探菊	仰山吟社	左詞宗：周石輝 右詞宗：陳金波	盧纘祥、蔡鰲峯、石輝、李桉罕、李琮璜、黃振芳、林淵源、張松村、陳鏡秋等人。	《詩報》第24號（1931年11月15日），頁9。
重陽菊	登瀛吟社	左詞宗：盧史雲 右詞宗：黃漱六	莊芳池、游象新、劉克忠、林炳文、吳六也、林樹德、吳蔭庭等人。	《詩報》第90號（1934年10月1日），頁14。
夏菊	宜蘭仰山讀書會	左詞宗：呂漢生 右詞宗：林淵源	芦洲、康寧、蘇西庚、李康寧、吳英林、林松水、莊木火、呂漢生等人。	《詩報》第92號（1934年11月1日），頁14。
愛菊	東明吟社	左詞宗：張迺西 右詞宗：張劍雄	林劍稜、陳伯榮、黃春亮、李耀鋒、林子清、李維桑、蔡奕彬、張劍雄、張迺西、黃春亮、江朝開等人。	《詩報》第93號（1934年10月15日），頁10。
賞菊	東明吟社	左詞宗：林玉麟 右詞宗：張迺西	李維桑、李耀鋒、林玉麟、黃春亮、吳氏金梅、黃春亮、林劍稜、李維桑等人。	《詩報》第97號（1935年1月15日），頁12。
十月菊	仰山吟社	左詞宗：林淵源 右詞宗：蔡鏡豪	張迺西、林淵源、林仁山、蔡鰲峰、張迺西、林玉麟、陳春連、張水柳、李蘆洲等人。	《詩報》第118號（1935年12月1日），頁12。（該期刊出時將「李蘆洲」誤值成「李蘆舟」。）

　　〈菊魂〉是蘭地詩人最早刊登有關「菊」的詩題，盧纘祥（夢蘭）寫三首，囊括「左一」、「右一」、「左二右十三」前三名，其名列「左一」之詩：「莫道花容瘦，秋來色已齊。痴心看恍惚，醉眼望離迷。晚節搖霜彩，餘香撤麝

臍。五更初夢斷，月照畫樓西。」全詩前六句描繪秋天賞菊的心情，帶有迷離恍惚的情緒。末二句以景作結，更增添無限的悵惘之感，實屬佳句。其它登瀛吟社社員描詩作常使用到「陶潛（淵明）」、「東籬」等詞語，如「花因陶令醉」（劉枝昌（夢竹））、「雅愛東籬菊」（林德發（夢修））、「跡隱東籬下」（李兩傳）等句，誠如吳祥輝（春麟）所言「自識陶公後，千秋韻事題」，「菊」因陶潛而深受詩人的喜愛。

　　蘭地三大詩社皆曾以「陶淵明」為詩題，仰山吟社〈陶淵明〉刊於《詩報》第 103 號〔註175〕，東明吟社寫的〈陶淵明〉同時刊登於《風月報》第 77 期〔註176〕及《詩報》第 192 期〔註177〕，登瀛吟社寫的〈陶潛宅〉發表於《詩報》第 246 號〔註178〕。擊鉢詩雖以詩藝的競技為取向，但詩題的選擇應能顯示該社對某一類作品的喜好。蘭地與北部隔著崇山峻嶺，鐵路的開通雖然增加交通的便利，但居住在蘭陽平原詩人，仍然覺得此地有如世外桃源，對陶淵明事蹟特別注意。

　　東明吟社〈愛菊〉擊鉢詩，寫出詩人對菊的鍾愛，「我獨傾心三徑裡，憐芳不讓晉陶潛」（林劍稜），植菊相伴，增添高雅，「羨他伴我幽窗裏，日日徘徊為汝淹」（李耀鋒），「痴心每自捲疏簾，三徑黃花帶露瞻」（蔡奕彬）。何以詩人如此愛戀菊花呢？「心傾苦薏似陶潛，懶向名場再附炎」（張迺西），「愛菊」的行為正隱射詩人對官場生態的厭惡。東明吟社〈賞菊〉擊鉢詩同樣寫詩人對菊的痴情。

　　詩人們因陶潛而愛菊，因愛菊而探菊、賞菊，不論重陽菊或十月菊，都是詩人喜愛的菊，甚至欣賞夏天綻放的菊花，李蘆洲〈夏菊〉詩：「何事黃英厭九秋，偏隨赤帝放枝頭。笑他亦變趨炎態，好與芙蓉競劣優。」全詩以戲謔的口吻扣問菊花何以在夏天開放，另有一番趣味。

（三）春耕秋穫

　　蘭陽平原為一個極完整的地理單位，南北兩側皆為高山，東面太平洋，全部面積三百二十平方公里。清嘉慶 17 年（1812），宜蘭設廳時，有農田三千餘頃，道光 26 年（1846），已增加到七千兩百餘頃，應徵田賦供耗穀一萬

〔註175〕《詩報》第 103 號（1935 年 4 月 15 日），頁 12。
〔註176〕《風月報》第 77 號（1939 年 1 月 1 日），頁 34。
〔註177〕《詩報》第 192 號（1939 年 1 月 1 日），頁 17。
〔註178〕《詩報》第 246 號（1941 年 4 月 18 日），頁 16。

四千餘石。日治時期，日人依其殖民地農業政策，積極獎勵米穀生產及品種改良，不僅耕地面積增加，收穫量亦提高。據光復初，調查結果，此時蘭陽平原耕地面積二萬七千八百九十五點六七公頃，佔土地總面積的百分之十三點零五，一年二期耕作，可生產將近一億公斤的稻穀。〔註179〕蘭陽平原實為臺灣重要米倉。

　　春耕秋穫是最主要的農忙時節，蘭陽平原稻穀一年二期耕作，隨穫隨耕，一年到頭都可看到農夫忙於田家事的場景。

　　仰山吟社擊鉢詩題〈春耕〉〔註180〕，由左詞宗莊仁閣，右詞宗林淵源品評，依次選出林玉麟、蔡鰲峰、張迺西、林仁山、吳英林、李蘆洲、蘇西庚、蔡鏡豪、張佐臣等人詩作。名列「左元右眼」林玉麟詩：

　　　　二月韶光麗，勤耕待歲穫。鋤雲芟綠草，犁雨插新秧。

　　　　笠影參差動，田歌斷續忙。漫拈紅豆子，牽碎妾柔腸。

全詩前六句點明農家春耕的繁忙，後兩句何以出現女子心碎的敘述呢？其意為春耕之時，田地還未有收成，但冬藏已盡，農婦撥豆充飢，心情沉重。蘭陽平原稻產豐富，何來匱乏？據擔任頭城鎮建設課長莊錫財的回憶，日治時期，收購稻米，每戶依丁口留下所需，其餘繳交國庫。〔註181〕每戶一年所需稻穀只能約略計算，如不巧超過預算，即不足。耕種出力繁重，食量增加，寅支卯糧，到春耕歲末就可能出現斷米的危機，巧婦難為無米之炊。故有男子忙春耕，女子碎柔腸的感嘆。然而，有耕種就有希望，「勞勞勤耤事，秋熟望盈倉」（蔡鰲峰），「勿辭辛苦稼，玉粒自盈倉」（李蘆洲），「紅雨隨犁足，秋收定可望」（張迺西），「收成欣有日，擊壤共飛觴」（蘇西庚），等到收成日，所有辛苦也值得。

　　春耕後，放眼望去，蘭陽平原綠油油的稻田映入眼中，給人無限的希望。礁溪林萬榮（樹德）為歡迎仰山登瀛兩社詩人召開擊鉢吟會，詩題為〈秧針〉〔註182〕，由莊禮耕任左詞宗，李康寧任右詞宗，選出蔡老柯、莊芳池、黃振

〔註179〕同註171，頁40～56。

〔註180〕《詩報》第122號（1936年2月2日），頁17。以下所引〈春耕〉皆出自此處，不再詳註。

〔註181〕莊錫財口述，陳麗蓮整理，《多少頭城古今事：莊錫財回憶錄》（頭城：莊錫財，2008年），頁72。

〔註182〕〈秧針〉先刊於《詩報》第300號（1943年7月27日），頁20。後刊於《南方》第182期，（1943年9月1日），頁41。

芳、林萬榮、鄭指薪等人之詩作，名列「左一右七」蕭獻三詩：「鋒芒萬頃茁嘉禾，柳線穿來綠更多」，生動表達秧針色彩的韻味。

秋天腳步已近，收穫的季節令人愉悅。仰山吟社以〈秋穫〉〔註183〕爲題，由連碧榕、李琮璜、陳鏡秋三氏合選，刊出十四首詩作，「南畝歌無事，東郊慶有成」（莊仁閣），詩人們極力描寫秋收的喜悅。

臺北州下秋季聯吟大會在頭圍舉行，由登瀛吟社主辦，首唱詩題亦爲〈秋穫〉，由李石鯨、謝尊五兩氏任詞宗，品選出三十四首詩作，「八月農家事，鎌聲響似雷」（莊芳池）〔註184〕，大伙沉醉在秋穫收割的滿足中，已忘了今夕是何年。

（四）郁李飄香

《本草綱目》記載，郁李：「花、實俱香，故以名之」。〔註185〕「郁李」不同於「李」。李，薔薇科，是落葉亞喬木，春日開花，花有五瓣，白色，不同於郁李的淡紅色。宜蘭盛產的品種爲赤色李，果園栽植，製成蜜餞，名曰李仔糕。〔註186〕

郁李，薔薇科梅屬，別名棠棣、山李、爵李、雀梅、鬱李、車下李，落葉灌木，高四、五尺，多生於山坡林下、灌叢中向陽處，或庭園栽培。依花瓣分單瓣和重瓣種，觀賞品系多以重瓣爲主，春季與葉同時或先葉開放，花五瓣，色淡紅。結實爲核果，近球形，成熟時暗紅色，有光澤，甘酸可食，種子名爲郁李仁，味辛、苦、甘、平，具有潤燥滑腸，下氣，利水的效用。〔註187〕宜蘭枕頭山下種植的郁李，也成爲詩人歌詠的對象。

仰山吟社曾以〈郁李〉爲擊鉢詩題〔註188〕，由蔡鰲峯任左詞宗，林玉麟任右詞宗，品選出十四首詩作刊登在《詩報》第156號，名列「左元右五」林淵源詩：

〔註183〕《詩報》第89號（1934年9月15日），頁12。

〔註184〕《詩報》1936年11月16日第141號，頁4。

〔註185〕（明）李時珍，《本草綱目》（北京：中國檔案出版社，1999年），頁1614。

〔註186〕同註171，頁60。

〔註187〕有關郁李的介紹綜合自以下二書：盧世標，《宜蘭縣志·土地志·生物篇》（宜蘭：宜蘭文獻委員會，1970年重刊），頁84。及，行政院衛生署中醫藥委員會編，《臺灣藥用植物資源名錄》（臺北：行政院衛生署中醫藥委員會，2003年），頁97。

〔註188〕《詩報》第156號（1937年7月6日），頁10。

　　李實離離燦若霓，芳香嚼後味堪稽。

　　枕頭山下紅於錦，五月蘭陽好品題。

郁李暗紅色、有光澤的果實是整首詩描述的重點，詩人以「燦若霓」、「紅於錦」比喻之。末二句指出郁李盛產的季節及地點，每年五月，走一趟蘭陽枕頭山，讓你「眼、腹」之慾都能獲得滿足。

　　仰山吟社十四首〈郁李〉詩，對「肉質殷紅香味好」（吳英林）的郁李果實多所著墨，名列「右元左花」李康寧詩用典令人印象深刻：

　　天桃爛熳共成蹊，醉臉丹膚結實齊。

　　萬樹倘栽潘岳縣，却疑血淚洒羣黎。

滿樹殷紅的郁李引發詩人何種聯想呢？潘岳（247～300），晉榮陽中牟人，字安仁，任河陽令，在縣中滿種桃李，一時傳為美談。累官至給官至給事黃門侍郎，工詩賦，詞藻豔麗，長於哀誄之體，以悼亡詩三首最著名。潘岳種李又擅於悼亡詩，詩人因此想像郁李若是栽種在潘岳任縣令河陽縣，殷紅的果實會讓人懷疑是否為人間血淚。「紫皮朱肉味清凄」（蔡鰲峯）的郁李，彷彿蒙上哀悽之色。

（五）畦田菜花

　　蔬果開的花統稱為「菜花」，椰菜花、油麻菜花、蒜花、韭菜花、芹菜花都是菜花。一般農地裡的蔬菜，如果種到開花，葉纖維會過於粗老，不適合食用，只能欣賞畦田的花朵。唯有蒜花、韭菜花在含苞未放之時，連莖摘取，洗淨，切段，加少許豬油，大火快炒，是蘭地農家餐桌上的佳餚美味。

　　仰山吟社曾以〈菜花〉為擊缽詩題〔註189〕，由陳鏡秋任左詞宗，蔡峩峯任右詞宗，品選出十一首詩作刊登在《詩報》第58號，名列「左一右五」吳蔭培詩：

　　園蔬花發正參差，露甲霜芽漸過時。

　　零亂不堪攜莒擷，一畦紅白等瓊姿。

蒜花色白帶紫，韭菜花色白，皆為繖形花序。園中蔬菜長得好，生得多，隨著時間流逝，來不及採摘，陸陸續續的開花，快要成了「過時」蔬菜，菜園也顯得零亂不堪，但是看著菜花花朵迎風搖曳，也很美。名列「右一左七」李琮璜詩：

─────────────

〔註189〕《詩報》第58號（1933年5月1日），頁10。以下所引〈菜花〉皆出自此處，
　　　　不再詳註。

　　三徑青青挺豔姿，午風香透酒醒時。

　　畦田朵朵迎人笑，帶露和煙燦比籬。

夏秋之際，園子裡蔥、蒜、韭菜，開始在翠綠葉間抽花軸，軸頂開小花成叢，微香的氣味，隨風飄入屋內，令酒醉醒來的詩人，不禁著迷。名列「右二左避」陳鏡秋詩：

　　分紅間白暖風吹，味薦辛盤未幾時。

　　滿目斕斑搖不息，却疑蝶隊趁春嬉。

蒜、韭菜都是辛辣類的蔬菜，也是蘭地田園裡常見的植物，夏秋開花，繽紛滿目，讓詩人懷疑是否春日蝶戲花間。

　　菜花觀賞價值也許不如梅花、蘭花、桃花等植物，然而不論是「和羹未許村童剪，願與籬花逞豔姿」（林松水），憐惜田園菜花，不許摘取，或是「玄都百畝獨稱奇，不向桃花鬥豔姿」（蔡老柯），「不趁春光展豔姿，枝枝欲放待天時。菜開桃盡劉郎感，莫作凡花一樣窺」（林淵源），菜花是人們止飢的農作物，與觀賞用的花卉不同，平凡菜花自是不平凡。

（六）落花生豆

　　落花生略稱花生，俗名土豆，屬豆科，一年生草本，宜於沙地種植。莖蔓延於地上，葉為羽狀複葉，小葉四片，夏秋間開花，花小，蝶形花冠，黃色，花落時子房入於地中，生長結莢果，內含種子二至四粒，種子供食用或榨油，油粕可充肥料。〔註190〕是非常具有經濟價值的農作物。

　　1935年仰山吟社曾以〈落花生〉為擊鉢詩題〔註191〕，由莊仁閣任左詞宗，陳鏡秋任右詞宗，品選出十五首詩作刊登在《詩報》第101號，名列「左一右十」張廼西詩：

　　脫盡千叢萬莖黃，非關秋起怕嚴霜。

　　纍纍豆結殘花候，處處根生訂地長。

　　園內收成隨粒飽，筵中嚼去覺脣香。

　　野人延客無兼味，端賴斯肴佐酒觴。

此詩對仗工整，對落花生的植物特性有生動的描述，末二句指出落花生雖為農家野味，但以此佐酒，味最佳。名列「右一左九」蔡炎輝詩：

〔註190〕同註171，頁50。

〔註191〕《詩報》第101號（1935年3月15日），頁10。以下所引〈落花生〉皆出自此處，不再詳註。

　　千條蔓處色芒芒，著眼農園遍地黃。

　　燦爛花開形似蝶，迷離影泛氣無香。

　　纖莖不盡傳雄蕊，細莢原來授子房。

　　回憶應元歸去后，即今猶自感扶桑。

落花生毫無香氣的蝶形小黃花，一點都不吸引人，暗地結子於地下，非常神奇。名列「左二右三」李燃薪詩：

　　昔時覓種向扶桑，秋實冬收入草堂。

　　根託隴頭千里綠，花開徑上滿村黃。

　　形圓足可稱珍穀，味美猶堪伴酒觴。

　　我被兒童供一顆，數天齒煩且生香。

全詩前四句形容滿園落花生的「花與葉」景象，末四句則集中描寫「土豆」，盛讚此物讓人口齒留香的絕佳口感。農家平凡的蔬果，給人簡單的滿足感。

（七）慈姑映田

　　慈姑亦作茨菰，屬澤瀉科，多年生草本，高約三、四尺，地下有塊莖，夏日塊莖抽出支莖，其末端各生球莖，葉戟形或箭形，基部分歧如燕尾，葉柄肥大。秋日自葉間抽花軸，開三瓣之白花，莖橢圓形，冬日採掘可供食用。種慈姑宜選低窪地或肥沃的水田。〔註192〕

　　稻田裡的慈姑是農夫眼中麻煩的雜草，因葉形似剪刀，亦稱「三腳剪」。但在詩人眼中，慈姑另有意涵。《本草綱目》記載：「慈姑，一根歲生十二子，如慈姑之乳諸子，故以名之。」〔註193〕故仰山吟社李蘆洲祝母壽七十一歲，以〈慈姑〉（或爲茨姑亦可）爲詩題，限七律不拘韻，廣向全島徵詩，此消息刊於1943年12月8日，截稿期限爲昭和19年（1944）一月底。〔註194〕後又將詩題改爲〈慈母線〉〔註195〕，並將截稿日延長一個月〔註196〕，獲得同好者踴躍賜稿〔註197〕。原本的〈慈姑〉詩題則成爲仰山吟社「壽蘆洲君令慈古稀」擊鉢會詩題〔註198〕，由左詞宗蔡鏡豪，右詞宗林維周選出十四首詩作，慈姑

〔註192〕同註171，頁56。

〔註193〕（明）李時珍，《本草綱目》（北京：中國檔案出版社，1999年），頁1473。

〔註194〕《詩報》第307號（1943年12月8日），頁1。

〔註195〕《詩報》第309號（1944年1月19日），頁1。

〔註196〕《詩報》第310號（1944年2月10日），頁1。

〔註197〕〈慈母線〉徵詩評選結果刊於《詩報》第319號（1944年29月5日），頁16。

〔註198〕《詩報》第309號（1944年1月19日），頁16。以下所引〈慈姑〉皆出自此處，不再詳註。

孳乳繁衍的意涵受到詩人們的重視，其身價不同於一般雜草。

　　李康寧兩首〈慈姑〉七言絕句，其詩文集《千年檜》〔註199〕未收錄，這兩首詩在「壽蘆洲君令慈古稀」擊鉢會，分別名列「左一右十」及「右一左六」，依序如下所列：

　　　　箭葉兩三擎盛夏，球根十二結平年。
　　　　萌芽自有高堂喜，滿眼兒孫種福田。

　　　　不與芙蕖競豔妍，花開三辦葉如蟬。
　　　　佇看母乳諸兒日，大小球栽結水田。

兩首詩前兩句描繪慈姑特殊的花、葉樣貌，末兩句以慈母乳育諸子作結，表達農家多子多孫多福氣的想法。這樣的寫法既能說明慈姑的植物特性，又能兼顧慈姑象徵母親擔負家族繁榮重責大任的辛勞，實為佳作。

（八）秋雁來紅

　　雁來紅，別稱老少年，屬莧科，一年生草本，莖高二、三尺，葉長橢圓形，兩端尖銳，葉柄長，葉面有紅黃二色之斑紋，頗為美麗，夏秋間葉腋簇生小花，呈黃綠色，適合庭園栽植。〔註200〕

　　雁來紅，古稱老來嬌，「紅、紫、黃、綠相兼者，名錦西風，又名十樣錦，又名錦布衲。雖非花，而豔特甚」〔註201〕。此植物頗受清治時期臺灣本地文人的喜愛，是臺灣本地植物代表之一。〔註202〕清治時期蘭地文人李望洋〈寄老來花丙戌四月八日〉：「卿昔鏡中花，我今雲上鶴，雲鶴自清高，殘花人輕薄，寄語老來花，莫被風吹落」〔註203〕，即以老來嬌比喻人當自強的想法。日治時期仰山吟社以「老來嬌」作為擊鉢詩題，歡迎王少濤及張一泓兩先生到訪，並由王少濤及張一泓兩先生品評，共選出十首詩作刊登在《詩報》第73號。〔註204〕名列「左一右二」陳鏡秋詩：

　　　　秋空雁叫一聲寒，葉葉施朱秀可餐。

〔註199〕李康寧，《千年檜》（宜蘭：蘭陽文教雜誌社，1988年）。
〔註200〕同註171，頁88。
〔註201〕陳淑均，《噶瑪蘭廳志‧物產‧花之屬‧附考》（臺北：文建會，2006年），頁356。
〔註202〕許惠玟，《道咸同（1821～1874）臺灣本土文人詩作研究》，中山大學中文系，2007年博士論文，頁65～70。
〔註203〕李望洋，《西行吟草》（臺北：龍文出版社，1964年），頁172。
〔註204〕《詩報》第73號（1934年1月15日），頁9。

不共春光爭豔態，象芳搖落獨流丹。

全詩直描秋天花朵紛落之際，正是雁來紅盛放的季節，「流丹」/「留丹」，心中的熱誠未因秋風凜冽而衰減。植物如此，人亦相仿，年紀不重要，老來對事物的熱情未泯，更覺可敬可佩。名列「右一左二」盧史雲詩：

縱聞燕去夕陽殘，秋圃花開正吐丹。

老態霜深嬌更好，教人悞作少年看。

誰說老人家一定是步履蹣跚，毫無生氣，「老來嬌」秋天才吐丹，不也顯得生氣盎然，有活力的老年人與青春少年相差無幾。

在詩人的筆下，「雁來紅」已不是單純的「雁來紅」，別稱「老少年」、「老來嬌」的涵意深受重視，「不管秋深年欲老，尚留暈頰與人看」（石壽松），「我願人花長不老，秋來相對覺心寬」（蔡鰲峯），表達年長者不服老，尤寄望有所作為的積極心態。

（九）蘆汀葦岸

蘆葦，多年生草本，莖中空，高八、九尺，葉線狀披針形，長尺許。秋日莖頂抽生大圓錐花序，著生多數小花穗，花為線狀，紫褐色，花下多白毛，喜生水邊。〔註205〕蘭地多河流、池塘，常可見其身影，每逢秋冬之際，花繁葉茂，足見數大之美。

仰山吟社曾以〈蘆汀〉為擊鉢詩題〔註206〕，由吳蔭培任左詞宗，陳鏡秋任右詞宗，品選出十三首詩作刊登在《詩報》第131號，名列「左一」蔡鏡豪詩：

秋葭飛小渚，漁父隱中間。葦動鷗頻起，光搖鬢欲斑。

寒汀臨碧水，玉雪破酡顏。暮景憑依久，空芒憶故山。

全詩瀰漫蕭瑟之感。秋天最容易引人愁思，「暮景憑依久，空芒憶故山」，憶「故山」也只是空悵惘，平添許多白髮。名列「右一左八」蔡鰲峰詩：

極浦斜陽外，江流四面環。花飛紅蓼岸，雁惑碧波間。

恍惚梨千樹，渾疑水一灣。此中高士隱，閒卻鬢毛斑。

全詩前六句形容蘆汀葦岸給人蒼茫迷惘之感，末二句說明隱士居蘆汀，隨著歲月流逝，鬢髮已斑白。

白髮蒼蒼，蒹葭茫茫，蘆葦「枝枝生澤國，渡客感多般」（吳英林），人

〔註205〕同註171，頁102。

〔註206〕《詩報》第101號（1935年3月15日），頁10。以下所引〈落花生〉皆出自此處，不再詳註。

生眞有那麼多的憂慮，無法排解嗎？「風霜凋漲后，碧浪自潺潺」（李康寧），每人心中自有一把尺。

（十）風林竹影

蘭陽平原東面迎向太平洋，東北季風來襲，直接吹進平原，蘭地居民們必須找出防範之道，種植防風林是最好的選擇。

《宜蘭縣志・土地志・生物篇》記載，刺竹及木麻黃的樹種最適合成爲防風林。刺竹爲常綠竹類，莖圓筒形，直立，高約五丈，周圍約一尺五寸，節間長尺餘，各節簇生小枝，上著鐮形小刺，葉呈線形，邊緣生毛。六至八月生筍，可食。家宅栽植作爲籬笆，並可防風。木麻黃屬木麻黃科，常綠喬木，形似針葉樹，樹皮粗糙，枝頭密生小枝，六枝有六至八稜角，有節，綠色，代葉之作用，節上生鞘狀退化之葉，單性花，雌雄同株，果球甚小，種子有翅，隨風飛揚，木質堅，能耐鹽濕，宜密植作海岸防風林，宜蘭縣頭城鎮海岸一帶已茂密成林。〔註 207〕圍著竹籬笆的宅院，及密植木麻黃的海岸線防風林，是蘭陽平原景觀特色。

康灩泉、林錫虎、吳旺水、莊芳池、黃振芳等人寫〈沙林聽濤〉〔註 208〕，描述詩人們在今日頭城海水浴場一帶傾聽濤聲林聲的感受。吳祥輝〈竹王〉〔註 209〕笑談竹子傳說，陳阿榮〈竹箭〉〔註 210〕寫竹子的妙用。

登瀛吟社曾以〈竹影〉爲擊鉢詩題〔註 211〕，由莊夢梅任左詞宗，盧夢蘭任右詞宗，品選出十四首詩作刊登在《詩報》第 5 號，名列「左一右三」楊源榮詩：

> 萬个成陰處，驕陽午不知。臨池摹小照，匝地幻清姿。

> 嶇谷高蹤在，湘江畫本披。呼童將掃去，墨色尚淋漓。

全詩善用譬喻的技巧，對竹影有生動的描繪。竹葉婆娑，遮去豔陽，曬穀場上的竹影像臨池照鏡，似舞弄清姿，又如同水墨畫。名列「右二左避」莊芳

〔註 207〕同註 171，頁 78。

〔註 208〕文中所述諸人〈沙林聽濤〉詩作收入《頭城鎮志・勝蹟志》（宜蘭：頭城鎮公所，1986 年），頁 404～405。

〔註 209〕吳祥輝〈竹王〉收入《頭城鎮志・藝文志》（宜蘭：頭城鎮公所，1986 年），頁 448。

〔註 210〕陳阿榮〈竹箭〉收入《東寧擊鉢吟後集》（臺北：龍文出版社，2006 年），頁 169。

〔註 211〕《詩報》第 5 號（1931 年 2 月 1 日），頁 3。以下所引〈竹影〉皆出自此處，不再詳註。

池（夢梅）詩：

> 不可居無竹，恒修左右宜。當天搖未定，匝地勢難移。
>
> 鳳尾因風舞，龍鬚向日披。此君饒逸趣，早入杜陵詩。

此詩由竹的特性入手。象徵節操的竹子，頂天立地，屹立不搖，枝葉如龍飛
鳳舞，向天地間伸張，阻擋風勢。登瀛吟社女社員莊連珠名列「左六」，詩云：

> 淇水參天竹，橫斜笑舞奇。低頭三徑掃，擺尾一身移。
>
> 弄月頻侵榻，隨風自入帷。願同佳士伴，不與俗人居。

此詩以轉化的筆法，展現女子觀竹影的細膩心思。竹影隨風牽動，風吹影低
如掃徑，風去影高如身移。竹影想弄月，卻頻頻來到我的床前，我瞭解你只
願意和佳士相伴，不願與俗人聚首的個性。

六、新興事物

　　新興事物的書寫與臺灣現代化的發展有密切關係。溯源歷史，歐美優先
到達現代化的腳步，並在殖民主義的護航下，巧妙地將歷史的優先性轉化為
優越性，其船堅炮利的威脅，對亞洲造成很大的衝擊。中日兩國面對此國際
局勢無不急思對策，兩國的自強運動，在甲午戰爭一役驗收成果。中國敗給
日本，臺灣成了戰爭下的祭品，割讓給日本，日本以優勝者的姿態，強行將
種種現代化的設施輸入臺灣，使臺灣快速進入現代化社會。根據陳紹馨的研
究，日本殖民統治是臺灣社會史上的重要轉變。首先，在醫療衛生上有很大
的進步，死亡率降低，教育普及。再者農業技術改良獲得成果。三者各項交
通建設使人民移動性增加，擴大生活圈。﹝註212﹞臺灣不願被殖民，但臺灣的
現代化，讓臺灣人民驚嘆不已。陳芳明指出，對二〇年代新興知識份子來說，
「現代」意味「開明、進步、科學、理性」等概念，並普通為臺灣青年所接
受。﹝註213﹞黃美娥則指出，傳統文人吳德功訪日，對日本的各項現代建設和
制度「驚懼」又「欣喜」，且充滿高度的興趣與期待，此遊日經歷影響吳德功
從抗日到親日的心態轉變。﹝註214﹞因此，不論傳統文人或接受日本教育的新
青年都能感受到現代化的威力。

　　日治時期傳統詩社已不同於清治時期以文會友的本質。乙未之變，人事

﹝註212﹞陳紹馨，《臺灣的人口變遷與社會變遷》（臺北：聯經出版社，1979年），頁127。
﹝註213﹞陳芳明，《殖民地摩登》（臺北，麥田出版社，2004年），頁28。
﹝註214﹞黃美娥，《重層現代性鏡像：日治時代臺灣傳統文人的文化視域與文學想像》
　　　　（臺北：麥田出版社，2004年），頁37。

已非，迫使傳統文人深刻反省「傳統詩社」的社會地位，進而賦予「詩社」更積極的「現代」意義，最終將傳統詩社轉型爲一個「新」的漢文想像共同體。〔註215〕此轉變過程中最能展現傳統詩社現代性體驗，莫過於以西方新事物爲歌詠對象的「新題詩」創作的出現。〔註216〕傳統詩人運用他們熟悉的創作方式，描述他們對各種現代文明的感受，此節即是分析蘭地詩社社員們描寫現代文明的詩作。

（一）歐風東漸

日治時期蘭地傳統詩人，面對西方文化的東傳，有不同的看法。登瀛吟社第四回擊鉢吟錄，盧纘祥〈政潮〉：「美雨歐風日日新，政潮到處浪成銀。欲將宦海波瀾挽，誰是中流砥柱人。」〔註217〕表達對西風東漸的憂慮，期待有爲者力挽狂瀾。

宜蘭「仰山吟社」擊鉢詩題〈歐風〉，林玉麟擔任左詞宗，蔡鏡豪擔任右詞宗，〔註218〕從入選社員書寫內容可看出他們面對西風東漸的應對態度，可分爲兩類：

一是，高度讚賞西方文明，認爲有向其學習之必要，如：

歐洲文化嶄然佳，絕似春風蕩靡涯。

吹遍環球諸國土，無分等級學齊偕。（李繼先）

羨他教育勝東亞，科學文明物色佳。

歐化於今平等日，豈分男女作生涯。（吳淵泉）

二是，讚賞西方文明之餘，對傳統道德文化的保存深感憂心，如：

吹開瘴霧文明甚，拂到東洋教化佳。

男女自由提倡日，卻憐中毒人癡懷。（李康寧）

吹遍寰球莫我排，誰將道德獨分階。

於今濟世知何物，不信強權制得諧。（蔡鰲峰）

記自歐洲善巧排，奚堪世道日沉埋。

於今美雨滔滔是，一段芳情動客懷。（張佐臣）

〔註215〕同上註，頁 147～148。

〔註216〕同上註，頁 165。

〔註217〕《詩報》創刊號（1930 年 10 月 30 日），頁 8。

〔註218〕《詩報》第 123 號（1936 年 2 月 15 日），頁 16。以下〈歐風〉皆引自此處，不再詳註。

　　東漸潮流舊習乖，洋裝短髮遍嬌娃。

　　羞看世俗年來下，砥柱誰人肯力排。（李芦洲）

　　吹處翻新巧力排，歐洲人智竟無涯。

　　更添美雨橫流甚，一樣文明毒染娃。（林玉麟）

　　挾隨美雨駭人懷，流遍寰球處處皆。

　　鯤島至今稱善俗，莫教吹到禍無涯。（林玉麟）

　　却異鳴條一例皆，翻新國內俗全乖。

　　泰西別有文明甚，遠勝蒸蒸美雨佳。（張廼西）

李繼先、吳淵泉二人高度肯定歐洲文化，特別是教育方面，他們認爲西方文明影響如春風化雨，全球人民均霑，因此不論任何階級，不論男女都應努力學習西方文明。然而李康寧、蔡鰲峰、張佐臣、李蘆洲、張廼西、林玉麟等人則擔心西方文明對東方文化傳統產生的衝擊，害怕在跟隨全球西化、現代化的同時也失去東方特有的倫理文化價值，因此認爲「歐風」是「文明毒」（林玉麟語），替「中毒人」（李康寧語）感到憂慮，「砥柱誰人肯力排」（李芦洲語）他們期待有人能夠出來獨排眾議，敲醒「芳情」（張佐臣語）初動的媚外情懷，畢竟「泰西別有文明甚，遠勝蒸蒸美雨佳」，東方文化實優於歐美之處。黃美娥曾舉出李繼先、李康寧二人詩作爲說明傳統詩詩社員面對「現代性」有接納與抗拒的兩面，並藉此說明一旦涉及東西文化價值的論述，若干傳統文人捍衛東方文明的現象便會出現。〔註219〕仰山吟社〈歐風〉擊鉢詩隱含保衛傳統文化的傾向，評選作品林玉麟及蔡鰲峰兩位詞宗，對於接受歐洲文明這件事持保留態度，對頌揚歐洲文明這類作品較不欣賞，因此選出的詩作以質疑歐洲文明這類內容爲多數。由此，我們也可得知該社極力想傳達「東西文化各有優點，面對西方文化強烈衝擊，我們不能失去固有文化」的觀念，這也是傳統文人給予自己的神聖使命。

（二）破浪海艇

　　傳統詩人面對橫掃而來的歐風感到遲疑，但對於現代化的先進設備如飛機、潛水艇、汽車、望遠鏡、電扇、摩托車……等新式機器，毫無招架的能力，詩句的遣字造詞，充滿驚奇讚嘆的語氣。

〔註219〕同註214，頁175。

　　例如仰山吟社詩題〈掃海艇〉〔註220〕擊鉢吟錄詩作，首先由副社長張振茂（字松邨）擬作：

　　　　乘風破浪一航舒，日夜關心敵艦狙。

　　　　暫隱波中思不亂，長征雲外令無齰。

　　　　沈浮火線流何急，集散魚雷爆莫徐。

　　　　防衛艨艟開水路，千般障害盡芟除。

擊鉢吟「擬作」有「範例」之意。張振茂這首七言律詩擬作極力盛讚掃海艇的威力，全詩以掃海艇能在海上有效阻嚇敵人的攻擊爲論述的主軸。經由左詞宗林玉麟，右詞宗張佐臣品選出來的詩作，可看出張副社長擬作確實起了帶頭作用，社員寫作時依擬作寫作方向思考，針對海上生力軍——掃海艇的威猛，多所著墨，如下所列：

　　　　魚雷漫道布周嚴，掃海舟能仔細監。

　　　　廿紀文明誇造物，刪除敵器不寬函。（淵源）

　　　　江上風雲正戒嚴，伏機端賴水師監。

　　　　多他一舸魚雷滅，巨艦從容遠就帆。（羲峰）

　　　　卻非潛水署頭銜，雷磺撈殘便不凡。

　　　　能使艨艟無障碍，煙波萬里慶安帆。（迺西）

　　　　一舸逡巡海上監，管敎敵器盡除劖。

　　　　任他水裡魚雷滿，掃卻妖氛破戒嚴。（芦洲）

　　　　導行軍艦志非凡，敵佈危機一葉監。

　　　　海國妖氛憑掃卻，署君不愧此頭銜。（夢鶴）

　　　　澤國烽煙下戒嚴，此船無敵疾於颭。

　　　　水雷十萬休誇力，寸草難留一例芟。（壽卿）

　　　　破敵何須藉片帆，衝波逐浪自非凡。

　　　　巡洋有牒防潛水，浩蕩坤區任督監。（鏡豪）

　　　　小舫飄飄勝接帆，水雷撈盡自超凡。

　　　　記曾揚子江頭日，戰艦頻敎入翠岩。（佐臣）〔註221〕

〔註220〕仰山吟社〈掃海艇〉擊鉢吟錄《詩報》第205號（1939年7月17日），頁9，首刊。《風月報》第90期（1939年7月24日），頁29，重刊。

〔註221〕同上註。

追隨張副社長擬作，仰山吟社社員林淵源、蔡老柯（鰲峰）張迺西、李蘆洲、林玉麟（夢鶴）李康寧（壽卿）蔡鏡豪、張黃曾（佐臣）等人大體皆將寫作重點放在「魚雷」及「海上防敵」兩項軍事任務，巡防海域的重要功臣非掃海艇莫屬，這些詩作中並未明顯指出何者為「敵」，無法以認同或反抗日本政府的方式來解讀這些詩作。筆者以為當蘭地傳統文人在描述掃海艇的功能時，著重於該物所能呈現的實際作用，更確切的說，如果該器物能保護賴以生存的土地，那麼該器物是值得稱許的。

（三）航空網絡

傳統詩人面對機器文明的想像與感受，根據自身不同經歷，有不同的描摹及側重點，例如登瀛吟社莊芳池〈乘飛行機〉：

　　　機關一轉便凌空，遊遍寰區頃刻中。

　　　我自置身宵漢上，管他海陸路難通。〔註222〕

不同於方錦祥列名「左右翰」的竹南「南洲吟社」〈飛行機〉〔註223〕擊鉢吟詩作，方錦祥針對飛機外型、機聲、飛行速度的描述。莊芳池實際感受乘坐飛行機騰雲駕霧、橫行天際的快感，讓他產生「管他海陸路難通」，唯我獨尊的喜悅。

　　蘭地文人對於航空交通的描述，除莊芳池〈乘飛行機〉外，仰山吟社曾舉行詩題〈航空網〉擊鉢吟會。〔註224〕張迺西〈航空網〉：

　　　漫誤蜻蜓出，縱橫响未休。公輸仍削木，列子昔施籌。

　　　操縱權奇士，扶搖佈九州。飛行天際外，密密任雲遊。

將飛機比喻為「蜻蜓」，巧妙置換今語和古語的差異，避免以今語寫入傳統詩的不協調感。「公輸仍削木，列子昔施籌」的句子則充滿神話的想像，因為遠古年代唯有想像世界才容許人們翱翔於天際。如今飛機的發明與使用，讓國際交通完備，古人悠遊天地間的說法不再是空想的哲思。觀蔡鏡豪、蔡鰲峰、莊木火詩：

　　　空航連國際，施設遍全球。路已開宵漢，機應勝越舟。

　　　交通多利客，撤佈更防秋。陸海同完備，堪誇第一籌。（蔡鏡豪）

〔註222〕《詩報》第38號，（1932年7月1日），頁13。

〔註223〕方錦祥〈飛行機〉：「形似蜻蜓碧落衝，機聲烈烈入雲叢。須臾不見飛來影，橫過新高第幾峰。」刊於《詩報》第48號，（1932年12月1日），頁15。

〔註224〕以下所引〈航空網〉皆取自《詩報》第168號，（1938年1月1日），頁14，不再詳註。

　　橫空如渡海，航路遍環球。不見開三面，寧知貫五州。

　　海洋憑割據，經緯任操籌。似此天羅密，無方障野鷗。（蔡鰲峰）

　　飛車漸發達，網置及全球。我國雖張密，他邦更佈周。

　　戰時羅塞外，平日散雲悠。欲渡歐西去，如今不買舟。（莊木火）

海陸交通已增加人們向外擴展的方便性，航空運輸的進步，讓全球交通「如虎添翼」，人們捨舟就「航空」，飛行各地無障礙，如野鷗悠遊天際。

　　詩人也提到航空郵遞的便利，如張廼西、陳春連、林玉麟詩：

　　萬架佈寰球，轟轟响未休。訏蜻成逐隊，勝雁可傳郵。

　　頃刻原無跡，潛溟尚有舟。飛行多線道，創自說西歐。（張廼西）

　　科學文明日，航空路已周。交通誇利器，國際感多秋。

　　送信欣來速，旅行自在遊。今朝時局急，處處設無休。（陳春連）

　　科學飛機盛，伊誰用意周。張空橫萬里，似鳥遍全球。

　　密佈堪羅敵，遙翔合致郵。國家多事日，航路不輕收。（林玉麟）

比起從前飛鴿傳書的不便利，利用飛機遞送郵件，確實方便又快速。

　　另有詩人驚嘆先進的航空設備之餘，喟嘆它讓人們汲汲營營於求取軍功。軍事的競技，使人們無法擺脫戰爭的威脅。如林淵源、李康寧、蔡鰲峰、張廼西詩：

　　一自飛機出，航衢碧落稠。雲開天盡道，雨霽徑無油。

　　不怕山河阻，獨憐煙霧浮。文明今日最，軍旅感難休。（林淵源）

　　不撇滄江畔，鵬程萬里投。乾坤無阻礙，世界任遨遊。

　　風送飛機捷，雲開結目收。恢恢曾擊破，射砲策勳猷。（李康寧）

　　開闢飛機路，圓方蔽四周。縱橫如有定，起落認無休。

　　線不分疏密，路猶計短修。萬邦緣底事，未雨競綢繆。（蔡鰲峰）

　　萬架飛車出，縱橫任所遊。奇籌推列子，巧製溯西歐。

　　漫訏蜻蜓隊，頻傳緊急郵。擊防高射礮，列列應難休。（張廼西）

以上諸詩前六句讚譽飛機上窮碧落下黃泉的英姿及航空交通網絡的密集，後二句則點出詩人心中最深刻的心情。從讚揚轉為擔憂，憂心全球在軍備上相互競技，爭戰烈烈未休，軍人戰績彪炳屢獲軍勳。最文明的器物——飛機，也讓人們陷於恐怖的威脅中。這樣的詩作較能呈現詩人對現代事物的感受，而非只限於事物實用特質的敘述，意義較為深刻。

（四）觀象測候

　　臺灣四面環海，基於航運之需要，清光緒 11 年（1885）在基隆、淡水、安平、打狗（高雄）、漁翁島、鵝鑾鼻等地之海關燈塔，進行氣象觀測之工作。臺灣割讓日本後，1896 年臺灣總督府在臺北市成立臺北測候所，觀測每小時之氣象，發表每日天氣預報和颱風警告。同年在臺中、臺南、恆春、澎湖四處各設測候所，每日作六次的氣象觀測，除了向臺北所報告當地氣象、臨時颱風警告及月報之外，還作地方性的天氣預測。1902 年增設臺東、花蓮兩測候所，1929 年設高雄測候所。1932 年西村傳三奉命來臺接任第三任臺北測候所所長，他認為臺灣雖是蕞爾小島，但為太平洋颱風和氣旋鋒面之走廊，且地震頻繁，少數的觀測站，無法勝任氣象預測的重任，乃據以力爭，獲准增設宜蘭（1935）、大武（1940）、蘭嶼（1941）等六個測候所，更於 1933 年成立第一高山——阿里山高山測候所，其後大屯山（1937）、竹子湖（1937）、日月潭（1941）、玉山（1943），相繼成立。〔註 225〕臺灣氣象觀測網，始趨完整。

　　1935 年宜蘭測候所正式成立，位於北緯 24.46 度，東經 121.45 度，海拔 7.4 公尺，每日作二十四小時地面氣象觀測。除此之外，因蘭陽平原農產豐饒，故宜蘭測候所亦兼及農業氣象觀測，其項目有「日不適戶外勞動時間」，即風速達每秒十五公尺以上，氣溫驟變，相差在五度以上者，作為農產改良之參考。又因宜蘭位於臺灣東部縱貫地震帶上，南鄰橫斷地帶，故宜蘭測候所也肩負地震觀測工作。且考慮到航空事業發達，氣象報告日漸需要，宜蘭測候所也負責航空氣象觀測。〔註 226〕因此，宜蘭測候所擔負的工作項目有，每日地面氣象觀測、農業氣象觀測、地震觀測、航空氣象觀測等工作。

　　氣象觀測清治時期即開始，正式成立測候所針對陸海空之需要進行氣象觀測則至日治時期才出現。宜蘭測候成立於 1935 年，逢此盛事，1936 年仰山吟社春季大會首唱即以〈宜蘭測候所〉為題，由社長陳金波（鏡秋）任左詞宗，副社長張振茂（松村）任右詞宗，共選出十三首詩作，獲得「左元」李蘆洲詩：

　　　　初聞測候建蘭陽，非止區區利一方。

〔註 225〕莊永明，《臺灣第一》（臺北：文鏡文化事業，1985 年），頁 203～204。
〔註 226〕盧世標，《宜蘭縣志・土地志・氣候篇》（宜蘭：宜蘭文獻委員會，1970 年重刊），頁 1～2。

> 有術無庸窺石燕，知天不待舞商羊。
>
> 風雲變幻機先覺，海陸交通險可防。
>
> 若大乾坤由把握，何愁災禍起蕭墻。〔註227〕

全詩以三、四句及及七、八句最耐人尋味。三、四句對仗工整，用典巧妙，「石燕」指形狀如燕的石塊，傳說此石遇風雨即飛，雨止還化為石。原詩「商羊」原作「商羊」，「商」指木根、果蒂、獸蹄，「商羊」其意不明，「商羊」應為「商羊」之誤植。「商羊」傳說中的鳥名，為知雨之物，大雨前，此鳥常屈一足起舞。古時氣象預報不發達，觀察自然界的現象就成為人們預測天氣的重要資訊，「石燕」、「商羊」的飛舞成了預測風雨的方法，詩人運用這兩個典故，巧妙凸顯測候所功用。七、八句其意可指測候所掌控天氣動態，讓人們勿因風雨而受難，亦可往哲理方向思考，能掌握大局勢者，能從小處防止災難的發生。故此詩掄元實有其理。

其餘入選〈宜蘭測候所〉詩作，都能針對該所的功能描寫，如「右元左避」陳金波（鏡秋）詩：

> 一所蘭川築久長，晴陰風雨總堪量。
>
> 震源遠近憑推斷，氣壓高低報豫防。
>
> 參驗潮流支那海，專占天象太平洋。
>
> 石垣劫要安全化，連絡飛行素願償。

全詩寫出測候所對震源、氣壓、晴陰風雨及航空安全的重要。這樣的設備，宜蘭比臺北晚了三十九年才設立，故林仁山（紹裘）有「額手蘭邦今已設，開怌士庶願能償」的欣喜。蘇西庚（雪樵）則云：「精密靈機室裡藏，飛災藉此好提防。風雲變化真堪測，世道崎嶇惜莫量。」從測候所能達到提防天災的功能，進而感嘆心道人心的難測。

（五）重開眼界

1935 年登瀛吟社詩題〈眼鏡〉，由左詞宗曾笑雲，右詞宗黃潄六品評，選出十三首詩作刊登於《詩報》第 109 號。〔註228〕社員們寫出對此新興物品的感受，名列「左一右四」林德發詩：

〔註227〕此詩引自《詩報》第 133 號，（1936 年 7 月 16 日），頁 5。此小節所引〈宜蘭測候所〉皆出自此處，以下不再詳註。

〔註228〕此節所引登瀛吟社〈眼鏡〉皆出自《詩報》第 109 號，（1935 年 7 月 15 日），頁 10，以下不再詳註。

連珠月似乍新磨，黑幕分明看透多。

自是佳名標靉靆，千秋雅製擅歐羅。

首句形容眼鏡外貌，善用譬喻，將橫跨於鼻樑兩側，圓圓的兩大鏡片形容成如新磨的、相連的、如珠玉的兩輪明月。次句「黑幕分明看透多」為全詩最佳之詩句，可理解為近眼的雙眼靠眼鏡的幫助能看清外在事物，亦可引申解釋為看透人世黑暗面。全詩後兩句為「眼鏡」來歷溯源，古稱「靉靆」的眼鏡美名，製作時間勝於西方國家。又例如，名列「右一左三」盧纘祥詩：

遠近不分憑歲序，淺深有別合翁婆。

年來老我昏花甚，賴汝重開眼界多。

全詩以直敘的方式，明言新興事物——眼鏡，讓年紀大的老人家「重開眼界」。游象新亦以「老昏能辨秋毫末」〔註229〕推崇眼鏡的功用。

　　登瀛吟社社員書寫眼鏡，大體有兩個方向，一是針對眼鏡能幫助改善視力著墨，一是意有所指，另有隱射。前者如劉枝昌「向渠不掛玉臺何，全賴双輪鑑物多。更有一層情更好，懸來月下看嫦娥」，除了能看近物，還天真的想看清楚月中嫦娥。吳六也「挂來隆準乃新磨，亦羨功同日月多。還有一端魂斷處，添他巾幗送秋波」，則讚賞女子戴上眼鏡，能眼送秋波令人斷魂。黃見發（漱六）「眼前有垢君能阻，那管塵埃十丈過」使用誇飾法。林萬榮（樹德）則以戲謔的口吻寫下「借挂朦朧老翁者，魯魚到底辨無訛」的詩句。

　　不直抒眼鏡實質功用，另外意有所指的詩作如，林財發、吳永遠（紉秋）所寫：

晶熒積氣不須磨，剪水雙瞳未有波。

其奈世人都鬼魅，憑君視力鑑多多。（財發）

萬事仍窺去剎那，人情轉瞬感多多。

重瞳楚項重瞳舜，一暴一仁看若何。（紉秋）

林財發誇大眼鏡功用，認為眼鏡能看透如鬼魅的世人。吳永遠則完全不寫眼鏡實用價值，直抒胸懷，認為就算戴上眼鏡，人情變幻無常，難令人看透，古有雙瞳楚項與舜帝二人，一者以暴一者以仁，「雙瞳」對人的性格有何影響呢？林才添（達庵）「但空一切只憑覷，視力當增幾倍多。明眼不遮遮老眼，痴心我欲問婆婆」，以及吳鴻福「漫言只助昏花者，妍醜明明辨不訛」都指出

〔註229〕游象新〈眼鏡〉：「剪水双輪似乍磨。鑑來青白自無訛。老昏能辨秋毫末。贏得秦家照膽多。」見《詩報》第109號，（1935年7月15日），頁10。

眼鏡不只是對老眼昏花者有用而已。

　　詠物詩的寫作可直賦物品功用，亦有別開一面另有寓意的手法。莊芳池「塵封應不到青螺，隔目能探鬼魅多。漫詡換樽白居易，双睛一轉活秋波。」前二句誇指眼鏡能看清世人如鬼魅的嘴臉，後二句直書眼鏡之妙用，二者兼顧，名列「右二左五」。

（六）紙編草帽

　　清治時期頭城的工業以染布、刺繡、製腦等傳統手工業著稱。日治時期仍以手工業爲主，碾米業、製酒業起而代興，其餘製藍、製茶、染布、紡織、磚瓦等工業規模不大。〔註230〕「紙帽」何時興盛於頭城，蘭陽方志並未提及。1935 年頭城登瀛吟社以〈紙帽〉爲擊鉢詩題，由該社盧纘祥（史雲）任左詞宗，黃見發（漱六）任右詞宗，選出十三首詩作刊登在《詩報》第110 號，〔註231〕讓我們對曾經在頭城興盛一時的紙帽手工業有進一步的認識。

　　紙帽不耐雨水，但有輕巧易帶，花樣繁多，美觀耐看的優點，名列「左右十」劉夢竹詩：

　　　　不使濡毫半點加，編成頂戴異烏紗。

　　　　頭圍別有冲繩式，論價三都十樣誇。

劉枝昌（夢竹）認爲頭圍（今頭城鎮）的紙帽別具特色，有冲繩型式，最受歡迎，人人稱讚，因此行情比其它地方還要好。盧史雲有二首詩入選：

　　　　萬條竹膜一條紗，玉手編成短髮遮。

　　　　倘識洛陽聲價重，壓簷莫插滿頭花。

　　　　形同中折綴黃麻，色澤光柔玉樣誇。

　　　　莫使張冠爲李戴，於今價比洛陽加。

稱讚女子手巧能將竹膜、黃麻等材料編織成頂冠。「洛陽紙貴」原用以形容文章盛行一時，人們爭相先睹爲快，詩人取其字面意義，故云使用「紙貴」之紙編成紙帽，其價更高。還持別提醒大家不要「張冠李戴」，不懂紙帽的價值與妙用。

　　頭城紙帽手工業以女工爲主，「巧製空勞姊妹花」（黃漱六語）「終日殷勤姊妹花，盡將紙製管寧紗，」（黃振芳語）形容婦女手工精巧，辛勤的工作編

〔註230〕同註3，頁 255～256。

〔註231〕此節所引登瀛吟社〈紙帽〉皆出自《詩報》第 110 號（1935 年 8 月 1 日），頁 7，爲免累贅，以下不再詳註。

織多樣式的紙帽。吳紉秋「轉憐工手嬌娃織」，體貼婦女編帽的辛勞。

　　每一個人戴紙帽的感覺不同，林樹德詩：

　　　　涼覆圓簷短髮遮，林投草漫詡豪奢。

　　　　自從楮國先生戴，清白頭銜一頂誇。

可收縮，便宜好用的紙帽，有遮蔽效能，又通風。一般人都有能力戴，無「豪奢」之嫌。林達庵詩：

　　　　蔡倫遺物製烏紗，欲過簾廊代扇遮。

　　　　羞我鬢霜毛髮短，狂風漫把以吹斜。

全詩前二句指戴著紙製「烏紗」帽，入門可以充當扇子，擋在胸前行禮以示敬意。後二句取笑自己頭髮短，戴不穩，紙帽禁不住狂風吹拂而歪斜，非常生動有趣。

　　紙帽樣式繁多，男女可依喜好各取所需，簡林財發（夢珍）詩：

　　　　戴來頭上日輕遮，組出分明少女家。

　　　　合是才人揮妙筆，管寧皂色薛濤花。

少女愛美，出門怕太陽曬，戴紙帽輕遮豔陽，雖然面貌輕遮，但是從舉行儀態可知她們是花樣少女。紙帽上可作文章，清高廉節如管寧則用皂色，如果是唐朝名妓薛濤，她戴的紙帽就會增添美麗的圖案。人人皆可用的紙帽，帶動頭城紙編手工業，莊芳池詩：

　　　　桃花編就漾瓊華，吹落風前憶孟嘉。

　　　　我愛剡溪新製品，出人頭地好生涯。

全詩首二句敘述桃花紙編就的紙帽，因「桃花」之名而聯想到陶潛〈桃花源記〉，進而聯想到陶潛外祖父孟嘉，性嗜酒，飲多而不亂，自稱得酒中真趣。後二句話鋒一轉，以「剡溪」指稱「紙」，因剡溪出產古藤，可造紙，負盛名。以剡紙編製新產品——紙帽，人民依此新興行業生活獲得改善的情形。

　　紙帽亦稱草帽，新竹柏社曾以〈草帽〉為擊鉢詩題由左詞宗葉文樞，右詞宗張純甫選出十五首詩作。〔註232〕新竹柏社〈草帽〉擊鉢詩敘述大甲的紙帽手工業〔註233〕，是重要出口產物〔註234〕，以戴草帽的神態為寫作重點。登

〔註232〕《詩報》第 157 號（1937 年 7 月 18 日），頁 16。

〔註233〕名列「右五左十七」伯墀詩：「大甲由來是帽邦，紙條密密製成雙」。見《詩報》第 157 號（昭和 12 年 7 月 18 日），頁 16。

〔註234〕名列「右左四」礎材詩：「編茅手製倚晴窗，輸出年年遍九江」。見《詩報》第 157 號（昭和 12 年 7 月 18 日），頁 16。

瀛吟社〈紙帽〉擊鉢詩除書寫頭戴紙帽的神態外，較著重於描述頭圍當地紙編草帽的手工業，運用多種紙類名稱，如桃花紙、「剡溪」、「寸楮」（黃漱六語）「蔡倫遺物」（林達庵語）等語，馳騁想像，豐富詩作內容。

（七）撞球新藝

1935 年登瀛吟社擊鉢詩題〈撞球〉〔註235〕，對此新興遊戲有深刻的描述，吳紉秋詩：

> 長篙擊突集同人，東漸潮流娛樂新。
>
> 別愛嬌姬勤算點，珠圓玉潤一聲珍。

第二句點明「撞球」這種新興娛樂傳自西方，撞球時有長竿、圓珠，還有女子隨侍在旁，登記點數，衷於此道者聚集在一起較勁取樂。

登瀛吟社〈撞球〉擊鉢詩，由曾笑雲任左詞宗，莊芳池任右詞宗，負責品評的工作。結果獲「左一右三」游象新（雪齋）詩：

> 琤琮臺上突來頻，子母球分四顆新。
>
> 絕勝唐宮沉打蹴，一竿睥睨看傳神。

全詩首兩句直賦「撞球」之狀，後二句將此新興娛樂與唐朝蹴踘相比較。撞球勝於蹴踘，其因在於撞球時一竿在握，睥睨全局的動人眼神。獲「右一」曾朝枝（笑雲）也認為撞球比蹴踘好玩：

> 強弱均分算點眞，紅旋白轉突頻頻。
>
> 野球藝與庭球技，未抵聲聲戞玉珍。

曾朝枝認為撞球時，母球子球相撞擊的清脆聲響，最吸引人。

登瀛吟社 1935 年十一月十八日刊登〈撞球〉擊鉢詩作，隔年五月十五日，彰化菱香吟社〔註236〕發表第三期課題，詩題同樣是〈撞球〉，〔註237〕由施梅樵任左詞宗，朱啓南任右詞宗。比較兩社選出的詩作，登瀛吟社較著重撞球實況的描寫，紅白球、點數、玉臺等詞句常出現登瀛吟社社員詩作中。而菱香吟社則著重於描寫撞球時的神情，凝眸、沉吟、機心等詞句的運用較為普遍。

〔註235〕《詩報》第 117 號（1935 年 11 月 18 日），頁 5。以下所引〈撞球〉皆出於此處，不再詳註。

〔註236〕菱香吟社，1932 年，由彰化縣溪湖鎮尤瑞、陳瑞記、何策強等人邀集地方人士創立。廖一瑾（雪蘭），《臺灣詩史》（臺北：文史哲出版社，1999 年），頁52。

〔註237〕《詩報》第 129 號（1936 年 5 月 15 日），頁 17。

（八）時髦女子

西方東漸，男女平等的觀念，逐漸影響到人民的生活。女子較有機會在社會上活動，對於新事物的接受度也增加，不論打扮、穿著、走路體態都有改變。這些跟得上潮流的時髦女子，詩人筆下如何描寫她們呢！

登瀛吟社曾以〈跳舞女〉為擊缽詩題，由曾秋濤任左詞宗，劉珍祥任右詞宗，選出十三首詩作，刊登在 1937 年六月八日第 154 號《詩報》上。〔註238〕登瀛吟社社長盧纘祥（史雲）詩：

> 歐風習俗遍東寧，步步生蓮正妙齡。
>
> 上掌當日飛燕態，纖腰好共鬪娉婷。

首二句說明妙齡女子跳舞的風氣來自歐洲風俗，後二句將現代女子與漢代趙飛燕相較，能掌上舞的細腰不相上下。

臺南珊社也曾以〈跳舞女〉為擊缽詩題，由李步雲任左詞宗，洪子衡任右詞宗，選出十四首詩作，刊登在 1937 年十月六日第 154 號《詩報》上，陳玦琳獲「左元右九」詩作前二句：「留仙裙動舞春風，一曲霓裳樂未終」〔註239〕，第一句與登瀛吟社「左一右三」曾笑雲寫的「留仙裙動鏡開屏」相類，第二句與登瀛吟社「左三右七」林才添（達庵）寫的「一曲霓裳奏未停」相似。又臺南珊社「右元」謝長天「今日社交多藉汝」與登瀛吟社「右四」楊靜淵寫的「今日社交頻藉汝」僅有一字之差。登瀛吟社〈跳舞女〉擊缽詩押青韻，臺南珊社〈跳舞女〉擊缽詩押東韻，儘管韻腳不同，敘述同一主題時在用字遣詞上竟如此的巧合。因此，擊缽吟詩常有用字相仿的問題，難免讓人詬病。

如果從詩作的內容，比較登瀛吟社與臺南珊社描寫「跳舞女」的差異，倒是能讀出其他的體會。

臺南珊社創社於 1937 年，由林紫珊邀集女弟子朱麗貞等人創立。〔註240〕女作者書寫「跳舞女」，關注於女子自身體態的美妙。如蕭秀枝「玉手輕翻舞技工，尖曲線各玲瓏。教人一種生憐處，跳罷嬌吁臉際紅」及吳素秋「體自翩翩步自工，輕翻兩袖等飛鴻。登場善舞還能踏，一見教人拜下風」的詩作。

〔註238〕以下所引登瀛吟社〈跳舞女〉擊缽詩皆出自《詩報》第 154 號（1937 年 6 月 8 日），頁 5，不再詳註。

〔註239〕臺南珊社〈跳舞女〉擊缽詩引自《詩報》第 162 號（1937 年 10 月 6 日），頁 6～7。

〔註240〕同註 236，頁 57。

　　登瀛吟社男作者所描寫的「跳舞女」從男子欣賞的角度出發。如莊芳池詩：

　　　　蹁躚露出幾娉婷，能使王孫眼倍青。

　　　　今日美人多活潑，登臺莫認是優伶。

古時只有優伶能跳舞供王孫欣賞，故莊芳池提醒男士們不要將今日活潑的美人誤認為優伶，描述男人眼中的「跳舞女」。劉夢竹詩：

　　　　虞兮楚帳舞娉婷，簇蝶裙飄散麝馨。

　　　　好是巴渝纔歇處，倚郎嬌喘兩忘形。

詩人注意到的不是女子在舞台上令人甘拜下風的曼妙舞姿，而是女子跳完舞時「倚郎嬌喘兩忘形」，令人有女子仍須依靠男子的感覺。

　　誰不愛欣賞美女呢！楊長流〈時妝女〉寫出男子對時髦女子的愛戀：

　　　　長衫剪髮詡時潮，脂粉輕施又束腰。

　　　　莫笑揚州狂杜牧，為他我亦暗魂消。〔註241〕

日治時期將烏黑的秀髮剪成短髮，或燙髮，是時髦女子入時的打扮。〔註242〕女子自己也喜歡這樣的打扮，〔註243〕髮式新穎，臉上再輕施胭脂，這樣的時代美女，詩人為之神魂顛倒。

第四節　地方描寫：詩頌地景傳千古

　　時代氛圍影響創作的自由。清光緒年間新竹鄭十洲恐家人受累，刻意將含民族意識的作品燒毀〔註244〕，一己之命事小，全家族之性命不得不牽掛在心。今日貂山吟社李鶯輝也認為當時在公開場合，不宜各抒己志，此為攸關全家族生命之事〔註245〕。

〔註241〕《詩報》第167號（1937年12月19日），頁17。

〔註242〕金玉生〈時髦女子・髮〉（調寄黃鶯兒）：「髮黑似烏雲，齊根剪，像鶺鴒。不用髻簪和格針，燙成捲紋，留個竈門，麝精蘭水澆髮根，香噴噴，蕩子一聞，薰的掉三魂。」形容日治時期女子的髮型。《詩報》第41號（1932年8月15日），頁12。

〔註243〕臺中蕭氏金珠〈斷髮美人〉：「風流極度學時新，剪斷柔絲欲詡人。對鏡不愁光莫鑑，淡粧端喜妙傳神。」從女子的角度書寫剪去三千煩惱絲的喜悅。《詩報》第114號（1935年10月1日），頁8。

〔註244〕詳見臺灣文獻委員會，《重修臺灣省通志・藝文志・著述篇》，載《鄭十洲先生遺稿》之記錄，該書卷十，頁310。

〔註245〕筆者于2005年3月4日訪李鶯輝之紀錄。

　　格律詩所注重的「對句」在「爲情造文」的時代，只具有邊緣的「裝飾」或「增益」的效果。但是在「爲文造情」的時代，甚至可以成爲構思或表達的基本原則，而產生像謝靈運〈登池上樓〉之類純粹以「對句」構成的詩作。〔註246〕日治時期蘭地傳統詩作品，基本上處於「爲文造情」的時代，他們開始學寫詩是爲了習漢字，是爲了寫詩而寫詩的練習。因此我們可以看到他們詩作對於押韻、平仄、對稱、整齊的要求，這是剛開始學寫詩時的「爲文造情」階段。當練習到熟悉的階段，始可能進行「言志」的書寫，但言論受限的日治時期，並不允許此階段的產生。因此，富於「言志」的詩作較少，整齊、合於格律的詠物詩成爲日治時期傳統詩作構思或表達的基本原則。

　　在「皇民化政策」施行，禁用漢文、漢語的年代，傳統詩社企圖以溫和的態度達到傳承漢文的使命，他們和統治者玩起捉迷藏遊戲。日本警察在場時以日文朗讀，警察離開後，則以漢文、漢語傳授。語言文化的轉換、國家民族的認同，並非一朝一夕之間就可改變，先民們是如何渡過那個階段，或許他們心中所認同的是「文字上的故國」〔註247〕，從文字、文化上想像而來的中國，那是心目中永遠的精神堡壘，是面對現實生活，轉化生成的「新漢文想像共同體」〔註248〕，這是他們能在異族統治下仍能默默堅持的一環。

　　傳統詩爲日治時期蘭地傳統文學創作主流，寫詩的癡狂及用心，熱衷此道者最能體會。仰山吟社社員曾以〈詩癡〉爲題，〔註249〕描述自己沈迷於寫詩的心情：

> 爲耽吟詠到更殘，刻苦難將一字安。
>
> 憨態無關人哂笑，推敲月下傲霜寒。（李蘆洲）
>
> 不忘思索竟忘餐，日詠滄浪到漏殘。
>
> 自是有魔降未得，夢魂夜夜遶吟壇。（蔡鏡豪）

〔註246〕柯慶明，《中國文學的美感》（臺北：麥田出版社，2000 年），頁 117～126。

〔註247〕洪素麗，《夢與旅行》（臺北：漢藝色研出版社，1982 年），頁 58。

〔註248〕面對「現代」，傳統詩社因「漢文危機感」與「社團組織化」二項因素，轉型爲「新」的漢文想像期同體，充份展現社員時代相繫的文學/文化新自覺，此想像歷程具有漢族文化記憶再確認與再鞏固的積極意義。詳見黃美娥，《重層現代性鏡像：日治時代臺灣傳統文人的文化視域與文學想像》，（臺北：麥田出版社，2004 年），第三章，頁 143～182。

〔註249〕《詩報》第 207 號（昭和 14 年 8 月 16 日），頁 14。以下所引〈詩癡〉皆出於此處，不再詳註。

憨吟沈詠日何安，搜盡枯腸瀝血肝。

獨自愚迷終莫醒，奪標偏望向詞壇。（張廼西）

癖本風騷欲改難，搜奇覓句每忘餐。

秋來忽染煙霞疾，嘯破空山墨未乾。（李壽卿）

詩，用字簡練，一字之差，相去甚遠。詩人們細心思量，仔細推敲，爲了覓得最合意的用字遣詞，終日憨吟，忘了口腹之慾。不僅是詩癡，走入「詩魔」的境地，也心甘情願，連生病也不放棄寫詩。詩壇的魅惑，鼓舞詩人們勇往直前，「終朝携酒覓騷壇」（李燃薪）、「痴迷日日入騷壇，咳唾珠璣感百端」（吳英林），詩人無能抵擋騷壇吟詠的魅力，即使「散盡黃金偏不惜，欲將到處築騷壇」（林玉麟）。然而詩壇眞能解愁，林淵源詩：

如癲如醉舞騷壇，無藥能醫實可嘆。

盡日書空吟咄咄，誰知工拙判分難。

書空咄咄，徒呼無奈，寫作題材受限，只靠文字技巧，詩作工拙實難判別，如此終日沈醉騷壇，亦爲可嘆。

　　詩人憂鬱與無奈是什麼呢？藉著〈哭筆〉〔註250〕詩作，或許能窺知一二。「滿篇泣鬼書何益，一管勞神志莫酬」（林玉麟），「時衰道德傷麟鳳，刼幻文章嘆鷺鷗」（李壽卿），「隱几空齋涕泗流，詩魂猶遶管城秋」（蔡鰲峰），用盡畢生精力寫詩寫文章，如今筆禿人老，依然未有大作爲，如何不令人感嘆？但儒家「窮則獨善其身，達則兼善天下」的精神，仍然值得謹記在心，「清新空寫三千首，高雅還留四百洲」（陳鏡秋句）、「年來自嘆精神歛，却忍臨風望九洲」（蔡鏡豪），時局變化不能盡如人意。暫時拋開國仇家恨，蘭地文人詩作，明顯呈現地方描寫的特色。

　　交通運輸、商業經濟等現代化的生活，影響到日治時期蘭地傳統詩社的分佈。頭城是開蘭的第一城，也是火車開通第一個城鎮。宜蘭市爲蘭地交通中運站，也是行政所在地。羅東是商業重鎮，太平山林木聚散地。蘇澳漁港的水運有助於進出口運輸，糖廠、石灰廠皆座落於此。若將詩社的分佈聚點與交通商業發展聚落相對照，蘭地由北至南的詩社設立地點「頭城——宜蘭——羅東——蘇澳」〔註251〕，也是經濟繁榮，人口滙集的交通要地。

〔註250〕《詩報》第236號（昭和15年11月19日），頁14。此段所引〈哭筆〉皆出於此處，不再詳註。

〔註251〕由北至南，登瀛吟社（頭圍）、仰山吟社（宜蘭）、東明吟社（羅東）、濤聲吟社（蘇澳）。

　　頭圍登瀛吟社社長盧纘祥，同時也是蘇澳石粉株會社領導人。昭和 12 年（1937）他以蘇澳石粉株會社名義廣向全臺徵詩，第一期徵詩詩題〈大理石〉，第二期詩題〈石粉〉，第三期詩題〈石灰〉，皆限制七絕不拘韻，這些詩題就明白顯示該公司取用蘇澳白米社區當地物產的特色。總共三期的徵詩消息分別刊登於《詩報》第 167 至 169 號，徵詩詩作則公佈於《詩報》第 172 至 174 號。

　　除了公司行號會選擇與他們相關的事物為徵詩詩題，蘭地由北至南的詩社及社員詩作，呈現不同的地方特色，以下分別詳述之。

一、頭城地區：開蘭首城景致佳

　　社址位於今日頭城鎮開蘭路的登瀛吟社，日治時期習慣稱為「頭圍登瀛吟社」，以明其所在地。該社寫作的詩題，如〈觀海〉〔註252〕、〈吳沙〉〔註253〕、〈龜山朝日〉〔註254〕、〈大里漁燈〉〔註255〕、〈湯圍溫泉〉〔註256〕、〈北關海潮〉〔註257〕、〈隆嶺夕煙〉〔註258〕、〈龜山夕照〉〔註259〕等，可看出頭城地景特色。靠海的山城，是蘭陽平原的第一站，龜山島極目可望，鄰鄉的湯圍溫泉是渡假勝地。

　　清代蘭陽八景之中，頭圍「龜山朝日」、「隆嶺夕煙」、「北關海潮」、「石港春帆」即佔四景。登瀛吟社也常以蘭陽美景入題，例如「龜山朝日」、「湯圍溫泉」、「冷泉」、「北關海潮」、「隆嶺夕煙」、「蘇澳泛舟」、「礁溪即景」、「圓山晚眺」都是他們曾經寫過的詩題。蘭陽文物風景在他們的心中已是生活的一部份，不同於清末寓流人士遊臺之作，亦不同於日治時期以阿諛諂媚當局者為宗的詩作。

　　頭城海岸線長，港口多，共有「石城、大里、大溪、梗枋、烏石港」五個港口，若加上軍事用地的「龜山港」就有六個港口，都屬於頭城管轄範圍內。因此，住在頭城的人要欣賞海景，一點都不難。昭和 6 年（1931）二月

〔註252〕《詩報》第 12 號（1931 年 5 月 15 日），頁 10。
〔註253〕《詩報》第 14 號（1931 年 6 月 15 日），頁 4。
〔註254〕《詩報》第 19 號（1931 年 9 月 1 日），頁 6。
〔註255〕《詩報》第 24 號（1931 年 11 月 15 日），頁 6。
〔註256〕《詩報》第 31 號（1932 年 3 月 15 日），頁 7。
〔註257〕《詩報》第 38 號（1932 年 7 月 1 日），頁 6。
〔註258〕《詩報》第 45 號（1932 年 10 月 25 日），頁 2。
〔註259〕《詩報》第 307 號（1943 年 12 月 8 日），頁 2。

登瀛吟社爲歡迎呂傳琪、李妙草、邱向榮三位先生召開擊鉢吟會，即以〈觀海〉爲詩題，由呂傳琪任左詞宗，葉文樞任右詞宗，選出十四首詩，刊登在《詩報》第 12 號，名列「左一右四」莊芳池詩：

> 偶向扶桑望一回，分明蜃氣幻樓台。

> 看來浩渺無窮潤，隱隱漁舟往復來。

此詩觀海的角度是從頭城往日本方向望去，海上亭臺樓閣如虛如幻，看起來廣潤的大海，隱約有漁船往來。名列「右一左四」游象新（雪齋）詩：

> 四顧蒼茫霽色開，潮聲千里若奔雷。

> 登高無限桑田感，萬頃汪洋入眼來。

全詩著眼早晨觀海之情，末句最能感受到蒼茫之感。

頭城離龜山最近，且龜山屬頭城管轄地，詩人們對龜山的觀察特別仔細。登瀛吟社不僅以〈龜山朝日〉爲詩題，並且由朝日寫到夕照餘暉裡的龜山島。1943 年該社以〈龜山夕照〉爲歡迎擊鉢會詩題，由黃森峰任左詞宗，曾笑雲任右詞宗，選出八首詩，刊登在《詩報》第 307 號，名列「左一右四」黃漱六詩：

> 海上孤峰壯遠瞻，斜陽直射水紋纖。

> 層巒好是如元甲，終古留爲治亂占。

全詩描寫夕陽下的龜山島給人一種庇護蘭陽的神秘感。名列「右一左三」盧纘祥（史雲）詩：

> 曳尾眞同奔白馬，昂頭似待望銀蟾。

> 淑均辭與祺生賦，讀向斜陽一例兼。

此詩一、二句以轉化的筆法賦予龜山島動態的英姿。後二句則以閱讀陳淑均、李祺生二位清朝官員以龜山島爲題的作品收束，發思古之幽情。

一般人較熟悉由清朝沿襲下來「龜山朝日」勝景，登瀛吟社〈龜山夕照〉是終日沉浸頭圍家鄉景色的細緻描繪。「龜山島」是宜蘭地區地理上及精神上的標地物，位於宜蘭東方海面，古時爲船隻進入蘭陽的標幟，遠望如龜形，首尾具現，因潮汐變化，更有「神龜擺尾」之說，史雲（盧纘祥）「曳尾眞同奔白馬」、達庵（林才添）「暗向遙峰曳尾潛」即是針對「龜尾」加以描述。長久以來，龜山在蘭陽人民心中，已由天然門戶的地位，神格化爲蘭陽的守護者，厚生（呂營陳）「雄鎮蘭陽勢更嚴」，漱六（黃漱六）「終右留爲治亂占」即是此意。

　　登瀛吟社社員大部份都有一份穩定的工作，或爲公務員，或爲中醫生、雜貨商等職業，家中頗具資產，生活穩定提供創作的環境，加上日本政府的鼓勵（傳統詩社）與限制（言論自由），登瀛吟社社員詩作以詠物、感懷、寫景等內容居多。不同於晚清旅臺詩人對臺灣風物民情、艱苦墾荒的描寫，或羈旅心情的刻劃，有的是生於斯長於斯的生命情感。

二、宜蘭地區：文教中心任遨遊

　　仰山吟社社址設在宜蘭市，宜蘭市是蘭地文教中心，因此頗多宜蘭市風景名勝的詩題，如〈謁岳王祠〉〔註260〕、〈蘭城聽雨〉〔註261〕、〈宜蘭溫泉〉〔註262〕、〈進士第雅集〉〔註263〕、〈宜蘭測候所〉〔註264〕等，已如前一節所述。

　　仰山吟社有許多小集詩題，如〈初冬小集〉〔註265〕、〈春遊〉〔註266〕、〈進士第雅集〉〔註267〕、〈元日小集〉〔註268〕、〈蘭齋話舊〉〔註269〕等，名蹟勝景也是適合文人聚會的場所。

　　1935 年仰山吟社例會並招待吳紉秋擊鉢會選擇〈進士第雅集〉爲詩題，〔註270〕名列「左右元」蔡鰲峯詩：

　　　　結構何年代，門楣寵命長。人沾前輩席，藻抒舊詞場。

　　　　士氣今猶盛，家聲昔自揚。笑余詩思澀，獨向繞迴廊。

詩人們相聚「開蘭第一進士」楊士芳古宅，更能感受到漢文化薰陶的氛圍，且「士」之氣息今日猶盛，讓人倍感欣慰。「詩情牽昔日，鉢韻响斜陽。文物衣冠舊，風騷翰墨香」（楊隆泉），進士宅第成爲日治時期宜蘭市文學地景，「鬥

〔註260〕《詩報》第 208 號（1939 年 9 月 1 日），頁 18。重刊於《風月報》第 94 期（1939 年 9 月 28 日），頁 39～40。

〔註261〕《詩報》第 31 號（1932 年 3 月 15 日），頁 8。

〔註262〕《詩報》第 84 號（1934 年 7 月 1 日），頁 10。

〔註263〕《詩報》第 114 號（1935 年 10 月 1 日），頁 14。

〔註264〕《詩報》第 133 號（1936 年 7 月 16 日），頁 5。

〔註265〕《詩報》第 49 號（1932 年 12 月 15 日），頁 7。

〔註266〕《詩報》第 77 號（1934 年 3 月 15 日），頁 7。

〔註267〕《詩報》第 114 號（1935 年 10 月 1 日），頁 14。

〔註268〕此詩刊《詩報》第 220 號（1940 年 3 月 20 日），頁 18。重刊於《風月報》第 106 號（1943 年 4 月 1 日），頁 31。

〔註269〕《詩報》第 273 號（1942 年 6 月 15 日），頁 13。

〔註270〕同註 263。此段所引〈進士第雅集〉皆出於此處，不再詳註。

韻催銅鉢，聯吟泛玉觴。斐亭餘響在，旗鼓許重張」（吳蔭培），藉由書寫，
重溫往日情懷，加深認同感。

1942 年仰山吟社〈蘭齋話舊〉擊鉢詩題，〔註271〕名列「左一右二」石友
鶴詩：

> 春城春日迁文旌，鷗鷺談歡半友生。
> 蘭雨竹風敦夙誼，桃花潭水證深情。
> 三年化育機緣在，七載重逢世態更。
> 此夜暫爲翰墨契，漫將蝸角判輸贏。

舊友重逢，溫馨感人，「相投臭味留君子，性行文章任細評」（李康寧），吟詠
詩文之樂，樂無窮。名列「右一左避」吳蔭培詩：

> 蘭香坐對短燈檠，把臂聯歡寫摯誠。
> 君有遭時詞客感，我如入定老禪清。
> 風騷壇坫欣重續，磅礴人文待細評。
> 珍重生花一枝筆，斐亭鐘早繼新聲。

不斷有人加入蘭地詩壇的行列，實爲可喜可賀之事。在蘭地的舊書齋，談往
事，憶昔情，拉近彼此間的距離。

日治時期詩作大體上都不離詠物、寫景、懷古的寫作範圍，仰山吟社詩
作中較引人注目的是文人聚會之樂。這些詩作恐怕是認爲文學應爲大眾服
務，書寫人民悲苦者所不重視。筆者以爲，雖身處異族統治，難道每個人都
應該生活在悲慘生活中，才「合情合理」嗎？現實生活要過，人們需要因爲
異族統治一定要過悲苦的抗爭生活嗎？人格情操的提升是對的，但世事的複
雜，孰是孰非，往往有難明之處。刻意討好執政者，壓榨平民不應該，但一
定要將日子過得很悽慘才算是忠君愛國？抵抗異族的精神應受鼓舞，並獲得
世人感佩，但抗日英雄並不是人人能當，人生不應只有一種選擇。與清末日
治初期動盪不安的局勢相比，屈從於強權的安定生活，難道不能獲得體諒嗎？

從另外角度來說，傳統文人群雖然具有無法去除殖民權力之能力，但可
藉由狂歡化的身體、言說，和殖民權力畫出對峙的區隔線，對令人性靈窒息
的現代性，以及官方霸權的殖民性，進行戲謔與嘲弄，達到身體的放鬆、歇
息，乃至抗議。〔註272〕仰山吟社聚集在清朝遺留下來古蹟地吟遊取樂，不僅

〔註271〕同註269。此段所引〈蘭齋話舊〉皆出於此處，不再詳註。
〔註272〕同註58，頁 312～313。

有助於他們凝聚「新漢文想像共同體」的意識，亦含有隱微的反抗之意。「燕送鴻迎東海國，楓飄雨積楚江濱。孤懷夏氣凌霄沒，萬籟秋心匝地新。夢轉我知蝴去遠，影廻誰感雁歸頻。風高忍听多嘶馬，只恐陽關有戰塵。」（蔡鏡豪〈秋思〉）〔註273〕蘭地詩人對家園的擔憂，時時懸掛心中，不曾遺忘。

三、羅東地區：林木商業新市鎮

　　東明吟社社址設於羅東，1934年，以〈蘭東曉望〉〔註274〕、〈貯木池〉〔註275〕作爲發會首唱詩題，呈現地方特色，意義非凡。（詳見本章第二節第三小節）隔年以〈羅東〉〔註276〕爲擊鉢詩題，是七言詩鐘（鶴頂格）的創作形式，由林玉麟、陳耀輝二人合選，共有十五首入選。東明吟社詩題的選擇，展現羅東在地的特殊景觀，這些詩題也是其它詩社不會注意到的寫作方向。

　　蘭陽平原位於臺灣東北部，東臨太平洋，西倚群山，最適合觀賞朝日，「龜山朝日」、「蘇澳曉望」都是詩人筆下的勝景。若由位居蘭陽平原東方的羅東晨起曉望，其景亦殊。〈蘭東曉望〉擊鉢詩由鄭永南任左詞宗，吳蔭培爲右詞宗，共選出二十六首作品刊登在《詩報》第85號，〔註277〕名列「左元」游象新詩：

　　　　茶釀香夢乍醒餘，推看紗窗麗景舒。
　　　　曙色翠迷千檜遠，嵐光紅散一輪初。
　　　　雪明南澳山堆玉，星沒新城客打魚。
　　　　回首熹微阿里史，鷄聲喔喔起茅廬。

此詩清楚的描繪出羅東的所在位置。遠觀太平山上的千年檜木，迷濛難辨，旭日初昇的紅光令人著迷。往南望去，南澳山頭的積雪依稀可辨，新城、阿里史一帶居民忙碌的一天已開始。名列「右元」張振茂（松邨）詩：

　　　　輕煙淡蕩罩清虛，四顧連峰霧未除。
　　　　龜嶼遙看帆影渺，鹿埔閒詠旭光舒。
　　　　星殘黛色迎眸早，鐘斷晴明撥墨初。
　　　　最是蘭東多勝地，欣看曙影幾停驢。

〔註273〕《詩報》第78號（1934年4月1日），頁12。
〔註274〕《詩報》第85號（1934年7月15日），頁5。
〔註275〕《詩報》第87號（1934年8月15日），頁13。
〔註276〕《詩報》第112號（1935年9月1日），頁14。
〔註277〕同註274。此段所引〈蘭東曉望〉皆出於此處，不再詳註。

全詩描繪晨曦中的羅東景致，此時由蘭東觀看龜嶼帆影，渺茫不清。名列「左眼」江夢花（紫元）詩：

> 太平煙罩曉窗虛，拂袖風輕睡起初。
>
> 極目海中龜嶼聳，舉頭天外玉峰舒。
>
> 疏星幾點留高閣，殘月一彎浸小渠。
>
> 東望蘭溪清淺水，維舟我欲釣銀魚。

全詩描述太平山景、海中龜嶼、扁舟垂釣等景色，呈現蘭陽平原自然平淡的生活。名列「右眼」李朝梓詩：

> 早起披衣出草廬，晨光一幅五更餘。
>
> 凝神漸愛三星處，散策偏來二結墟。
>
> 漠漠風雲橫嶺樹，濛濛烟霧鎖園蔬。
>
> 竹林雞正喧催曙，我自憑欄縱目初。

「蘭東」泛指蘭陽平原東方的地區，約略爲今日羅東鎮、五結鄉、冬山鄉等地。此詩頷聯刻意將靠山的「三星鄉」，及靠海的「二結」（與三星鄉相比，二結較靠近海邊，二結現今劃歸五結鄉管轄）的地名寫入詩中，足見其用心之處。

四、蘇澳地區：漁港風光冷泉名

蘇澳離宜蘭城南五十里，爲蘭界東勢之盡頭。該澳內寬外窄，中有石礁鎖束，左爲北風澳，右爲南風澳，皆可避風湧。〔註278〕

蘇澳海陸交通發達，往來各地便利，頭城登瀛吟社社員因工作及交遊的關係對蘇澳也有一種親切感。登瀛吟社曾以〈冷泉〉爲擊鉢詩題，廣邀同好描繪全臺唯一的勝景，由左詞宗施性湍，右詞宗陳子經，選出十四首詩作，刊於《詩報》第35號。〔註279〕又，登瀛吟社第七期徵詩以〈蘇澳蜃市〉爲題，由詞宗邱筱園品評出二十首詩，刊登在《詩報》第66號。〔註280〕1938年登瀛吟社則以〈臨海道路〉爲擊鉢詩題，〔註281〕「臨海道路」即是現今的「蘇花公路」。

〔註278〕盧世標，《宜蘭縣志・經濟志・交通篇》（宜蘭：宜蘭文獻委員會，1970年重刊），頁96。

〔註279〕《詩報》第35號（1932年5月15日），頁6。以下所引〈冷泉〉皆出自此處，不再詳註。

〔註280〕《詩報》第66號（1933年9月1日），頁8。以下所引〈蘇澳蜃市〉皆出自此處，不再詳註。

〔註281〕《詩報》第186號（1938年10月1日），頁2。

　　1932 年日本人在移民屯墾的壓力下，費盡心力擴修爲蘇澳花蓮之間聯絡道路，當時的石塚英藏總督將之命名爲「臨海道路」，這就是現在蘇花公路的前身，是連接宜蘭縣與花蓮縣的唯一公路。〔註282〕日治時期登瀛吟社〈臨海道路〉擊鉢詩，由盧史雲任左詞宗，黃振芳任右詞宗，選 13 首詩刊登在《詩報》第 186 號，〔註283〕名列「左一右四」蕭獻三詩：

　　　　望浮獨嘆暗低徊，鑿破洪荒小徑開。

　　　　莫嘆崎嶇行轉險，風波險較世途來。

全詩將公路開發不易的觀察轉爲人生的感嘆。名列「右一」盧纘祥（史雲）詩：

　　　　雨比淋鈴遇西蜀，車從蘇澳達東臺。

　　　　登攀多少奇萊客，每向雲峰隙處來。

此時則是純粹公路景色的描繪，第二句點明「臨海道路」起迄點，末二句讚嘆道路蜿蜒，直上雲霄。

　　蘇澳地區的詩社成立較晚，且史料有限，不能由詩社詩題觀察其地方特色，但是從活躍於該地的詩人作品亦可窺探該地文學地景。潮音吟社社長楊長泉與其兄楊長流，及寓居蘇澳范良銘等人有關蘇澳的描寫最具代表。

　　楊長流發表在報章雜誌上有關蘇澳詩作有〈蘇澳晚眺〉（五言律詩）〔註284〕、〈蘇澳曉望〉（七言絕句）〔註285〕、〈自南方澳乘舟赴龜山作〉〔註286〕、〈南方澳曉望〉（五言律詩）〔註287〕、〈蘇澳晚眺〉（七言絕句）〔註288〕、〈蘇澳曉望〉（七言律詩）〔註289〕等六首詩，蘇澳晨景夕陽，盡收詩人眼底，無論是蘇澳、南方澳的朝陽，或是蘇澳的夕照，楊長流嘗試由五言、七言的絕句及律詩等不同的規範，描寫同一詩題，足見作者對該地景的重視及瞭解。

　　終日沉浸某地景致者，對「曉望」及「晚眺」的差異感受最深。楊長流早晨從南方澳極目遠望，可看到「雙峰連北澳，一水透花蓮。鐵騎穿山過，

〔註282〕吳永華，《蘇花古道宜蘭段調查研究報告》（宜蘭：宜蘭縣立文化中心，1994年），頁 11～66。

〔註283〕同註 281。以下所引〈臨海道路〉皆出自此處，不再詳註。

〔註284〕《詩報》第 143 號（1936 年 12 月 15 日），頁 12。

〔註285〕《詩報》第 157 號（1937 年 7 月 18 日），頁 18。

〔註286〕《詩報》第 161 號（1937 年 9 月 22 日），頁 23。

〔註287〕《詩報》第 162 號（1937 年 10 月 6 日），頁 18。

〔註288〕《詩報》第 169 號（1938 年 1 月 18 日），頁 4。

〔註289〕先後刊於《風月報》第 173 號（1938 年 10 月 1 日），頁 18。及《詩報》第191 號（1938 年 12 月 16 日），頁 17。

漁舟出海旋。」〔註290〕。若從蘇澳望去，「扶桑萬里日輪紅」〔註291〕，「江村如在畫圖中」〔註292〕，晨曦中的漁港如詩如畫。及至夕陽西下，又是另一番景象，「放眼仙台外，滄茫夕照斜」〔註293〕，「南方北澳灯初上，兩岸歸漁擁似雲」〔註294〕，日暮返家的漁船，帶給人們平安的喜樂。

　　楊長泉（靜淵）寫的二首〈蘇澳泛舟〉五言律詩〔註295〕，以及〈蘇澳即景〉〔註296〕、〈北方澳即景〉〔註297〕，則是較爲動態的描述，不論是「我欲追坡老，江干盪槳勤」〔註298〕泛舟活動，或是「海角猶存樸素風，捕魚老少各稱雄」〔註299〕的漁夫生活，在這「三面青山孤面海，千重綠水一重天」〔註300〕的漁港，日夜潮聲不斷，詩人的靈感源源不絕。

　　范良銘〈祝蘇澳大橋落成〉〔註301〕及多首〈蘇澳竹枝詞〉〔註302〕則是描述漁民日常生活。〈蘇澳竹枝詞〉：

> 背山面海自成鄉，大半漁人腹允藏。
> 灣澳網撈魚可獲，歲時無歉樂豐穰。
> 崖壁連阡西復東，製灰製粉共年豐。
> 澳南澳北魚船盛，不讓農家及百工。
> 山陬海滋接雲煙，蘇澳屏巒出冷泉。
> 浴罷七星聊小憩，瀟瀟涼透爽如仙。

蘇澳是繁榮的港都，南澳北澳的魚船多，另設有石灰廠帶動當地工業發展。屏巒湧出的冷泉，是該地最有名的勝景，泡完冷泉還可走上七星山，山上涼

〔註290〕〈南方澳曉望〉，同註287。
〔註291〕〈蘇澳曉望〉，同註289。
〔註292〕同上註。
〔註293〕〈蘇澳晚眺〉，同註287。
〔註294〕〈蘇澳晚眺〉，同註291。
〔註295〕《詩報》第113號（1935年9月16日），頁9。
〔註296〕《詩報》第268號（1942年3月18日），頁8。
〔註297〕《詩報》第311號（1944年3月1日），頁7。
〔註298〕〈蘇澳泛舟〉（第二首），同註295。
〔註299〕〈北方澳即景〉，同註297。
〔註300〕〈蘇澳即景〉，同註296。
〔註301〕《風月報》第56期（1938年1月16日），頁24。
〔註302〕范良銘〈蘇澳竹枝詞〉原刊於《風月報》第85期（1939年5月14日），頁28，以四首七言絕句的形式發表。後來，則將前述四首合成七言古詩〈蘇澳竹枝詞〉刊載《風月報》第202期（1939年6月165日），頁21。范氏如此取巧的作法，實不足取。

風徐徐，愜意舒暢，蘇澳港都的生活，自成格局，徜徉其中，恬靜自適。

小　結

　　日治時期蘭地古文創作量不多，可概分爲早、中、晚三個階段：早期作品承清治時期的訓練，漢學根柢深厚，情文並茂，頗有可觀之處。中期作品不脫科考議論之本色，其文以勸世醒世之文爲多，教化意味濃厚。後期作品，因作者習古文日淺，背誦古文，仿其體例，以添新意。然尚須鍛鍊，俾使浸潤日久，成就風格。綜合而言，此時古文創作方向爲「表情達意，文抒胸懷」，然因缺乏創作環境，愈到後期愈讓文人「英雄無用武之地」，古文創作終至淹沒於歷史洪流中。

　　區域文學研究，最終要能呈現該地的地方特色。根據吳潛誠所整理地方詩（新詩）的三項特徵：「一、描述的對象以某個地方或區域爲主，如特定的鄉村、城鎮、溪流、山嶺、名勝、古蹟，範疇大抵以敘述者放眼所及的領域爲準，想像的奔馳則不在此限。二、須包含若干具體事實的描繪，點染地方的特徵，而非書寫綜合性的一般印象。三、不必純粹爲寫景而寫景，可加入詩人的沉思默想，包括對風土民情和人文歷史的回顧，展望和批評。」〔註303〕新詩如此，傳統詩的地方書寫也不例外。不論作者使用的新詩或傳統詩，地理環境與作者創作關係密切，生於斯，長於斯，居於斯的情感，都在作者筆下不經意的流露出來。

　　蘇澳、南方澳的曉望與晚眺，以及蘇澳泛舟、北方澳景致、蘇澳大橋落成，甚至蘇澳的民情風俗，只有居於該地的楊長流、楊長泉、范良銘等人書寫。「羅東」二字的七言詩鐘，蘭東曉望的心情，貯木池的景色，是羅東東明吟社注意的焦點。位於蘭陽文教中心地帶的仰山吟社則關注於舊宅古蹟聚會的描寫，藉由地理環境所帶來的感受，發思古之幽情，加強對固有文化傳統的認同。至於擁有清代蘭陽八景中四處勝景的頭城，創立於該地的登瀛吟社則對於蘭陽的開發、龜山島的朝夕、海岸景觀的描寫最關心。作者受外在地理環境影響產生創作動機，而蘭陽文學地景則經由作者描寫更加受人矚目。

〔註303〕吳潛誠，〈地誌書寫，城鄉想像〉，《島嶼巡航：黑倪和臺灣作家的介入詩學》（臺北：土緒文化事業，1999年），頁83～84。

第七章　結　論

　　清代宦遊文人（包括來臺任官、作幕、任教者）在臺灣活動有近三百年的時間，他們對臺灣文教活動頗有貢獻，具體建設和政策有辦理科舉考試以鼓勵人民增進智識、建興書院培育人才、聘任名師集聚菁英以提升素質、購置藏書提供學子自行研讀，並經由詩社社團活動鼓舞文學風氣，宦遊文人本身的文學創作作品更是臺灣文學史重要的一環。〔註 1〕然而，時代越往後推移，當宦遊文人離開臺灣，文教工作轉移到臺灣本地文人身上，臺灣本地文人才逐漸取得文教領導權。因此我們可以說清代宦遊文學開啓臺灣傳統文學之門，爲臺灣傳統文學播種者，而深耕的工作則落實於臺灣本地文人，他們爲自我生長的土地推行種種文教活動，以期改善人民知識水準。

　　以上的論述或許會產生「文教」是否等同「文學」的疑慮，事實上文學創作能力的養成和教育關係密切，「文學」與「教育」難以截然劃分。傳統文人對「文學」的概念，並不是今日「純文學」的概念，它是糾纏許多「化身」〔註2〕的產物，但文學與化身之間的糾葛並不容易找出最早源頭，甚至很難眞

〔註 1〕 謝崇耀，《清代臺灣宦遊文學研究》（臺北：蘭臺出版社，2001 年），頁 474～479。

〔註 2〕 姚人多思考「文學作品是『爲了』社會」此議題時指出：「這些非文學的東西，比如說中國傳統文化、民族主義、政治運動、社會改革、工人階級、馬克思主義、天皇、帝國、時代、進步，到底是從什麼時候開始與文學本身結合成一個不可分割甚至無法區辨的綜合體呢？「爲了保存傳統和文化所以我們必須保留古典詩」，與「爲了要讓社會進步，我們必須提倡白話文文學，這兩個命題裡面都各自隱藏著一個非文學本身的東西。我把這些非文學本身的東西稱之爲『化身』（double）。」筆者文中的「化身」即是使用姚人多的概念。詳見姚人多，〈文學的輪子是向前跑：日據時代新舊文學論戰中的非文學「化

的追溯到純淨的源頭〔註3〕。換句話說，臺灣本地文人對「文學」承載的教化使命或傳承漢文化的內涵是不曾懷疑的，此時文學啓蒙的目的大於文學本身價值，因此本文並不刻意區別「文學」與「化身」之間糾葛不清的關係。

　　本文從文學傳播、地方書寫、題材分析、作者背景等角度研究蘭地的傳統文學，時間斷限爲清治時期遊宦文人蕭竹書寫蘭地起，至日本統治結束的一百四十五年間，成果如何？又有何展望？

一、研究成果

　　臺灣東部地區在傳統文學的紮根與興起是全臺中較遲者〔註4〕，蘭地位居臺灣東北角，嘉慶初年才漸次發展。本文對蘭地傳統文學研究有比較全面的分析和論述，有助於瞭解傳統文學在蘭地開展的面貌。

（一）區域文學史觀的建立

　　區域文學史的書寫史觀是一個值得重視的研究領域。本文第一章詳述筆者認同的區域文學史觀，「文學史」不是「作家史」也不是「作品史」，文學傳播、地域文化概念的運用，開拓研究區域文學的角度。擁有清楚的、整體的研究史觀，碰到問題即能迎刃而解，例如判斷何者可視爲蘭地作者問題時，出生於蘭地的文人是蘭地本地作者，非出生於蘭地的外地文人，因爲他們參與蘭地文學活動，所以可視爲蘭地作者，但不論外地或本地的「蘭地作者」因創作量的差別及參與度的差別，論述的輕重也有所差異。

　　清治時期，遊宦文人開啓蘭地傳統文學發展，本地文人也逐漸嶄露頭角。到清末日治初期，當遊宦文人離開蘭地，本地文人的文學活動展現在「鸞書創作」與「詩社運作」，前者以教化民心實踐齊家治國的理想，較有一抒心中

身」〉，《跨領域的臺灣文學研究學術研討會論文集》　（臺南：國家臺灣文學館，2006 年），頁 119～120。

〔註3〕施懿琳教授講評姚人多〈文學的輪子是向前跑：日據時代新舊文學論戰中的非文學「化身」〉一文，認爲「以漢人文學傳統而言，中國先秦以降，文學寫作的目的就是爲了「載道（宣揚聖道），具獨立性格的「純文學」一直要到六朝才產生。亦即，這種文學承載著沉重『化身』的現象，若放在漢人文化脈絡中來看，並非特異現象。作者（姚人多）認爲「要爲文學的化身寫一部歷史」，需從 1920 年開始。我覺得恐怕要更早，甚至幾乎很難眞的追溯到純淨的源頭。」〈傳統文學的質變：講評〉，《跨領域的臺灣文學研究學術研討會論文集》（臺南：國家臺灣文學館，2006 年），頁 155。

〔註4〕黃美娥，〈臺灣文學史概說〉，《臺灣研究國際學術論壇研討會論文集》（宜蘭：佛光人文社會學院，2004 年 7 月 31 日），頁 110～148。

塊壘的可能性，後者以切磋詩藝、帶動地方發展、保持社交關係爲主。日治中後期因「皇民化運動」對宗教信仰限制，鸞書已無發展空間，且熟稔傳統詩詞古文的創作者，老成凋謝，後繼無人，指示封鸞（如喚醒堂）。碧霞宮現在雖有扶鸞但只限於問吉凶，及評門徒品行，沒有再扶鸞出鸞書。根據廟中主委李肇基的說法，因爲教義及修練之法已記載在《治世金針》、《敦倫經》二本鸞書中，沒有重新寫的必要。〔註5〕鸞書的寫作也愈來愈口話化，或以遊記式的創作爲主〔註6〕。可見，鸞書開創之初採用傳統詩文的寫作方式與扶鸞者文學素養有莫大關係。傳統詩文能以宗教書籍方式流傳下來，其中登載豐富的文學史料，提供蘭地傳統文學研究另一扇窗。

本文從文學傳播角度，注意到鸞書的研究，重視該時期詩社之運作，以呈現事物多種面相。並首開日治時期蘭地傳統文學研究風氣，從文人刊登在報章中的詩作得以推知作者的生平事蹟。在文學史料難尋的情況下，重視報章中刊載詩社活動，釐清詩社發展脈絡，都是得力於文學傳播的研究視角而有的收穫。

（二）蘭地傳統文學大眾化的彰顯

現今區域文學史大多注意著重詩社、作品、作者的研究，「大眾化」問題常是被忽略的一環。從筆者對蘭地傳統文學的研究，得知「大眾化」是一個重要的課題，能深入瞭解區域文學的社會功能及教育功能。

筆者從兩個面相觀察蘭地傳統文學發展，認爲「鸞書的寫作」及「詩社的運作」，讓蘭地傳統文人找到傳承漢文化使命的方法，當他們要將上層精英分子所受的儒家思想及使用語言，向下傳遞時，寫作風格、內容及形式即發生變化，「鸞書的寫作」讓文學創作因「大眾化」需要而「宗教化」，「詩社的運作」促使文學創作走向「大眾」，進而「大眾化」、「社會化」。就「文學傳播對象」而言，蘭地傳統文學發展朝著「大眾化」方向邁進，內容趨於淺顯通俗。

清末知識分子階層主導鸞堂的活動，但大眾參與鸞堂的人數日漸增加。經過日治初期鸞堂戒煙運動以後，鸞堂的文人色彩逐漸降低，走向「大眾化」。

〔註5〕 見「附錄八：田調訪查──陳肇基」第五則。

〔註6〕 由宋光宇研究可知1975年至1989年間臺中地區遊記式鸞書特別多，共有38種。宋光宇，〈近十幾年來的鸞作遊記式善書談中國民間信仰價值觀〉，《宗教與社會》（臺北：東大書局，1995年），頁263～268。

鸞堂上下階層的流動，代表上下階層得以在宗教信仰內完成某些程度的會通，也象徵儒家思想潛沉於宗教中的發展狀況，更代表儒家思想進一步的平民化與大眾化，〔註7〕同時更具有傳播的普遍性和發展性〔註8〕。

　　蘭地士紳文人為了與大眾接近，達到文學教化的目的，他們主持鸞堂，與宗教力量相結合，期待在政府組織失去能力之時，能達到化民成俗，安居樂業的理想。為普及大眾，創作內容需淺顯易懂，遣詞造句也會符合大眾的程度與習慣。

　　就「詩社運作」觀之，清治時期蘭陽傳統詩社，僅「仰山社」。發展到日治時期已有：仰山吟社、登瀛吟社、吟香社、東明吟社、敏求吟社、光文社、蘭社、蘭谿吟社、蘭東吟社、港澳吟社、紫雲吟社、三星吟社、員山吟社、歸真吟社等十多個詩社，蓬勃發展的情況與全臺詩社同步。詩社大眾化問題黃美娥、江寶釵已提及（見本文第五章第二節），但並未重視此現象。

　　本文從文學傳播角度重視傳統文學如何走向大眾。日治時期詩社活動，社員參與者眾多，意見難免分歧，原本有的為了傳遞漢文化的幽微心理，當社員來源混雜之際，其意盡失，不論集會或詩藝品質，每況愈下，甚至有些詩社創立之初期即不以傳遞漢文化為宗。因此詩社運作的「大眾化」傾向，雖然擴大讀者群及創作群，但詩藝品質良莠不齊，再加上新文學衝擊，整體發展跌至谷底。但傳統詩並未從此失去表演舞台，它以簡喻繁的用字遣詞及音韻節奏之美，仍然深深吸引樂於此道者。時至今日，傳統詩雖不是主流創作，但一脈仍存，而一般民眾日常生活間處理婚、喪、喜、慶等瑣事，仍需言簡意賅的詩句，聊表心意。從文學傳播面觀之，詩社的運作成功的讓傳統詩走向「大眾化」。

（三）不同地方特色的展現

　　詩歌基本上可以說是對於自然與人物之美的逐漸發現與認知的過程〔註9〕，從清治至日治時期，蘭地傳統詩歌寫作一直未中斷，且部分主題一脈相連，足以展現蘭地不同時期的特色。

　　例如「雨」的描寫。清治時期遊宦者作品較多，多呈現對雨的苦悶，日

〔註7〕 王志宇，《臺灣的恩主公信仰：儒宗神教與飛鸞勸化》（臺北：文津出版社，1997年），頁153。

〔註8〕 鄭志明，《中國文學與宗教》（臺北：學生書局，1992年），頁221。

〔註9〕 柯慶明，《中國文學的美感》（臺北：麥田出版社，2000年），頁37～38。

治時期本地文人筆下的「雨」則各種風貌皆有。蘭陽的雨是「雨和田」的結合，不同於基隆的雨是「雨和海」的結合，基隆的雨體現雨／魚／漁村三度空間的同一性〔註10〕，蘭陽的雨是變化萬千的雨神，帶給人民或喜或憂的情緒，蘭地詩人對雨的描寫展現雨/田/人三者間的微妙互動。

清治時期，遊宦至蘭的文人，因蘭陽的雨興起思鄉情。日治時期，雨幻化為靈感精靈，詩人聽雨、觀雨、遇雨，或久降甘霖的喜悅，或雨徑漫步，或久雨喜晴的等待，蘭陽的雨與生長的這片土地緊密結合，詩人徜徉其中，體現「雨」所帶來的地方認同感。

又如「蘭陽八景詩」。蘭地在日治時期雖無新的八景詩的出現，但針對清治舊有八景詩，取其仍存有的勝景，如龜山朝日、嶐嶺夕煙、北關海潮、湯圍溫泉、蘇澳蜃市等五景重新書寫，至於西峰爽氣、沙喃秋水、石港春帆等景致，因時過境遷，景物日非，已失去真實臨場感受，無書寫之必要。反倒是大里漁燈、太平山林、蘇澳冷泉等新興地景，成為蘭地新的文學地景。

八景詩的書寫與國家機器的運作相關，因為方志的編寫是配合政府「觀風土民情」、「見施政成效」的需要而產生。蘭地詩人並未追隨八景詩潮流，書寫蘭陽八景，他們並未意識到此舉之必要性。誠如本文第六章第三節所述，他們詩作針對頭城、宜蘭、羅東、蘇澳等地描寫，較注重其居住地在整個蘭陽地區的特色。

另外，從植物的描寫來看，水稻、菊花、竹林為清治及日治時期文人共同描繪的植物。菊花品種多，又有隱居的象徵意義，素來為傳統文人所喜愛，兩時期的文人皆以菊花為題較不稀奇。相較之下，水稻、竹林較能展現蘭地的特色。清治時期文人寫成畦水田、竹圍籬笆的鄉村景致；日治時期文人則寫春耕秋穫的喜悅，及竹影搖曳的美姿。不同時期的文人對植物的感受也不一樣，清治時期文人描繪佛桑花、菊花、洋玉簪、木槿花、月季花、遍地錦、杜鵑花、桃李等植物，多描繪花卉外型，以「賞異」的心情觀之。日治時期描寫蓮花、郁李、落花生、雁來紅、蘆葦等植物，則偏重植物的另一層含意，而非單純描述植物本身的外貌。

人受外物感而行吟創作，物因人們的書寫而增添新意。文人細膩的勾勒蘭地的雨城風土情，呈現地方特色。

〔註10〕柯喬文，〈基隆漢詩的「在地言說」：以《詩報》為探討對象〉發表於中正大學人文研究中心及臺灣文學研究所主辦之「張達修暨其同時代漢詩人學術研討會」，會議地點：南投縣政府國際會議廳，時間：2005年6月25日，頁30。

（四）擊鉢詩價值的正視

有關臺灣傳統詩的研究，繫於民族氣節的作品較受到學者們的贊同與青睞，例如許俊雅《臺灣寫實詩作之抗日精神研究──1895～1945 年之古典詩歌》〔註 11〕、陳昭瑛《臺灣詩選注》〔註 12〕兩本書，即是以民族節操作為寫作、選文的方向。筆者以為從事區域文學史的研究，應正視每一時期呈現出來的作品。

日治擊鉢詩及詩社聚會弊端，論者頗多。例如江寶釵認為擊鉢詩以擊鉢遊戲之作為主，「是不入流之作」〔註 13〕，並以「馴化效應」〔註 14〕解釋日治臺灣漢詩創作。筆者贊同江寶釵的說法，並且認為這些「馴化效應」順利的達成傳播「漢文」的目的，是為可取之處。

日治時期曾創立讀我書社，並任教頭圍的新竹碩儒葉文樞從「擊鉢吟為詩之一體」、「讀書種子，不絕如縷」、「擊鉢未斷，無用之用」、「時移世易，吟壇之跡」〔註 15〕四方面肯定擊鉢詩意義。筆者今日閱讀蘭地作者擊鉢詩，從中追索作者生平，瞭解詩社組織及社員活動的相關訊息，充份發揮擊鉢詩「無用之用」、「吟壇之跡」的重要價值。

擊鉢吟會就像今日文學獎的舉辦，可以達到鼓勵社員練習寫作的效果，或者讓社員參與其它傳統詩社活動，與同好之間互相切磋琢磨。此活動雖不及於一般不識漢字的民眾，卻是承襲清代文人雅集的傳統。又書房老師教課時以閩南語朗讀，母語得以保留，未嘗不是一件佳事。

日治時期古典詩的寫作逐漸成為「漢學」的主流，乃至最後成為漢學的代名詞，創作人口增多，內容偏向通俗引來諸多批評。〔註 16〕依當時的政治環境，公開發表的擊鉢詩實不宜抒情言志。通俗化遊戲之傾向，讓識漢字者

〔註11〕 許俊雅，《臺灣寫實詩作之抗日精神研究──1895～1945 年之古典詩歌》（臺北：國立編譯館，1987 年）。

〔註12〕 陳昭瑛，《臺灣詩選注》（臺北：正中書局，1996 年）。

〔註13〕 江寶釵，《臺灣古典文學面面觀》（臺北：巨流出版社，1999 年），頁 256。

〔註14〕 「馴化效應」有四點：一、官方力量介入，詩歌精神改變。詩社以擊鉢遊戲為主，已失抒情閒詠、比興言志的傳統。二、作者階層擴大，漢詩成為漢文化圖騰，只要識漢字不管身份皆能寫作，漢詩傳統始終不輟。三、題材擴大，生活事物皆可入詩。四、文體本身簡易化，傾向遊戲之作，民俗性增加。詳見上書第五章第三節「臺灣漢詩的馴化效應」，頁 225～238。

〔註15〕 此四點為筆者整理葉文樞〈東寧擊鉢吟後集序〉而得，詳見曾笑雲編，《東寧擊鉢吟後集》（臺北：吳永遠（紉秋）發行，1936 年），頁 1。

〔註16〕 同註 12，頁 61～62。

皆能寫詩，雖然作品文學性不強，卻讓一般人更易於接近漢字、漢詩。各種題材皆可入詩，不也擴大傳統詩的內涵，本文第六章第三節分析擊鉢詩的寫作題材，均有可喜的發現，擊鉢詩因應新興事物，描寫題材廣泛，開拓傳統詩發展的空間。

且當格律化的寫作技巧內化為生命的一部分時，「寫漢詩」自然而然成為抒發情感的方式。陳進東民國 43 年（1954）蒙冤被捕入獄，「心疾未癒，齒痛繼發」，無限淒涼之感，只得「聊吟數首」以解悶，〔註17〕「聊吟數首」不知不覺已寫了 245 首，對牢獄之災頗多感嘆，對社會疾苦多所關心，這些作品都是「漢詩」種子，發芽成長，歡喜收成的果實。

（五）考證詳盡的助益

筆者注重區域文學史觀的建立，但煩瑣的考證問題也不會忽略。本文第二章第一節細心考證吳沙事蹟從口傳到文字書寫間的衍變，針對「吳沙開蘭」書寫成文字的過程有較全面的品評。第五章第一節有關登瀛吟社長的考察，也是經過詳細的考證，得以確定該社社長的傳承。

仔細考查文本的文句異同，也有莫大的助益。例如，陳淑均《噶瑪蘭廳志·紀人》：

> 其由淡入蘭，自遠望坑至梗枋一帶，鄉勇坐護行人，尚有五跕未及裁撤，亦當日分守隘察之遺也。〔註18〕

「跕」，他協切，指足輕著地而行。引文中「五跕」不知何意？林萬榮編輯《吳沙專輯》改為「五路」其意仍然不明，反觀《噶瑪蘭志略·人物志·義俠》記為「五站」〔註19〕，指五處守隘寮，其意乃顯。

又如，許惠玟「查證後確定噶瑪蘭並無『蘭江』這一地名或河流」，進而認為李逢時〈秋夜送玉麟宗一兄西渡〉及〈月下吟〉中提到「蘭江」為「三貂溪」。〔註20〕李逢時〈秋夜送玉麟宗一兄西渡〉〔註21〕及〈月下吟〉〔註22〕

〔註17〕陳進東，《南湖吟草》（宜蘭：宜蘭三清宮，未著撰年），頁 53～92。
〔註18〕陳淑均，《噶瑪蘭廳志·雜識上·紀人》（臺北：文建會，2006 年），頁 446～447。
〔註19〕柯培元，《噶瑪蘭志略·人物志·義俠》（臺北：文建會，2006 年），頁 326。
〔註20〕許惠玟「查證後確定噶瑪蘭並無『蘭江』這一地名或河流」，進而認為李逢時〈秋夜送玉麟宗一兄西渡〉及〈月下吟〉中提到「蘭江」為「三貂溪」。詳見許惠玟，《道咸同（1821～1874）臺灣本土文人詩作研究》，中山大學中文系，2007 年博士論文，頁 139～140。

中提到「蘭江」是指「三貂溪」嗎？依照該時期的蘭陽地理環境，又參照李逢時〈頭圍〉詩的內容，李逢時爲友人送別時的渡口，遠至「三貂溪」實屬不妥，且「山路崎嶇，谿澗叢雜」〔註23〕的三貂大山，何以能感受到「石港秋帆送客船」（〈秋夜送玉麟宗一兄西渡〉）及「蘭江湧出一輪月，上下波光寒浸骨」（〈月下吟〉）的開濶河港景象呢？

噶瑪蘭誠然無「蘭江」之地名，但可代表噶瑪蘭廳的河流，稱它爲「蘭江」者，不應遠至與淡水廳交界的三貂溪。蘊育蘭陽沖積平原的「濁水溪」（今蘭陽溪），與掌控蘭陽水運交通的「西勢大溪」（今宜蘭河）才是噶瑪蘭重要河川。筆者以爲，李逢時詩作中的「蘭江」當爲蘭陽境內某一河川之雅稱，且應指「西勢大溪」較爲合情合理。

試看，與李逢時同時期的李望洋，他遠至甘肅任官，歷經「重洋之險，山水之勝，車馬之勞」，寫成「西行吟平仄七十一韻」以自我解悶，其中有一段：

> 收拾衣箱官甘肅，計程云有萬餘里。行抵頭圍頻一宿。……次早匆匆別故人，雙溪茅店餐糜粥。〔註24〕

可見，當時宜蘭人要離開蘭地，會先到頭圍，再經由雙溪行至淡水。李逢時送仰山吟社員林玉麟西渡，寫下「蘭江夜月離人酒，石港秋風送客船」〔註25〕詩句，充滿送別的離愁，與另一首「扁舟一葉下頭圍，別意離情滿夕暉」〔註26〕同樣傳達離情依依的不捨之情，而送別地點就在頭圍。

頭圍即今日宜蘭縣頭城鎮，是當時宜蘭水運主流「西勢大溪」出海口。光緒18年（1892）洪水氾濫漸次淤塞前，「西勢大溪」可由宜蘭城搭乘垵邊船通達頭圍烏石港，出河口可北通大陸，或在頭圍下船，改走陸路北接淡水廳。據此，李逢時送友人時所描寫的「蘭江」應指「西勢大溪」。且相較於山

〔註21〕 李逢時，〈秋夜送玉麟宗一兄西渡〉，《泰階詩稿》（臺北：龍文出版社，2001年），頁13。

〔註22〕 李逢時，〈月下吟〉，同上書，頁14。

〔註23〕 陳淑均，《噶瑪蘭廳志・規制・城池》（臺北：文建會，2006年），頁90。

〔註24〕 李望洋，〈余自去歲壬申正月二十六日出門六月十六到甘一路所經重洋之險山水之勝車馬之勞欲構一長篇以紀顛末無如枯腸苦索毫無意思遲至今年癸酉五月十五日在寓悶坐靜裡思家不已因作西行吟平仄七十一韻以自解〉，《西行吟草》（臺北：龍文出版社，1964年），頁60～67。

〔註25〕 同註21。

〔註26〕 李逢時，〈頭圍〉，《泰階詩稿》（臺北：龍文出版社，2001年），頁21。

中蜿蜒而行的三貂溪，宜蘭河平廣的河面更能體會到「蘭江湧出一輪月，上下波光寒浸骨」（〈月下吟〉）〔註27〕的意境，宜蘭河出海口烏石港也更能切合「石港秋風送客船」的詩意。對當地文化、地理環境的瞭解，有助於考證及解析文學作品。

（六）田野調查的收穫

　　施懿琳、許俊雅、楊翠合撰《臺中縣文學發展史》〔註28〕對區域文學史的書寫史觀稍有論述，並佐以豐厚的田野調查紀錄。往後學者大體依此模式，從漢人社會拓墾造成文化提昇入手，後述文教機構、文人團體的崛起，並分別比較遊宦與本土文人作品之異同，最後就寫作題材分類進行具體說明。〔註29〕臺灣各區域田野調查確實有助於整體性的研究，可集眾人之力，以促成全臺文學史料的匯集。筆者針對蘭地傳統文學所做的田野調查，有助於國家臺灣文學館將蒐羅文學史料的觸角深入臺灣東北角。

　　一般人對歷史悠久的宜蘭仰山吟社較為熟稔，甚少人知道日治時期頭城登瀛吟社的活躍力更甚於仰山吟社，筆者第五、六章的研究證實此說法。筆者並經田野調查獲得登瀛吟社詩內詩錄，又蒐集到該社第一任社長陳書以及社員游象信的詩集、手稿，都是珍貴的第一手文學史料。

　　《渡世慈帆》、《治世金針》、《敦倫經》、《錄善奇篇》、《龍鳳圖全集》等鸞書也是田野調查獲得的重要史料。筆者從文學傳播角度重新審視鸞書的意義與價值，「大眾化」及「『離神』之作」的探討，是異於他人的發現。

　　本文附圖所列的「昭和 6 年（1931）仰山吟會五十週年紀念吟會」、「昭和 9 年（1934）臺北州下第六回聯吟」、「蔣渭水民眾講座」、「蔡李石三君餞行吟會紀念」、「莊芳池獲第四回全島聯吟大會贈眼杯」五張照片，也是筆者田野調查的收穫，可作為最佳的佐證資料。

　　另外有關本文附錄所列的訪談「張國禎、陳燦榕、莊漢川、石精華、林旺根、李肇基」六位長輩的田野調查紀錄，有些紀錄內容已引用於本文中，未引用的部分能提供研究者參考，做為往前邁進的基石。

〔註27〕同註 22。
〔註28〕施懿琳、許俊雅、楊翠等著，《臺中縣文學發展史》（豐原：臺中縣立文化中心，1995 年）。
〔註29〕施懿琳，《從沈光文到賴和──臺灣古典文學的發展與特色》（臺北：春暉出版社，2000 年），頁 9。

二、研究展望

本文研究成果已如上述，放眼未來，仍有努力的空間。

（一）書寫蘭陽傳統文學史之必要

宜蘭縣政府對於各項文教工作一向是不遺餘力，除了宜蘭縣文化局的藏書，還有宜蘭縣史館、臺灣戲劇館的館藏，持續蒐集許多與宜蘭相關的重要文獻。出版的刊物上，除了《宜蘭文獻雜誌》定期出刊，幾項大型的出版計劃也非常值得肯定，例如「宜蘭文獻叢刊」、「宜蘭縣史系列」、「縣級作家資料庫」、「蘭陽文學叢書」都是長期有計劃的進行。這些計劃中「縣級作家資料庫」、「蘭陽文學叢書」偏向現代文學蒐集整理。已出版的「宜蘭文獻叢刊18」楊欽年《詩說噶瑪蘭》，和「宜蘭縣史系列藝術類 1」邱坤良等著《宜蘭口傳文學》兩本書，和蘭地文學研究關係較為密切。

如今，「宜蘭文獻叢刊」、「宜蘭縣史系列」等分門別類的宜蘭研究相繼出版，仍不見「宜蘭文學史」的芳踪。民國 83 年（1994），文訊雜誌社主持「各縣市藝文環境調查」編輯計劃，於宜蘭地區召開「讓自主性的生命外放：宜蘭藝文環境的發展座談會」。會中許多學者對宜蘭的藝文環境提供建言，李瑞騰即建議集眾人之力完成「蘭陽平原的文學藝術發展史」寫作〔註 30〕。過了十幾年此建議依然是空谷跫音。「蘭陽平原的文學藝術發展史」確實是一個大工程，如果將「文學」與「藝術」分開是不是比較容易實踐。如果再將「蘭陽地區文學史」區分為「傳統文學」、「現代文學」、「戲劇文學」、「兒童文學」等各類，更有助於完成目標。筆者已完成 1800 年至 1945 年蘭陽地區傳統文學研究，發掘許多珍貴的文學遺產，未來將繼續 1945 年之後的研究，朝「蘭陽地區傳統文學史」方向邁進，並以「蘭陽地區文學史」作為長遠目標。

（二）跨區域研究整合之必要

蘭地傳統文學發展與新竹、基隆等地密切相關，但跨區域的文學史料仍嫌不足。例如，竹塹傳統文學研究，集中於清治時期（如黃美娥《清代臺灣竹塹地區傳統文學研究》〔註 31〕），日治時期的研究付之闕如，想瞭解葉文樞及其弟子鄭指薪在新竹活躍情況，缺乏可參考的比較資料，未來希望能獲得

〔註30〕 《藝文與環境：臺灣各縣市藝文環境調查實錄》（臺北：文訊雜誌社，1994年），頁 514。

〔註31〕 黃美娥，《清代臺灣竹塹地區傳統文學研究》，輔仁大學中文所，1998 年博士論文。

補充。

　　基隆傳統文學研究方面，如曾子良《基隆文學類資源調查報告書》〔註32〕
以民間歌謠、俚語爲主，傳統文學的部分較爲缺乏。吳淑娟《臺灣基隆地區
古典詩歌研究》〔註33〕曾提到日治時期蘭地作者楊長泉參與網珊吟社、大同
吟社，但是未清楚交代楊長泉在基隆活動的詳情。

　　又如，王幼華《日治時期苗栗縣傳統詩社研究——以栗社爲中心》〔註34〕
讓我們得知宜蘭仰山吟社林玉麟、賴仁壽、林紹裘、李康寧、李盧洲等人，
以通訊的方式加入苗栗栗社，但入社原因仍需要進一步的研究，才得以明瞭。

　　因此，從事區域文學的研究，以區域爲限，卻不能受限於區域，跨區域
研究整合實屬必要，可讓我們更瞭解文人間的交流及活動。

（三）持續田野調查之必要

　　蘭地文人生平事蹟、文集、手稿、照片等是瞭解蘭地文學活動重要資料，
經筆者多方求索查尋，已知者如本文附表所述，但未明者或有待更進一步細
述者仍占多數。例如，日治時期仰山吟社社員吳英林（松籟），從事土地仲介
業，住在宜蘭街，昭和 13 年（1938）間曾創立「蘭星文藝部」，並以「蘭星
文藝部創立之紀念」爲題廣向全臺徵詩〔註35〕，惜其生平事蹟今日未能得知，
「蘭星文藝部」爲何種性質之社團活動亦有待考查。

　　又如，蘇澳楊長流及楊長泉兄弟二人在蘇澳的活動情況，筆者雖已獲得
楊長流之子楊君潛提供的部分資料，但因楊長泉後代子孫分居各地，且較無
意願配合，未來仍需持續的溝通，期待有更進一步的發現。

　　還有，蘭地鸞書中提及的人士，仍有許多未明生平事蹟者。可見持續田
野調查之必要，筆者未來仍將繼續努力以赴。

〔註32〕曾子良，《基隆文學類資源調查報告書》（基隆：市文化中心，2003 年）。
〔註33〕吳淑娟，《臺灣基隆地區古典詩歌研究》，中國文化大學中文所，2004 年碩士
　　　　論文，頁 72、88。
〔註34〕王幼華，《日治時期苗栗縣傳統詩社研究——以栗社爲中心》，中興大學國文
　　　　系在職專班，2000 年碩士論文，頁 58。
〔註35〕《詩報》第 177 號（昭和 13 年 5 月 22 日），頁 1。

附錄一：「登瀛吟社社規」

第一章　總　則

　　第一條　本社稱爲登瀛吟社。

　　第二條　本社以研究漢詩振興漢學及助長地方文化爲宗旨。

　　第三條　本社事務所置於頭圍街。

　　第四條　本社以贊同本社宗旨之男女而組織之。

　　第五條　本社維持費由社員每月「？」及其他寄附充之。

第二章　社　員

　　第六條　贊同本社宗旨者由社員介紹可得聲明入社，但入社之取捨一任於幹部。

　　第七條　受入社之承諾者要提出入社聲明書。

　　第八條　本社社員如有意怠慢社員之義務或有污染本社體面之行爲者可由幹部會議決議除名，但受除名者前之寄附金概不返還。

第三章　幹部

　　第九條　在社幹部如左：

　　　　　　社長一名。

　　　　　　理事一名。

　　　　　　幹事一名。

　　　　　　編輯一名。

　　　　　　庶務一名。

會計一名。

顧問若干名。

幹部概由總會出席者公選，顧問由總會推薦之。

以上役員之會議稱爲役員會。

第十條　幹部之任期及權限如左：

一、役員之任期以一個年爲限度，但不妨重選。

二、役員代表本社議決一切社務。

三、理事輔佐社長專理一切事務，社長有事故之時代爲決裁社務。

四、幹事輔佐理事幫辦本社事務。

五、庶務擔當來往文書。

六、編輯擔當編輯一切詩稿。

七、會計徵收本社寄附金，但本社所有費用皆由其支出。

第四章　會　合

第十一條

一、本社每年舊正月開定期總會一次，會費金一圓（報告社務、選舉役員、改修社則、擊鉢吟等），但役員會認有必要之時開臨時總會，其期日及場所由役員會議定通知社員。

二、總會以三分之二以上社員出席者之多數決爲議決。

三、幹部認有必要之時可得召集役員會。

四、擊鉢會照別紙所定，輪番每月初三、十八開擊鉢例會，其場所由值東指定通知社員。

第五章　文藝及事業

第十二條　本社每月課題一次，由值辦擬定題目，於每月擊鉢會時通知社員至次月十五日止務要交卷，過期者不得再交。

第十三條　本社每月徵題之詩由值辦錄託詞宗評選後，左右十名內編輯成冊，至次月擊鉢會時務要發表以實蹟頒布社員，其費用由值辦負擔。

第十四條　本社由總會決議得設漢學研究會或講演會及其他適合本社宗旨諸設施。

附　則

一、如有發生社規以外事故之時，由社長理事裁決施行，但
　　所行之事不得違背本社宗旨，但要對次期總會報告。

以　上

註1：社規之標點符號爲筆者所加。

註2：社規第一章第五條「？」之意：此句原爲「本社維持費由社員及有志者而充之」
　　　後有更動，劃去「有志者」三字，共將更動的內容手寫於行側，但字跡難辨，
　　　故以「？」代表之。

附錄二：「東臺灣詩社聯合會會則（草案）」

第一條　本會稱爲東臺灣詩社聯合會，以基隆、宜蘭、羅東、蘇澳四郡下及花蓮港、台東兩廳下之詩社員組織之。

第二條　本會以提倡漢學及助長文化之向上爲宗旨。

第三條　本會幹事若干名辦理通信及以外之事務由各詩社各自選出一名而充之，其任期定三箇年。（但不妨重任）。

第四條　本會由幹事中互選幹事長一名，代表本會總理一切事務。

第五條　幹事長或幹事三分之一以上之同意者，得召集幹事會或書面決議。

第六條　本會每年開聯合大會一次，以○○○○各詩社輪流辦理，但有特別事情，經幹事會（或書面）之決議者，得開臨時大會。

第七條　凡大會幹事會之決議，須出席者半數以上之同意爲決議。

第八條　凡開大會必順擊鉢詠詩，但詩題、體韻、詞宗等概由公決、公舉。

第九條　大會之費，對於報名出席之會員徵收金貳圓也以充之，倘不足者，由主催之詩社負担。

第十條　每期大會諸施設、準備、便宜本上一任主催詩社決定而行。

註：文內之標點符號爲筆者所加。

附錄三：〈田調訪查──張國楨〉

受 訪 者： __張國楨__	訪 問 者： __陳麗蓮__
時　　　間： 95 年 12 月 28 日	地　　　點： __受訪者家中__

連絡電話：03～932****

地　　　址：宜蘭市中華路****號。（劉＊＊事務所隔壁）

介 紹 者：宜蘭縣史館廖正雄先生

主　題：宜蘭張鏡光事蹟及文學作品現況，張天眷事蹟，吟香社組織。

訪談紀錄：

1、張天眷是本名，因張鏡光沒時間辦戶口，請旁人代勞，戶政人員的疏忽寫成「天春」，後來認為「天增歲月人增壽，春滿乾坤福滿門」意思更好，因此將錯就錯用「天春」之名。

2、張娘眷，字「黃曾」則是因為要傳（繼承）「黃曾」兩姓，號「佐臣」為張鏡光取名的。

3、新民堂目前所留李望洋光緒十七年寫的對聯，張國楨先生聽父親張黃曾說過，那副對聯「文」及「字」皆是張鏡光先生做的、寫的，因為丈人叫女婿寫，他就寫。

4、張娘眷、張天眷相較，娘眷長兄脾氣較兇，教書時素有「雷公」之稱。天眷曾經在蘭女任教，是個很隨性的人，教女生不適合，後來娘眷委請陳保宗校長（兼管蘭女及宜中）將天眷調到宜中教書。

5、張娘眷、張天眷相較，天眷的詩較好，但天眷沒有寫「文」、娘眷有寫「文」。

6、石碇古道土地公廟對聯爲張鏡光中秀才（光緒十一年第一名，劉銘傳選的）回宜蘭途中，爲土匪刼獲，土匪知道張鏡光是秀才，不敢殺他，要求他寫勒索別人的書信，他不寫，關了一個月，土匪沒有辦法，要求張鏡光替土地公廟對聯「公老尊萬古，神正享千秋」，才放他走。

7、張天眷之子連絡方式：「張國威 03～954****，張國庠 03～950****」。

8、張鏡光先生脾氣好，是個溫文儒雅的讀書人，娘眷讀書遇有不懂，隨時都可請教張鏡光先生。

9、張鏡光先生曾製造痢疾丸，免費贈人，救人積善。

10、張國楨先生五歲至八歲接受父親娘眷教導學習漢文，當時念的書有三字經、幼學瓊林、四書五經、昔時賢文等。

11、關於張鏡光設立的詩社，張國楨先生原本說「香社」，但我告知報紙上都寫「吟香社」，請問哪一個才是正確的？我將這兩社名都寫在紙上，請張國楨先生指出何者正確，他說是「吟香社」才對，頭城的莊鱉、盧纘祥都有參加。

附錄四：〈田調訪查──陳燦榕〉

受 訪 者： <u>陳燦榕</u>	訪 問 者： <u>陳麗蓮</u>
時　　　間： 95 年 11 月 22 日	地　　　點： <u>羅東城隍廟</u>

連絡電話：03956****。

介 紹 者：康濟時先生

主　　題：仰山吟社、東明吟社兩社社員及活動情況。

1、陳燦榕先加入東明吟社，再加入仰山吟社。陳燦榕五十年前學詩時認識東明吟社創辦人江夢華先生，此人原名江紫元，字夢花，是桃園縣人。年輕時遷居羅東經商（木材或電器業），大約民國五十餘年後遷回桃園縣。但此後並沒有再聽到此人的消息，桃園縣詩壇活動也見不到他的踪影。因此陳燦榕判斷江夢花「遷回故鄉隱居」。

2、陳燦榕因爲繼承父業替人「看日子、測字、寫對聯（冠首詩）」而有創作漢詩之必要因而想要學寫漢詩。蘇澳楊長泉有一次找他測字，認爲他會聯對，可以去學吟詩，鼓勵他加入詩吟社，因此陳燦榕加入東明吟社，學寫漢詩。

3、「東明吟社」社名之意，陳燦榕已不知道。

4、蘇澳楊長泉組濤聲吟社的詳情陳燦榕不知道。

5、據陳燦榕回憶以前春夏秋冬四季，宜蘭、羅東、頭城、蘇澳四地會輪流舉辦聯吟會。陳燦榕去頭城聯吟大部分是夏天，他對莊芳池開在的頭城鎮上的中藥店，印象深刻。

6、陳燦榕個人簡介：字亮辰，宜蘭人，幼承庭訓性喜吟詠，曾受業林
　　義德、李康寧、陳泰山、楊靜淵等諸位老師。曾任仰山詩社理事長，
　　現任傳統詩學會常務理事，仰山詩社顧問。

7、民國六十五年左右，約陳進東在世時，因爲詩社人愈來愈少，所以
　　四社（登瀛、仰山、東明、濤聲）合一。以前詩作只留下自己的稿
　　作，其他人的都不會留下來，因爲當時印刷不發展，傳抄不方便。

8、當時參加東明吟社的人有：林阿松（算是上一輩的人，如果活著有
　　一百多歲）。陳燦榕加入東明吟社的時候只有三個人，社長是江夢
　　花。

9、我將已知詩社社員姓名向陳燦榕先生請教：
　　① 張火金：五結人。
　　② 蔡奕彬，字陋庵。
　　③ 黃春亮，四結村人。
　　④ 蔡老柯，字鰲峰，宜蘭市人，曾在宜蘭媽祖廟旁開西藥房。
　　⑤ 李康寧，前羅高校長徐正雄岳父。
　　⑥ 吳英林，十多年前宜蘭市長之父。
　　⑦ 李蘆洲，曾住宜蘭市東港路，有留下詩稿。
　　⑧ 張天眷，前宜蘭高中國文老師。原「天眷」爲「讓天眷顧之意」，
　　　因爲戶政人員筆誤寫成「天春」。陳定南爲其學生。

10、陳燦榕認爲江夢花很有學問，很會做詩。江夢花在桃園縣十幾歲已
　　有學作詩，二十幾歲到宜蘭才會找詩友開詩社。但現在可能問不到
　　詳細的情況，因爲和他同時代的人可能都已「做古」。

11、楊靜淵爲蘇澳人，他到基隆幫人顧店，念夜校，向基隆市李某某學
　　詩，詳細姓名已不記得。

12、「濤聲」和「潮音」兩者音相近，是同一吟社，但不知哪一個名字
　　爲先。

13、楊靜淵住在舊火車站前，右邊，兒子很多，有當老師、經商者。

14、「蘭社」聽上一輩老師說是雙溪人連碧榕來宜蘭娶妻，在宜蘭設的
　　詩社，陳燦榕知道此人時，連碧榕已去世。

15、陳燦榕認爲羅東吟社與東明吟社應爲同一詩社，只是前後時期的不
　　同名稱。

16、關於「吟香社」，陳燦榕記得林本泉（宜蘭市代表會主席），林本泉
　　和蔡鰲峰（三十幾年前仰山吟社社長）是好朋友，後來不合，林本
　　泉才組吟香社。

17、陳燦榕是張振茂當社長時開始加入仰山吟社。

18、林本泉以前住在宜蘭市中央市場旁。

19、蔡鰲峰有詩集，不知後代子孫是否有留下？

20、黃振芳頭城人，陳燦榕認識他不久，後來黃振芳就去世了。

21、「蘭社」有吳天送，瑞芳人。

22、張鏡光為張天眷之父。百多年前張鏡光在宜蘭很有名，很有學問，
　　寫「開生路論」阻止日人惡行。張天眷有子在台中當教授，陳燦榕
　　要幫我問此教授是何人？陳定南手中有張天眷給的「開生路論」文
　　章。

23、當陳燦榕開始學寫詩時，宜蘭與台北、花蓮交通很方便，有火車可
　　搭。

附錄五：〈田調訪查——莊漢川〉

受訪者：　　莊漢川、莊淑娥　　　訪 問 者：　　陳麗蓮

時　間：　96 年 4 月 18 日　　　地　　點：　受訪者家中及電訪

連絡電話：03～936****。

地　　址：宜蘭市復興路三段 173 巷****。

介 紹 者：莊錫財、莊錫棟

主　題：莊芳池生平事蹟、遺物、藏書。

1、莊芳池兒子莊寄梧，孫子莊漢川。莊芳池大女兒莊淑娥，二女兒莊
　　淑珍，女兒莊淑姝。

2、莊芳池〈芳池吟草〉莊漢川這幾年也一直在尋找，但仍未尋獲。

3、莊芳池遺物：

　　a：八六書畫會第一班詩作一幅。

　　b：民國 58 年 10 月 24 日恭祝蔣公八秩晉三華誕莊鱉獲北字組冠軍。

　　c：莊鱉獲第四回全島聯吟大會贈眼杯三個。

　　D：莊芳池大頭照。

　　E：莊鱉中藥行取名「莊仁壽」匾額。

4、莊芳池晚年和莊淑娥一起居住，依莊淑娥家戶籍資料，莊芳池生年
　　民國前 18 年 1 月 14 日，卒年民國 59 年 9 月 5 日。

5、莊漢川之妻拿出國中鄉土教材（《宜蘭縣閩南語教學手冊》第七冊，
　　宜蘭：宜蘭縣政府，民 91，頁 59），該書有編入莊芳池〈蘇澳探勝
　　景〉一詩。（另有烏竹芳〈龜山朝日〉、李逢時〈頭圍〉、藍陰鼎〈五
　　峰瀑布〉、賴福炎〈蘇澳探勝景〉等詩）

6、陳進東《南湖吟草》有莊芳池賀陳進東當選縣長之詩，另外頭城國小六十週年校慶也有莊芳池的詩。

7、莊淑娥曾說以前莊芳池去世時，一些莊芳池書籍都跟下葬，但莊漢川記得莊芳池入斂、入葬時他有在場，但並未看見如同莊淑娥所說的情況。

8、吳祥輝爲莊芳池大姐夫。

9、莊芳池曾在八六書畫會教人寫漢詩。

附錄六：〈田調訪查——石精華〉

受 訪 者：　　石精華	訪 問 者：　　陳麗蓮
時　　　間：　96 年 4 月 24 日	地　　　點：　受訪者家中

連絡電話：03～932****。

地　　　址：宜蘭市民權新路 326 巷****。

介 紹 者：張江樹、石澄雄

主　　　題：石壽松生平事蹟、遺物、藏書。

1、95 年 12 月 20 日筆者訪談前礁溪民政課長張江樹先生，得知石澄田為石壽松堂弟，住在四城車站前面平房第一間或隔壁、因為石澄田為獸醫師，現在好像還掛有「石獸醫」招牌。96 年 3 月 21 日筆者前往四城車站，果然有「石獸醫」招牌，但荒廢已久，無人居住。訪問左鄰右舍，幸運遇到稱呼石壽松為大伯的石澄雄先生，閒談中得知石壽松哲嗣住宜蘭，但不知詳細的連絡方式，但恰巧 3 月 25 日是他們家族公墓掃墓的日子，應該可以找到人。筆者經由石澄雄夫婦介紹，順利的於 3 月 25 日找到石壽松哲嗣——石精華先生。石精華先生當場即表示不知父親有寫過什麼書，但同意回去找找看。筆者向石精華先生索取連絡方式，約好下次再找時間進行訪談。

2、96 年 4 月 24 日早上九點筆者準時到受訪者家中，石精華先生已準備好照片、履歷、族譜等資料，但不同意筆者錄音。筆者只好隨手筆記，其重點如下：

　　　　石家在礁溪有橘子園，二次大戰末期，社會動盪不安，石壽松帶著妻兒到礁溪橘子園避難。光復後才搬回宜蘭市，大約現在中山路郵局附近。後來賣掉此處房子，在民權新路租房子住了一陣子，後再搬回礁溪，直到石壽松去世。

　　　　石精華先生記得，光復後，石壽松常投稿。與石壽松常往來的朋友有蔡老柯、李春池、林以士（住宜蘭，與石壽松年紀相仿，一同到日本唸書。）蔣渭水夫人石有女士為石壽松姑媽。

　　　　石精華先生提供五張照片分別為「蔡李石三君餞行吟會紀念」、「仰山吟社五十週年紀念吟會攝影」、「蔣渭水先生德配石有夫人遺像」、「民眾講座開座式紀念」、「臺北州下第六回聯吟大會紀念攝影，昭和九年十一月三日」。

3、此次石精華先生提供的資料共有下列四項：

照片五張。

石家分鬮合約。

石家族譜。

石壽松履歷一袋。

附錄七：〈田調訪查──林旺根〉

受 訪 者： __林旺根__	訪 問 者： __陳麗蓮__
時 間： 96 年 06 月 06 日	地 點： __受訪者家中__
連絡電話：03〜977****。	
地 址：宜蘭縣頭城鎮開蘭路****。	

主 題：《詩報》及蘭地傳統文學史料相關問題

訪談紀錄：

1、盧纘祥和杜香國謙讓同為副社長一事，林旺根曾聽康灩泉講過。據他所知，是盧纘祥出資找當時台中詩壇有名望杜香國一起合作出版此刊物，因為他們低調，不惹事，所以《詩報》能夠不間斷的一直出版到昭和十九年九月五日。《詩報》出刊的日期不一定，林旺根研判和紙張原料的提供有關係。

2、林旺根先生已託朋友找到杜香國的外孫，住台北，但還未親自拜訪。據說杜香國未生兒子，只有一個女兒。

4、仰山吟社、大同吟社已找不到什麼資料。陳進東《南湖吟草》是日記式的寫法，多為光復後之作。

5、盧纘祥和杜香國推展《詩報》，功不可沒。盧纘祥家中有錢，臺灣有電話之時他家就有。當時交通方便，可搭火車出去，連屏東的林邊都去。

6、吳祥煇，字春麟，一般人常將「煇」字誤植為「輝」。他是盧纘祥的老師，因為雙腳行動不便，不可參加科考，故將精力放在漢文化的傳承。

9、《詩報》有半月刊或一月刊兩種情況，且刊出的日期並不限定在某月的一日或十五日，每月的任一日都有可能是出刊的日期，有時隔半個月，有時隔一個月，並不一定，但從未間斷過。

10、康灩泉是林旺根的媒人，由康灩泉介紹吳寶桂（吳祥輝孫女）讓林旺根認識，當時康灩泉爲吳祥輝學生，吳寶珠則向康灩泉學習書法。

11、登瀛吟社大正十年就已成立，但是怕學生們詩作能力還不夠火候，等到大正十五年才正式向政府登記立案。

12、登瀛吟社社長最早是吳祥輝，後來是陳書，再來是盧纘祥，接著爲林才添，但林才添並未珍惜登瀛吟社相關資料，他說登瀛吟社印信等相關資料在總幹事康懋榮（以前大里國小校長）那裡，但林旺根想要復社詢問康懋榮這些資料在那裡，康懋榮則回答找找，後來康懋榮去世，這些資料也就散佚。

16、鄭騰輝沒有子嗣，有螟蛉子鄭阿福，鄭阿福也有教「暗學仔」，但火候不夠。鄭阿福之子叫鄭耀宗，頭城鎮上賣米的人家。

附錄八：〈田調訪查──李肇基〉

受 訪 者：碧霞宮主任委員李肇基	訪 問 者：＿＿＿陳麗蓮＿＿＿
時　　　間： 96 年 2 月 3 日	地　　　點：碧霞宮武穆文史館辦公室
連絡電話：03～932****。	
地　　　址：宜蘭市城隍街五十二號	

主 題：《治世金針》、《敦倫經》二書之版本、產生過程等問題

訪談紀錄：

1、碧霞宮是儒宗神教。

2、碧霞宮最早的鸞書《治世金針》，對建廟的緣起有詳細的說明。《敦倫經》則是教導門生實際如何修習，以成就功德。

3、碧霞宮主要做的事情：扶鸞、宣講、頌經。

4、碧霞宮門生要做的事情：鸞、講（宣講教義）經（頌讀經書）賑（救濟需要幫助的人）禮（如何祭祀神明），

5、碧霞宮目前還有在扶鸞。筆者詢問李肇基先生碧霞宮扶鸞是否有中斷的時候？李肇基先生認為扶鸞活動是不可以中斷的，以前扶鸞已將教義及精神確立在《治世金針》、《敦倫經》二書中，因此不必再創作鸞書，現今扶鸞活動主要為門生解惑，和初一、十五查點門生半個月的修行情況。此時門生約有六、七十人，初一、十五門生都會到碧霞宮誦經或獻果等事務，將查點卡暫寄廟中，晚上八點才開始查點的工作，此時大約有二、三十人參加。

6、碧霞宮扶鸞分左右二鸞，因為 Y 型桃枝需要二人才扶的動。整個扶鸞過程除左右二鸞外，還有傳喧一人、紀錄一人、校正一人、司香一人。

7、右側勸善局拜的是文昌君。左側功德堂也就是青雲閣。

8、氣象預報宜蘭某一年將有三個大颱風，碧霞宮扶鸞得「風雨免參，退」五字，後來，果真三個大颱風對宜蘭而言都是有驚無險，沒有釀成大災害。

10、民國前四年收支簿從明治 41 年寫到昭和 14 年度（即是昭和 14 年結束到昭和 15 年初）。

11、碧霞宮民國前九年收支簿上人名下的小字指此人的後代而非字號，例如「盧廷翰，即纘祥」代表盧廷翰後代子孫為盧纘祥。

12、碧霞宮原本與李望洋沒有關係，原本是兩個系統，後來才成為一處，此事李肇基先生在《宜蘭縣文武二聖祭祀專輯》書中有詳細說明。

13、《碧霞宮功德堂歷代先輩芳名錄》為民國 82 年 2 月 15 日印製，書中姓號指該人在碧霞宮門生制度中的名字，例如「正鸞生李琮璜，姓號李壁選」，「李壁選」即是「李琮璜」在碧霞宮門生制度中使用的名字。

14、《敦倫經》最早的版本中有「引文」，但是後來使用的版本皆刪去「引文」，直接由「淨水法」才開始寫。《敦倫經》最早的版本是丁未年拿廈門文德堂刊印，再運回宜蘭。到文德堂刊印之前有先拿到江西龍虎山給天師鑑定，當時陳祖疇帶《敦倫經》稿本到大陸給天師鑑定，天師算出陳祖疇只有百天的壽命，張天師要陳祖疇把握時間將《敦倫經》送回臺灣。後來發展果如天師所預料。

15、此次訪查拍攝照片有：碧霞宮外貌、匾額、右側勸善局、左側功德堂、後面新蓋的聖岳母廟、《敦倫經》最早的版本書影、碧霞宮民國前九年及前四年收支薄、歷代參與碧霞宮事務的重要人物像等。

16、蒙李肇基先生惠贈下列資料：《治世金針》上下二冊、《敦倫經》國語注音版、《宜蘭縣定古蹟碧霞宮調查研究》、《碧霞宮功德堂歷代先輩芳名錄》、《宜蘭縣文武二聖祭祀專輯》、《敦倫經》最早的版本「引文」第一頁影印資料一張。

表一：蘭陽地區傳統詩文作者（1800～1945）小傳

姓　名	生卒年	字　號	生平事蹟	參考資料
蕭竹		字竹友	福建龍溪人，喜吟詠，於堪輿之術，自謂得異人傳。嘉慶3年（1798）從其友遊臺灣，窮涉至蛤仔難，吳沙款之，居日久，乃標其勝處，為陽基八景、復有佳城八景、皆繫以七言絕句，蘭廳舊志，曾經選載。竹悉為賦詩，或論其山水，遂為圖以出，脈絡甚詳，時未有五、六圖，要言可以建置之地，竹於於圖中皆遷指之。後悉如其言。或言款竹各為吳沙之甥吳化。	A91。K 397。F2。M745。
方維甸		號南耦、字寶巖。	安徽桐城人。清乾隆40年（1776），以貢生在山東接駕、特賜舉人、庚子成進士、授吏部外郎、從征臺灣、事平、遷御史、擢江南河南陝西布政使。後調河南按察使。嘉慶5年（1800）為山東按察使。嘉慶14年（1809），授閩浙總督。籌劃開蘭時，曾著知府楊廷理創議十八則，據以陳奏，卒諡勤襄。	B405。F26。

姓名	字號	事蹟	資料
汪志伊	字稼門。	安徽桐城人。官至兩湖總督，所至蘭清節，飭吏治。清嘉慶初，值白連教秋初平，兩湖多盜，志伊治用猛，多所誅捕，去久而民益思之。調閩浙署總督，繼方維甸後，續籌劃開蘭事宜。著有《近腐齋集》。	F27。
楊廷理（1747～1813）	字雙梧、自稱更生臣，號甦艇齋。	廣西柳州馬平人。清治時朝拔貢生。初知羅官縣、漸陞臺灣道。以清查案被調戍伊犂。嘉慶8年（1803）赦還。嘉慶11年（1806），捐復知府、引見後、蒙召見。嘉慶15年（1810），閩浙總督方維甸奏請將噶瑪瑪收入版圖。楊廷理奉入蘭籌劃開蘭事宜，以三月之功，發布《噶瑪蘭創始章程》，於行政、衛戍、租賦、保安、理番、莫不設想規劃，為噶瑪蘭之藍圖。方傳稜與呂志恆的〈籌議噶瑪蘭定制〉處處徵引楊廷理的意見，惜章程之失。嘉慶17年（1812）八月，噶瑪蘭廳正式建置，楊廷理因熟悉蘭地事宜、五度入蘭，暫代通判任事。十二月改調建築知府。蘭人感懷與景仰楊廷理創建噶瑪蘭之功以及擊退海盜未漬進犯蘇澳之力，乃於文昌壇右設主祭祀，配享香火，惜今已不存。廷理詩集由其子彙整刊，名為《知還書屋詩鈔》共十卷，道光16年（1836）行世，但在連橫寫作《臺灣通史》時（光緒34年，1908），已未見完整的版本。該書近年在中國廣西被從事方志工作者發現，臺灣則於1996年由臺灣省文獻委員會排印出版。	A87。B141～142。F3、L10。M627。
孫爾準（1770～1832）	字平叔、一字萊甫，諡文靖。	江蘇金匱人。永清子。嘉慶10年（1805）進士。19年（1814）由翰林院編修出守汀州府。累遷安徽巡撫。道光3年（1823）任福建巡撫。4年（1824）巡閩臺灣、周歷形勢。請於彰化、嘉義間開五條港正口。噶瑪蘭開烏石港正口，又移鳳山縣治於故城興隆里，以嚴漢佃據番田之禁。更嚴東北，以固	F42。M365。1438。《國朝耆獻類徵初編》卷187，疆臣。

姓名	字號／生卒	事　蹟	徵引書目
		安定原住民。道光5年（1825）授閩浙總督。值歲收歉，豫請開海禁，募運浙米賑各屬。彰化、淡水山搜山圍捕，復渡海督剿，旋又有黃斗乃等「番割」滋事，道光6年（1826），遣軍平之。事定，詔加太子少保，賞戴花翎。道光12年（1832）卒，贈太子太師，祀名臣祠，諡文清。工詩，尤長於詞，著有《泰雲堂集》十八卷、《泰雲堂文集》、《雕雲詞》一卷、《海棠巢樂府拈題》一卷、《海棠巢樂府》一卷、《荔香集》、《婆娑洋集》等。	A449。
吳鎔		浙江嘉善人。嘉慶年間入蘭，與楊廷理相善，留有〈楊雙梧太守相度築蘭城賦之〉、〈噶瑪蘭中秋見月呈楊太守〉詩作二首。	F55。M416。
屠文照	字西園。	浙江嘉興人。道光9年（1829）前來臺灣噶瑪蘭。事蹟未詳。	
陳淑均	字友松。	福建晉江人。嘉慶21年（1816）舉人。道光10年即選知縣。道光10年（1830）夏，應聘入噶瑪蘭任書院仰山書院。適《通志》、《臺志》先後開局，遂於1931年受命纂輯《噶瑪蘭廳志》，1932年完成初稿八門十卷。道光14年（1834）甲午內渡還鄉。時思補葺。道光18年（1838）應鹿港文開書院之聘，再泛臺灣，於講課之暇，重理舊緒，成《續補》二卷，其後又經李祺生續輯，至咸豐2繁補缺，改訂「為」卷十二門。其後又經李祺生續輯，至咸豐2年（1852）通判董正官始刻梓流傳，計前後二十二年方完成，為臺灣廳志中之佳本。	K247。F53。M527。
謝金鑾（1757～1820）	字巨廷，一字退合，晚改名顯。	福建晉江人。乾隆53年（1788年）舉人，清嘉慶六年始，送任邵武縣教論。嘉慶9年（1804）任嘉義教論。嘉慶12年（1807）與鄭兼才合纂《臺灣縣志》。著有《噶瑪蘭紀略》及《二勿齋集》等。	G10。K196。陳壽祺〈敕授文林郎署安溪縣學教論謝君金鑾墓誌銘〉。《清史列傳選》213。

鄭兼才	（1758～1822）	字文化，號六亭。	福建德化人，嘉慶3年（1798）解元，曾任閩清、安溪教諭。嘉慶9年（1804）與謝金鑾同時來臺，任臺灣教諭。嘉慶12年（1807）與謝金鑾合纂「臺灣縣志」。嗣以軍功授江西長寧縣教諭，辭不就，仍留臺職。嘉慶25年（1820）再任臺灣教諭，請開噶瑪蘭，頗具遠見。道光2年（1822），卒於官。著有《六亭詩文集》、《宜居集》、《愈瘖錄》等。	陳壽祺〈臺灣縣學教諭鄭君墓志銘〉。鄭喜夫〈鄭六亭先生年譜初稿〉。G10。K202。
烏竹芳		字筠林。	山東博平人。宰詔安時，以「緝捕勤能」，於道光5年（1825）年六月八日被大吏權陞，任噶瑪蘭通判。到任次年，即率兵勇「身先士卒，奮勇衝擊」，「焚燒村莊，劫擄盧舍」之吳集光、吳烏毛等數千賊眾。並撫卹自中港（今竹南）逃來之難民近三千人；訪章屬頭人，遠赴小雞籠（今三芝一帶）勸降章人，解圍和好，使千餘粵人脫困活命（事見《海隅里謠記》）；《廳誌》作李彥昭〈海隅里謠序〉。烏竹芳除此武功盛德之外，其文事則工詩，善於爲景詠物，來蘭邑之後，見「民番熙攘，山川挺秀」，以爲「天地之鍾靈，山川之毓秀」，任此乃標舉八景之名，各詠之以七絕，記其奇美，因此而有膾炙人口之〈蘭陽八景詩〉。道光10年（1830）又署彭湖通判。	F38。K230。L15。
全卜年	（1780～1848）	字子占，號嶠南。	山西平陸人。嘉慶16年（1811）進士。分發廣東，移任福建惠安知縣。道光11年（1831）十二月，調臺灣噶瑪蘭廳通判。至即嚴懲十數不足之徒，由是政簡刑清，內外不敢敗。又城中多廟舍，使居民易師，常有回祿之災。乃出貲募工燒製磚瓦而平其值，得如澎湖例，復爭取閩童取蘭童科進免附談，由廳開考錄送學道時。道光15年（1835）調臺防同知；21年（1841）陞臺灣知府。27年（1847）九月兼護道家，辭老不得，翌年以勞瘁卒於官。有宦績。詩文多散見于《噶瑪蘭誌》。	B144。F43。K231。M90。

姓名	字號	生卒	小傳	出處
柯培元	字復子，號易堂。		山東膠州歷城人。舉人，善詩人，精金石。道光15年（1835）由福建建寧署知縣調署噶瑪蘭通判，在任僅一個月即去。歸而纂成《噶瑪蘭志略》一書，凡十四卷，自「天文」以至「雜識」共三十三志，總約十二萬九千字，記事止於道光15年（1835），頗為詳贍。道光17年（1837）六月成書刊行，原稿今藏南京圖書館，臺灣至民國50年（1961）始有臺銀本問世。	F46。K251。L16。M331。
李若琳	字淇篔。		貴州開州人。由舉人官漳浦知縣，清道光17年（1837）五月調署蘭廳通判。《噶瑪蘭廳誌‧雜識》有收其詩作。	F49。
閻炘			河南新鄭人，嘉慶25年（1820）進士。道光18年（1838）正月，由羅源知縣署噶瑪蘭通判，至19年（1839）四月離任。《臺灣詩錄拾遺》收其詩作〈奇緣吟〉。	B137。《臺灣詩錄拾遺》，頁70。
董正官	字訓之，字鈞伯。	（？～1853）	雲南大和人。道光13年（1833）進士。歷任福建安溪、長、雲霄、霞浦等縣知縣。道光29年（1849）授噶瑪蘭通判。為政勤慎，數月結訟牒六百餘件。廳屬防番，例設隘丁，隘守侵丁糧，致出守禦，番出為害。正官常親臨各隘督責之。廳有仰山書院，自任山長。咸豐3年（1853）吳磋亂，剿抵大陂口、中伏，自刎死。事聞，賜卹，世襲騎尉。廳民設位附五榖王廟祀之。於咸豐2年（1852）壬子冬刊行《噶瑪蘭廳誌》。曾命邑生員李祺生將陳淑均所編蘭廳志稿增補校正，監修，列名《噶瑪蘭廳誌》。其詩多散見于《噶瑪蘭廳誌》。	F57。K253。M645。
姚瑩	字石甫。	（1785～1853）	安徽桐城人。清嘉慶13年（1808）戊辰進士，歷任平和龍溪知縣。1819年調知臺灣縣。道光元年（1821）正月，移署蘭廳通判。旋以丁艱寓部，臺守方傳移延置幕中，為核定開蘭十八則。1837年升臺灣道，整飭吏治，振興文風，值蘭清釐地畝，飭令加留書院租穀，以贍開蘭，臺人稱頌。繼開蘭，清釐膏火，詳請奏	F33。K216。

姓名	生卒年	字號	生平簡介	出處
柯栐			山東人，道光間遊臺。定附學名額。官至廣西按察使。卒年六十八。著述頗豐，有《石甫文鈔》、《東槎紀略》、《中復堂選集》等行世。	《臺灣詩錄》，頁 723。
柯楘			山東人，道光間遊臺。禺嵎瑪蘭。	《臺灣詩錄》，頁 724。《臺灣詩乘》，頁 170。
查元鼎	（1804～1886？）	字小白。	浙江海寧人。咸豐初，遊幕臺灣，遂家竹塹，嗜酒工詩，精於金石篆刻，著有《草草草堂吟草》。	K292。1438。
黃學海※	（1806～1846）	名曰川，字滙東，號少軒。	噶瑪蘭人。由淡水學稟生，考選道光 17 年（1837）丁酉科拔貢，為噶瑪蘭第一位錄取貢生之士子。曾任江蘇直隸州州判，回鄉任仰山書院教授、山長，《噶瑪蘭廳志》彙校、及明志書院山長。	F60。陳長城《臺灣先賢列傳》《蘭陽》第 8 期，頁 61。
李祺生※	（？～1895）	字壽泉。	噶瑪蘭廳庠生。清道光末年，續輯《噶瑪蘭廳志》。	F61。
劉明燈		字簡青。	湖南永定人。咸豐 7 年（1857）武舉人。同治 5 年（1866）由福寧鎮總兵調臺灣鎮總兵，當其駐台北巡三貂時，因風大阻軍行，曾題詩並立「虎」字碑於草嶺古道。	M674～675許雪姬《臺灣總兵列傳》《高雄文獻》19，1982。
陳維英	（1811～1869）	字石芝，一作碩芝，亦作寶之，號迂谷。	淡水廳大龍港仔墘（即今台北市大同區大龍峒）人，原籍福建同安。清嘉慶 16 年（1811）十月二十日生。道光 5 年（1825）其作兄維藻考中舉人，家人亦為維英捐得監生資格。其後因分食狀元餅，為眾所不齒，歸而發憤讀書，三年後為臺灣道劉重麟取進臺灣府學，始獲入泮，為鄭用鑑之門人。	K287。M538～540。《淡水廳志·志餘·紀人》，頁 452。《臺灣通史》，頁 924。

表一：蘭陽地區傳統詩文作者（1800～1945）小傳

			道光18年（1838）新任臺灣道姚瑩又為取進一等二名補廩兼舉優等生。道光25年（1845）權司閩縣教諭，多所揚刷，並捐俸重建節孝祠。咸豐元年（1851）受知於臺道兼提督學政徐宗幹，薦舉為孝廉方正，咸豐5年（1855）移居棲野外史（今北縣五股鄉觀音山麓），顏其別業曰「棲野巢」，因自號棲野外史。咸豐9年（1859）再赴鄉試得售，其仰山書院之門人李望洋、李春波等同時中舉，一時傳為佳話。 先後掌教明志（新竹）仰山（噶瑪蘭，今宜蘭）學海（艋舺）等書院，以教讀為業。其弟子遍淡蘭各地。同治元年（1862）戴潮春之亂，官軍餉不足，乃以勸捐助餉，依軍功累保至四品銜，賞戴花翎。約於是年遷居劍潭前圓山仔園其弟維藩所築之別業，名之曰「太古巢」。同治8年（1869）九月初五日去世，享年五十九。著有《鄉黨質疑》、《偷閒錄》、《太古巢聯集》等。	C80。F65。 M624。 陳長城〈吳沙與楊士芳〉《蘭陽》。 陳長城〈臺灣先賢列傳〉《蘭陽》第7期，頁96。
楊士芳	（1826～1903）	字蘭如，號芸堂。	道光20年（1840）年十五歲，偶見庚子舉人黃纘緒回鄉祭祖，心生讀書之志，父兄以農耕工作繁忙，急需人手。未允。直到道光22年（1842），十七歲，始就塾讀書。 道光24年（1844）二月二十日夜，家中忽遭生蕃襲擊，父喪母歿，家園被燒毀，舉家遷至宜蘭市南門外罷闥庄。隔年楊士芳患風濕病，不良於行，父兄於店中當店員並自修讀書。咸豐3年（1854）考取臺灣府學第二名秀才。咸豐6年（1857）受取林本源家之聘，任教西席。同治元年（1862）壬戌恩科中式第一百六十八名舉人。同治7年（1868）春，晉京會試，中式戊辰科會試第二百二十二名，殿試欽點浙江即用知縣，旋因丁母憂，未赴任。光緒8年（1882）任宜蘭縣掌教仰山書院祭酒。光緒年間設立集鸞堂，教化蘭地居民。乙未之時，地方擾攘不安，日軍方欲藉其聲望，命為救民局員，參與地方防備。明治29年（1896）任宜蘭廳參事，翌年授佩紳章。	

姓名	生卒年	字號	生平	資料來源
林師洙米		字禮庵。	姻親李紹宗貢生曾於民國元年（1911）將楊氏詩詞文章編印一冊，然今日已不復見。同治9年（1870）舉人，口微吃而喜議論，深於春秋三傳，頗有經世之志，惜遭時不遇，鬱鬱以終。僅〈曉起〉一詩流傳。著有《滄波集》一卷，已佚。	K290。《臺灣詩錄拾遺》，頁92。
李逢時米	（1829～1876）	字泰階。	同治13年（1874）秋中武舉人。性情豪爽，喜好吟詠，曾應臺灣道孔昭慈學攻之聘為幕賓，因此歷遊部郡縣，但抑鬱不得終，乃歸隱枕頭山下，與朋友在樓雲別墅詩酒相酬至終。著有《觀瀾草堂詩稿》、《李拔元遺稿》，計古近體二百餘首。2001年台北龍文書局刊行《泰階詩稿》一卷。	K290。L20。
李望洋米	（1830～1903）	字子觀，號靜齋，又號河州。	乳名水溢，祖父、父母原居淡水廳，道光6年（1826）遷居噶瑪蘭頭圍堡頂埔正。李望洋出生於道光10年（1830），八歲時隨祖母鄭氏讀書。十一歲祖母去世，又適蘭地大颱風，田地受損，家道中落，關口亦難，何況讀書。父親兌茂始允許前往堂叔李景芳家中讀書。後拜朱品三為師，其師朱品三老師因病去逝，望洋設館授徒。隔年，鼓勵李望洋向學。隔年，李望洋為負擔家計，痛失良師教導。 廿六歲考中秀才。三十一歲，咸豐9年（1859）中式同慶豐登榜第七十二名舉人。隔年於蘇炳卿家中設館課讀。其後父母相繼去世，李望洋守制讀禮，並首倡捐修仰山書院，建孔子廟。同治10年（1871）曾試，考取大挑一等，籤分甘肅試用知縣，理蘭州府渭源縣印務。光緒2年（1876）升補蘭州府河州知州，5年（1879）解任。光緒6年（1880），調署狄道州知州，中法和議成，光緒11年（1891）3月帶官回籍，天倫重叙。光緒16年（1890）倡創新民堂，任校正兼留籍結辦理臺灣善後事宜。兼掌宜蘭書院仰山書院山長、嘗承賈水圳、山	C80～81。E。F63。M177。陳長城〈臺灣先賢列傳〉《蘭陽》第8期，頁59。《張家族譜》。

姓名	生卒年	字號	傳略	資料來源
李春波	（1833～1892）	字鏡如，號心亭。	宜蘭人。道光13年（1833）十一月二十一日出生於羅東堡竹林莊。家境清貧，自幼隨父販賣針線，或作童工以助家計。年十三尚未入學，經陳維英仰山書院山長推薦任羅東張秀才塾為之啓蒙，並免束脩。生活窮困，挑燈夜讀油資不繼，往寺廟捨臘洋以備焚膏。弱冠應歲試及第為生員，轉人仰山書院攻讀，咸豐9年（1859）偕恩師陳維英，宗親李望洋赴福州秋闈鄉試，獲中周慶豐榜中武舉人第112名，優於恩師第198名，青出於藍而勝於藍。一時傳為佳話。回鄉，恩師力薦掌教仰山書院，後有高足陳望曾，曾五度晉京赴考，李春潮，俊曾五度晉京赴考，借末衣冠未點頭。同治7年（1868）參加戊辰科禮部會試及格，遂無意仕途。與宗兄李逢時，友人黃佩卿、陳傳九、陳學庸、張鏡光、陳以德、陳濟川等人，在宜蘭城西枕頭山下建道「樓雲別墅」，另建「蘭亭」，飲酒論作文，以娛晚年。 地供農民耕作。日人據臺後，1896年聘為宜蘭支廳參事，隔年佩紳章。慶有獻替可否，關心時事，圖有少解。李氏於光緒16年（1890）編修《隴西李氏族譜》附家傳，另有《西行吟草》二卷，光緒27年（1901）五月印行，為鉛印本。	H11～14。
李振唐		字之鼎。	清西南城人。舉人，會宰江南苦邑。光緒12年（1886）宦遊臺灣，為劉銘傳上客，著《宜秋餡詩詞》二卷。	《臺灣詩鈔》，頁135。《臺灣詩乘》，頁204。
張雲錦	？	字綺年。	安徽合肥人。光緒13年（1888）從劉銘傳駐軍蘇澳，著有《順所然齋詩集》。	《臺灣詩乘》，頁202。
陳省三		字望曾，號魯村。	出生於噶瑪蘭，後遷居台南，同治13年（1874）進士，光緒10年（1884）出任廣東布政道，廣東布政使，臺人出仕，以其	G87。K290。H41。

莊及鋒※	（1853～？）		最為顯達。民國成立，隱居香港不仕。以後曾一度回臺省親，其文章詩詞為臺灣士林所推重，惜多散佚。 父為員憲章，叔增生滿士，俱蘭陽文學巨擘。君自幼讀書，聰慧穎異。及稍長明經精文，每逢考試俱列前茅，光緒20年（1894），為臺北府學生員。鼎革後，垂帷授徒，從學者如雲，誘掖後學無數。著有《仰山吟社時期詩草》傳日治時期有刻本，今日已佚。	C79。K823。
張鏡光※	（1853～1930）	原名張金月，官章鏡光，字栢如，諡正德。	宜蘭人，生於咸豐3年（1853）正月二十日巳時，晚年患疾，卒於民國19年（1930）八月二十一日辰時，享年七十八歲。幼時家貧，隨父務農。年甫十歲，受業于陳占梅先生，窮極經義。弱冠設帳於枕頭山館，講經授徒。未幾，為進士楊士芳所知，推薦宜蘭仰山書院，主理文學。光緒乙酉西歲科，拔取優等第一，補用弟子員。同庚寅承知縣蕭贊廷命，與刺史李望洋、進士楊士芳等協同，纂修噶瑪蘭志續篇。後因時局變遷，未能及鋒上試，遂與舉業無緣。李望洋特賞識之，將女兒嫁給張鏡光為妻。 日人曾以宜蘭廳參事及協議員諸議職位拉攏之，皆拒之。嗣後整頓省心齋書房舊業，課徒傳經，從此無意仕途，致力教育垂六十載，桃李幾遍北部，學生多賢哲。張鏡光為宜蘭市新民堂及碧霞宮之信徒，信仰虔誠，曾與鸞堂友扶鸞造成善書《譬世盤銘》及《醒云夢新》，惜皆失傳。張鏡光生前作品，只留下〈開生路論〉一文，餘皆亡佚。	C69。F17。 《西堡張家族譜》。 《宜蘭張氏家譜》。
鄭騰輝※	（1856～1930）	字璞山。	生於咸豐6年（1856）十一月十八日，原籍漳州府南靖縣。父鄭能時遷居頭城，明治30年（1897）四月十日曾經全家轉居宜蘭街居住。父早歿，賴母吳氏里撫養成人，賦性敦篤，孝友	C70。 1429～430。 筆者田調。

姓名	生卒年	字號	傳記	資料來源
			可風。在鄉夙有才名，加以克苦勵，精通經史，復擅詩文，甘淡儒修。光緒 18 年（1892）錄取生員第三名，受知於部撫臺，甲午年赴秋闈末中，時際地方擾攘，人心惶恐，遂絕意仕途。日人讚其謹直銀慇，精勵厥職，頻通吏務，處理和平，成績最佳。曾任日據時期公學校及書房漢文教師，爲登瀛吟社發起人兼顧問，力行詩教，託深情於吟詠，延一脈之國粹。昭和 5 年（1930）十月十六日去世，享年七十二歲。	
林昌祺	（1861～1899）		宜蘭人。個性純真好學。幼少讀書，才學俱進。光緒 2 年（1876）應縣試，考取純文淡水入泮。家居授徒。光緒 4 年（1878）辦理宜蘭鎮海中軍前營文案事務。乙未鼎革後，拜命宜蘭廳書記。1895 年十二月，幫助防備軍役。盡力不鮮，地方平靖後。1899 年七月以病卒于。1897 年四月授佩紳章。	C77～78。
李紹蓮？	（？～1932）		生平不詳，日治時期仰山吟社會社員，李氏不幸辭世時，李春霖開李氏追悼詩會，以〈輓李紹蓮君〉爲詩題，該年六月《詩報》刊出林時香〈輓李紹蓮〉及〈哭李紹蓮〉等詩作，由此可推知李紹蓮去世時間當爲昭和 7 年（1932）五月八日之前。	《詩報》第 36、37 號。《臺灣日日新報》1932 年 5 月 12 日第四版「翰墨因緣」。
李紹宗	（1864～？）	字翰卿，號述齋。	宜蘭廳宜蘭街人，家族顯榮。年二十一，應縣歲試，攫取榜魁，是歲院考補弟子員。翌年院試生員，補廩膳生。二十五歲列舉恩科貢生。二十七歲用教諭。光緒 19 年（1894）宜蘭縣推舉李紹宗辦理探訪臺灣通志主事。乙未變革時，選爲教民同事務囑託，盡力安撫人心，以維持地方秩序。明治 34 年（1901）四月授佩紳章。同年六月囑託保甲事務。九月登庸宜蘭辦務署參事。明治 40 年（1907）十月襲職，軄掌要軄，貢獻地方，名聞遐邇。移于宜蘭廳參事。	C65。

姓名	生卒年	字號	生平	資料來源
林拱辰米	（1865～1935）	譜名瑞龍，官章拱辰，字星樞，號景其、梅居士。	蘭地已故大學生林釗嗣子。與前清幫辦臺灣撫墾欽差大臣林維源為叔任。伯仲有五。君居次。六歲啟蒙於大姐夫秀才陳瑞林，又拜林以佃為師，後依張鏡光攻讀。光緒12年（1887）縣試，考取秀才第一，補為弟子員。光緒15年（1890）府試，擢拔一等首班，且盤食廩膳。乙未鼎革後，返回大陸，此時福建亦不安寧，且盜匪流行，林拱辰殤子染病。又因以漳籍應鄉試，涉及冒籍應考，不為清廷所受理，乃毅然與林以時秀才放棄功名，拜泉州杏林名醫林子俊宗長為師。光緒22年（1897）春始回臺，同疾於遠近，曾與林以時合撰《冤童咀》及《醫方大成》二書問世。明治30年（1897）四月授佩紳章。昭和10年（1935）十二月間去世。後人編有《林拱辰先生詩文集》。	C79。《詩報》第118號，頁14。《林拱辰先生詩文集》，頁18～29。
羅秀惠	（1865～1942）	字蔚村，號蕉麓，又號花花世界生。	台南市人。生於1865年，卒於1942年10月23日。為蔡國琳門生，光緒年間考中舉人。1895年赴北京參加乙未科考會試。羅氏1897年臺灣社會秩序安定後返台，協助揚文會纂修《台南縣志》。1898年出任揚文會台南支會幹事。後任《台澎日報》漢文部主筆，台南師範學校漢文教諭、台南工商會會長等職，後內渡創辦《廈門日報》，停刊後返回台，成為南社社員。1908年主持《臺灣日日新報》漢文部。羅秀惠常任蘭地詩社詞宗，品評詩作。	國家臺灣文學館「臺灣文學詞典」M801。
楊源榮米	（1867～1942）		生於明治元年（1867）三月二十七日，為登瀛吟社社員，發表詩作二首。豪農、豪農。據日治時期戶籍記載昭和7年（1942）十二月二十六日隱居，不同世事。卒於昭和19年（1942）十二月八日。	I451。筆者田調。
吳祥煇米	（1870～1932）	字春麟。	宜蘭頭城人。生於同治8年（1870）八月十七日，中年因痼疾，不良於行。自幼即聰穎過人，熟習經籍，工詩文，設「就正軒」。	I430。筆者田調。

姓名	生卒年	字號	小傳	出處
呂桂芬米		字子香，號丹義、子香老。	貢生呂用賓第四子。博學多問，翰滭富麗、清談雋王、爽氣橫秋。古竹林運社君子，幾均其選。清治時期推補府學廩生。明治29年（1886）三月推舉勸善局長。首倡宣講聖諭、神補風化凡十餘年、海濱鄒魯，其扶輪大雅者，實比翁之力也。明治30年（1887）四月授佩紳章。明治31年（1888）囑託揚文會市蘭支部幹事。同年12月舉為賑濟局主事。明治32年（1889）五月，任命宜蘭公學校教師。明治40年（1907）主司釋奠。大正元年（1912）躭掌風俗改良會事務。昭和9年（1934）曾任宜蘭敏求吟社名譽顧問，也定蘭社社長。生卒年不詳，年六十八歲時鶴髮童顏，尚有豐鑠定翁是萬圓、子孫達膝。 筆耕授徒，終其一生從事文教育工作未嘗間斷，地方青年從習者為數甚多，戶籍登記其職業為書房教師，但將其名「煇」字誤植為「輝」。昭和7年（1932）十二月七日去世，享年六十三歲。	C65。H50。D。
連城青	（1878～？）	字碧榕，號企員子。	1978年六月二日生於頂雙溪九份，為舉人連岷春之長子、舉人黃纘緒之女婿。日治時期曾任宜蘭郡保甲局會會長、宜蘭街區總代「等名譽職位。清廉正直、深受敬重。大正年間到花蓮旅遊，發現花蓮沃野一片，無人墾殖，舉家遷往花蓮墾殖百餘甲地。日治時期卯山吟社社員，並任仰山吟社顧問。	D。 《蘭陽》，第9期，頁76。 《臺灣人名辭典》，頁475。
葉際唐	（？～1953）	字文樞。	祖籍福建泉州晉江溫凌，生於光緒初年，民國42年（1953）去世，享年七十二歲。葉文樞娶王潔秋為妻，1902年生男國煌。日治初期內渡，十九歲錄取生員第一、精進經史、工詩詞。民初，曾任教廈門大學。昭和4年（1929）應族裔葉國琳之邀返臺。在新竹北門葉氏公館設帳講學，至頭城鎮擔任西席，旋應盧續祥之聘，至宜蘭鎮頭城鎮詩風由是盛城鎮擔任西席，登瀛吟社社員從學者甚眾。	1448。 《詩報》第272號，頁2。

姓名	生卒年	字號	生平	資料來源
			極一時。昭和14年（1939），返歸晉江。葉氏一生奔波，與妻子兒女分居各地，次男國圻菩萬居武蘭，三男國圻菩屬菲屬之地，（寄萬居蘇洛（當時爲菲屬之地），葉氏感慨「骨肉流離各一天」（《寄壽內人王女士潔秋六十初度》），期待他與妻子金婚之日能舉家團圓。	C70。1430。筆者田調。
陳書※	（1871～1932）	字子經。	同治10年（1871）十月三日生，昭和7年（1932）七月二日去世，原籍福建省漳州府浦赤湖鄉。其祖父渡台，寄居金面里陳家爲備，入贅陳氏遺孀楊氏，生其父順水，始移居頭圍街，子經爲次男。光緒19年（1893）考取秀才第三名，工詩文，曾受教於頭城寒士簡花魁，曾任登瀛吟杜社長，鼓吹文風，誘掖後進，藉維中華文化於不墜。明治30年（1897）四月授佩紳章。明治33年拜命頭圍公學校教師。陳書詩文作品輯登於《臺灣日日新報》（明治30年7月14日），日人鈴木征一郎爲之作序登於《畏勉齋文集》一冊，另撰序文一篇，惜未出版。其弟子陳其寅，於2010年出版《畏勉齋詩文集》一冊。筆者羅陳書詩文。	
杜仰山		名天賜，字天乘，適庵，號爾瞻。	台北人，爲趙一山入室弟子，杜仰山與星社陳翕菴、張純甫、駱香林有文情。昭和8年（1933）十一月受登瀛吟杜之邀至頭圍擔任講師。	《詩報》第69號，頁1。《詩報》第110號，頁4。
莊贊勳※	（1875～1944）	字仁閣，號卞廷。	宜蘭人，生於1875年，卒於1944年。其父莊國蘭，清治時期以事有功，賜五品頂戴列授奉政大夫，知縣彭達孫甚器重。莊仁閣稟性溫和，最精性務，光緒22年（1902）山東賑濟有功，賞授同知五品銜，並任職宜蘭縣正堂戶司科。曾拜張鏡光爲師，熱衷東學習。乙未變革時，牽先馱掌公務。明治30年（1897）出仕宜蘭救民局，同年以土匪討伐幫助功，下賜賞金。或法院、或兵營，出入其它諸官廨，誠忠倜篤，便用	C71。《蘭陽》第10期，頁71～72。《詩報》第257號，第277號，頁11、頁24、第313號，頁22。

表一：蘭陽地區傳統詩文作者（1800～1945）小傳

姓名	生卒年	字號	小傳	出處
			翻譯。時又講書於公學校，圓通融合，無適不可。明治 38 年（1905）一月授佩紳章。明治 42 年（1909）十月，登庸宜蘭廳參事，以備席前諮問，理義明晰，參畫皆可，邑人咸稱國器。曾任仰山吟社顧問，雅好吟咏，平生素富芳覽勝，足跡遍及臺灣名山大川，往來皆爲權貴，古書、文物收集甚夥，亦曾以「古莊動」之名發表詩作。	
范良銘	（188？～）	字文新。	生於 1881 至 1883 年間，卒年不詳。原居新竹，後因家計遷居蘇澳，與魏潤庵、藍華峰、吳蔭培等人有文情，羅東東明吟社社員，發表詩作 111 首。	D。《詩報》第 55 號，頁 14。第 107 號，頁 6。第 262 號，頁 3。
吳六也[米]	（1884～）	字夢祥。	頭城人，由其 1934 年十二月一日刊於《詩報》第 94 號〈五十述懷〉七言古詩所云「糊口全憑免賴耕」及「代書名慕虛名」可知吳民生於 1884 年，從事代書工作。日治時期於登瀛吟社社員。	1476。《詩報》第 94 號，頁 2。
蔣渭水[米]	（1891～1931）	號雪谷。	宜蘭市人。其父名鴻章，以相命爲業。在宜蘭一帶略有盛名。蔣渭水九歲起，曾受業於當地宿儒張鏡光，奠定良好漢文基礎。十六歲入公學校就讀，三年後考進台北醫學校，醫學校畢業後回到家鄉宜蘭醫院任職。1916 年在台北大稻埕開設大安醫院。蔣渭水本業是醫生，但熱衷政治社會運動。1921 年臺灣文化協會成立，雖然林獻堂被公推爲總理，但幕後最有力的推手則是蔣渭水。1925 年臺灣文化協會分裂後，蔣渭水另組「臺灣民眾黨」，自 1927 年至 1929 年間致力於宣傳、演講等活動。1930 年八月，林獻堂、蔡培火、楊肇嘉等人，認爲蔣渭水領導的臺灣民眾黨，已逐漸走向勞工農民的階級運動，乃另組「臺灣地方自治聯	《蔣渭水全集》，頁 1～3。《臺灣的先知先覺者——蔣渭水先生》，頁 192～201。

姓名	生卒年	字號	事略	資料來源
			明」。1931 年一月，林獻堂、林幼春等人正式宣布解去臺灣民眾黨顧問之職，蔣渭水領導的臺灣民眾黨終於和林獻堂等人分道揚鑣。1931 年二月，日警利用臺灣民眾黨開會之際加以取締，並逮捕蔣渭水等人，隔日才釋放。1931 年八月，蔣渭水留下未竟之志，以四十歲壯年病逝於台北。他參與政治只有短暫十年的歲月，卻波瀾壯闊，風起雲湧，稱職扮演新時代啟蒙者的角色，留給後人無限的追思。	I 472。
吳阿根米	（1892～1930）	字挺枝，號夢麟。	光緒 18 年（1892）一月二十日生，宿儒吳祥煇姪。農業試驗所肄業，曾任頭圍公學校教員、訓導，由莊芳池〈送吳挺枝詞〉可知吳挺枝亦曾任過頭圍公學校。後為宜蘭農會職員，曾加入登瀛吟社社員，卒於昭和 5 年（1930）六月十日。	《台南新報》，第 7613 期，頁 5。筆者田調。
李琮璜？	（？～1937）	字璧選、號天乙生。	日治時期仰山吟社顧問，昭和 9 年（1934）曾任仰山吟社顧問，由昭和 12 年（1937）莊芳池〈哭李琮璜先生〉，可推知李琮璜應於 1937 年去逝。另由吳英林〈哭李琮璜先生〉詩云：「懸壺盡有華陀術、濟世寧等無仲景名」，及莊芳池刊於《風月報》〈輓李琮璜先生〉詩之附記云：「李琮璜氏、宜蘭街天乙堂藥局主。宜蘭仰山吟社顧問、為人慷慨、素多翰墨因緣，以老病逝世。日前出殯、各地今社、多派社員參列、次則莊議員陳金波醫師、輓以仰山吟社社長資格、進讀弔辭、吳蔭培兩氏、輾讀誄辭。會葬者無慮百餘人云。詩人得此、可謂榮矣。」故知李琮璜生前開設宜蘭街天乙堂藥局。	D．J143。《風月報》第 50 期。《詩報》第 161、163 號，頁 24。《風月報》第 47 期，頁 17。
連碧榕		城青	生卒年不詳。連日春之子，原居三貂頂雙溪。弱冠後，移居宜蘭街，設帳課徒，次營藥種商及改良糖部，蘭地舉人黃纘緒之女婿。曾任宜蘭街協議會委員、街保甲聯合會長、仰山吟社社員，歷任十八、九年，虛心敬事，頗得當道及郡保甲協會會長、街保甲聯合會長。	《瀛海詩集》，頁 42。

姓名	字號	小傳	出處
吳蔭培 （？～1944）	字竹人。	街民信賴。後遷居花蓮港玉里長良村，開墾水田百餘甲，遂隱居良村村。育有四男二女。 光緒間生員，世居竹塹，原古新竹北部門外，書香世家，以教書為業。後因大水襲去田產，轉居屏東。曾與郭正涵、鄭養齋等創立詩社。能文賦詩，文筆不佳，學識淵博，蒼捉攜後進。壯年時自新竹南下各地，設帳傳燈。昭和 3 年（1927），至新巷（今新巷），停留約三年，桃李滿新港，後因愛種李樹，遂遷居宜蘭。昭和 9 年（1934）曾任仰山吟社顧問，讀書種樹玉終老。有一兒名榮欽，早逝（1940 年），吳氏寫下〈哭亡兒榮欽〉二首抒發白髮送黑髮人之悲。	D。 《冰心麗藻人夢來——日治時期苗栗縣的詩社》頁 220。 《日治時期雲林縣的古典詩家》，頁 226。 《詩報》第 87 號，頁 6。第 237 號，頁 2。第 312 號，頁 21。
陳金波 （1889～1961）	字鏡秋，號雪峰、觀風閣主人。	宜蘭人。1889 年八月二十八日出生於宜蘭員庄內員山，卒於 1961 年九月五日。先世自福建龍溪及遠南靖來台，居宜蘭市。父鳳鳴，精眼科，即服務於宜蘭醫院。金波克紹箕裘，自臺灣總督醫學校畢業後，即服務於宜蘭醫院。後赴日本東京帝國大學醫學部研究內科、兒科，復入台北醫學專校深造。學成後在宜蘭設私立太平醫院，活人無算。生平信仰三民主義，與蔣渭水等從事臺灣民族運動，歷任臺灣文化協理事、臺灣民眾黨本部執行委員，兼宜蘭支部常務委員。曾倡設蘭陽女子中、宜蘭中學，及協助宜蘭橋、孔聖廟之建築。其熱心公益，四十年如一日，未嘗或懈。臺灣光復後，推任宜蘭市長。民國 37 年（1948）春，新蘭陽建設委員會成立，被推為副主任委員，任宜蘭縣文獻委員會委員。治蘭運動、勞績卓著；造縣治成立後，對於宜蘭設員	E。K290。 《鏡秋詩集》。 《蘭陽》，第 35 期，頁 141。 《蘭陽文獻雜誌》第 16 期，頁 72～87。

姓名	生卒	字號	生平	出處
莊鼈	（1894～1970）	字芳池、藏英、號夢梅。	性好吟詠，被推為仰山吟社社長。著有《觀風閣吟草》、《風義酬唱集》、《宜蘭發達史》。民國55年（1966）九月二十八日蔡老柯將《觀風閣吟草》、《風義酬唱集》合編為《鏡秋詩集》，由太平醫院發行，目前宜蘭縣女館館藏。頭城人，1892年一月十四日生，祖籍福建省平和縣。原居宜蘭縣頭城鎮竹安里三抱竹的地方，父莊蘷生早逝，幼年失怙，賴寡母莊蔡氏肩負家計，撫養成人。莊芳池拒受日人教育，隨大姐夫吳祥煇學習古文經典，尤擅書法、詩文，並精於岐黃之術，被譽為蘭陽縣惡詩人，日治日期戶籍資料登載職業為「藥種商」。後為頭城鎮中醫，省中醫師公會常務理事，曾任縣議員。莊芳池曾任登瀛吟社社長，提倡國學不遺餘力，鎮中鎮字對聯多出其手，民國59年（1970）九月五日去世《頭城鎮志》記載莊芳池著有《芳池吟草》，而《重修臺灣省通志・藝文志・著述篇》記載《夢梅詩草》有上下二卷。筆者蒐羅其詩，於2009年出版《莊芳池吟草》一冊。	1454。《古今詩粹》頁42。筆者田調。
張振茂	（1893～？）	字松村、松邨、號茗園。	1893年四月五日生於宜蘭市。幼入宜蘭市致用軒、林仰南書房攻讀詩書。1915年畢業於台北師範，旋回鄉任礁溪國民學校訓導，其後歷任宜蘭陽製油株式會社取締役社長、宜蘭郡沚囤庄長，宜蘭夜間中學講師、首屆民選宜蘭街街協議會員、宜蘭市教育課長、宜蘭司法保護會、宜蘭建築信用合作社理事主席等等職，晚年於礁溪自己經營農場，名曰：「蓬原」。張氏人格高潔，熱心社會公益、作育無數英才。日治時期臺灣詩社林立，壯二育英書房，1934年曾任仰山吟社副社長，鼓吹漢學不遺餘力。著有《茗園集》。	D．J143。《茗園集》。
連瓊頓	（1894～？）	號夢員。	生於光緒20年（1894）十二月十八日，居雙溪三貂堡，大正14年（1925）至頭圍經營布疋買賣，為登瀛吟社社員，昭和10年（1935）遷居基隆。	1477。筆者田調。

姓名	生卒年	字號	事略	資料來源
鄭阿福※	（1901～1973）	號夢雲。	明治34年（1901）九月二十三日生，原為吳天賜之次男，後為鄭騰輝螟蛉子，從商。日據時代曾任保甲書記。卒於民國62年（1973）十月二十二日。	1471。筆者田調。
石壽松※	（1901～1973）	字友鶴。	生於明治34年（1901）生，卒於民國62年（1973）一月十五日。大正元年（1912）四月一日入宜蘭公學校就讀，大正6年（1917）畢業後，隨及進入張鏡光先生書房習漢文。大正9年（1920）就讀岡山市中學，1922年轉入日本大學附屬中學就讀，畢業後修習早稻田大學政治經濟科，卓然有成。曾任宜蘭市水利會合併議員、臺北州稅務調查委、宜蘭會總務部長、宜蘭市本町區會會長、宜蘭區礁溪鄉合作理事等職，平素為人豪爽、有仁者風。石壽松居宜蘭市。民國55年（1966）居住在宜蘭縣礁溪鄉經營橘子園，光復後才搬回宜蘭市，育有一男二女。與蔡老柯、李春池、林以士等人相善，民國62年（1973）一月十五日去世，著有《友鶴詩集》、《文學集成》，然已亡佚。	K823。《古今詩粹》，頁27。筆者田調。
蔡焰煇？			生平事蹟不詳，日治時期闌蘭社社員。	《臺灣日日新報》1923年11月23日第六版。
黃見發※	（1901～1970）	字振芳、漱六、號夢熊。	頭城人，生於1901年農曆10月15日，祖籍福建省金浦縣。個性耿直、勤勉奮發。頭園公學校畢業後，即習營商業，業餘繼續進書房研習漢學，為登瀛吟社社員。曾任頭城信用組合監事、頭城鎮民代表等職，重視地方教育之發展，與有誠之士爭取頭城高中、復興工專等校之設立。民國59年（1970）十一月二十四日去世，享年七十四歲。筆者蒐羅其詩，於2012年出版《黃振芳吟草》一冊。	I27、461。
簡林財發※	（1902～？）	號夢珍。	1902年十一月二十二日生，1917年頭園公學校畢業後，隨吳祥輝習漢文五年，為登瀛吟社社員，曾擔任頭園庄協議會會員	1463。筆者田調。

姓名	生卒年	字號	生平	資料來源
陳生枝	（1903～1939）	字振華，號夢春。	頭城大坑里人，生於1903年三月二十八日，為登瀛吟社社員，曾任頭圍信用購買販賣利用組合職員。卒於昭和14年（1939）九月二十四日。及各商業組合要職，稟性溫厚篤實，熱心地方公益，工詩文，事親至孝，娶吳祥輝長女香運為妻，育有五子五女。	1471。筆者田調。
盧纘祥	（1903～1957）	字史雲、國瀆、號夢蘭。	1903年十月二十八日生於台北縣烏山，祖籍福建省龍溪縣。六歲時隨父盧春發遷居宜蘭頭城，八歲遷至頭城武營定居。春發東家盧廷翰以嫡子上元乏嗣，與夫人陳氏定娘商，乞纘祥為正嗣嗣子。纘祥乳名阿枝，過繼之後，廷翰延宿儒蔣騰輝為之正名。盧廷翰早逝，產業大不如前，全賴祖母陳氏刻苦經營。時當日治時期，陳氏堅持愛孫不受日人教育，不為日人服務，曾贊助就正軒書院，延聘頭城宿儒吳祥輝、福建葉文樞、湖北萬惠生等教授漢學經典詩文。四年學業有成。纘祥與鎮內同好振興登瀛吟社，藉維中華文化於不墜，昭和8年（1933）擔任該社社長。民國34年（1945），臺灣光復，首任頭城鄉長。民國36年（1947），當選為臺北縣議長，並兼任頭城中學校長。民國37年春，蘭陽人士發起宜蘭設縣運動，乃與選為「新蘭陽建設委員會」主任委員，卒底於成。民國40年（1951）四月，遂當選為宜蘭縣長，勵精圖治，曾大舉造林，功績冠全省，推行土地改革，率先蘭田四十餘甲，為救濟事業基金。民國42年（1953）本省全面修志，乃兼任縣文獻委員會主任委員，成宜蘭縣志。民國43年（1954）六月任滿，升臺灣省政府委員。民國46年（1957）五月二十六日因腦溢血而遽然去世，享年五十六歲。其一生對頭城及蘭陽地區政績豐碩，著有《史雲吟草》一卷。	1413～451。《宜蘭文獻合訂本》，頁216～263。K228。

姓名	生卒年	字號	生平	出處
林才添※	（1903～1989）	字達庵、博政、博敏，號夢筆。	生於1903年三月十五日。頭圍公學校畢業後，旋接受日本中學會函授教育，同時隨養父及秀才鄭騰輝研習經史詩文。民國11年（1922），通過公學校教員檢定考試，任教十年，時有教育論文刊於「臺灣教育」雜誌。爲登瀛吟社創始社員及末任社長。歷任頭圍信用組合理事、監事、庄協議會員、鎭長、水利會會長、園長、縣長等要職，以反私人企業負責人、私立復興工商專校董事長、爲本鎭頗負眾望的耆宿。民國75年（1986）自費出版《達庵八三回憶錄》。卒於民國78年（1989）十一月十三日。	1457。《續修頭城鎭志‧人物篇》，頁652～653。
劉枝昌※	（1904～1945）	字鳳鳴、兌忠，號夢竹。	1904年一月十一日生。祖籍福建省漳浦縣，爲劉老溪長男，家中經營雜貨商，遷居頭圍庄之後，也曾寄留基隆郡貢寮庄枋腳及宜蘭郡宜蘭街。民國7年（1914）三月頭圍公學校畢業後，習漢文二年。民國9年（1920）擔任大溪製酒公司檢查員，12年（1923）轉任鐵道部宜蘭採購部，13年（1924）擔任港澳通信用購買販賣生產組合書記16年（1927）於頭圍街經營日用雜貨，生意蒸蒸日上。20年（1931）當選頭圍購買利用組合監事，二年後當選理事兼購買組合會員，24年（1935）當選頭圍庄協議會員，四年後得以連任。27年（1938）至31年（1942）間擔任宜蘭郡、頭圍庄各種商業組合理事，爲頭城鎭富商之一。劉枝昌頭腦靈活，善於交際，亦雅好詩文，平時以吟詩爲樂，昭和20年（1945）七月三十一日去世，享年四十二歲。筆者蒐羅其遺稿，於2011年出版《劉夢竹吟草》一冊。	1456。筆者田調。
李兩傳※	（1904～1976）	？	明治37年（1904）八月二十五日生於頭城鎭竹安里，父李添爲富農。李兩傳爲家中長男於頭圍公學校畢業後，習漢學數年，繼承家業，並受知於盧纘祥而服務臺灣石粉公司多年。爲登瀛吟社社員，曾任頭城鎭農會理事、頭城鎭鎭民代表等。民國65年（1976）十二月六日去世。	1470。筆者田調。

姓名	生卒年	字號	生平事略	資料來源
蔡炎輝※	（1904～？）	字巍豪。	宜蘭市人，為清治時期秀才蔡王章（字伯煥，號秋溪）之子。日治時期仰山吟社社員，昭和9年（1934）曾任仰山吟社幹事。台北市宜蘭同鄉會顧問。	D。J144。《蘭陽》第3期，頁129。
陳木裕※	（1905～1933）	字蔭寬，號夢巖。	宜蘭頭城人，生於光緒31年十一月八日(1905年十一月四日)，為陳子經三子。幼即過目成誦，鄉里譽為神童。大正13年（1924），畢業於臺北師範學校本科，分發至宜蘭員山公學校任職。任教一年即賠償公費辭職，懷抱民族意識，遠赴大陸、日本等地旅遊。關心局勢變化。昭和6年（1931）八月二十九日，結合地方縉紳盧賛虞、劉傳旺、江信卯等人，成立「臺灣石粉林式會社」開發蘇澳白米甕溪石灰岩曠床，借設廠二年餘，罹患「面疔」去世，年僅二十九歲。	I431。筆者田調。
陳枝成※	（1906～1945）	？	宜蘭頭城人，生於明治39年（1906）十一月二十六日，登瀛吟社社員，曾任頭城信用組合職員。卒於昭和20年（1945）四月二十二日。	I471。筆者田調。
康灩泉※	（1908～1985）	字健全、在山，號海秋、念室、炎泉、健全老人、健秋山人，無為室主人。	宜蘭頭城人，明治41年（1908）生。先世自福建漳浦來台，居頭城鎮東里一號，幼受業於宿吳祥煇。喜好詩文，為登瀛吟社社員。父業商，母林氏蘭名媛。工書畫刺繡。盧泉幼時隨母習書畫，天資聰穎，允菩學書，母乃就其性之所近，授以漢魏唐碑帖。及長，兼臨八體，孜孜弗輟，垂三十年，頗汲古人筆法。昭和9年（1934），內渡大陸，求碑帖善本、及觀摩名家墨蹟，返合益加泪摹、精鑽各體，書法大進。昭和16年（1941）秋天，參加日本全國書畫展覽會，以書法超群，獲層首獎。一經品題，聲名鵲起。日政府行任台貫行皇民化政策，盧泉志謙等秘密商定，以日人嗜好書道為誘餌，繼開漢文書道講習會，旨在發揚國粹維護固有文化。1942年秋，在頭城倡設八六書畫會，聞風	E。I465。《蘭陽》第2期，頁66。筆者田調。

姓名	生卒年	字號	生平	資料來源
陳志謙	（1909～1978）	字默盧。	宜蘭頭城人，1909年四月二十二日生，為生員陳子經季子。繼承家學，才質穎異，精擅詩文，為登瀛吟社社員，體貌魁偉，性情豪放，聲若洪鐘。念公好義，名重鄉里，自謂：「文章草文采也；大塊者，地也；造物之名也；樂甚者，一觴一詠，具此足矣！何須攀權貴之門，求諸聞達乎？」可見泊之志。從政經商，精勤踏實，民國63年（1974）間創辦蘭陽雜誌社，任總編輯兼主筆三年有半。著作有《釋迦與中國》、《一家言語錄》、《噶瑪蘭踐跋記》、《蘭陽詩文集》等。民國67年七月十七日（1978）病逝。	I 421、466。筆者田調。
張娘蚶	（1909～1998）	字黃會，號佐臣。	生於宣統元年（1909）十二月十二日，張鏡光長子。幼時秉承父訓，未入日校；隨父攻讀經書。及張鏡光捐館，張黃會嗣其業，於省心齋書房教授漢文。1931年，日人檢束漢學，禁開書房，張黃會多方交涉。1937年日人於省心齋書房為傳播皇民化政策，徹底消滅臺灣漢文化。張黃會以省心齋書房為抗日行列，民族思想相當強烈，遂北上加入世兄蔣渭水抗日行列，其中以1943年金瓜石大抗蚤，最為慘烈。日警人，張黃會辛得從其學詩之日警松井君暗助，得以潛逃。日警追捕不遂，拘夫人楊忍女士嚴刑迫供，夫人堅忍不屈，乃得免。此後，為避耳目，居無定所，1943年才返回宜蘭枕頭山故居。光復後，受聘宜蘭農業職業學校文史教員，至1973年屆齡退休。其間曾一度膺選宜蘭縣第三屆縣議員，任滿仍退居日教席。1998年十二月三十一日戌時，張黃會因肝疾與世長辭，享年九十一歲。1951年中央政府因以張黃會任臺灣淪日抗戰期間，設立	《西堡張家族譜》。《宜蘭張氏家譜》。《省心齋詩文集》。

姓名	生卒年	字號	生平事略	資料來源
張隆耀※			書房，傳播祖國文化，喚醒民族意識，以台內民第七五七六號六令頌：「忠貞足式」褒揚其節，激勵其志節。他日得入忠烈祠。中國國民黨亦於民國 56 年（1967）六月十五日，將其列為臺灣淪日抗戰期間之愛國志士第三號人物傳揚其愛國國事蹟。張黃會生平詩作頗豐，民國 90 年（2001）其子張國禎為之搜羅輯佚，出版《省心齋詩文集》。	1503。筆者田調。
簡桃木※			日治時期登瀛吟社社員，為創社十八學士之一。生平不詳。 生平不詳，日治時期登瀛吟社社員。	筆者田調。
李康寧※	（1910～1968）	字壽卿。	宜蘭人，祖籍福建南靖。生於明治 43 年（1910）正月十一日。隨父有土公定居宜蘭，李氏家族為書香門第，以耕讀傳家，曾祖昆仲四人，科登三舉，家學淵源深厚。壽卿五歲隨父啟蒙，研讀漢學。八歲受學仰南書房，大正 10 年（1921）入公學校（現中山國小）。昭和元年（1926），因家庭變故學業中輟，乃離鄉北上學藝。翌年回宜蘭開業。昭和 6 年（1931），再拜吳秀才受業仰山讀書會四年，其間並入仰山吟社成為社員，抗拒日本炎政策，時常集會吟詩。昭和 16 年（1941），李壽卿結束私業，就任宜蘭水利組合庶務主任。光復後服務公職 27 年。民國 41 年（1952），有鑑於仰山吟社社員流離渙散，乃重募社員，重行改組，署名「宜蘭縣仰山吟社」，正式辦理人民團體登記，榮膺常務理事，後又被推為社長，吟社附設詩學研究會，每月吟會一次，以鼓勵後進。民國 56 年（1967）深秋，先生身體突感不適，經羅東博愛醫院檢查，得知罹患肝硬化，藥石罔效，於隔年二月廿七日下午二時，溘然長逝。著有詩集《千年檜》。	徐文雄〈李康寧先生傳略〉《千年檜》。

姓名	生卒年	字號	小傳	資料來源
游象信※	（1910～2000）	字象新，號雪齋。	1910年十月十四日生。頭圍公學校畢業後，師事宿儒鄭騰輝、葉際唐研習經史詩文三年。年未弱冠即加入登瀛吟社，亦曾參加寶桑吟社，後加入臺北淡社，轉居台北，平日經營工商業，開暇以詩文自娛。民國74年（1985）吳文星、莊英章兩位撰寫《頭城鎮志》時，每次開會游象信不辭辛勞由台北搭火車到頭城參與編寫討論，對頭城文藝之提倡與關心不遺餘力。生平著有《立雪齋吟草》、《廣平游氏族志》。2000年六月十九日逝世，葬於台北縣八里鄉，享年91歲。筆者蒐羅、整理其詩文，於2008年出版《立雪齋詩文集》一冊。	1458。《詩報》第174號，頁22。筆者田調。
黃登元※	（1910～？）		明治43年（1910）一月二十一日生。頭圍公學校畢業，登瀛吟社社員，曾任公路局司機。昭和20年（1945）轉居羅東街。	1473。筆者田調。
吳鴻福	（1911～？）	字蔭庭。	明治44年（1911）十一月九日生。北市末廣町轉居頭圍庄枕桅林，為登瀛吟社社員，曾任臺灣石粉股份有限公司臺北營業所主任。	1469。筆者田調。
林錫虎※	（1912～1990）	字德風，譜為炳文。	大正元年三月十日生。頭圍公學校畢業，登瀛吟社社員、光復後，歷任鎮民代表及主席、頭城農會理事長、縣議員等職業。卒於民國79年（1990）五月五日。	1474。筆者田調。
蔡老柯※	（1912～？）	字鰲峰、裁峰。	宜蘭人。日治時期有感於日人欺壓臺灣人的不平待遇，先後參加臺灣文化協會及臺灣民眾黨，從事民族革命運動。昭和3年（1928）由日本轉道逃回大陸，入上海持志大學肄業。後因處理家務回台，遂致力產業活動，鼓吹產業合作之合理經營，光復後曾任宜蘭市公所總務課長、市農會經理、宜蘭水利委員會曾任秘書等職。性捐介，曾好吟咏、仰山吟社社員。昭和9年（1934）曾任仰山吟社幹事。	E、D。
呂營陳※	（1913～1994）	字厚生。	1913年十二月三十一日生於頭城鎮。頭圍公學校畢業。民國45年（1956）當選頭城鎮第三屆民選鎮長，民國50年（1961）二月至民國66年（1977）年底，連任宜蘭縣議會第五至第八	1475。《續修頭城鎮志·人物篇》，頁652。

姓名	生卒年	字號	生平	資料來源
吳英林	（1913～）	字松籟。	屆議員，其一生歷任頭圍信用組合理監事、鎮民代表會主席、宜蘭縣米穀公會理事長、頭城鎮護林協會理事職、服務鄉里、極具熱忱，曾任喚醒堂堂主，為頭城鎮中堅人物之一。民國83年（1994）年逝世，享年82歲。	宜蘭人，生平不詳。日治時期山吟社社員，從事土地仲介工作，昭和13年（1938）間曾創立「蘭星文藝部」。 J144。 《詩報》第177號，頁1。 《古今詩粹》，頁30。
莊連珠	（1914～）	字佩瓊。	1914年一月三日生，父莊嬰與盧嬰（廷翰）互有往來。莊連珠八歲入頭圍公學校就讀，畢業後考上台北第三高女，讀一學期，自動休學回鄉奉養父母。十五歲入就正軒習字，習書法之外，亦寫漢詩，為登瀛吟社社員。莊連珠識漢字、莊連珠識漢字、習書法之餘，亦寫漢詩，成為林錫虎夫人。生三兒二女、子女各有所成。童家時期所學的《千家詩》亦能朗朗上口。身體硬朗。	1477。 筆者田調。
林萬榮	（1915～2005）	字樹德。	大正4年（1915）十一月二十七日生。原頭圍庄白石腳（今礁溪玉田村）人，父林阿旺之長男。頭圍公學校畢業後，隨吳祥輝、杜仰山研習詩文，登瀛吟社社員。曾任礁溪鄉民代表、鄉長、宜蘭縣政府文獻課長等。卒於民國94年（2005）三月十一日。	1472。 筆者田調。
張天眷	（1916～？）	又名天春；號遇西。	卒年不詳，張鏡光三子。張天眷是本名，因張鏡光沒時間辦戶口，請勞人代勞，戶政人員的疏忽寫成「天春」。曾任省立蘭陽女子中學、宜蘭高級中學教師，為已故宜蘭縣長陳定南之恩師。由昭和12年（1938））陳望遠〈為酒西遠弟花燭〉，呂杏洲、鄭文治、李盧洲〈祝酒西詞弟花燭〉，及李維桑、李	《西堡張家族語》。 《宜蘭張氏家譜》。 《詩報》第167號，頁24。 筆者田調。

姓名	字號	小傳	出處
		耀鋒〈祝砸西夫子花燭〉等人詩作，可推知其成婚的可能時間點。日治時期仰山吟社社員，書法蒼勁，著有《愛吾盧吟草》。	1476。
張文通※		頭城人，經營礱米廠。日治時期啓瀛吟社社員。	1475。
吳旺水※	字淵泉。	頭城人，開設泰山藥房。日治時期啓瀛吟社社員。	《古今詩粹》，頁30。
楊長泉※	號靜淵。	蘇澳人，先世自福建漳州來台。日治時期，畢業於馬賽國民學校，因家貧輟學。至基隆臺灣海陸產物產公司服務，乃就保粹書房夜學部研究經學古文，牛工半讀。大正14年（1925）時值臺灣總督嚴禁台人讀漢文，加入基隆網珊吟社、大同吟社，冀保祖文化於不墜，拜基隆傾儒李石鯨爲師。及返蘇澳，組織海南興業公司，經營運輸業。旋被推爲鎭民協議會會員，及台北州水產會議員。昭和17年（1942）成爲啓瀛吟社一員。臺灣光復後，轉營漁業、商業，任石粉公司經理。曾組織潮音吟社，好吟咏、擊鉢催吟。平時熱心教育，歲時參與宜蘭縣詩人聯吟會，擊鉢催吟會，亦風雅之士也。	E。《古今詩粹》，頁44。《詩報》第263號，頁8。《詩報》第265號，頁4。筆者田調。
鄭培薪	字火傳。	葉文樞之學生，原爲桃園吟社、柏社、竹社社員於昭和14年（1939）加入啓瀛吟社。有一子爲錠兒。	《詩報》第200號，頁11。第302號，頁5。
楊隆泉？	字滾臣、澄秋。	生平不詳，曾任仰山吟社、蘭社社員。日治時期仰山吟社、蘭社社員。	D。J143。
林本泉※	字淵源、達初。	宜蘭人。曾宜蘭市民代表會主席、宜蘭農牧開發公司總經理，仰山吟社常務委員。詩作〈庭松〉、〈春座〉、〈蚯蚓〉等百首以上。	D。J144。《古今詩粹》，頁32。
李炎？	字盧洲。	生平不詳，日治時期仰山吟社社員。	D。J143。
葉長安？	字延吉、吉臣。	生平不詳，日治時期仰山吟社社員。	D。J143。

姓名	字號	生平	出處
林仁山？	字紹義、箕臣。	生平不詳，日治時期仰山吟社社員。	D。J144。
林松水？	字恒吾、友梅。	生平不詳，日治時期仰山吟社社員。	D。J144。
李燃薪？	字焰杜、焰卿。	生平不詳，日治時期仰山吟社、蘭社社員。	D。J144。
蘇丙庚？	字雪樵、星樵。	生平不詳，日治時期仰山吟社社員。	D。J144。
賴仁壽？	字國藩、樂山。	曾任碧霞宮廟祝，加入仰山吟社及敏求吟社。	D。J144。《古今詩粹》，頁50。
連釣藩？	字城壁。	生平不詳，日治時期敏求吟社社員。	D。
李春池？	字漁甫、步蓮、雲舟。	生平不詳，日治時期仰山吟社社員，宜蘭文獻委員會委員。	D。J144。張振茂《茗園集》，頁21。
林玉麟	字夢鶴、仁卿。	嘉義人，七歲時父母俱亡，由姊姊、姑母將他帶大，家中蕭屋又被強行徵收為道路之用，伯父、姑母對他們弟兄情尤深，收留他們，如同父母親般的疼愛他們，姊弟婚事都由姑母打點。王麟從小就體會寄人籬下，食「嗟來食」的可悲，故在公學校畢業，自己工作存錢，夜間攻讀。1919年他來到蘭陽，曾居住羅東、員山鄉等地，以宜蘭為第二故鄉，日治時期宜蘭仰山吟社、光文社，及羅東東明吟社社員。	D。J144。《風月報》第88期，頁33。《詩報》第36號，頁1、第200號，頁5。
林德發 ※	號夢修。	宜蘭頭城人，從事建築業，日治時期登瀛吟社社員。	I468。
楊水成 ※	字一清、號夢月。	師事吳祥煇，日治時期登瀛吟社社員。	I478。
吳六也 ※	字至誠、號夢祥。	從事代書工作，日治時期登瀛吟社社員。	I468。
莊正義 ※	號夢蝶。	日治時期登瀛吟社社員，次子長腳移居礁溪鄉，經營自得暖米廠。	I477。
陳阿榮 ※	字維藩、號夢覺。	日治時期登瀛吟社社員，歷任頭圍圍便局、基隆郵政局職員。	I470。

姓名	字號	生平事蹟	資料來源
李登甲？	字先麟、趾臣。	生平不詳，日治時期仰山吟社社員。	D。J144。
蕭文賢	字獻三。	蕭獻三與蘭地詩壇的活動始於昭和7年（1932），登瀛吟社有「歡迎蕭獻三先生擊鉢錄」，詩題〈消寒詞〉、〈老農〉。1938任職蘇澳精業會社，與蘭地詩社活動更密切。	《詩報》第29號，頁8；第177號，頁3；第192號，頁4。
林義？	字知禮。	生平不詳，日治時期仰山吟社社員。昭和9年（1934）曾任羅東東明吟社副社長。	D。J144。
曾朝枝（潮磯）	字笑雲。	居臺北，編輯《東寧擊鉢吟前後集》二冊，昭和10年（1935）七月間寓居頭圍，開設新建豐米穀商行，編輯《東寧擊鉢吟後集》期間島內諸吟友作品即惠寄此處，曾加入登瀛吟社。	《詩報》第108號，頁1；第192號，頁32。
蔡奕彬？	？	羅東林場職員，日治時期東明吟社社員。	D。《古今詩粹》，頁47。
江紫元	字夢花（華）。	桃園縣人，年青時遷居羅東經商（木材或電器業），寓居蘭陽，日治時期仰山吟社、東明吟社社員，大約民國五十餘年後遷回桃園縣，唯不詳入社時間。	《詩報》第87號，頁4、16；第90號，頁10。筆者田調。
陳存？	字望遠。	生平事蹟未詳，日治時期仰山吟社社員。	J144。
林金枝？	字劍稜。	生平事蹟未詳，日治時期東明吟社社員。	D。
李朝梓？	字維桑。	生平事蹟未詳，日治時期東明吟社社員。	D。
李金火？	字耀鋒。	生平事蹟未詳，曾拜張迺西為師，日治時期東明吟社社員。	D。《詩報》第167號，頁24。
黃春亮？	字少青。	生平事蹟未詳，日治時期仰山吟社、東明吟社社員。	D。

姓名	字	敘述	出處
簡明霞？	?	吳蔭培之學生，曾參與蘭地文學活動。	《詩報》第28號，頁4。第58號，頁5。
吳承遠	字夙秋。	《東寧擊缽吟後集》發行者。昭和10年（1935）間吳夙秋至頭圍任教，參與蘭地仰山吟社、登瀛吟社等詩社活動。	《詩報》第108號，頁7。第112號，頁9。

註1、依本論文第一章之界定，「凡在蘭陽地區，致力於文學工作，曾有文學作品或文學活動貢獻蘭陽地區者，我們承認此作家是蘭陽地區的地方作家或文學工作者，其文學作品及文學活動可列入蘭陽地區文學史之內」，此表格根據此原則收錄蘭陽地區傳統詩文作者之小傳。

註2、人名後標示「*」者代表出生地非在蘭陽地區之作者，標示「?」者代表出生地不詳，未有任何標示者代表非出生於蘭陽地區之作者。

註3、本表依作者生卒年排列，生卒年一欄以西元紀年，生卒年不詳者以空格表示，並依作者活躍於蘭地的時間安插表中。

註4、為簡省篇幅，引用多次之參考資料以英文字母代表，字母後後面的阿拉伯數字代表頁數，例如「B62」表示此資料出自陳淑均，《噶瑪蘭廳志》（台北：文建會，2006年），頁62。本表使用書籍版本詳列如下：

A：柯培元，《噶瑪蘭志略》（台北：文建會，2006年）。
B：陳淑均，《噶瑪蘭廳志》（台北：文建會，2006年）。
C：《臺灣列紳傳》（台北：臺灣總督府，1916年4月）。
D：《詩報》第87號（1934年8月15日），頁16。
E：《宜蘭縣志稿・人物志・時賢事略》（宜蘭：宜蘭文獻委員會，1960年）。（筆者註：此資料原來即未標頁碼，表中亦從略。）
F：盧世標，《宜蘭縣志・藝文志・文學篇》（宜蘭：宜蘭文獻委員會，1969年）。
G：《臺灣省通志・學藝志・藝文篇》（南投：臺灣省文獻委員會，中華學術院臺灣研究所合編，1971年）。
H：林萬榮編著，《宜蘭鄉賢列傳》（宜蘭：宜蘭縣政府民政局，1976年）。
I：莊英章、吳文星編著，《頭城鎮志》（頭城：頭城鎮公所，1986年）。
J：陳長城，〈宜蘭仰山吟社沿革〉，《臺北文獻》直字109期（1994年9月），頁141～144。

K：《重修臺灣省通志‧藝文志》（南投：臺灣文獻委員會，1997年）。
L：楊欽年撰文、周家安圖說，《詩說噶瑪蘭》，（宜蘭：宜蘭文化局，2000年）。
M：張子文等，《臺灣歷史人物小傳──明清暨日據時期》（台北：國家圖書館，2006年）。

表二：清治時期蘭陽地區傳統詩文作品一覽表

作 者	字　號	著　作	作品篇名	出　處
蕭竹	字竹友		〈甲子蘭記〉	《廳志·封域·山川·附考》，頁94～95。
			〈蘭城融結〉	《廳志·規制·城池·附考》，頁98～99。
			〈陽景三絕〉（石硤觀潮、龍潭印月、龜嶼秋高）〈蘭中番俗〉	《廳志·雜識上·紀文下·詩》，頁488。
			〈甲子蘭記〉（節略）	《詩乘》，頁131～132。
方維甸	號南耦、字賓嚴。		〈奏請噶瑪蘭收入版圖狀〉【嘉慶十五年四月】	《廳志·雜識上·紀文上·奏疏》，頁405～406。
汪志伊	字稼門。	《近腐齋集》	〈勘查開蘭事宜狀〉【嘉慶十六年九月】	《廳志·雜識上·紀文上·奏疏》，頁407～408。

楊廷理（1747～1813）	字雙梧、自稱更生臣，號虛齋。	《知還書屋詩鈔》	〈議開臺灣後山噶瑪蘭（即哈仔難）節略〉、〈哈仔難紀略序〉。	《志略‧藝文志‧文》，頁433～441。
			〈孟夏六月重上三貂口占〉、〈度建蘭城並公署地基〉、〈仰山書院新成誌喜〉、〈登員山〉、〈重定噶瑪蘭全圖〉	《志略‧藝文志‧詩》，頁444～446。
			〈蘭城仰山書院新成誌喜〉	《廳志‧學校‧書院‧附考》，頁221～222。
			〈議開臺灣後山噶瑪蘭即哈仔難節略〉【嘉慶十八年癸酉孟秋】	《廳志‧雜識上‧紀文上‧紀略》，頁440～445。
			〈丁卯九月錫口道中〉、〈上三貂嶺〉【按三貂與錫口皆淡水見而有感】、〈出山〉〈漫興〉、〈孟夏六日重上三貂口占〉（註1）、〈丁卯秋出山後居民為示設香火見而有感〉、〈悶雨夜坐〉、〈噶瑪蘭坐西向東經城建道地基有作〉、〈噶瑪蘭坐西向東經城建署地址申報茲堪輿蘭請改坐北向南因復履勘果成大觀喜而有作〉【梁字鳳議、南安縣程人】、〈排悶〉、〈六月廿五日發申噶瑪蘭創始草程作〉、〈前詩有「三月綢繆占蜆濟」今十八則事宜甫脫稿即遇大火大暴之災竟成詩讖興言及此愛賦一律用志欲慨〉、〈立秋日感懷〉、〈七月十五夜對月遣興〉、〈漫興〉、〈移寓口占〉、〈噶瑪蘭中秋〉、〈九月晨起怡坐〉【八月十六日雨、至此日止，中間晴雨不及五日】、〈噶瑪蘭重陽〉、〈九月十五日夜吉雨〉、〈前詩有「溪回故道分清濁」句時飲刻	《廳志‧雜識上‧紀文下‧詩》，頁464～476。

〔註1〕此詩名《噶瑪蘭志略‧藝文志‧詩》載「日」為「月」。

縣志慶因成句云「月朗中秋照海山」聯成復續一律〉、〈畏雨〉、〈出山日作〉、〈辛未生日志感〉、〈答友〉、〈重定噶瑪蘭全圖(偶成〉（註 2）、〈壬申生日志營〉、〈噶瑪蘭道中口占〉、〈羅東道中〉、〈登員山〉、〈九日登高〉、〈得藥廉訪先代諸兔接蘭篆榆園司馬〉。	《詩錄》，頁 535～547。
〈丁卯九日錫口道中〉、〈上三貂嶺〉【按三貂與錫口皆淡水屬】、〈上三貂嶺〉、〈出山漫興〉、〈抵蛤仔難即事〉、〈丁卯秋出山後居民為余設香火見而有感〉、〈丁卯重上三貂口占〉、〈相度築城建置地基有作〉、〈六月廿五日發申噶瑪蘭創始草程作〉、〈前詩有「三月綢繆占既濟」今十八則事宜甫宣甫脫稿即遇大火大衆之災竟成詩讖興言及此愛賦一律用志敬畏〉、〈立秋日感懷〉、〈七月十五夜對月言述懷〉、〈漫興〉、〈移禹口占〉、〈八月十六日雨，至此日止，中間晴不及五坐〉、〈噶瑪蘭重陽〉、〈九月十五日夜苦雨〉、〈前詩有「溪回放道分清濁」句時飲刻噶志慶因成句云「月朗中秋照海山」聯成復續一律〉、〈畏雨〉、〈出山日作〉、〈辛未生日志感〉、〈答友〉、〈重定噶瑪蘭全圖(偶成〉、〈壬申生日志營〉、〈噶瑪蘭道中口占〉、〈羅東道中〉、〈登員山〉、〈九日登高〉、〈得藥廉訪先代諸兔接蘭篆志感〉	

[註 2] 此詩名《噶瑪蘭志略·藝文志·詩》無「偶成」二字。

		〈度建蘭城公署〉〈與〉〈度建蘭城並公署地基〉〈同〉〈重定噶瑪蘭全圖〉、〈羅東道中〉、〈登員山〉、〈丁卯九日錫口道中〉、〈土三貂嶺〉	《詩乘》，頁129～131。
		〈慶建蘭城公署〉〈與〉〈度建蘭城並公署地基〉〈同〉〈噶瑪蘭中秋〉、〈重定噶瑪蘭道中口占〉、〈九日登高〉〈出蘭中雨〉、〈九月十五日夜苦雨〉、〈立秋日感懷〉、〈蘭山日作〉、〈壬申生日志喜〉、〈出山贈翟榆園同馬〉、城仰山書院新成志喜〉、〈丁卯秋出山後居民為余設香火見而有感〉	《重修通志文學》，頁192～196。
吳鎔		〈楊雙梧太守相度築蘭城、賀之〉、〈噶瑪蘭中秋見月呈楊太守〉（二首）	《志略·藝文志·詩》，頁449；《詩錄》，頁619。
孫爾準（1770～1832）字平叔，一字萊甫，諡文靖。	《泰雲堂詩集》《泰雲堂文集》《雕雲詞》《荔香巢樂府》《海棠巢樂府拓題》《婆娑洋集》	〈噶瑪蘭北關〉	《廳志·雜識上·詩》，頁481。
		〈噶瑪蘭北關〉、〈臺陽雜詠〉	《詩錄》，頁648。
謝金鑾（1757～1820）字巨廷，一字退谷，晚改名灝。	《噶瑪蘭紀略》《二勿齋集》《臺灣縣志》（與鄭兼才合纂）《論語續注補義》《教諭語》《大學古本說》	〈蛤仔難紀略〉	《志略·藝文志·文》，頁420～433。
		〈紀捷〉	《志略·藝文志·詩》，頁447。
		〈蛤仔難紀略後序〉	《志略·雜識志》，頁469～470。
		〈蛤仔難紀略〉【辨證二則】	《廳志·雜識上·紀略》，頁435～440。

作者	字號	集別	作品	出處
		《春樹暮雲編》	〈雷陽遺事並序〉	《志略·藝文志·詩》，頁447；《廳志·雜識上·文下·詩》，頁476。
			〈記琉四首〉	《廳志·雜識上·紀文下·詩》，頁477。
			〈臺灣竹枝詞〉、〈赤嵌荔枝詞〉、〈橡〉（二首）、〈鄭六亭先生同遊法華寺〉、〈鯽魚潭有作〉、〈塭岸橘〉、〈五妃墓〉	《詩錄》，頁578~582。
鄭兼才（1758~1822）	字文化，號六亭。	《臺灣縣志》（與謝金鑾合纂） 《六亭詩文集》 《宜居集》 《愈瘖錄》	〈山海賦總編〉	《廳志·雜識上·論》，頁450~452。
			〈上汪瑟菴先生書〉、〈上辛筠谷侍郎〉、〈上瑟菴先生書〉	《廳志·雜識上·紀文下·書》，頁452~453。
姚瑩（1785~1853）	字石甫。	《石甫文鈔》 《東槎紀略》 《中復堂選集》	〈籌議噶瑪闌定制〉	《廳志·雜識上·紀文上·議》，頁409~434。
			〈噶瑪闌原始〉	《廳志·雜識上·紀文上·紀略》，頁445~448。
			〈與鹿春如論料匠事〉【道光辛巳冬】	《廳志·雜識上·紀文下·書》，頁453~456。
			〈噶瑪闌颱異記〉【辛巳】	《廳志·雜識上·紀文下·記》，頁457~458。
			〈噶瑪闌廳壇祭文〉	《廳志·雜識上·紀文下·駢體》，頁459~461。

姓名	字號	作品	出處
烏竹芳	字藹林。	〈臺灣行〉、〈留別臺中人士五首〉	《廳志‧雜識上‧紀文下‧詩》，頁496～498。
		〈臺灣行〉、〈留別臺中人士五首〉	《重修通志文學》，頁216～218。
		〈倉中夜坐（余已卸事，寓倉中〉、〈蘭城久雨〉、〈蘭城公寓〉	《志略‧藝文志‧詩》，頁447～448。
		〈署傍烏竹芳序〉	《廳志‧學校‧仰山社》，頁234。
		〈蘭陽八景詩並序〉（龜山朝日、隆嶺夕煙、西峰爽氣、北關海潮、沙喃秋水、石港春帆、蘇澳蜃市、湯圍溫泉）、〈海濤〉、〈洋玉簪〉、〈木樨花〉、〈大紅花〉、〈蘭城公寓寄興〉、〈蘭城中元〉、〈別菊花〉	《廳志‧雜識上‧紀文下‧詩》，頁478～481。
		〈蘭陽八景詩並序〉（龜山朝日、隆嶺夕煙、西峰爽氣、北關海潮、沙喃秋水、石港春帆、蘇澳蜃市、湯圍溫泉）、〈海濤〉、〈洋玉簪〉、〈木樨花〉、〈大紅花〉、〈蘭城公寓寄興〉、〈蘭城中元〉、〈別菊花〉、〈倉中夜坐（余已卸事，寓倉中〉、〈蘭城久雨〉、〈題澎湖廳〉、〈漏夜放舟澎湖〉、〈過黑水溝〉、〈咏西嶼古塔〉、〈題文石書院〉、〈之任澎湖遇風有感〉	《詩錄》，頁657～662。
		〈蘭陽八景詩〉	《重修通志文學》，頁230～231。
屠文照	字西園。	〈龜山曉歌〉、〈己丑九日登黃泥嶺望海〉、〈初旭時見玉山〉	《廳志‧雜識上‧紀文下‧詩》，頁491～492。

作者	字號	編纂	作品	出處
陳淑均	字友松。	《噶瑪蘭廳志》	〈九日登黃泥嶺承署後（在頭圍縣承署後）〉	《志略·藝文志·詩》，頁449。
			〈己丑九日登黃泥嶺望海〉、〈龜山嶼歌〉	《詩錄》，頁673~674。
			〈西峯晴爽（即枕頭山）〉、〈沙喃秋水〉	《志略·藝文志·詩》，頁448。
			〈擬修北門外至頭圍石路啓〉	《廳志·雜識上·紀文下·駢體》，頁462~463。
			〈龜山朝日〉、〈隆嶺夕煙〉、〈西峰爽氣〉、〈北關海潮〉、〈沙喃秋水〉、〈石港春帆〉、〈蘇澳蜃市〉、〈湯圍溫泉〉	《廳志·雜識上·紀文下·詩》，頁489~490。
			〈蘭陽八景詩〉（〈龜山朝日〉、〈隆嶺夕煙〉、〈西峰爽氣〉、〈北關海潮〉、〈沙喃秋水〉、〈石港春帆〉、〈蘇澳蜃市〉、〈湯圍溫泉〉）	《詩錄》，頁674~676；《重修通志文學》，頁247~249。
全卜年（1780~1848）	字子占，號硯南。		〈社稷壇籌告地疏〉、〈天后宮上梁文〉、〈修三貂嶺路記〉	《廳志·雜識上·紀文下·駢體》，頁461~464。
			〈蘭陽即事〉八首	《廳志·詩》，頁481~482；《詩錄》，頁677~678；《重修通志文學》，頁231~232。
黃學海（1806~1846）	名巨川，字匯東，號少軒。	《噶瑪蘭廳志》彙校	〈雙溪途中作〉	《廳志·雜識上·紀文下·詩》，頁492。
			〈龜山賦〉	《廳志·雜識上·紀文下·賦》，頁498~499。
			〈雙溪途中作〉	《詩錄》，頁706。

姓名	字號	編纂方志	作品	出處
李祺生 （《志略·藝文志·詩》稱「李祈生」）	字壽泉。	續輯《噶瑪蘭廳志》	〈玉山積雪〉、〈蘭陽春潮〉	《志略·藝文志·詩》，頁448～449。
			〈龜山朝日〉、〈沙喃秋水〉、〈玉山積雪〉、〈石洞噓風〉	《廳志·雜識上·詩》，頁492～493。
			〈龜山賦〉	《廳志·雜識上·賦》，頁499～501。
			〈玉山積雪〉、〈龜山朝日〉、〈沙喃秋水〉、〈石洞噓風〉、〈蘭陽春潮〉	《詩錄》，頁747～748。
柯培元	字復子，號易堂。	《噶瑪蘭志略》	〈蘭城除夕有感〉、〈望玉山〉、〈噶瑪蘭署佛桑花〉、〈頭圍〉、〈噶瑪蘭城〉、〈龜山歌〉、〈生番歌〉、〈熟番歌〉、〈龜峰喇日〉、〈風嘓嵌雲〉、〈玉山積雪〉、〈石港春帆〉、〈草嶺春風〉、〈沙喃秋水〉、〈蘇澳連舶〉、〈湯圍溫泉〉	《志略·藝文志·詩》，頁450～456。
			〈禁充業戶論〉、〈玉山考〉、〈玉山再考〉、〈玉山歐事〉、〈龜山歐事〉、〈龜山三考〉	《志略·雜識志》，頁465～469。
			〈過草嶺〉、〈望玉山〉、〈望龜山歌〉、〈生番歌〉、〈熟番歌〉	《廳志·雜識上·詩》，頁482～484。
			〈龜山歌〉、〈生番歌〉、〈熟番歌〉	《詩乘》，頁168～170。
			〈蘭城除夕有感〉、〈望玉山〉、〈噶瑪蘭署佛桑花〉、〈龜山歌〉、〈頭圍〉、〈噶瑪蘭城〉、〈蘭城陰雨〉、〈生番歌〉、〈熟番歌〉、〈小停雲春初〉、〈龜峰喇日〉、〈寄興（公解東有屋三椽，余額之曰小停雲）〉、〈風嘓嵌雲〉、〈草嶺春雲〉、〈玉山積雪〉、〈石港春帆〉、〈沙喃秋水〉、〈蘇澳連舶〉、〈湯圍溫泉〉	《詩錄》，頁701～706。

作者	詩集	詩文作品	出處
李若琳 字淇資。		〈噶瑪蘭城〉、〈蘭城除夕有感〉、〈望玉山〉、〈王山積雪〉、〈蘇澳連舶〉、〈湯圍溫泉〉、〈草嶺偃風〉、〈望龜山歌〉、〈生番歌〉、〈熱番歌〉	《重修通志文學》，頁 251～253。
		〈封篆後偶染痾疒公事稍簡有所感輒書數韻彙之得十二首〉（臟守、形勢、竹城、講學、編審、迎春、除夕、佛桑、月季花，即事。）（職守、羅漢腳、防番、海防、杞籠、...）	《廳志·雜識上·紀文下·詩》，頁 484～488；《詩錄》，頁 707～710。
柯樣		〈跋小停雲館〉	《志略·藝文志·詩》，頁 456。
		〈題小停雲館〉（與〈跋小停雲館〉同）	《詩乘》，頁 170；《詩錄》，頁 731。
柯榪		〈正月十五日至頭圍〉、〈題盧氏書舍〉	《志略·藝文志·詩》，頁 456；《詩錄》，頁 730～731。
查元鼎 字小白。	《草草草堂吟草》	〈王小泉（權）權頭圍貳尹，寄詩代柬，依韻答之〉	《詩錄》，頁 847。
		〈楊輔山司馬（承澤）招走蘭山阻雨雞籠〉、〈小雨初晴泛舟之蘭山〉、〈龜山〉	《拾遺》，頁 83。
		〈龜山〉	《重修通志文學》，頁 292。
董正官 （？～1853） 字訓之，字鈞伯。		〈由雞籠口上三貂過雙溪望遠望坑界入噶瑪蘭境〉、〈蘭陽雜詠八首〉（卿鼻、三貂、竹城、番社、漏天、餘埔、東海、生番）、〈蘭防即事〉、〈琉球難夷遭風加意撫恤照例護送詩以紀事〉	《廳志·雜識上·紀文下·詩》，頁 493～496。

姓名（生卒年）	字、號	著作	詩作	出處
陳維英（1811～1869）	字石芝，一作碩芝，亦作實之，號迂谷。	《鄉黨質疑》、《偷閒錄》、《太古巢聯集》	〈由雞籠口上三貂過雙溪到遠望坑界入噶瑪蘭境〉、〈琉球雞夷遭風到境加意撫恤照例護送詩以紀事〉、〈蘭防即事〉、〈蘭陽雜詠八首〉（沙喃、三貂、竹城、福天、餘埔、東海、生番）	《詩錄》，頁722～725；《重修通志文學》，頁253～256。
			〈噶瑪蘭仰山書院記事〉	《詩錄》，頁831；《重修通志文學》，頁287～289。
楊士芳（1826～1903）	字蘭如，號芸堂。		〈賦得千林嫩葉始藏鶯〉、〈晚年偶吟〉、（〈除夕書感〉）	《宜志文學》，頁65；《詩錄》，頁852。
林師洙	字禮庵。	《滄波集》	〈曉起〉	《拾遺》，頁92。
李逢時（1829～1876）	字泰階。	《觀瀾草堂詩稿》、《李拔元遺稿》、《泰階詩稿》	〈東海〉、〈泖鼻〉、〈三貂嶺遇害〉	《重修通志文學》，頁308～309。
			〈東海〉、〈泖鼻〉、〈三貂〉、〈三貂嶺遇害〉	《詩乘》，頁188。《詩錄》，頁840～842；《宜志文學》，頁70。
李望洋（1830～1903）	字子觀，號靜齋，又號河州。	《隴西李氏族譜》、《西行吟草》	〈省邸思家〉、〈初秋有感〉、〈七月五日閱邸抄知馬尾、基隆有警〉、〈寄吾盧〉	《詩乘》，頁190～191。
			〈余自去歲壬申正月二十六日出門六月十六到甘一路紀險所經重洋之險山水之勝車馬之勞毫無意忘遲至今年癸酉五月十五日在萬悶坐靜思家不已因作西行吟平反七十一韻以自解〉、〈次韻和灜濤兄贈余壽詩二章敬步原韻〉、〈河城有感〉、〈十一日曉起寫懷〉、〈三月初九日督署祭丁四更時隨班趨詣文廟觀祭有感〉、〈除夕思家〉、〈七月五日閱〉	《詩錄》，頁833～840。

姓名	字號	著作集	作品	出處
李振唐	之鼎。	《宜秋館詩詞》	〈邸沙知馬尾、基隆有聲〉、〈九月初句歸山雜詠〉、〈乙酉二月十五日抵閩南臺中亭街蔡順源詩時華法和議未定渡臺無計有感〉、〈三月六日店南臺中亭街〉、〈宜蘭雜詠〉八首、〈寄吾盧〉	《宜志文學》，頁 63。
			〈省邸思家〉、〈感懷〉、〈九月初句歸山雜詠〉、〈三月六日寓南臺中亭街〉、〈宜蘭雜詠〉八首、〈寄吾盧〉	《詩乘》，頁 203～204。
			〈丁亥除夕〉	
劉明燈（？～1895）	字簡青。		〈過三貂嶺〉	《詩乘》，頁 191；《拾遺》，頁 98。
張雲錦	字綺年。	《順所然齋詩集》	《蘇澳從軍詩》五首	《詩乘》，頁 201～202。
			《蘇澳從軍紀事》（與《詩乘》內容相同）	《拾遺》，頁 114～115。

註：以上資料取自下列各書：柯培元，《噶瑪蘭志略》（台北：文建會，2006 年），表中簡稱《志略》。陳淑均，《噶瑪蘭廳志》（台北：文建會，2006 年），表中簡稱《宜蘭廳志》。盧世標，《宜蘭縣志‧藝文志‧文學篇》（宜蘭：宜蘭文獻委員會，1970 年），表中簡稱《宜志文學》。連橫，《臺灣詩乘》（南投：臺灣省文獻委員會，1960 年），表中簡稱《詩乘》。陳漢光，《臺灣詩錄》（南投：臺灣省文獻委員會，1971 年），表中簡稱《詩錄》。林文龍編，《臺灣詩錄拾遺》（南投：臺灣省文獻委員會，1979 年），表中簡稱《拾遺》。《重修臺灣省通志‧藝文志‧文學篇》（南投：臺灣省文獻委員會，1997 年），表中簡稱《重修通志文學》。

表三：蘭地鸞書神佛名號使用比較表

鸞書	儒家	佛教	道教	鸞堂	其它
《善錄金篇》1891	紫陽朱夫子。	釋迦如來文佛、準提菩薩、南海觀音、蘭西開成寺觀音、南院觀音佛。	太上老君、紫微星君、二十八宿星君、大魁星君、北極仙翁、馬真星相、廖將軍、李太白星君、朱衣星君、天官大帝、地官大帝、水官大帝、南極仙翁、柳星君、東嶽大帝、三坪祖師、孫真人、張仙翁子房、莊仙翁蝴蝶、王仙翁、方使印歐陽、王天君、者、掌印顏、漢鍾仙翁、	孚佑帝君、司命真君、張、文衡帝關、蘭西協天宮關聖帝君、岳武穆王、專理堂務陳。	袁了凡先生、諸葛武侯、韓世忠、開漳聖王、袁先生、李先生、韓文公、杜仙翁、連仙翁、韓琦王、本邑神農大帝、本邑武廟周將軍、武廟帝君、古使者、本境福德神、姜太公、陸秀夫公、礁溪周將軍。

	王禪老祖、哪吒太子、廣澤尊王、東極星君、彭祖老仙翁、湄洲聖母、太乙星君、鄞都大帝、白鶴仙翁、五顯大帝、齊天大聖、保生大帝、南嶽大帝、鎮海都城隍、本邑城隍、本邑都城隍前謝、本邑城隍萬前謝、蘭城城隍文昌帝、同興同興爾廟廣澤尊者、蘭北同興爾廟廣澤尊王、蘭東保生大帝、九天主事王印、童、新店保生大帝、北極玄天上帝、北天主事方、九天總部伍、天曹簿政使司孔。	宜邑土地神童子、大魁星君、王將軍、巢民真人、嘉魚焦城隍。	孚佑帝君、孚佑帝守壇將軍、孚佑帝君印者、孚佑帝君童子。	諸葛武候、明方先儒、鬼谷先生、關先生、明鐵尚書、賈聖帝君、文景祿先生、明張太師、朱孔英先生、吳先生、仰山院武帝、張體坤先生、張先生。	
《喝醒文》1891	朱夫子。				
《渡世慈帆》1896	至聖先師孔夫子、復聖顏夫子、宗聖曾子、述聖子思、紫陽	釋迦牟尼佛、開成寺觀音、隱秀寺觀音、南海觀音、救苦魔王、晉賢菩薩、西方使者、道明	元始天尊、太上老君、博施真人、妙道真人、太乙真人、廣濟真人、司命真君、藍仙翁彩	孚佑帝君、張真君、韜落靈官王、玄天上帝、堂中接駕六神關聖帝、總理君、辦理鸞務務陳	周將軍、礁溪周倉、大福正女媧、湄洲天后、雲山木太師、雲夢山王謝、開漳聖王、宜邑謝

必安、李廣將軍、輔順將軍、六部尚書、吏部天官、戶部地官、禮部春官、兵部夏官、刑部秋官、工部冬官、齊天大聖、潘正徵、吳正羽、陳正敔、黃道周、江乙山、陳占梅、李仙翁太白、蘇東坡、范仲淹、李密、周濂溪、漆雕開、程伊川、程夫子明道、袁了凡先生。

政事伍、掌印卜、九天掌印卜、南天掌印卜、掌令沈、南天掌令歐陽、南宮掌令鄒、南宮掌印陶、南宮掌印顏、本堂陳家尊王、九天協理政事古、九天總理政事鄭、南宮專理堂務薛、南宮專理慈前、南宮總理堂事俞、薛、南宮協理堂事秦、南宮總理政事方、南天總理政事方、南天總理堂事方、督壇料。

荷、何仙姑、麻仙姑、張仙翁果老、杜仙翁、韓仙翁、柳仙翁、鐘仙翁、蝴蝶仙翁、白鶴仙翁、俞仙翁、李仙翁、曹仙翁、桂宮黃仙翁國舅、張仙翁子房、秦廣王、秦山王、楚江王、宋帝王、平政王、五關王、轉輪王、卞成王、姚天王、無常子、牽鹿童子、哪吒太子、溫太保、宜邑廣澤尊王、宜邑城隍、鎮海城隍、淡水城隍、台北城隍、臺灣城隍、福建城隍、閭羅天子、間羅澤簿政、鄷都簿政、鳳山寺廣澤尊王、鳳山寺印童、鳳山寺劍童、廣澤尊王郎、桂宮黃仙

鄭將軍、宋天將、柳天君、王天君、廖天君、岳天君、馬天君、辛天君、廖真相、馬真相、天曹真相、執杖童子、執扇童子、執筍童子

和尚、韋馱尊天、開成寺善才、善才良女、崑崙大仙。

朱子、閔子騫、冉有、仲弓、子貢、季路、宰我、子夏、子張、公冶長。

《治世金針》1896	無。	臺北觀音佛何、雲南金鎮寺觀音佛趙、薊州雷音寺觀音佛江、西天普賢菩薩。	掌府方爺、南天使者、南天使者陳、南天使者、蘇秦、南宮使者、水官、鄺都使者、梁使者、蓬萊道人、地官大帝、清涼居士、東斗星、西斗星君、南斗星、北斗星君、中斗星、太陽星君、大魁星、二十八宿、牛頭馬面、帶隊先鋒、南門福神、北門福神、官邑福神、梓潼君。	北極紫微大帝、功曹溫天君、功曹辛天君、王天君、溫天君、馬天君、趙天君、南宮呂帝君、天下鵝眉山普賢聖者、蘇州城隍、都城隍、臺南城隍、溫州聖母阮、廣西梅、廣陵聖母李、廣西城隍姚、福省佑帝君白、會、河東孚佑帝王、蘭省仰山、陝西武帝王、彰化聖母、院省武帝吳、冥府都統司、判官	關聖帝君、掌堂陳聖王、監壇篇帝君、巡察篇馬天將、守堂黃尊王、監壇黃護堂朱佑伯、監堂陶將軍、掌鸞馬將軍、監鸞高將軍、趙將軍、督辦高將軍、南天廖將軍、監壇礁溪篇武帝、本堂馳騁楊馬、本堂陳校正。	武穆王岳、雷府六部李主帥、鄂王使者陳、鄂王駕前施將軍、督李奉天王、太白金星李、岳公子、泉城武帝魏、文帝司馬、武城隍聖、張醫聖、鑒衡王使者魏。

書名					
《龍鳳圖全集》1905	復聖顏夫子、至聖孔夫子、宗聖曾夫子、聖裔子思夫子、冉伯牛夫子、閔子騫夫子、朱熹夫子、宰我夫子、宰投夫子、仲弓夫子、公西赤夫子、子夏夫子、樊遲夫子、子游夫子、季路夫子。	南海觀世音佛祖、普賢菩薩、彌勒尊佛、觀世音、慈惠寺佛祖。	元始天尊、三教主、柳星君、水官大帝、地官大帝、南極大帝、太上老君李、神農大帝、張桓侯大帝、達摩祖師、紫薇星君、金闕大天尊、天差溫李、天差李、呂帝君、三寶殿聖祖、周將軍。	孚佑帝君、九天司命真君、關聖帝君、文昌帝君、玄天上帝。	韓文公、姜子牙、伊尹、岳武穆王、諸葛武侯、邵康節、魯仲連夫子、陸秀夫子、關太子、李賡夫子、殼梁夫子、李太白仙翁、周濂溪夫子、李密、蘭相如、李靖、張子房。
			柏、惠州東嶽帝、判官、魏、判官廖、哪吒天王、李、梓潼君、臺南東嶽帝史、鐵拐仙翁李、坎興街福神、蓬萊韓仙翁、曹仙翁、南極仙翁、古仙翁、王仙翁、御前寧靖侯白、鄭都大帝、柳真人。		
《錄善奇篇》1922	復聖顏夫子	釋迦牟尼佛、開成寺佛祖、地藏王菩薩善才良女、南海觀世音。	元始天尊、醒世真人、梓吳、第五殿判官劉、宣潼君、本境城隍劉、蘭城城隍、基隆城隍、稻江霞海城隍、臺南城隍、雲南坡城隍、昆崙散隍。	孚佑帝君、張真君、鸞洛靈官王、關聖帝君、督理堂務許、督理堂務陶、督理堂務包、督理堂務廖、督理堂務吳、監督堂務辛、監督堂務梁、辦理堂務	內閣中書徐、先天將軍黃、值日功曹、雷部天君卒、百勝將軍趙、龐土元先生、諸葛武侯、伍子胥、姜太公、武穆王岳、齊天大聖、黃石

齋先生、蘇東坡先生、大白金星李、開漳聖王、陳、補天宮女媧娘娘、程夫子明道、大魁夫子。	仙、統理堂務鄭、辦理鸞務沈、監督鸞務朱、監辦鸞務沈、監辦鸞務馬、督理鸞務吳、監辦鸞務安、統理總理盧、本堂故總理許、本堂守爐神、南天將軍程、先天將軍朱、先天參將安、先天真軍黃、九天真相馬、南天太子關、南宮星君柳、監察神陳、司禮神劉、堂內供役蔡、堂內供役黃、堂外供役林。	仙、南斗星君、北斗星君、孫真人、太陽星君、太陰星君、二宮掌籍、礁協天大帝、昭應宮神農大帝、宜蘭西關帝君、紫微帝君、東華帝君、西華帝君、北華帝君、中華帝君、南華帝君、蓬萊仙翁童子、白鶴童子、蓬萊仙翁李、蓬萊仙翁黃、南極仙翁、漢鍾離仙翁、無了凡真果人、李鐵拐仙翁、張果老仙翁、曹國舅仙翁、何仙姑、北門福神黃、藍彩和仙翁、呂純陽仙翁、普淨祖師、西方護法尊者、哪吒太子、雲夢山鬼谷子、廣澤尊王、郭、文昌帝君張、保生大帝、大坑罟帝君、柏侯大帝張、神農大帝、仁和宮聖母、德心宮聖母、關渡宮聖母、朝天宮聖母、昭應宮聖母、慶元宮聖母、一殿秦廣王、二殿楚江王、三殿宋帝王、二殿判官三

殿判官、四殿五關王、五殿判官廖、六殿卞成王、七殿判官、八殿都市王、九殿平等王、十殿轉輪王、正馳騁星君柳、副馳騁將軍辛、金闕欽差李。

註：上述神佛名號依出現在書中先後順序條列之，重覆者以第一次出現為準。

表四：仰山書院歷任院長一覽表

任期（時間）	院長	主講仰山書院之事蹟
首任	楊典三	字寅齋，湖南省湘潭人，歲貢生，為嘉慶24年（1819）隨通判高大鏞入蘭的文士。蘭地故有仰山書院，然未延師開課。高大鏞至，草創章程，始延請楊典三為主講，自入蘭到道光元年（1821），三年間，楊典三足不出署，寬以待諸生，恕以衡文字，於是入獎貢者得其意以去。後蘭地士子感其德澤，立祠於書院祀之。
道光元年（1821）	李維揚	姚瑩任通判，延請臺灣縣人李維揚任院長。
道光3年（1823）	林□□	名字及生平事蹟皆未詳。呂志恒署蘭篆，聘任林姓院長主講於廳署內。
道光10年（1830）	陳淑均	字友松，福建晉江人。嘉慶21年（1816）舉人，即選知縣。道光10年（1830）夏，應聘入噶瑪蘭任仰山書院院長。1931年受命纂輯《噶瑪蘭廳志》，1932年完成初稿八門十卷。道光14年（1834）甲午內渡還鄉。道光18年（1838）再涖臺灣，於講課之暇，重理舊稿，至咸豐2年（1852）始刻梓流傳。
道光20年（1840）	黃鑽緒	字紹芳，號啓堂，噶瑪蘭廳治北門人，少家貧，力學不倦，道光20年（1840）取進為臺灣府學生員，同年中武庚子恩科舉人，返籍後任教於仰山書院，並管理書院膏火田業。
道光25年（1845）	朱材哲	1845年朱材哲任噶瑪蘭廳通判，捐修書院，並改建左右文武二齋，自兼任院長。

時間	姓名	說明
？	黃學海	名曰川，字匯東，號少軒，噶瑪蘭廳人。道光6年（1828）取進淡水廳學，旋補廩生。道光17年（1837）丁酉科拔貢，會試不第，迨1844年鈴選江蘇直隸州州判。曾任教於仰山書院。1846年去世，年僅42歲。
道光29年（1849）	董正官	字訓之，雲南大和人。道光13年（1833）進士。歷任福建安溪、雲霄、霞浦等縣知縣。1849年授噶瑪蘭通判，為政勤慎，數月結訟牒六百餘件。自任仰山書院院長，因而文風大盛。咸豐3年（1853）吳磋亂，正官會營任剿，中伏殉職。事聞，賜卹世襲騎尉。之。監修《噶瑪蘭廳志》，令邑生員李祺生將淑均所編蘭廳志稿補校正，於咸豐2年（1852）壬子多刊行。
咸豐5、6年之交（1855～1856）	陳維英	字石芝，一作碩芝，號迂谷。生於1811年，卒於1869年。淡水廳大龍港仔墘（即今台北市大同區大龍峒）人。原籍福建同安。道光8年（1828）取進一等補廩兼舉優等生。咸豐元年（1851）薦舉為孝廉方正。咸豐9年（1859）再赴鄉試得售，其仰山書院之門人李望洋、李春波等同時中舉。乃以舉人授內閣中書，任內廷國史館分校。尋改主事，分部學習。先後掌教明志山（噶瑪蘭，今宜蘭）、學海（今宜蘭）等書院，以教讀為業。其弟子遍淡蘭各地，其客籍前述之李望洋、李春波等之外，舉人張春祥（艋舺）、陳樹藍、陳霞林、鄭步蟾、潘永清、曹敬等皆出其門。
咸豐9年（1859）	李春波	李春波，字鏡如，號心亭，宜蘭人。道光13年（1833）生於羅東堡竹林莊。咸豐9年（1859）中式己未恩科舉人。返台。原任院長陳維英力薦之，陳春波是時年僅二十五歲。
約咸豐10年（1860）	朱珍如	到任時間不詳，僅知任仰山書院院長達六個月之久，咸豐十年（1860）朱珍如歸故里，李逢時有〈贈珍如朱山長〉、〈庚申之春贈別朱山長珍如歸里賦〉、〈珍如朱山長命賦絕句留別〉（註11）等詩贈別。
咸豐11年（1861）	蔡德芳	鹿港舉人，咸豐11年（1861）任仰山書院院長。
同治3、4年（1864～1865）	何雲龍	字用霖，福建省建寧府貢生。同治3、4年（1864～1865）任仰山書院院長。
同治9、10年（1870～1871）	姚寶年	福州秀才。同治9、10年（1870～1871）任仰山書院院長。

（註11）李逢時，《泰階詩稿》（台北：龍文，2001年），頁30～31。

光緒元年（1875）	黃纘緒	原名鑒，字佩卿，號百亭，噶瑪蘭廳人。少聰穎，借科場不得意，1843年補廩膳生，1850年蘭廳歲貢生。光緒元年（1875）任仰山書院院長。
光緒初年	張鏡光	原名辰金月，官章鏡光，字恆如，謚正德。宜蘭人，生於咸豐3年（1853），卒於民國19年（1930）。幼時家貧，隨父務農，年甫十歲，受業于陳占梅先生，窮冠設帳於枕頭山館，講經授徒，爲進士楊士芳所知，推薦宜蘭仰山書院。主理文學。
約光緒4年（1878）	林壽祺	福建福州舉人。院舍整修完竣後任院長。院舍整修源於颶風大作，以致門龍、涼亭、廂房、圍牆、左右文武兩殿全部崩壞。
光緒8年（1882）	楊士芳	字蘭如，號芸堂，噶瑪蘭廳人。道光22年（1842），十七歲，始就塾讀書。道光25年（1845）楊士芳患風濕病，不良於行，父兄允其從商識字。咸豐3年（1854）考取臺灣府學第二名秀才。咸豐6年（1857），受板橋林本源家之聘，任教西席。同治元年壬戌恩科中武第一百八十八名舉人，旋因丁母憂，未赴任。年春，晉京會試，中式戊辰科會試第二百二十二名，殿試欽點浙江即用知縣。光緒8年（1882）掌教仰山書院祭酒。
光緒11年（1885）	李望洋	字子觀，號靜齋，又號河州，噶瑪蘭頭圍堡頂埔庄人。生於道光10年（1830），卒1903年。拜朱品三爲師。咸豐9年（1859）中式周慶豐榜第七十二名舉人。隔年於蘇樹卿家中設館課讀，其後父母相繼去世。李望洋守制讀禮，並自信精修仰山書院。同治10年（1871）會試，建孔子廟。理蘭州府渭源縣印務。光緒2年（1876）升補蘭州府河州州知州，5年（1879）一等，籤分甘肅試用知縣。調署狄道州知州。中法和議成，光緒11年（1891）3月常官回籍。劉銘傳奏請留籍辦理臺灣善後事宜，兼掌宜蘭廳仰山書院院長。解任。光緒6年（1880）。
光緒12年（1886）	黃友璋	噶瑪蘭廳南門街人。窮冠遊洋，曾受聘於四圍堡武舉庄武舉人胡文成家之西席，光緒12年（1886）歲貢生，後任教仰山書院年餘，以銓選候補知縣而去。

註：上表資料綜合自林以龍《臺灣的書院與科舉》（台北：常民文化，1999年），頁90～91。葉高樹〈清代學校教育〉《宜蘭縣學校教育》（宜蘭：宜蘭縣政府，2002年），頁20～21。游建興，《清代噶瑪蘭地區的漢人文學發展》，佛光人文社會學院文學系，2006年碩士論文，頁45～46。林麗鳳，《詩說噶瑪蘭──清代宜蘭地區古典詩研究》，政治大學國文教學，2006年碩士學位班論文，頁45～46。等資料增補整理而成。

表五：日治時期仰山吟社詩會一覽表

時間（年／月／日）	詩題	與會人士	資料來源
大正 6／1／6	〈新年〉	莊贊勳、小松廳長、壯圍區長林吳庚等人。	大正 6 年 1 月 12 日第六版「宜蘭詩會」。
大正 11／5／6	首題〈立夏遇雨〉，次題〈解慍風〉。	莊贊勳、張鏡光、林以時、陳雲峰、張松邨等三十八人。	大正 11 年 5 月 13 日第六版「蘭陽特訊」。
昭和 6／6／14	首唱〈閒雲〉、次唱〈蒲扇〉。	陳金波、莊贊勳、蔡老柯、張振茂、林本泉、石壽松等人及兩位不詳姓名女社員。	昭和 6 年 6 月 19 日第四版「宜蘭仰山吟社五十週年紀念會」。
昭和 6／11／1	〈紀上老人〉	陳金波、張振茂、楊隆泉等人。	昭和 6 年 11 月 2 日第四版「翰墨因緣」。
昭和 7／5／8	〈輓李紹蓮君〉	林時香、李春霖、楊靜淵等人。	昭和 7 年 5 月 12 日第四版「翰墨因緣」。
昭和 7／6／9	〈端午節遇雨〉	李燃薪、吳蔭培、蔡鰲峰、王蔡樹、陳玉枝等人。	昭和 7 年 6 月 13 日第四版「翰墨因緣」。

日期	詩題	參與者	資料來源
昭和7/11/24	〈初冬小集〉	陳鏡秋、蔡清揚、張振茂等人。	昭和7年11月24日第四版「宜蘭仰山吟社」。
昭和7/12/23	？	簡荷生。	昭和7年12月23日第四版「仰山吟社忘年會」。
昭和8/2/25	〈西堤晚眺〉。	陳鏡秋等多數社員出席。	昭和8年3月1日第四版「翰墨因緣」。
昭和8/3/25	首唱〈湯烟〉，次唱〈茶花〉。	陳鏡秋、莊仁閣、李琮璜、連坤樹、黃炳焜等人。	昭和8年3月29日第四版「仰山吟社」。
昭和8/4/15	？	本年度第三期月例會，除社員外，有數名登瀛吟社友與會。	昭和8年4月16日第八版「翰墨因緣」。
昭和8/6/15	首唱〈枯穗〉，次唱〈榴火〉。	陳永和、王蔡樹、楊長泉等人。	昭和8年6月22日第四版「翰墨因緣」。
昭和8/8/27	？	由仰山吟社張明理、陳王枝、李燃薪值東，特招請頭圍、蘇澳、羅東二結等地吟友參加。	昭和8年8月27日第四版「翰墨因緣」。
昭和8/11/15	？	本年度總會，由社長陳鏡秋值東。	昭和8年10月16日第四版「翰墨因緣」。
昭和9/3/3	首唱〈春城〉，次唱〈彈衣〉。	社員多數出席。	昭和9年3月6日第十二版「翰墨因緣」。
昭和9/6/19	首唱〈消夏〉，次唱〈望夫石〉。	陳鏡秋、張振茂、張松邨等人。	昭和9年6月22日第四版「仰山慰勞吟會」。
昭和9/7/8	首唱〈落花生〉，次唱〈破屋〉。	李蘆洲、陳春連、李康寧等人承辦。	昭和9年7月11日第十二版「翰墨因緣」。
昭和9/9/22	首唱〈新樓雉集〉，次唱詩鐘〈燕雀來賀〉（碎錦格）。	社員五十餘名，來賓百餘名。	昭和9年9月26日第四版「翰墨因緣」。
昭和9/9/30	首唱〈秋燈〉，次唱〈無線電臺〉。	蔡鏡豪等四十餘名社員。	昭和9年10月4日第四版「擊鉢月會」。

日期	詩題	承辦、出席	資料來源
昭和9／10／22	首唱〈漁歌〉，次唱〈秋夕〉。	張松邨值東，四十餘名社員出席。	昭和9年10月25日第四版「翰墨因緣」。
昭和9／11／8	詩鐘〈蘭陽〉（魁斗格）。	社員李璧選、陳鏡秋、張松村、林拱辰、莊仁閣、連城青等人，及吳少青、鄭舜五等它社詩人。	昭和9年11月8日第十二版「蘭陽詩會續報」。
昭和9／12／2	〈荊軻〉	蔡鏡豪、石友鶴、陳蘭亭等人值東，社員有三十五名與會。	昭和9年12月5日第四版「月例擊鉢」。
昭和10／1／20	擬題〈原壤〉、〈巨人〉。	黃炳焜、陳金茂、張水柳、黃春亮四氏承辦。	昭和10年1月22日第八版「仰山月會」。
昭和10／2／23	？	蔡鰲峰、林達初、林松水三氏承辦。	昭和10年2月23日第八版「仰山月會」。
昭和10／2／23	？	陳鏡秋、蔡鰲峰等人主持。月例會和臨時大會同時召開，是日出席會員四十餘名。	昭和10年2月27日第四版「仰山吟社臨時大會」 並訂月會值東。
昭和10／3／3	擬題〈文宣〉、〈杏花村〉。	李燃薪、林紹裘、吳英琳、李繼先、賴仁壽等人承辦，會員三十餘人出席。	昭和10年3月8日第四版「翰墨因緣」。
昭和10／4／29	首唱〈臺灣大震災〉、次唱〈老鷹〉。	陳鏡秋社長、張振茂副社長承辦。	昭和10年5月2日第四版「翰墨因緣」。
昭和10／6／22	擬題〈賈臣妻〉、〈香汗〉。	石友鶴、黃春亮、蔡鰲峰三氏承辦，出席者三十八名。	昭和10年6月25日第四版「仰山吟會」。
昭和10／7／20	〈陳社長洗塵席上即事〉	陳鏡秋社長為社務北上回宜蘭，幹事數名為發起洗塵會，會員四十餘名出席。	昭和10年7月23日第四版「仰山吟會」。
昭和10／7／27	？	林玉麟、連挺生承辦。	昭和10年7月27日第四版「會事」。

註：以上資料皆取自《臺灣日日新報》。

表六：東明吟社發表詩作總表

時　　間	詩　　題	登載報章
1934 年 7 月 15 日	蘭東曉望（七言律詩）	《詩報》第 85 號，頁 5。
1934 年 8 月 15 日	貯木池（七言絕句）	《詩報》第 87 號，頁 13。
1934 年 9 月 1 日	氷旗（七言絕句）	《詩報》第 88 號，頁 15。
1934 年 11 月 15 日	愛菊（七言絕句）	《詩報》第 93 號，頁 10。
1934 年 12 月 1 日	重九節（七言律詩）	《詩報》第 94 號，頁 9。
1935 年 1 月 15 日	賞菊（七言絕句）	《詩報》第 97 號，頁 12。
1935 年 3 月 1 日	歲暮（七言絕句）	《詩報》第 100 號，頁 15。
1935 年 3 月 15 日	病妓（七言絕句）	《詩報》第 101 號，頁 14。
1935 年 5 月 1 日	清明卽景（五言律詩）	《詩報》第 104 號，頁 15。
1935 年 5 月 15 日	初夏（七言絕句）	《詩報》第 105 號，頁 12。
1935 年 6 月 15 日	賣錫簫（七言絕句）	《詩報》第 107 號，頁 15。
1935 年 7 月 1 日	夏風（五言律詩）	《詩報》第 108 號，頁 15。
1935 年 8 月 16 日	夏雨（七言絕句）	《詩報》第 111 號，頁 12。
1935 年 9 月 1 日	羅東（七言詩鐘）（鶴頂格）	《詩報》第 112 號，頁 14。
1935 年 9 月 16 日	月白煙青（七言詩鐘）（雙鈎）	《詩報》第 113 號，頁 4。
1935 年 10 月 1 日	烏江憶項王（七言絕句）	《詩報》第 114 號，頁 15。
1935 年 11 月 3 日	落帽風（五言絕句）	《詩報》第 116 號，頁 15。
1935 年 11 月 18 日	竹風蘭雨（七言詩鐘）（雙鈎）	《詩報》第 117 號，頁 13。
1935 年 12 月 15 日	尋梅（七言律詩）	《詩報》第 119 號，頁 15。
1936 年 1 月 1 日	歲寒圖（七言絕句）	《詩報》第 120 號，頁 19。
1936 年 3 月 20 日	山水（七言詩鐘）（蜂腰格）	《詩報》第 125 號，頁 15。

1936 年 5 月 1 日	春山（七言絕句）	《詩報》第 128 號，頁 17。
1936 年 6 月 15 日	花夢（七言詩鐘）（龍尾格）	《詩報》第 131 號，頁 7。
1936 年 6 月 15 日	藝妓劇（七言絕句）	《詩報》第 131 號，頁 16。
1936 年 7 月 1 日	水仙（七言詩鐘）（魁斗格）	《詩報》第 132 號，頁 12。
1936 年 7 月 16 日	採蓮女（七言律詩）	《詩報》第 133 號，頁 3。
1936 年 10 月 2 日	秋濤（七言絕句）	《詩報》第 138 號，頁 16。
1936 年 11 月 2 日	菊鐘聲（七言詩鐘）（分咏格）	《詩報》第 140 號，頁 12。
1937 年 1 月 17 日	雪夜（五言律詩）	《詩報》第 145 號，頁 20。
1937 年 3 月 21 日	寒溪櫻信（七言詩鐘）（雙鉤）	《詩報》第 149 號，頁 15。
1937 年 6 月 8 日	屈原（七言律詩）	《詩報》第 154 號，頁 3。
1938 年 7 月 4 日 1938 年 7 月 15 日	落花（七言絕句）	《詩報》第 180 號，頁 11。 《風月報》第 68 期，頁 24。
1938 年 7 月 19 日 1938 年 8 月 1 日	新柳（七言詩鐘） （鶴頂格）	《詩報》第 181 號，頁 16。 《風月報》第 69 期，頁 26。
1938 年 8 月 4 日	水鏡（七言詩鐘）（冠首）	《詩報》第 182 號，頁 16。
1938 年 8 月 18 日	野僧（七言絕句）	《詩報》第 183 號，頁 18。
1938 年 9 月 17 日 1938 年 10 月 17 日	夏木（七言絕句）	《詩報》第 185 號，頁 22。 《風月報》第 74 期，頁 27。
1938 年 10 月 1 日 1938 年 12 月 1 日	梅雨（七言詩鐘）（鶴頂格）	《詩報》第 186 號，頁 5。 《風月報》第 76 期，頁 52。
1938 年 10 月 17 日	中秋雅集（七言絕句）	《詩報》第 187 號，頁 19。
1938 年 11 月 5 日 1938 年 11 月 17 日	江楓（七言律詩）	《風月報》第 75 期，頁 31。 《詩報》第 189 號，頁 7。
1938 年 12 月 1 日 1938 年 12 月 2 日	秋夜（七言詩鐘）（鶴頂格）	《風月報》第 76 期，頁 53。 《詩報》第 190 號，頁 9。
1938 年 12 月 16 日 1939 年 1 月 1 日	落英（七言絕句）	《詩報》第 191 號，頁 11。 《風月報》第 77 期，頁 34。
1939 年 1 月 1 日	陶淵明（七言律詩）	《詩報》第 192 號，頁 17。 《風月報》第 77 期，頁 34。
1939 年 1 月 21 日 1939 年 2 月 1 日	老松（七言律詩）	《詩報》第 193 號，頁 10。 《風月報》第 79 期，頁 35。
1939 年 2 月 4 日 1939 年 2 月 15 日	迎寒（七言詩鐘）（鶴頂格）	《詩報》第 194 號，頁 8。 《風月報》第 80 期，頁 31。
1939 年 7 月 17 日	冰山（七言絕句）	《詩報》第 205 號，頁 7。

1939 年 6 月 1 日		《風月報》第 87 期，頁 34。
1939 年 8 月 1 日 1939 年 7 月 24 日	多日（七言詩鐘）（鶴頂格）	《詩報》第 206 號，頁 13。 《風月報》第 90 期，頁 31。

表七：登瀛吟社社員以鼎社名義發表之詩作概況

《詩報》期數	出刊時間	詩　題	發表詩作之登瀛吟社員
151	1937 年 4 月 20 日	貂山曉望	莊芳池、黃振芳
152	1937 年 5 月 11 日	踏青鞋	盧史雲、吳麟祥、黃振芳
209	1939 年 9 月 17 日	產業報國	芳池
220	1940 年 3 月 20 日	探驪	象新、芳池、靜淵
220	1940 年 3 月 20 日	獅球嶺	象新、史雲、靜淵
238	1940 年 12 月 17 日	双溪垂釣	樹德、史雲、靜淵、指薪、蔭庭
239	1941 年 1 月 1 日	金	振芳、炳文、芳池、蔭庭
249	1941 年 6 月 4 日	黃金夢	振芳、芳池、史雲、指薪、蔭庭、維藩
252	1941 年 7 月 22 日	浣女	芳池、振芳、指薪、蔭庭

註：鼎社為四社聯吟的詩社，表中統計登瀛吟社員以鼎社名義公開發表在《詩報》之詩作，足見其活動概況。

表八：仰山吟社社員發表詩作數量一覽表

序　號	本　名	詩作A	字號一	詩作B	字號二	詩作C	總計（A+B+C）
1	王學山	0	樹人	0	／	0	0
2	黃炳焜	0	耀卿	0	／	0	0
3	李春池	1	步蓮	0	／	0	1
4	林松水	1	恒吾	0	／	0	1
5	林德春	1	揚青	0	／	0	1
6	李金波	2	碧海	0	／	0	2
7	陳振炫	3	耀卿	0	／	0	3
8	李先麟	4	趾臣	0	／	0	4
9	張明理	2	知天	2	／	0	4
10	張長春	2	柳塘	2	／	0	4
11	陳水木	4	樹人	0	／	0	4
12	張黃曾	5	／	0	／	0	5
13	黃新用	5	以仁	0	／	0	5
14	葉長安	1	吉臣	4	／	0	5
15	蔡炎輝	6	／	0	／	0	6
16	蘇雪樵	7	／	0	／	0	7
17	李耀東	8	啓明	0	／	0	8

18	林拱辰	9	星樞	0	／	0	9
19	張松村	9	／	0	／	0	9
20	陳永和	11	睦卿	0	／	0	11
21	林榮輝	2	子清	13	／	0	15
22	楊隆泉	15	滾臣	0	／	0	15
23	林紹裘	16	箕臣	0	／	0	16
24	陳金茂	9	博卿	9	／	0	18
25	李朝梓	20	／	0	／	0	20
26	連城青	0	碧榕	21	／	0	21
27	陳春榮	0	／	21	／	0	21
28	陳春連	21	少嵒	1	／	0	22
29	連挺生	14	棟臣	9	／	0	23
30	陳耀輝	15	新淡	9	／	0	24
31	石壽松	2	友鶴	25	／	0	27
32	張振茂	16	松村	11	／	0	27
33	蘇西庚	27	星樵	0	／	0	27
34	李琮璜	26	璧選	2	天乙生	0	28
35	李燃薪	34	焰卿	0	／	0	34
36	莊木火	25	龍光	22	／	0	47
37	黃希葛	47	／	0	／	0	47
38	黃春亮	53	少青	0	／	0	53
39	李炎	17	蘆洲	43	／	0	60
40	賴仁壽	42	國藩	26	／	0	68
41	林仁山	73	／	0	／	0	73
42	林金枝	14	劍稜	61	／	0	75
43	張黃曾	5	佐臣	78	／	0	83
44	蔡王輝	0	鏡豪	85	／	0	85
45	陳玉枝	47	友珊	43	／	0	90
46	林松水	24	友梅	69	／	0	93
47	江紫元	14	夢花	92	／	0	106
48	林本泉	0	淵源	98	達初	9	107
49	陳金波	16	鏡秋	105	雪峰	0	121

50	吳英林	119	松籟	14	／	0	133
51	蔡老柯	6	鰲峰	128	／	0	134
52	陳存	9	望遠	139	／	0	148
53	張天眷	122	迺西	30	天春	27	179
54	李康寧	167	壽卿	72	／	0	239
55	莊贊勳	56	仁閣	189	／	0	245
56	吳蔭培	251	竹人	0	／	0	251
57	林玉麟	236	仁卿	0	夢鶴	50	286

註1：此表依「臺灣漢詩數位典藏資料庫」統計數字，再刪去重複者而得。

註2：排列順序依發表詩作由少至多排列，數目相同者依姓名筆劃由少至多排列。

註3：作者以本名並且以不同字號同時發表之詩作，避免重複計算以本名為主。

表九：登瀛吟社社員發表詩作數量一覽表

序號	本名	詩作A	字號一	詩作B	字號二	詩作C	字號三	詩作D	總計（A+B+C+D）
1	張煙親	0	／	／	／	／	／	／	0
2	黃登元	0	／	／	／	／	／	／	0
3	吳旺水	0	淵泉	1	0	0	0	0	1
4	鄭騰輝	1	璞山	0	／	／	／	／	1
5	楊源榮	2	／	／	／	／	／	／	2
6	莊連珠	4	佩瓊	0	／	／	／	／	4
7	陳枝成	5	／	／	／	／	／	／	5
8	康灩泉	6	健全	0	在山	0	海秋	0	6
9	連瓊瑱	2	夢眞	5	／	／	／	／	7
10	陳志謙	7	默虛	1	／	／	／	／	8
11	吳阿根	0	挺枝	2	夢麟	7	／	／	9
12	鄭阿福	5	夢雲	4	／	／	／	／	9
13	陳生枝	11	振華	0	夢春	0	／	／	11
14	陳木裕	6	蔭寬	0	夢癡	6	／	／	12
15	吳祥輝	0	春麟	14	／	／	／	／	14
16	林才添	6	達庵	0	博政	0	夢筆	9	15
17	呂營陳	2	厚生	14	／	／	／	／	16

18	莊正義	1	夢蝶	17	∕	∕	∕	∕	18
19	陳　書	15	子經	4	∕	∕	∕	∕	19
20	楊水成	2	一清	16	夢月	5	∕	∕	23
21	李兩傳	24	∕	∕	∕	∕	∕	∕	24
22	陳阿榮	7	維藩	18	夢覺	14	∕	∕	39
23	張文通	43	∕	∕	∕	∕	∕	∕	43
24	林錫虎	5	德風	5	炳文	42	∕	∕	52
25	吳鴻福	26	蔭庭	36	∕	∕	∕	∕	62
26	吳六也	28	至誠	0	夢祥	37	∕	∕	65
27	林萬榮	8	樹德	64	∕	∕	∕	∕	72
28	簡林財發	15	夢珍	58	∕	∕	∕	∕	73
29	林德發	35	夢修	52	∕	∕	∕	∕	87
30	黃見發	1	振芳	151	夢熊	45	∕	∕	146
31	楊長泉	13	靜淵	163	∕	∕	∕	∕	176
32	游象信	3	象新	162	雪齋	17	∕	∕	182
33	劉枝昌	30	鳳鳴	0	克忠	39	夢竹	72	196
34	鄭指薪	229	∕	∕	∕	∕	∕	∕	229
35	莊鱉	0	芳池	275	藏英	0	夢梅	72	347
36	盧纘祥	69	史雲	215	夢蘭	73	∕	∕	357

註1：此表之數目依本文參考文獻之原始資料及「臺灣漢詩數位典藏資料庫」統計數字增減後而得。

註2：排列順序依發表詩作由少至多排列，數目相同者依姓名筆劃由少至多排列。

註3：作者以本名並且以不同字號同時發表之詩作，避免重複計算以本名為主。

註4：康灩泉字號有「健全、在山、海秋、念荃、炎泉、健全老人、健秋山人、無為室主人」等，因皆無使用上述各字號發表詩作，故表中只列前三個為代表。

表十：東明吟社社員發表詩作數量一覽表

序　號	本　名	詩作 A	字號一	詩作 B	字號二	詩作 C	總　計（A+B+C）
1	何福春	0	／	0	／	0	0
2	胡慶森	0	／	0	／	0	0
3	張天飛	0	／	0	／	0	0
4	陳東山	0	／	0	／	0	0
5	陳純精	0	／	0	／	0	0
6	陳葉成	0	／	0	／	0	0
7	馮石來	0	／	0	／	0	0
8	黃承爐	0	／	0	／	0	0
9	廖榮松	0	／	0	／	0	0
10	藍綠淮	0	／	0	／	0	0
11	李盟珠	1	／	0	／	0	1
12	林寬雍	1	／	0	／	0	1
13	侯德鐘	1	少嚴	0	／	0	1
14	陳琳煥	1	／	0	／	0	1
15	陳伯榮	2	／	0	／	0	2
16	石朝枝	0	曉暉	3	／	0	3
17	江朝開	3	／	0	／	0	3
18	張聰明	1	容光	3	／	0	4

19	游垂德	6	／	0	／	0	6
20	李鳥棕	0	修篁	7	／	0	7
21	張劍雄	8	／	0	／	0	8
22	林義	9	／	0	／	0	9
23	廖火練	0	雪峰	11	／	0	11
24	張火金	13	／	0	／	0	13
25	林榮輝	2	子清	13	／	0	15
26	黃春亮	53	少青	0		0	53
27	李金火	4	燿鋒	58	／	0	62
28	李朝梓	20	維桑	43	／	0	63
29	林金枝	9	劍稜	61	／	0	70
30	蔡奕彬	97	／	0	／	0	97
31	江紫元	14	夢花	92	／	0	106
32	范良銘	111	／	0	／	0	111
33	楊長泉	13	靜淵	163	／	0	176
34	林玉麟	236	仁卿	0	夢鶴	50	286

註1：此表依「臺灣漢詩數位典藏資料庫」統計而得。

註2：作者以本名並且以不同字號同時發表之詩作，避免重複計算以本名為主。

註3：排列順序依發表詩作由少至多排列，數目相同者依姓名筆劃由少至多排列。

表十一：敏求吟社社員發表詩作數量一覽表

序　號	本　　名	詩作 A	字號一	詩作 B	字號二	詩作 C	總　計 （A+B+C）
1	王忠藩	0	文藻	0	／	0	0
2	江廷藩	0	金塗	0	／	0	0
3	吳錫藩	0	金發	0	／	0	0
4	呂同藩	0	俊澤	0	／	0	0
5	呂延藩	0	國賓	0	／	0	0
6	李成藩	0	懷澄	0	／	0	0
7	李灼藩	0	焰坤	0	／	0	0
8	李耀藩	0	澄焜	0	／	0	0
9	林珠藩	0	寶庭	0	／	0	0
10	林經藩	0	展綸	0	／	0	0
11	林維藩	0	培增	0	／	0	0
12	林樹藩	0	赤木	0	／	0	0
13	張聖藩	0	九如	0	／	0	0
14	梁宏藩	0	榮燦	0	／	0	0
15	梁懋藩	0	枝臣	0	／	0	0
16	許貢藩	0	堅章	0	／	0	0
17	陳文藩	0	清江	0	／	0	0
18	游揚藩	0	如川	0	／	0	0

19	黃和藩	0	光輝	0	／	0	0
20	董君藩	0	耀輝	0	／	0	0
21	潘巨藩	0	登臣	0	／	0	0
22	潘垣藩	0	壽屏	0	／	0	0
23	蔡作藩	0	奕樹	0	／	0	0
24	蔡昇藩	0	金龍	0	／	0	0
25	蔡翰藩	0	朝元	0	／	0	0
26	謝建藩	0	栢松	0	／	0	0
27	簡雲藩	0	振坤	0	／	0	0
28	藍學藩	0	桂亭	0	／	0	0
29	吳鴻藩	0	聯如	1	／	0	1
30	李屏藩	1	石金	0	／	0	1
31	林英心	1	筱園子	0	／	0	1
32	林拱辰	9	星樞	0	梅居士	0	9
33	連鈞藩	0	城壁	12	／	0	12
34	李琮璜	26	璧選	2	天乙生	0	28
35	賴仁壽	42	國藩	26	／	0	68
36	莊贊勳	56	仁閣	189	／	0	245

註1：此表依「臺灣漢詩數位典藏資料庫」統計數字，再刪去重複者而得。

註2：排列順序依發表詩作由少至多排列，數目相同者依姓名筆劃由少至多排列。

註3：作者以本名並且以不同字號同時發表之詩作，避免重複計算以本名為主。

表十二：《頭圍登瀛吟社擊鉢吟錄（1927 年）》詩作目錄

時間（昭和二年）	地　點	詩　題	左、右詞宗	交卷人數
四月初八	盧纘祥宅	初夏	周石輝、陳子經	19
四月初八	盧纘祥宅	蓄音機對畫虎	周石輝、莊芳池	17
五月十五日	喚醒堂	榴花（七絕）	吳春麟、莊夢梅	13
五月二十二日	慶安堂	諫迎佛骨	鄭騰輝、吳夢祥	14
五月二十九	慶安堂	葵心	盧夢蘭、莊夢梅	13
六月四日	盧纘祥宅	蘭池魚躍	鄭騰輝、吳春麟、陳子經	23
六月四日	喚醒堂	走唱	吳春麟、陳子經	13
六月十二日	慶安堂	慵猫	吳夢祥、莊夢梅	12
六月十九日	喚醒堂	貧女	吳春麟、莊芳池	13
六月二十六日	慶安堂	帆影	莊芳池、吳六也	16
七月三日	喚醒堂	臨流	莊夢梅、黃夢熊	12
七月十日	集興堂	慵粧	吳夢祥、莊夢梅	8
七月十七日	喚醒堂	夏蟬	黃振芳、莊芳池	8
七月二十四日	莊芳池宅	大暑	吳六也、莊芳池	9
七月三十一日	陳書宅	藕絲	陳子經、盧國潢	14
八月七日	喚醒堂	牛女喜相逢	吳春麟、莊芳池	8
八月十七日	喚醒堂	秋懷	吳春麟、盧夢蘭	13
	喚醒堂	潮聲		13

	喚醒堂	野鶴	吳祥煇、吳六也	13
		伶優		
重九日	武營靜養堂後山頂	盲樵	盧夢蘭、莊夢梅	9
		盆松	陳子經、吳春麟	
		筆	陳子經、張夢殊	
		玉美人	吳夢祥、盧夢蘭	
		觀棋	夢祥、夢梅、夢蘭	
	喚醒堂	菊屏	陳子經、吳春麟	
	喚醒堂	灯市	吳春麟	

註：表中空白欄，表示未著錄。

表十三：登瀛吟社發表詩題總表

刊行時間	詩　題
昭和六年五月十五日 至昭和六年十二月十五日	觀海、春雲、吳沙、招涼珠、春山、龜山朝日、秋燕、戰雲、夜讀。
昭和七年二月六日 至昭和六年十二月十五日	消寒詞、老農、湯圍温泉、聽琴、冷泉、北關海潮、隆嶺夕煙、聽泉、晚粧。
昭和八年二月一日 至昭和八年九月一日	老樵、睡蓮、春筍、踏青、杜酒、蘇澳蜃市。
昭和九年四月十五日 至昭和九年八月十五日	楊柳風、晚鐘、沽酒、槐陰、浪花。
昭和十年四月十五日 至昭和十年十二月十五日	丹爐、說鬼、心香、美人歌、浣衣女、觀魚、紙帽、嵐影、月影、石枕、紅豆冰、撞球、新雁、圓山晚眺。
昭和十一年一月一日 至昭和十一年十二月十五日	踏雪、冬山、買劍、酒甕、忘年會、藏嬌屋、秋蓮、國防、月眉、賣冰聲、端午雨、屈原、珠璣網、海鏡、畫蓮。
昭和十二年一月一日 至昭和十二年六月八日	征帆、甘雨、睡蓮、跳舞女。
昭和十三年五月二十二日 至昭和十三年十二月二日	聽濤、荷錢、畫虎、漁舟、鳥人、蘭雨、臨海道路、蟲聲、閨七夕、夜話。
昭和十四年三月五日 至昭和十四年九月一日	山泉、買字、迎春、題曲水流觴圖、虹橋、問疾、海松、蔗漿、問字、樺山公遺跡碑、諸葛武侯出師表。
昭和十五年二月一日	山月。
昭和十六年四月十八日 至昭和十六年八月二十一日	陶潛宅、鷄群鶴、醉春、歸燕、喜鵲。
昭和十八年十二月八日	龜山夕照。

註：此表整理《登瀛吟社拾遺》與「臺灣漢詩數位典藏資料庫」，兩者皆有收錄的詩作之發表時間及詩題。

附　圖

圖一：莊連珠藏書《女子四書讀本》、《幼學瓊林》

圖二：莊連珠藏書《聲律啟蒙》、《香草箋》

圖三：昭和6年（1931）仰山吟社五十週年紀念會。（石精華提供）

圖四：昭和 9 年（1934）臺北州下第六回聯吟。（石精華提供）

圖五：蔣渭水（前坐左五）民眾講座。（石精華提供）

圖六：蔡老柯（前坐右三）、李春池（前坐右四）、石壽松（前坐右五）
　　　三君餞行吟會紀念。（石精華提供）

圖七：莊芳池獲第四回全島聯吟大會贈眼杯。（莊漢川提供）

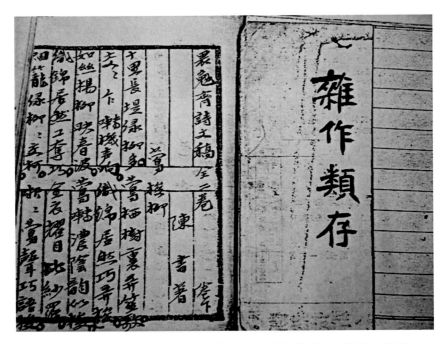

圖八：陳書《雜作類存》手槁影本。（陳圳成、莊英章提供）

參考書目

壹、詩文集

一、已刊

1. 臺灣省文獻委員會編,《臺灣詩鈔》(南投:臺灣省文獻委員會,1997 年)。

2. 李康寧,《千年檜》(宜蘭:蘭陽文教雜誌社,1988 年)。

3. 李望洋,《西行吟草》(臺北:龍文出版社,1992 年)。

4. 李逢時,《泰階詩稿》(臺北:龍文出版社,2001 年)。

5. 林文龍編,《臺灣詩錄拾遺》(南投:臺灣省文獻委員會,1979 年)。

6. 林拱辰著,陳長城編,《林拱辰先生詩集》(臺北:玉豐印刷廠,1977 年)。

7. 姚瑩,《東槎紀略》(臺北:臺灣經濟銀行研究室,1957 年)。

8. 施懿琳、許俊雅主編,《全臺詩》(臺南:國家臺灣文學館籌備處,2004 年)。

9. 張娘眷著,張國楨編,《省心齋詩文集》(宜蘭:張國楨,2001 年)。

10. 張振茂,《茗園集》(宜蘭:張振茂,未著撰年)。

11. 許俊雅、吳福助主編,《全臺賦》(臺南:國家臺灣文學館籌備處,2006 年)。

12. 連橫,《臺灣詩乘》(南投:臺灣省文獻委員會,1960 年)。

13. 陳其寅,《德懷樓詩草》(基隆:華年印刷廠,1982 年)。

14. 陳金波著,蔡老柯編,《鏡秋詩集》(宜蘭:太平醫院,1966 年)。

15. 陳進東,《南湖吟草》(宜蘭:宜蘭三清宮,未著撰年)。

16. 陳漢光編,《臺灣詩錄》(南投:臺灣省文獻委員會,1971 年)。

17. 曾朝枝,《東寧擊鉢吟前集》(臺北:龍文出版社,2006 年)。

18. 曾朝枝,《東寧擊鉢吟後集》(臺北:龍文出版社,2006 年)。

19. 黃洪炎，《瀛海詩集》（臺北：龍文出版社，2006 年）。

20. 楊廷理，《知還屋詩鈔》（南投：臺灣省文獻委員會，1996 年）。

21. 楊廷理，《楊廷理詩文集》（香港：香港新世紀國際金融文化出版社，2000年）。

22. 蔣渭水著，王曉波編，《蔣渭水全集》（臺北：海峽學術出版社，2005 年）。

23. 蔣渭水著，白枝成編，《蔣渭水遺集》（臺北：蔣先烈遺集刊行委員會，未著撰年）。

24. 賴子清，《古今詩粹》（臺北：賴子清，1966 年）。

25. 賴子清，《臺灣詩海》（臺北：龍文出版社，2006 年）。

26. 賴子清，《臺灣詩醇》（臺北：龍文出版社，2006 年）。

二、未刊

1. 《登瀛吟社詩集》，頭城鎮史館館藏影抄本。

2. 《登瀛吟社徵詩錄》，頭城鎮史館館藏影抄本。

3. 《登瀛吟社課題吟錄》第四、六、九、十期，頭城鎮史館館藏影抄本。

4. 《登瀛吟社擊鉢錄分號》，頭城鎮史館館藏影抄本。

5. 《頭圍登瀛吟社擊鉢吟錄》，昭和丁卯年（1927），頭城鎮史館館藏影抄本。

6. 林旺根編輯，陳麗蓮整理，《登瀛吟社拾遺》，未刊稿。

7. 張天春，《愛吾盧詩文集》，李裕亮私人收藏。

8. 陳其寅編錄，陳書著，《畏勉齋詩》，頭城鎮史館館藏手稿影本。

9. 陳書，《畏勉齋詩文稿》卷上，頭城鎮史館館藏手稿影本。

10. 陳書，《備忘錄》，頭城鎮史館館藏手稿影本。

11. 陳書，《雜作類存》（即《畏勉齋詩文稿》卷下），頭城鎮史館館藏手稿影本。

12. 游象信，《立雪齋吟草》，頭城鎮史館館藏手稿。

貳、文獻史料

一、族譜

1. 《弘農楊氏族譜》（宜蘭：1980 年 10 月）（未著撰者）。

2. 《康氏家譜》，（未著撰年、撰者）。

3. 《張家族譜》，（未著撰年、撰者）。

4. 《霞山周氏族譜》，（未著撰年、撰者）。

5. 張方鏗，《張氏族譜》（宜蘭：1980 年）。

6. 張建邦，《宜蘭張氏族譜》（臺北：1981 年 8 月）。

7. 張國楨,《西堡張家族譜》(宜蘭:1981 年)。

8. 張國楨,《宜蘭張氏家譜》(宜蘭:2000 年修訂版)。

9. 連碧榕,《黃姓家譜》,(未著撰年)。

10. 陳永瑞,《太傅陳樸直公族譜》(宜蘭:編者自印,1984 年)。

11. 陳永瑞、陳文隆編,《臺灣陳氏宗譜》(宜蘭:1992 年 6 月)。

12. 陳玉崑,《陳氏族譜》,(未著撰年)。

13. 陳喬岳,《擺厘陳氏族譜》(宜蘭,1936 年 2 月)。

14. 蕭金合等,《松源蕭氏族譜》,(未著撰年)。

15. 鍾茂樹,《鍾氏族譜──月朗公派下家譜》(未著撰年)。

二、方志

1.《臺灣省通志》(南投:臺灣省文獻委員會、中華學術院臺灣研究所合編,1971 年)。

2.《臺灣教育碑記》(南投:臺灣省文獻委員會,1994 年)。

3.《宜蘭縣志稿》(宜蘭:宜蘭文獻委員會,1960 年)。

4.《重修臺灣省通志》(南投:臺灣文獻委員會,1997 年)。

5.《羅東鎮志》(宜蘭:羅東鎮公所,2002 年)。

6. 余文儀,《續修臺灣府志》(南投:臺灣省文獻委員會,1993 年)。

7. 周元文,《重修臺灣府志》(南投:臺灣省文獻委員會,1993 年)。

8. 林正芳,《宜蘭市志‧教育篇》(宜蘭:宜蘭市公所,2005 年)。

9. 林正芳,《續修頭城鎮志》(宜蘭:頭城鎮公所,2002 年)。

10. 林恒洲,《開蘭史實追蹤》(宜蘭:林恒洲,2002 年)。

11. 林萬榮,《宜蘭文獻合訂本》(宜蘭:宜蘭文獻委員會,1972 年)。

12. 林萬榮,《宜蘭史略》(宜蘭:宜蘭縣政府,1980 年)。

13. 林萬榮,《宜蘭志略》(宜蘭:宜蘭縣政府,1981 年)。

14. 林萬榮,《礁溪鄉志》(宜蘭:礁溪鎮公所,1994 年)。

15. 柯培元,《噶瑪蘭志略》(臺北:文建會,2006 年)。

16. 范咸,《重修臺灣府志》(南投:臺灣省文獻委員會,1993 年)。

17. 高拱乾,《臺灣府志》(南投:臺灣省文獻委員會,1993 年)。

18. 莊英章、吳文星,《頭城鎮志》(宜蘭:頭城鎮公所,1986 年)。

19. 連橫,《臺灣通史》(臺北:眾文圖書出版社,1979 年)。

20. 陳培桂,《淡水廳志》(南投:臺灣省文獻委員會,1993 年)。

21. 陳淑均,《噶瑪蘭廳志》(臺北:文建會,2006 年)。

22. 蔣毓英，《臺灣府志》（北京：中華出版社，1985 年）。

23. 盧世標，《宜蘭縣志》（宜蘭：宜蘭文獻委員會重刊，1970 年）。

24. 羅東公學校編著，林清池翻譯，《羅東鄉土資料》（宜蘭：宜縣文化局，1999 年）。

叁、專著

1. 《喝醒文》（宜蘭：未信齋，1891 年）。

2. 《善錄金篇》（宜蘭：醒世堂，1891 年）。

3. 《夢覺奇編》（宜蘭頭圍：慶安堂，1901 年）。

4. 《龍鳳圖全集》（宜蘭：鑑民堂，1905 年）。

5. 《臺灣列紳傳》（臺北：臺灣總督府，1916 年）。

6. 《治世金針》（宜蘭：碧霞宮，1972 年重刊）。

7. 《渡世慈帆》（宜蘭頭圍：喚醒堂，1983 年重刊）。

8. 《錄善奇篇》（宜蘭頭圍：喚醒堂，1994 年重刊）。

9. 《藝文與環境：臺灣各縣市藝文環境調查實錄》（臺北：文訊雜誌社，1994 年）。

10. 《宜蘭縣文武二聖祭祀專輯》（宜蘭：碧霞宮，2005 年）。

11. Mike Crang 著，王志弘、余佳玲、方淑惠譯，《文化地理學》（臺北：巨流出版社，2003 年）。

12. Yi –Fu Tuan 著，潘桂成譯，《經驗透視中的空間和地方》（臺北：國立編譯館，1998 年）。

13. 尹章義，《臺灣開發史研究》（臺北：聯經出版社，1989 年）。

14. 王幼華，《冰心麗藻入夢來——日治時期苗栗縣的詩社》（苗栗：苗栗縣文化局，2001 年）。

15. 王志宇，《臺灣的恩主公信仰：儒宗神教與飛鸞勸化》（臺北：文津出版社，1997 年）。

16. 王見川，《漢人宗教研究的回顧：以臺灣鸞堂研究為例》（臺北：中央研究院民族學研究所，1995 年）。

17. 王見川，《臺灣的齋教與鸞堂派》（臺北：南天書局，1996 年）。

18. 王見川、李世偉，《臺灣的宗教與文化》（臺北：博揚文化事業，1999 年）。

19. 王見川、李世偉，《臺灣的宗教與民間信仰》（臺北：博揚文化事業，2000 年）。

20. 王國璠，《臺灣先賢著作提要》（新竹：臺灣省立新竹社會教育館，1974 年）。

21. 王鼎鈞，《文藝與傳播》（臺北：三民書局，1980 年）。

22. 江寶釵，《嘉義地區古典文學發展史》（嘉義：嘉義市文化中心，1998 年）。

23. 江寶釵，《臺灣古典詩面面觀》（臺北：巨流出版社，1999 年）。

24. 余書麟，《中國儒家心理思想史》（臺北：心理出版社，1994 年）。

25. 吳文星，《日據時期臺灣社會領導階層之研究》（臺北：正中書局，1992 年）。

26. 吳永華，《蘇花古道宜蘭段調查研究報告》（宜蘭：宜蘭縣立文化中心，1994 年）。

27. 吳密察等，《臺灣史料集成提要（增訂本）》（臺北：文建會，2005 年）。

28. 吳敏顯編，《蘭陽文萃／第一屆蘭陽文學獎得獎作品集》（宜蘭：宜蘭縣文化局，2004 年）。

29. 吳福助，《臺灣漢語傳統文學書目》（臺北：文津出版社，1999 年）。

30. 吳潛誠，《島嶼巡航：黑倪和臺灣作家的介入詩學》（臺北：土緒文化事業，1999 年）。

31. 呂訴上，《臺灣電影戲劇史》（臺北：銀華出版社，1961 年）。

32. 李世偉，《日據時代臺灣儒教結社與活動》（臺北：文津出版社，1999 年）。

33. 李亦園，《文化的圖像（上）——文化發展的人類學探討》（臺北：允晨出版社，1992 年）

34. 李汝和，《臺灣文教史略》（南投：臺灣省文獻委員會，1993 年）。

35. 李茂政，《傳播學》（臺北：時報文化事業，1981 年）。

36. 卓克華《從寺廟發現歷史——臺灣寺廟文獻之解讀與意涵》（臺北：揚智文化事業，2003）。

37. 東海大學中國文學系編，《臺灣古典文學與文獻》（臺北：文津出版社，1999 年）。

38. 林才添，《達庵八三回憶錄》（宜蘭：林才添，1986 年）。

39. 林文龍，《臺灣的書院與科舉》（臺北：常民文化事業，1999 年）。

40. 林品桐譯著，《臺灣總督府公文類纂教育史料彙編與研究（明治 29 年 7 月至明治 34 年 12 月）》（南投：臺灣省文獻委員會，2001 年）。

41. 林玲玲，《宜蘭縣文職機關之變革》（宜蘭：宜蘭縣政府，1997 年）。

42. 林淇瀁，《書寫與拼圖：臺灣文學傳播現象研究》（臺北：麥田出版社，2001 年）。

43. 林淑妙，《宜蘭地區寺廟文學初探》（臺北：業強出版社，1988 年）。

44. 林慶元，《楊廷理傳》（南投：臺灣省文獻委員會，1998 年）。

45. 邱坤良等，《宜蘭縣口傳文學》（宜蘭：宜蘭縣政府，2002 年）。

46. 俞正燮，《癸巳存稿》（上海：商務印書館，1957 年）。

47. 施添福，《蘭陽平原的傳統聚落——理論與基本資料》（宜蘭：宜蘭縣立文心中心，1996 年）。

48. 施懿琳、許俊雅、楊翠等著，《臺中縣文學發展史》（豐原：臺中縣立文化中心，1995 年）。

49. 施懿琳，《從沈光文到賴和－臺灣古典文學的發展與特色》（臺北：春暉出版社，2000 年）。

50. 施懿琳、楊翠，《彰化縣文學發展史》（彰化：彰化縣立文化中心，1997 年）。

51. 柯慶明，《中國文學的美感》，（臺北：麥田出版社，2000 年）。

52. 洪敏麟，《臺灣舊地名之沿革》（南投：臺灣省文獻委員會，1984 年）。

53. 洪銘水，《臺灣文學散論——傳統與現代》（臺北：文津出版社，1999 年）。

54. 胡萬川，《藝文資源調查作業參考手冊——文學類》（臺北：文建會，1998 年）。

55. 凌昌武、林焰瀧主編，《蘭陽史蹟文物圖鑑》（宜蘭：宜蘭縣立文化中心，1986 年）。

56. 孫昌武，《道教與唐代文學》（北京：人民文學出版社，2001 年）。

57. 徐師曾，《文體明辨序說》（臺北：大安出版社，1998 年）。

58. 翁聖峰，《清代臺灣竹枝詞之研究》（臺北：文津出版社，1996 年）。

59. 高雙印、吳秀玉，《開蘭始祖——吳沙之研究》（臺北：師大書苑，1997 年）。

60. 張子文、郭啟傳、林偉洲，《臺灣歷史人物小傳——明清暨日據時期》（臺北：國家圖書館，2006 年）。

61. 張文義，《員山百年人物》（宜蘭：宜縣員山鄉公所，2004 年）。

62. 張勝彥，《清代臺灣廳縣制度之研究》（臺北：華世出版社，1983 年）。

63. 曹永和，《臺灣早期歷史研究》（臺北：聯經出版社，1985 年）。

64. 莫渝、王幼華，《苗栗縣文學史》（苗栗：苗栗縣立文化中心，2000 年）。

65. 許地山，《扶箕迷信底研究》（臺北：臺灣商務印書館，1940 年）。

66. 許俊雅，《臺灣寫實詩作之抗日精神研究——1895～1945 年之古典詩歌》（臺北：國立編譯館，1987 年）。

67. 許俊雅，《臺灣文學散論》（臺北：文史哲出版社，1994 年）。

68. 陳孔立，《清代臺灣移民社會研究》（福建：廈門大學出版社，1990 年）。

69. 陳明台，《臺中市文學史初編》（臺中市：臺中市立文化中心，1999 年）。

70. 陳芳明，《後殖民臺灣》（臺北：麥田出版社，2002 年）。

71. 陳芳明，《殖民地摩登》（臺北，麥田出版社，2004 年）。

72. 陳昭瑛，《臺灣文學與本土化運動》（臺北：正中書局，1998年）。

73. 陳昭瑛，《臺灣儒學：起源、發展與轉化》（臺北：正中書局，2000年）。

74. 陳昭瑛，《臺灣與傳統文化》（臺北：臺大出版中心，2005年）。

75. 陳玲蓉，《日據時期神道統制下的臺灣宗教政策》（臺北：自立晚報，1992年）。

76. 陳捷先，《清代臺灣方志研究》（臺北：臺灣學生書局，1996年）。

77. 陳紹馨，《臺灣的人口變遷與社會變遷》（臺北：聯經出版社，1979年）。

78. 陳登欽，《宜蘭縣頭城鎮文化史蹟勘查測繪》（宜蘭：宜蘭縣立文化中心，1992年）。

79. 陳進傳，《清代噶瑪蘭古碑之研究》（臺北：左羊出版社，1989年）。

80. 陳進傳，《宜蘭傳統漢人家族之研究》（宜蘭：宜蘭縣立文化中心，1995年）。

81. 陳進傳、朱家嶠著，《宜蘭擺厘陳家發展史》（南投：國史館臺灣文獻館，2005年）。

82. 傅佩榮，《文化的視野》（臺北：立緒文化事業，1997年）。

83. 曾子良，《基隆文學類資源調查報告書》（基隆：基隆市文化中心，2003年）。

84. 曾永義，《臺灣歌仔戲的發展與變遷》（臺北：聯經出版社，1993年）。

85. 游謙、施芳瓏，《宜蘭縣民間信仰》（宜蘭：宜蘭縣政府，2003年）。

86. 馮爾康，《清人社會生活》（天津：人民出版社，1990年）。

87. 黃秀政，《臺灣史研究》（臺北：臺灣學生書局，1982年）。

88. 黃美娥，《重層現代性鏡像：日治時代臺灣傳統文人的文化視域與文學想像》（臺北：麥田出版社，2004年）。

89. 黃淑瑩編，《歸來吧！龜山──八十二年度全國文藝季宜蘭縣活動成果專輯》（宜蘭：宜蘭縣政府，1994年）。

90. 黃煌雄，《臺灣的先知先覺者──蔣渭水先生》（臺北：黃煌雄，1976年）。

91. 楊志弘、莫季雍譯，《傳播模式》（臺北：正中書局，1992年）。

92. 楊松年，《中文學評論史編寫問題論析──晚明至盛清詩論之考察》（臺北：文史哲出版社，1988年）。

93. 楊欽年撰文，周家安圖說，《詩說噶瑪蘭》（宜蘭：宜蘭縣文化局，2000年）。

94. 葉石濤，《臺灣文學史綱》（臺北：文學界雜誌社，1987年）。

95. 葉石濤編譯，《臺灣文學集1》（臺北：春暉出版社，1996年）。

96. 葉高樹，《宜蘭縣學校教育》（宜蘭：宜蘭縣政府，2002年）。

97. 葉連鵬，《澎湖文學發展之研究》（澎湖：澎湖縣文化局，2001 年）。

98. 董芳苑，《臺灣民間宗教信仰》（臺北：長青文化事業，1984 年）。

99. 董芳苑，《探討臺灣民間信仰》（臺北：常民文化事業，1996 年）。

100. 廖一瑾（雪蘭），《臺灣詩史》（臺北：文史哲出版社，1999 年）。

101. 廖風德，《清代之噶瑪蘭》（臺北：正中書局，1990 年）。

102. 臺灣總督府編，《臺灣列紳傳》（臺灣：臺灣日日新報社，1916 年）。

103. 褚斌杰，《中國古代文體學》（臺北：臺灣學生書局，1991 年）。

104. 趙天儀，《臺灣文學的週邊》（臺北：富春出版社，2000 年）。

105. 劉若愚撰，杜國清譯，《中國文學理論》（臺北：聯經出版社，1981 年）。

106. 劉勰著，周振甫注，《文心雕龍注釋》（臺北：里仁書局，1984 年）。

107. 劉麗卿，《清代臺灣八景與八景詩》（臺北：文津出版社，2002 年）。

108. 潘朝陽，《明清臺灣儒學論》（臺北：臺灣學生書局，2001 年）。

109. 潘樹廣編，《中國文學史料學》（臺北：五南文化事業，1996 年）。

110. 鄭志明，《中國善書與宗教》（臺北：臺灣學生書局，1988 年）。

111. 鄭志明，《中國文學與宗教》（臺北：臺灣學生書局，1992 年）。

112. 鄭志明，《中國意識與宗教》（臺北：臺灣學生書局，1993 年）。

113. 鄭志明，《臺灣民間宗教現象》（臺北：臺灣宗教文化工作室，1996 年）。

114. 鄭志明，《臺灣扶乩與鸞書現象：善書研究的回顧》（嘉義：南華管理學院，1998 年）。

115. 鄭定國編，《日治時期雲林縣的古典詩家》（臺北：里仁書局，2005 年）。

116. 鄭振鐸，《中國俗文學史》（臺北：臺灣商務印書館，1993 年）。

117. 澤田總清著，王鶴儀譯，《中國韻文學史》（臺灣：商務印書館，1993 年）。

118. 戴寶村，《宜蘭縣交通史》（宜蘭：宜蘭縣政府，2001 年）。

119. 謝宗榮，《臺灣傳統宗教文化》（臺北：晨星出版社，2003 年）。

120. 謝崇耀，《清代臺灣宦遊文學研究》（臺北：蘭臺出版社，2001 年）。

121. 鍾來因，《蘇軾與道家道教》（臺北：臺灣學生書局，1900 年）。

122. 鄺健行，《科舉考試文體論稿：律賦與八股文》（臺北：臺灣書店，1999 年）。

123. 龔宜君，《宜蘭縣人口與社會變遷》（宜蘭：宜蘭縣政府，2001 年）。

124. 龔顯宗，《臺灣文學研究》（臺北：五南文化事業，1998 年）。

125. 龔顯宗，《臺灣文學家列傳》（臺北：五南文化事業，2000 年）。

126. 龔顯宗、許獻平合撰，《台南縣文學史（上、下編）》（臺南：臺南縣政府，2006 年）。

肆、論文集論文

1. Allan Pred 著,許坤榮譯,〈結構歷程和地方──地方感和感覺結構的形成過程〉,《空間的文化形式與社會理論讀本》(臺北:明文書局,1993年),頁 81～104。

2. 向麗頻〈施世洁乙未內渡懷鄉詩初探〉,《日治時期臺灣傳統文學論文集》(臺北:文津,2003 年),頁 101～135。

3. 宋光宇、李世偉,〈臺灣的書房、書院及其善書著作活動──從清代到現在〉,《第一屆臺灣儒學研究國際學術研討會論文集》(臺南:國立成功大學中國文學系主編,1997 年 6 月),頁 55～86。

4. 林政華,〈臺灣古典詩的發展與欣賞〉,《臺灣文學汲探》(臺北:文史哲出版社,2002 年),頁 6～56。

5. 林瑞明,〈感慨悲歌皆爲鯤島──蔣渭水與臺灣文學〉,收入《蔣渭水逝世六十週年紀念臺灣史學術研討會論文集要》(高雄:高雄縣政府,1991年),頁 35～53。

6. 林漢章,〈清代臺灣的善書事業〉,《臺灣史研究暨史料發掘研討會論文集》(臺北:臺灣史績研究中心,1987 年),頁 141～150。

7. 林慶元,〈《東遊草》版本問題及其史料價值〉,《宜蘭研究第二屆國際學術研討會發表論文》,(宜蘭:宜蘭縣立文化中心,1996 年),頁 157～173。

8. 邱貴芳,〈「後殖民」的臺灣演繹〉,收入陳光興主編,《文化研究在臺灣》(臺北:巨流出版社,2000 年),頁 285～318。

9. 柯喬文,〈基隆漢詩的「在地言說」:以《詩報》爲探討對象〉,「張達修暨其同時代漢詩人學術研討會」,中正大學人文研究中心及臺灣文學研究所主辦(南投:南投縣政府國際會議廳, 2005 年 6 月 25 日),頁 23～40。

10. 高志彬,〈宜蘭河文學資料調查錄(初編)──以漢語傳統文學爲限〉,《故鄉的河慢慢的流:宜蘭河生命史討論會論文集》(宜蘭:宜蘭縣文化局,2003 年),頁 279～300。

11. 高志彬,〈清修臺灣方志藝文篇述評〉,《臺灣古典文學與文獻研討會論文集》(臺北:文津出版社,1999 年),頁 55～82。

12. 許俊雅,〈九○年代臺灣古典文學研究現況評介與反思〉,《講座FORMOSA:臺灣古典文學評論合集》(臺北:萬卷樓圖書有限公司,2004年),頁 661～669。

13. 陳平原,〈小説史研究方法散論〉,收入陳國球編,《中國文學史的省思》(臺北:書林出版社,1994 年),頁 97～148。

14. 陳志榮,〈噶瑪蘭人的治病儀式與其變遷〉,《閩臺社會文化比較研究工作研討會》(臺北:中央研究院民族學研究所,1994 年),頁 1～17。

15. 陳建忠,〈立足本土,瞭望世界:賴和文學與世界文學的關係初探〉,《2003

年彰化縣研究學術研討會論文集》（彰化：彰化縣文化局，2003 年），頁 261～289。

16. 陳進傳，〈宜蘭漢人家族文學初探〉，《臺灣古典文學與文獻研討會論文集》（臺北：文津出版社，1999 年），頁 146～192。

17. 陳進傳，〈大清來治──楊廷理五度入蘭略考〉，《「宜蘭研究」第三屆學術研究研討會論文集》（宜蘭：宜蘭縣立文化中心，2000 年），頁 195～228。

18. 黃美娥，〈臺灣文學史概說〉，《臺灣研究國際學術論壇研討會論文集》（宜蘭：佛光人文社會學院，2004 年 7 月 31 日），頁 110～148。

19. 黃美娥〈差異／交混、對話／對譯──日治時期臺灣傳統文人的身體經驗與新國民想像（1895～1937）〉，《文化啟蒙與知識生產：跨領域的視野》（臺北：麥田出版社，2006 年），頁 261～316。

20. 黃哲永，〈明清臺灣傳統文學作家「童蒙教育」的養成教材〉，《明清時期的臺灣傳統文學論文集》（臺北：文津出版社，2002 年），頁 34～72。

21. 楊松年，〈給書寫臺灣文學史提一些意見：整理馬華文學史的經驗〉，臺灣成功大學「臺灣文學史書寫」國際學術研討會，2002 年，頁 3～14。

22. 楊松年，〈1900 年至 1920 年臺灣新舊體文學之比較研究〉，《21 世紀臺灣、東南亞的文化與文學》（宜蘭：佛光人文社會學院，2002 年），頁 79～104。

23. 廖振富，〈日治時期臺灣「監獄文學」探析──以林幼春、蔡惠如、蔣渭水「治警事件」相關作品為例〉，《日治時期臺灣傳統文學論文集》（臺北：文津出版社，2003 年），頁 136～197。

24. 鄭志明，〈臺灣民間鸞堂儒宗神教的宗教體系初探〉，《臺灣民間宗教論集》（臺北：臺灣學生書局，1984 年），頁 80～133。

25. 龔鵬程，〈臺灣文學史的寫作與傳統〉，《龔鵬程年度學思報告 1999》（宜蘭：佛光人文社會學院，2001 年），頁 301～313。

伍、期刊論文

1. 王世慶，〈日據初期臺灣之降筆會與戒煙運動〉，《臺灣文獻》，第 37 卷第 4 期（1985 年 12 月），頁 111～151。

2. 王見川，〈李望洋與新民堂──兼論宜蘭早期的鸞堂〉，《宜蘭文獻雜誌》（宜蘭：宜蘭縣立文化中心，1995 年 5 月），頁 1～14。

3. 王見川，〈清末日據初期臺灣的「鸞堂」──兼論「儒宗神教」的形成〉，《臺北文獻》直字 112 期（1995 年 6 月），頁 49～51。

4. 王見川，〈略論清末日據初期宜蘭的鸞堂〉，《宜蘭文獻雜誌》（宜蘭：宜蘭縣立文化中心，1996 年 9 月），頁 46～80。

5. 王見川，〈關於碧霞宮──兼答林靜怡質疑〉《宜蘭文獻雜誌》（宜蘭：宜

蘭縣立文化中心，1997 年 5 月），頁 75～94。

6. 白長川，〈宜蘭先賢陳輝煌協臺評傳〉，《臺灣文獻》，第 42 期第 3～4 期（1993 年 3～4 月），頁 215～232。

7. 宋光宇，〈關於善書的研究及其展望〉，《臺北文獻》直字 111 期（1995年 3 月），頁 25～58。

8. 李世偉，〈日據時期鸞堂的儒家教化〉，《臺北文獻》直字 124 期，（1998年 6 月），頁 59～79。

9. 卓克華，〈清代舉人黃纘緒生平考〉，《臺灣文獻》第 50 卷第 1 期（1999年 3 月），頁 325～351。

10. 周寧，〈走向一體化的世界華文文學〉，《東南學術》，第 2 期（總 175 期）（福建：東南學術雜誌社，2004 年），頁 155～158。

11. 林振宏，〈姚瑩的文彩與風範〉，《臺南文化》新 3 期（民國 66 年 7 月），頁 11～15。

12. 林淇瀁，〈繽紛花編浮世繪：報紙「第二副刊」的文學傳播取徑觀察〉，《文訊雜誌》第 190 期（2001 年 8 月 1 日），頁 46～49。

13. 林靜怡，〈再探道教寺廟宜蘭碧霞宮建廟緣起〉，《宜蘭文獻雜誌》（宜蘭：宜蘭縣立文化中心，1997 年 5 月），頁 59～74。

14. 范燕秋，〈日治時期宜蘭地區政治運動領導者——陳金波醫師〉，《蘭陽文獻雜誌》第 16 期（1995 年 7 月），頁 72～87。

15. 唐羽，〈清乾嘉間吳沙在三貂之墾務〉，《宜蘭文獻雜誌》（宜蘭：宜蘭縣立文化中心，2004 年 3 月），頁 3～54。

16. 高志彬，〈李望洋研究的課題與文獻〉，《宜蘭文獻雜誌》第 12 期（1994年 11 月），頁 2～9。

17. 張恒豪，〈蔣渭水及其散文〉，《散文季刊》第 1 期（1984 年 1 月 20 日），頁 142～150。

18. 莊英章、吳文星，〈清代頭城的拓墾與發展〉，第 36 卷第 3、4 期合刊（臺北：臺灣省文獻委會，1985 年），頁 213～237。

19. 莊英章，〈漢人社會研究的若干省思〉，《中央研究院民族學研究所集刊》，第 80 期（臺北：中央研究院民族學研究所，1996 年 4 月），頁 27～35。

20. 陳三井，〈口述史料的採集及其價值〉，《史學與文獻》（臺北：臺灣學生書局，1998 年 3 月），頁 177～192。

21. 陳長城，〈吳沙與楊士芳〉，《臺灣文獻》，第 28 卷第 3 期（1983 年 3 月），頁 127～132。

22. 陳長城，〈宜蘭仰山吟社沿革〉，《臺北文獻》直字，109 期（1994 年 9 月），頁 141～144。

23. 陳昭瑛，〈臺灣古典詩歌選本的意識形態：敬答許俊雅、施懿琳兩教授〉，《中外文學》，25 卷 9 期（1997 年 6 月），頁 180～186。

24. 陳昭瑛，〈霸權與典律：葛蘭西的文化理論〉，《中外文學》，21 卷 2 期（1992 年 7 月），頁 54～92。

25. 陳偉智〈傳統病與吳沙「開蘭」——一個問題的提出〉，《宜蘭文獻雜誌》（宜蘭：宜蘭縣立文化中心，1993 年 5 月 1 日），頁 1～20。

26. 陳國偉，〈「跨世紀／第一屆臺灣文學史料編纂研討會」側記〉，《漢學研究通訊》，20：1（總 77 期）（民國 90 年 2 月），頁 73～78。

27. 陳進傳，〈清代宜蘭漢人的移動〉，《臺北文獻》直字第 98 期（1991 年 12 月 25 日），頁 147～189。

28. 陳萬益，〈現階段區域文學史撰寫的意義和問題〉，《文訊雜誌》，第 174 期（2000 年 4 月），頁 31～36。

29. 陳燦榕，〈蘭陽文壇傳統詩的回顧與薪傳〉，《蘭陽》，第 58 期（臺北：蘭陽雜誌社，1991 年 5 月），頁 68～70。

30. 陳麗蓮，〈頭圍登瀛吟社之經營與詩作史料整理〉，《臺灣文學研究學報》，第 1 期（2005 年 10 月），頁 23～78。

31. 黃美娥，〈日治時代臺灣詩社林立的社會考察〉，《臺灣風物》，第 47 卷第 3 期（1997 年 9 月），頁 43～88。

32. 劉振維，〈宜蘭仰山書院之始末及其基本精神〉，《漢學研究》，第 22 卷第 1 期（2004 年 6 月），頁 253～279。

33. 劉漢忠輯錄，〈楊廷理的「勞生節略」及《東遊草》〉，《臺灣文獻》，第 47 卷第 1 期（1996 年 3 月），頁 5～9。

34. 蔡懋棠，〈臺灣現行善書（續）〉，《臺灣風物》，26 卷 4 期（1976 年 12 月），頁 84～123。

35. 鄭志明，〈遊記類鸞書所顯示之宗教新趨勢〉，《中央研究院民族學研究所集刊》第 61 期（民國 75 年春季），頁 105～128。

36. 鄭志明，〈臺灣現階段民間鸞書的文學形式〉，《漢學研究》，第 8 期 1 期（1990 年 6 月），頁 701～718。

37. 鄭喜夫，〈李靜齋先生年譜初稿〉，《臺灣文獻》，第 28 卷第 2 期（1977 年 6 月），頁 95～108。

38. 鄭喜夫，〈清代臺灣善書初探〉，《臺灣文獻》，第 33 卷 2 期（1982 年 3 月），頁 7～37。

39. 賴子清，〈古今臺灣詩文社〉，《臺灣文獻》，第 10 卷第 3 期（民國 48 年 9 月），頁 82～93。

40. 賴鶴洲，〈臺灣古代詩文社〉，《臺北文物》，第 8 卷第 2 期（1959 年 6 月 30 日），頁 80～85。

41. 薛順雄，〈臺灣傳統漢語舊詩反映本地風土民情略窺〉，《臺灣文學研究專集》（1999 年 8 月），頁 120～145。

42. 鍾雲鶯，〈臺灣扶鸞詩初探——一種民間創作的考察〉，《臺北文獻》直字 128 期（1999 年 6 月），頁 67～86。

43. 簡秀珍，〈宜蘭縣北管人物誌——之六：胡慶森先生〉，《蘭陽文獻雜誌》，第 20 期（1996 年 3 月），頁 86～94。

陸、學位論文

一、博士論文

1. 施懿琳，《清代臺灣詩所反映的漢人社會》，臺灣師範大學國文所，1991 年博士論文。

2. 黃美娥，《清代臺灣竹塹地區傳統文學研究》，輔仁大學中文所，1998 年博士論文。

3. 林秀蓉，《日治時期臺灣醫事作家及其作品研究—以蔣渭水、賴和、吳新榮、王昶雄、詹冰為主》，高雄師範大學國文所，2002 年博士論文。

4. 藍建春，《臺灣文學史觀念的歷史考察》，清華大學中國文學系，2002 年博士論文。

5. 葉憲峻，《清代臺灣教育之建置與發展》，中國文化大學史學研究所，2003 年博士論文。

6. 黃雯娟，《日治時代宜蘭三星地區的區域發展》，臺灣師範大學地理學系，2004 年博士論文。

7. 林淑慧，《臺灣清治時期散文發展與文化變遷》，臺灣師範大學國文所，2005 年博士論文。

8. 吳毓琪，《康熙時期臺灣宦遊詩之研究》，成功大學中國文學所，2006 年博士論文。

9. 許惠玟，《道咸同（1821～1874）臺灣本土文人詩作研究》，中山大學中文系，2007 年博士論文。

二、碩士論文

1. 王文顏，《臺灣詩社之研究》，政治大學中文所，1979 年碩士論文。

2. 蔡淵絜，《清代臺灣的社會領導階層（一六八四～一八九五）》，臺灣師範大學國文所，1980 年碩士論文。

3. 周滿枝，《清代臺灣流寓詩人及其詩之研究》，政治大學中文所，1981 年碩士論文。

4. 黃雯娟，《清代蘭陽平原的水利開發與聚落發展》，臺灣師範大學地理研究所，1990 年碩士論文。

5. 陳丹馨，《臺灣光復前重要詩社作家作品研究》，東吳大學中文所，1991年碩士論文。

6. 林正芳，《日據時期宜蘭地區初等教育之研究》，中國文化大學史學研究所，1992年碩士論文。

7. 謝智賜，《道咸同時期淡水廳文人及其詩文研究》，臺灣師範大學國文所，1995年碩士論文。

8. 王幼華，《日治時期苗栗縣傳統詩社研究——以栗社為中心》，中興大學國文系在職專班，2000年碩士論文。

9. 宋南萱，《臺灣八景詩從清代至日據時代的轉變》，中央大學藝術研究所，2000年碩士論文。

10. 劉麗卿，《清代臺灣八景與八景詩》，中興大學中國文學所，2000年碩士論文。

11. 張作珍，《北港地區傳統詩社研究》，南華大學文學研究所，2001年碩士論文。

12. 戴雅芬，《臺灣天然災害類古典詩歌研究——清代至日據時代》，政治大學國文教學，2001年碩士論文。

13. 高麗敏，《桃園縣文學史料之分析與研究》，東吳大學中文所，2002年碩士論文。

14. 鄭雅慧，《日治時代頭圍聚落之空間變遷》，成功大學建築研究所，2002年碩士論文。

15. 張淑玲，《臺灣南投地區傳統詩研究》，文化大學中文系在職專班，2003年碩士論文。

16. 郭麗琴，《西螺地區文學發展研究》，中正大學中文所，2003年碩士論文。

17. 吳淑娟，《臺灣基隆地區古典詩歌研究》，中國文化大學中文所，2004年碩士論文。

18. 林永龍，《民間文化與蘭陽風教發展之研究》，花蓮師範學院民間文學研究所，2004年碩士論文。

19. 王莉雯，《宜蘭碧霞宮扶鸞宣講之研究》，花蓮教育大學民間文學研究所，2006年碩士論文。

20. 林淑媚，《花蓮地區詩歌研究》，佛光大學文學系在職專班，2006年碩士論文。

21. 林麗鳳，《詩說噶瑪蘭，說噶瑪蘭詩——清代宜蘭地區古典詩研究》，政治大學國文教學，2006年碩士學位班論文。

22. 游建興，《清代噶瑪蘭地區的漢人文學發展》，佛光人文社會學院文學系，2006年碩士論文。

柒、日治時期報章雜誌

1. 《三六九小報》（臺北：成文出版社，影印本）。

2. 《風月報》（臺北：南天出版社，2001 年影印本）。

3. 《詩報》第 1 至 319 號（基隆：吟稿合刊詩報社，1930 年 10 月 30 日至 1944 年 9 月 5 日），林旺根私人收藏。

4. 《詩報》共 27 冊，（臺北：龍文出版社，2007 年）。

5. 《臺南新報》，國家圖書館臺灣分館藏。

6. 《臺灣日日新報》（臺北：五南文化事業，1994～1995 年影印本）。

7. 《臺灣民報》（臺北：東方文化出版社，1974 年）。

8. 《臺灣詩薈》（南投：臺灣省文獻會，1992 年重印）。

捌、電子資訊

1. 中央研究院，「臺灣文獻叢刊」，佛光大學圖書館電子資料庫。

2. 中正大學臺灣文學研究所「臺灣漢詩數位典藏資料庫」江寶釵主持，網址：http://140.123.48.3/poetry/d01_02.htm/

3. 臺灣大學圖書館「臺灣研究資源」網站，網址：http://www.lib.ntu.edu.tw

4. 佛光大學「世界華文文學」網站，網址：http://www.fgu.edu.tw/~wclrc/default.htm

5. 呂興昌教授「臺灣文學研究」網站，網址：http://140.114.123.98/taioan/bunhank/hak-chia/e/eng-hong-hong/chiong.htm

6. 宜蘭縣史館「臺灣日日新報宜蘭新聞剪輯」，宜蘭縣史館電子資料庫。

7. 施懿琳教授「臺灣古典文學研究室」網站，網址：http://140.116.14.95/history.htm

8. 國家臺灣文學館「臺灣文學詞典」檢索系統網址：http://www2.nmtl.gov.tw